中國學術思想 研究輯刊

三 編
林慶彰 主編

第23冊
戴東原思想析論

劉錦賢 著

花木蘭文化出版社

國家圖書館出版品預行編目資料

戴東原思想析論／劉錦賢 著 — 初版 — 台北縣永和市：花木
蘭文化出版社，2009〔民 98〕

目 2+288 面：19×26 公分
（中國學術思想研究輯刊 三編：第 23 冊）

ISBN：978-986-6528-93-4（精裝）

1.（清）戴震 2.學術思想 3.清代哲學

127.43   98001746

ISBN - 978986-6528-93-4

9 789866 528934

中國學術思想研究輯刊
三 編 第二三冊   ISBN：978-986-6528-93-4

戴東原思想析論

作 者 劉錦賢
主 編 林慶彰
總 編 輯 杜潔祥
出 版 花木蘭文化出版社
發 行 所 花木蘭文化出版社
發 行 人 高小娟
聯 絡 地 址 台北縣永和市中正路五九五號七樓之三
         電話：02-2923-1455／傳真：02-2923-1452
網 址 http://www.huamulan.tw 信箱 sut81518@ms59.hinet.net
印 刷 普羅文化出版廣告事業
封 面 設 計 劉開工作室
初 版 2009 年 3 月
定 價 三編 28 冊（精裝）新台幣 46,000 元

戴東原思想析論

劉錦賢　著

作者簡介

劉錦賢，臺灣省彰化縣人，民國四十二年生。臺灣師範大學國文學系畢業，國文研究所碩士、博士。曾任彰化縣立永靖國中、臺北市立北一女中國文教師，臺北工專共同科講師、臺北科大共同科副教授，現任中興大學中國文學系教授。主講中國思想史、宋明學術及周易等儒學相關課程。著有《張橫渠思想析述》、《儒家保生觀與成德之教》、《孟子的生活智慧》等書，並發表〈易道之「懼以終始」論述〉、〈莊子天人境界之進路〉、〈眾生病則菩薩病〉、〈康德美學析論〉等中西哲學論著數十篇。

提　要

　　宋明心性之學自滿清入關之後，雖呈多頭發展，但學者大多把握不住孔孟原始之智慧方向，道德理想主義之精神步步下趨，卒有心性之學之大反動，戴東原乃其中最具代表性之人物。而其前之陳乾初及顏習齋、李恕谷之說當有影響於東原。

　　東原之所謂天道，惟是陰陽五行之氣化；所謂人道，惟是人倫日用之實事；所謂理，則是實然事物虛以會之於心之分理。東原所謂性，惟是血氣心知，故性、命、才、智皆有所不齊，由以解釋人之異於禽獸及人之才質有等差之事實。東原成德工夫之要在去私與解蔽，去私惟在絜情，解蔽有賴多學，期使自然者歸於必然。然《易傳》所言之道乃形上之創生實體，孟子及宋明儒所言之理乃實理，仁義禮智悉本心所自發之道德律則。儒家成德之要在循逆覺體證之路，端正行為之方向，以踐形盡性。由此可見東原思想與正宗儒家大有距離。

　　東原視老莊與釋氏無異，皆只默想一空無之神識，絕人情欲而悖道害教；視告子與象山、陽明同於老釋，而以荀子之主性惡為非。東原之作《疏證》，主要在駁倒程朱，以為其雜糅老釋與荀子，析理氣為二本，以意見為理。以各家之本旨衡之，可見東原實混漫彼此之義理分際，是以對各家之批評多失當。

　　東原之後一班考證學者言義理，率質實而不透脫，與東原基於經驗以言義理之病略同。至於若干批評東原人品及其思想之學者，亦不能直就儒學之本質以提挈東原，而難免流於意氣之爭。

目

次

第一章　前　言

宋明儒學之殿軍劉蕺山絕食殉國之後，宗社易主；蕺山門下有黃梨洲與陳乾初。學者或宗程朱，或宗陸王，或自立新義。言理道性命者，不乏其人。表面看來，心性之學並未隨政治情勢之遽變以俱亡，仍繼續流衍。然而牟宗三先生曰：「我們講中國的學問，講到明朝以後，就毫無興趣了。這三百年間的學問，我們簡直不願講。」（《中國哲學十九講・宋明儒學概述》，頁 418）此表示：內聖之學之學脈隨蕺山之亡而斷，儒家弘法之大師已不復見；實情究係如何？

清初由顧、黃、王所代表之經世致用之學不久即消聲匿跡，而樸學興。戴東原原為考證學之翹楚，卻以明古賢聖之理義為治學之終極目標；東原晚年義理成熟之作《孟子字義疏證》即自視為傳孔孟之學者。然《疏證》中除主觀上維護孔孟外，自荀子以下儒者，以及釋、道二家，則一壁推倒之，尤以非議程朱為烈。

熊十力先生曰：「戴震本不識程朱所謂理，而以私見橫議，吾於此不及深論。」（《讀經示要》，頁 18）東原用以橫議程朱之私見安在？孟子、程朱及東原所言之理有何異同？易言之，東原、程朱、孔孟思想之差距畢竟有多少，其對各家思想之駁斥，果盡其實乎？

東原在考據方面之成就，學者無異辭；惟其義理之作出，則毀譽參半。民初學者，於東原哲學多贊賞有加。梁任公擬之於歐洲之文藝復興，胡適之則以之為新理學的建設——哲學的中興。然則東原之思想，果可使吾國哲學步入一新機運乎？

近人研究東原思想者，多順東原之說而正面肯定其價值。然東原既心儀

孔孟，並承歷來儒者之願望，以成聖成賢為標的。則東原之說，合乎聖學之本質否？

先儒講學，重在道德實踐，不若西哲喜作純粹之理論思辨。各家之基本觀念雖甚清楚，然鮮作有系統之理論展示者。居今之世，疏理先哲遺著，表其精華，以為吾人之資；見其不足，作為吾人之戒，實有必要。然欲了解某家之思想脈絡，非自文獻下手不可。首須就其遺著，平心靜氣，反覆潛玩，同情地理解之；次則須發現其中之問題，期有以解決之。

惟東原之言義理也，不獨在發揮其心目中的六經孔孟之道，尤重在批評各家思想之非。如是，吾人之於東原思想，首須剔除其批評各家思想之成分，祇就其闡述自家之基本觀念處如實表彰之。而東原既自視其所闡揚者乃儒門之正學，則吾人當以先秦正宗儒學為準，檢討其得失。此中對孔孟道德智慧與生命方向之理解是一大問題；關此，人或可各持一說也。然吾人統觀宋明諸大儒對孔孟之理解頗為一致，即理解其為一能呈現仁心德慧之道德人格也。吾人讀先聖先哲之書時，祇須秉持至誠，則可與先聖先哲有德性生命之相感應；如是，當可確定孔孟立教精神之何所是，不致有淪於主觀偏見之失。若曰：如此所理解之孔孟亦是一己之見，而宋明儒心目中之孔孟亦非孔孟之真；此則又落於是非爭辯之中，而亦可以忘言矣。

次，東原有關義理之遺著有大半是在批評各家思想者，其批評固多粗略，但欲恰當地論其得失亦不易。此則須先了解各家思想之精義，然後能見東原批評之當否。本文並非祇在正面闡述東原之思想者，故對東原批評各家思想處自當作一權衡。

第二章 東原思想形成之學術背景

第一節 宋明儒學之式微──清初儒者思想之回顧

　　所謂儒學，當以先秦儒家孔孟一系之思想爲衡準。宋明儒各大家講學，特重孔、孟及其後學者所云心、性、天、道諸義涵之闡揚，並經由道德實踐之工夫，以完成其道德的形上學。各家立說，容有偏重，或自天道下貫心性，或由心性上通天道，總不離先秦儒家之宏規；且諸大家悉致力於道德實踐，而以成聖成賢爲歸宿。即如程朱之說，雖與孔孟有間，但仍保持性理至尊之地位，以爲品節言行之終極依據。見道不見道，即視其能否契會聖心，發爲道德言行以爲斷。宋明諸儒之講學，堂廡或不如孔孟之廣大，但對德性主體之把握，則遠非兩漢以下儒者所能及。故宋明儒學乃先秦儒家內聖之學之再度發皇，其立說之主要觀念皆來自先秦儒家，而精微處且過之。

　　宋明六百年對內聖之學之推闡，至陽明而極其盛。但南宋以來，朱學獨步，元明以下，且以爲官學。是以王學盛行之時，朱學亦未少衰。陽明之後，朱、王之學並流，迄於有清。宗朱者大抵謹嚴敦厚，下梢則成虛矯；宗王者大抵光明峻偉，下梢則成狂妄。此係人爲之失，非教法之過。誦法程、朱、陸、王者，多失程、朱、陸、王於誦法之中。天道心性之理未精，躬行實踐之事不篤，惟挾其所宗以相攻訐，內聖之學因漸模糊。不見程朱、陸王於我何益，卒有心性之學之大反動。不論陸王或程朱，一概否定，視爲空疏無用；惟假樸學之名以託身於經籍考證耳。

　　陽明亡後，王學分化，但能推衍其學者，主要爲浙中派之王龍溪與泰州

派數傳後之羅近溪。王龍溪自陽明四句教之首句「無善無惡是心之體」（《傳習錄·卷下》）悟入，從「無善無惡」立根基，衍成「四無」之化境；下梢或致「玄虛而蕩」之失。羅近溪以無工夫爲工夫，如放船解纜，隨波逐流，得灑然自適之圓妙；順泰州派之風格，可誤引至「情識而肆」之弊。劉蕺山爲挽王學末流之病，乃倡誠意愼獨之學。〔註1〕以心著性，由性定心，卒乃心性爲一，可謂別開生面。是爲宋明儒學之殿軍。

蕺山弟子中，較能相契師說者爲黃梨洲。梨洲曰：「先師之學在愼獨。……自身之主宰而言謂之心，自心之主宰而言謂之意。心則虛靈而善變，意有定向而中涵。意是心之主宰，以其寂然不動之處，單單有個不慮而知之靈體，自做主張，自裁生化，故舉而名之曰獨；少間擾以見聞才識之能，情感利害之便，則是有商量倚靠，不得謂之獨矣。」（《劉子全書·序》）此段於蕺山愼獨之教理解堪稱貼切。其實在蕺山之說統中，意之地位相當於陽明所言之知，皆屬超越層；而陽明所說之意正同蕺山所說之念，屬經驗層。蕺山主張化念還心。「意蘊於心」，「知藏於意」（《劉子全書·卷十·學言上》），意根獨體淵然有定向；心知之發有意根獨體以定其向，故不流蕩。意是純粹的意志，非起伏不定之意念。蕺山將物再向內緊縮，於是心、意、知、物皆自獨體上說。斯乃所謂「體用一源，顯微無間」（《劉子全書·卷二·易衍·第七章》，此借用《伊川易傳》序語）也。蕺山曰：「惟君子時發時止，時返其照心而不逐於感。」（同上，〈第八章〉）知蕺山非不重視感性對進德修業之限制，但以爲須隨時靜復見獨，以截堵情欲之狂騁。梨洲所謂「擾以見聞才識之能，情感利害之便」，便是蕺山所謂「逐於感」，乃是所當對治者。由是觀之，梨洲作《蕺山文集·序》時大體能把握師說。

梨洲輯《明儒學案》，以陽明爲中心，對明代學術之發展頗能疏理其脈絡，可謂精心之作。但其對陽明之了解，則嫌鬆泛。〈姚江學案〉論陽明云：「聖人教人，祇是一個行，如博學、審問、愼思、明辨，皆是行也；篤行之者，行此數者不已是也。先生致之於事物，致字即是行字，以救空空窮理，只在知上討個分曉之非。」（《明儒學案·卷十》）依陽明，「知是行之始，行是知

〔註 1〕劉蕺山曰：「今天下爭言良知矣。及其弊也，猖狂者參之以情識，而一是皆良；超潔者蕩之以玄虛，而夷良于賊。亦用知者之過也。……今之賊道者，非不知之患，而不致之患；不失之情識，則失之玄虛，皆坐不誠之病，而求于意根者疏也，故學以誠意爲極則。」（《劉子全書·卷六·證學雜解·解二十五》）

之成」(《傳習錄‧卷上》),「知之眞切篤實處即是行,行之明覺精察處即是知」(《傳習錄‧卷中‧答顧東橋書》),「知」皆就良知明覺上說,知行相與爲一體。而梨洲在此祇重一行字,並以博學、審問、愼思、明辨等一般爲學次第實之,則知與行密不可分之關係不顯。梨洲曰:「良知爲知,見知不囿於聞見;致良知爲行,見行不滯於方隅。即知即行,即心即物;即動即靜,即體即用。即工夫即本體,即下即上,無之不一。」(《明儒學案》之首〈師說‧王陽明守仁〉)以「不囿於聞見」、「不滯於方隅」言知行,祇重致良知教之消極面,而疏略其積極面。蓋陽明言良知,祇是一個精誠惻怛,致良知是致吾心之精誠惻怛於事事物物,有一積極向前創闢之動力在焉,不祇是消極地不滯於物耳。下云「即知即行」云云,此是就致良知之化境說,而非就致良知工夫本身說。然致良知教最大之價值,主要見於警策挺拔之工夫,化境尙在其次也。

梨洲卒前二年,序《明儒學案》云:「盈天地皆心也,變化不測,不能不萬殊。心無本體,工夫所至,即其本體。故窮理者,窮此心之萬殊,非窮萬物之萬殊也。」在陽明,言心一定關聯著物說,所謂大人「其心之仁本若是其與天地萬物爲一體」(《陽明文集‧卷六‧大學問》),此即天地萬物皆在我仁心精誠惻怛之感潤之中之意,而梨洲祇從「變化不測」處言心,則心爲道德的本心義不顯。在陽明,祇說本心能應物無方,常感常寂,不於心上說萬殊;而梨洲則言之。在陽明,本體與工夫必關聯著說,從本體發工夫,由工夫顯本體。而梨洲不說心即是本體,祇強調本體隨「工夫所至」而現;如是,則工夫所以可能之根據義不顯。陽明視心即是本體,亦可曰心體,心體自能起感應是非之用。窮理惟是充分體現本心之天理耳,並不曰「窮此心之萬殊」,當然更非「窮萬物之萬殊」也。由是知梨洲對「心」之體證,未盡貼合陽明也。

陳乾初亦蕺山弟子,但對蕺山之學已不相契,對宋儒言心言性,尤爲不滿。乾初曰:「『盡其心者知其性也』之一言,是孟子道性善本旨。蓋人性無不善,于擴充、盡才後見之也。如五穀之性,不藝植,不耘籽,何以知其種之美邪?」(《陳確集‧別集‧卷四‧瞽言三‧性解上》)性善之云,孟子既道之,諸儒多不敢違,但對性善之了解則有歧異。「盡其心者,知其性也」意謂:能充分體現本心者,就可以證知眞性之何所是;由證知眞性之何所是,即可見天道之爲一道德地創生之天,故曰「知其性,則知天矣」。(參見《圓善論》,頁131,《孟子》本章之譯文)性與天道皆因本心充分體現,得其客觀而眞實

之意義；卒也，心性天爲一，皆是本質地道德的。乾初則引之以言「擴充、盡才」乃見性善，顯非孟子之意。孟子道性善，乃肯定吾人之本心即是善的。本心即性，故曰性善。此由見孺子將入井，人人皆有怵惕惻隱之心可見。吾人須就此善端擴充之，以至乎其極。若非有此肯定，成聖成賢之可能即失其據矣。而乾初由五穀之藝植以見其種之善，以喻由擴充盡才乃見人性之善，知其所謂性，惟是才質之性；其所謂善，惟是美好耳，並無道德地善之義也。於此見乾初對孟子性善之義旨並未了解也。

乾初既不見吾人之有道德本心，由之以言性善，於是乃就氣情才方面言善。乾初曰：「氣清者無不善，氣濁者亦無不善，有不善乃是習耳」（《陳確集·別集·卷四·瞽言三·氣稟清濁說》）；「一性也，惟本言之曰天命，推廣言之曰氣情才，豈有二哉！由性之流露而言謂之情，由性之運用而言謂之才，由性之充周而言謂之氣，一而已矣。性之善不可見，分見於氣、情、才，情、才與氣皆性之良能也。天命有善而無惡，故人性亦有善而無惡；人性有善而無惡，故氣、情、才皆有善而無惡。」（同上，〈氣情才辨〉）乾初以天命、性與氣、情、才不二，此非圓融地言之，乃言二者本質上即是一者。如此所言之天命與性，皆落於氣上說。於此可見乾初所言之天命乃氣化之流行耳，所謂性衹是氣情才之結聚耳。如此之天命與性，豈有道德地善可言？無乃因孟子道性善，不敢背，遂曲從之邪？後戴東原言氣化之天道與氣性無不善，其來也有自；皆屬不見形而上的、純粹至善的性與天道之何所是，而又拘於孟子性善之說，所生之曲解。既肯定氣、情、才爲善，而人之有不善又是一事實，於是乾初乃以不善歸之習矣。殊不知吾人之由習而有惡，亦因氣、情、才之偏駁使然也。如是，則肯定氣、情、才本善，有何意義？

宋明儒嚴分天理人欲，此是一價值之分判。而乾初則反對此等分別，乾初曰：「人心本无天理，天理正從人欲中見。人欲恰好處，即天理也。向无人欲，則亦並无天理之可言矣。」（《陳確集·別集·卷五·瞽言四·無欲作聖辨》）由此可見乾初道德意識之薄弱，其對宋明儒所謂天理、人欲之內涵並不解，故以吾人之生理需求言人欲，而以欲求能品節不差言天理，戴東原天理、人欲之說正與乾初之所見無殊。

梨洲諍友潘用微著《求仁錄》，以通人我爲求仁之方，視宋明儒同於佛道，學者頗有然之者。用微云：「格物即格通身、家、國、天下」，「工夫切近，只在格通人我，隨時隨地，惟心之所到，一一格通，渾然深造天地萬物一體之

實地」;「渾然天地萬物一體者仁也,格通人我者恕也,格物全是恕,物格則仁矣。」「格物全在強恕反求,全是愛敬惻隱之眞心密運,強恕日篤,反求日密,當下人己渾然,如是深造而一日自得之,則渾然身、家、國、天下一體,齊家、治國、平天下,渾然吾身之事,自不得不汲汲皇皇,憂世憂民。若以默坐澄心爲學的,以活潑現成爲妙用,以了生脫死爲究竟,以長生自利爲全眞,則亦何貴乎此道,何貴乎此人哉?」(《求仁錄·辨淸學脈》)用微以「渾然天地萬物一體」言仁,顯然本諸明道、陽明,乃其意則有別。在明道、陽明,「渾然一體」祇是仁心之感潤無方,而用微則借以言吾身能與家、國、天下相通。求仁之方在格物,格物者,格通人我耳。格物即是恕,能格通人我,則視家、國、天下之事皆己之事,因能憂國憂民,此即仁也。仁必須落在與具體事物之格通上說,不可就本心之明覺說。以爲彼之默坐澄心、體證天理,及活潑灑然、當下呈現之儒者,與「以了生脫死爲究竟」之佛氏,及「以長生自利爲全眞」之老莊,皆不得與於仁恕之道也。「強恕反求」、「愛敬惻隱」之云本乎孟子;但在孟子,強恕反求乃是逆覺之工夫;而逆覺之所以可能,又必須肯定超越的本心。用微既不滿宋明儒體證天理之工夫,則其於本心不能把握可知。然愛敬惻隱豈能虛行?用微之說,看似堂皇,究是無本之論。戴東原之絜情,焦里堂之通情之說,用微已發其端矣。

梨洲弟子萬季野,傾心用微之學,李恕谷記萬季野自述云:「吾少從遊黃梨洲,聞四明有潘先生者,曰:『朱子道,陸子禪。』怪之。往詰其說,有據。」(《恕谷後集·卷六·萬季野小傳》引)又曰:「某少受學於黃梨洲先生,講宋明儒者緒言,後聞一潘先生論學,謂陸釋朱老,憬然於心。」(《顏氏學記·卷七,恕谷四》所引)用微朱道陸釋之說,足證其對前所云「強恕反求」、「愛敬惻隱」等不能體貼入微。季野亦碩學之士,既受學於梨洲,於陽明、蕺山之學,不應無聞,卻於儒學與佛老本質之異處未加深思,聞用微妄測之論斷,乃以爲「有據」而「憬然於心」,豈非斯文之不幸乎?

呂晚村始則與梨洲兄弟交遊,後因專宗程朱,與梨洲學問旨趣不合,遂生怨隙。晚村曰:「某尊朱則有之,攻王則未也。凡天下辨理道,闡絕學,而有一不合於朱子者,則不惜辭而闢之耳,蓋不獨一王學也,王其尤著者耳。」(《晚村文集·卷一·答吳晴巖書》)此明白表示聖學之傳在朱子,凡不合朱子者,皆所當闢;陽明於朱子最乖戾,故闢之尤力。此見晚村於王學成見之深,乃其於朱學亦未盡深造自得,不過挾朱自重耳。晚村曰:「今示學者,似

當從出處、去就、辭受、交接處，畫定界限，札定腳根，而後講致知主敬工夫，乃足破良知之黠術，窮陸派之狐禪。」（《晚村文集・卷一・復高彙旃書》）晚村不屈外姓，以爲學者當立定腳跟，於出處、去就、辭受，交接處嚴守分寸，斯非當時一班營苟諛媚之倫所能及。但若以爲必先如此之後乃講致知主敬，正是本末倒置。依朱子，欲出處、去就能得當，正須先從致知、主敬下工夫也。至若以爲陽明之言良知乃黠術，象山之言本心乃狐禪，亦足以反映當時學者對陸王之學隔閡之甚。

　　亭林親歷亡國之痛，嚴遵其母遺命，終身不屈於外族，持守多可觀，又學博識精，頗爲士林所推重；但對內聖之學實未深思精究，乃將明朝之覆亡歸咎於理學家，以爲其空談心性，敗壞國本，遂對心性之學大肆抨擊。其反宋明儒也，非自理論上駁斥之，乃在態度上一往以宋明儒學爲非耳。

　　亭林曰：「其（孔子）答問士也，則曰『行己有恥』；其爲學，則曰『好古敏求』。……今之君子則不然，聚賓客門人之學者數十百人，『譬諸草木，區以別矣』，而一皆與之言心、言性。舍多學而識，以求一貫之方。置四海之困窮不言，而終日講危微精一之說。是必其道之高於夫子，而門弟子之賢於子貢，祧東魯而直接二帝之心傳者也，我弗敢知也。」（《亭林文集・卷之三・與友人論學書》）一貫者，忠恕也，仁也，乃孔門立教之綱領，宋明儒闡明之，有何不可？僞《古文尚書・大禹謨》危微精一等理學家所謂十六字心傳者，固是雜糅荀子引《道經》之言與《論語・堯曰篇》之語而成，〔註2〕但在宋儒之說統中，有確定之義旨，爲修行工夫之要訣。人心、道心分立，工夫乃有著落，危微精一之云即使非《尚書》所原有，但宋儒借之所闡發的心性之學，並不誤也。此乃極本窮源之教，並非領此義後，即無事也。宋明儒講學重立本，涉及於客觀事功者相對較少，但利用厚生亦聖心之所涵、儒者之所願也。儒者必先尚德以立其本，有本有源之後，博學廣識，立功、立業，皆可以無病；否則學術足以滋奸，功業適爲濟利。亭林重視博學，提倡經世，皆未可非，但鄙薄心性之學，則淺識矣。且其所謂「行己有恥」，如何而可能邪？若

〔註2〕《論語・堯曰》載：「堯曰：『咨，爾舜！天之曆數在爾躬，允執其中，四海困窮，天祿永終。』舜亦以命禹。」《荀子・解蔽》云：「昔者舜之治天下也，不以事詔而萬物成。處一危之，其榮滿側。養一之微，榮矣而未知。故《道經》曰：『人心之危，道心之微，危微之幾，惟明君子而後能知之。』」僞《古文尚書・大禹謨》載：「帝曰：『來禹……天之曆數在汝躬，汝終陟元后。人心惟危，道心惟微，惟精惟一，允執厥中。』」

無克己自省之實功，眞能有恥者鮮矣。大凡重事功者亦知德行之重要，乃多不明如何方能保證德行之完美無失，往往是非善惡辨之不精，而事功亦未必眞能有成。

亭林最後作結論云：「以無本之人而講空虛之學，吾見其日從事於聖人而去之彌遠也。」（同上）所謂無本之人，當指不注重典章制度，不深究出處、去就、辭受、取與之務者，蓋此等事物，皆可徵實，故以爲有本。但其所謂本，在宋明儒視之，正是末也。宋明儒之所謂本，必落於道德的心體、性體上說；除此之外，並無眞正可以爲本者。所謂空虛之學，即指宋明儒平日所講習者。此等學問，貴在心領神會，踐形潤身，與「見聞之知」有本質之異；因其不可指實，故以爲空虛。亭林以爲空虛者，宋明儒卻以爲至實；象山云：「千虛不博一實，吾平生學問無他，祇是一實。」（《陸九淵集・卷三十四，語錄上》）實者實理也。內有實理，則其發於外也，即成實事。吾人豈不可於此心之能自作主宰、知是知非處言其實邪？所謂實，豈定須於經驗之事象上言之，而不可自超越的道德心上言之邪？依宋明儒觀之，惟本心天理方是至眞至實者，以其乃絕對者，必然者，百世不可易者。而森羅萬象則隨時變易，並不能眞成其爲實也。此見亭林於宋明儒之所謂本末，所謂實理實事皆不能領會。因以其人爲無本，以其學爲空虛也。

亭林主博學於文，而朱子言自家講學，在尊德性與道問學兩方面中，道問學居多（見〈答項平父書〉）；亭林以爲朱子治學之方與己相近，故於宋明諸儒中，對朱子尚保持若干敬意。亭林曰：「惟絕學首明於伊雒，而微言大闡於考亭；不徒羽翼聖功，亦乃發揮王道；啓百世之先覺，集諸儒之大成。」（《文集・卷之五・華陰縣朱子祠堂上梁文》）此祇是表面恭維之言，其實亭林對宋明儒所繼之絕學、所闡之微言，並無實見，卒視之爲禪。亭林曰：「然愚獨以爲理學之名，自宋人始有之。古之所謂理學，經學也，非數十年不能通也，故曰：『君子之於《春秋》，沒身而已矣。』今之所謂理學，禪學也；不取之五經，而但資之語錄，校諸帖括之文而尤易也。」（《文集・卷之三・與施愚山書》）既曰宋以前無理學之名，復曰古之所謂理學云云，殆行文之間一時失審。其實理學之名亦稱於後，宋儒視其所講習者乃孔孟之道耳。亭林蓋以爲：古時惟有經學，而無宋儒所講之理學。宋儒所講之理學，不本於五經，祇由禪宗轉來，而與經學大異其趣。理學人人能言，較習時文尤易。亭林以「禪學」加諸宋明六百年之儒學，且低視之，更不深究二者之基本差異，可謂失

之輕率。即就禪學言，精熟之亦非易事，安可與時文相較？是後反宋明心性之學者，多輕口譏彈其爲禪矣。

亭林曰：「五胡亂華，本於清談之流禍，人人知之。孰知今日之清談，有甚於前代者！昔之清談談老莊，今之清談談孔孟。未得其精而已遺其粗，未究其本而先辭其末。不習六藝之文，不考百王之典，不綜當代之務。舉夫子論學論政之大端一切不問，而曰一貫，曰無言。以明心見性之空言，代修己治人之實學，股肱惰而萬事荒，爪牙亡而四國亂。神州蕩覆，宗廟丘墟。」（《原抄本日知錄·卷九·夫子之言性與天道》條）士人當以天下爲己任，但在專制政體下，其抱負能否得伸，則有命存焉。司馬氏自相殘殺，削弱元氣；知識分子周旋其間，動輒得咎，爲免禍全身，不得已而託其生命於清談，其情可憫。將永嘉之禍，不歸咎於司馬氏之刻狠，而歸咎於清談，無乃責此者重而責彼者輕乎？明代宦官亂政較東漢、唐代爲甚，朝廷善類輒遭凌逼構陷，人君爲所要挾。不咎朝廷之污濫，乃責儒者之講學。試問：儒者於此等政治環境下，能有多大作爲？社稷顛覆於異族之罪，理學家誠不能一肩挑起也。亭林對時代問題所見如此，誠不如梨洲自政權轉移方法之反省爲得其要也。

依亭林觀之，「習六藝之文」、「考百王之典」、「綜當代之務」，雖是粗、末，卻有實際功效；今之學者乃遺之。性與天道雖是本、精，但乃夫子所不言，子貢所不得聞者，而今之學者必究之，其枉費心機也必然，於是流於空談無根。其實惟「以仁存心，以禮存心」以端正言行方是「得其精」與「究其本」，所謂一貫，所謂無言，當就此說，《易傳》所謂「默而成之，不言而信，存乎德行」（〈繫辭上〉），是也；而亭林一概否定之，以爲孔子所言「論學、論政之大端」方是眞實有據之學。其著於聞見、事功之講求，而不自德性立根基之態度，實甚顯然。夫經世功業之講求未爲非，而遂不容講正己成人之學，則非所宜也。「明心見性」一語在禪宗可說，在儒家亦可說，祇須依各家之義理系統理解即可。就儒家言，「明心見性」與「修己治人」並不衝突。果能「明心見性」矣，「修己治人」即有一正確方向指引，不致偏差；否則難免徇私，而修己治人之功亦不能必然有成矣。宋明諸大儒多位卑官微，但在其責任範圍內，亦皆有相當治績，誠非所謂空談心性者。然依亭林視之，明心見性之說對修己治人之功有害，故竭力打翻之。此或因見若干王學末流之狂態，有感而發。但以之統括宋明諸大儒所講習，以爲彼等皆空談心性，無關修己治人，則矯枉過正矣。

船山以爲性命非本全，乃有生之後，日受於天而日生者。船山曰：「『天命之謂性』，命日受則日生矣。目日生視，耳日生聽，心日生思，形受以爲器，氣受以爲充，理受以爲德。取之多用之宏而壯，取之純用之粹而善，取之駁用之雜而惡，不知其所自生而生。是以君子自彊不息，日乾夕惕而擇之守之，以養性也。於是，有生以後，日生之性益善，而無有惡焉。若夫二氣之施不齊，五行之滯於器，不善用之則成乎疵者，人日與偷暱苟合，據之以爲不釋之欲，則與之浸淫披靡，以與性相成，而性亦成乎不善矣。」（《尚書引義・卷三，太甲二》）此則一方面言目之於視、耳之於聽、心之於思等性受於天而日生，一方面則言吾人當擇其精，以養其性，使歸於善而免於惡。一則宇宙論地說吾人日受新性；一則工夫論地言吾人當愼於擇守。其意殆以爲，天所降於人之各種性皆有成爲善或惡之可能，亦即吾人性之善惡非先天決定者，天祇是降下性之功能予我，至於其成爲善惡則由我決定。我若取用得當則成善，取用失當則成惡，是以君子必須「自彊不息，日乾夕惕」，使「日生之性益善，而無有惡焉」。但此等工夫若欲見效，必須肯定有一道德動力之源，此豈非指向孟子所說之本心良知，以之爲善惡之最高判準與成就德性之終極根據乎？孟子、陽明自本心良知所開之道德實踐工夫，船山亦不能逃也。但船山不於此說心說性，而僅以思考之功能言心，並就吾人各種感官之功能言性，工夫則另端說。然若不肯定一超越的本心，則「自彊不息，日乾夕惕」祇是一時血氣之發動，而不能持久，則日生之性成爲善亦無必然之保證矣。當知成善成惡祇在覺與不覺之間耳，克己自反爲覺，徇私從流爲不覺。克己自反惟有從本心性體上下工夫，而非吾人認知地擇之、存有論地守之所能爲功也。於此見船山對良知本心、自由意志等道德主體並未參透，故亦不能有效地建立道德哲學。蓋船山於學術上之成就，主要在歷史哲學，而不在道德哲學也。

船山平生最服膺橫渠，但其對橫渠之理解，亦未盡的當。橫渠以神爲形氣之主宰，有妙化萬物之功。所謂「惟神爲能變化，以其一天下之動也」（《正蒙・神化》），意在說明神實超乎形氣之外而爲其主宰。「散殊而可象爲氣，清通而不可象爲神」（《正蒙・太和篇》），可見神與氣有本質之異。而船山釋之云：「太和之中，有氣有神。神者非他，二氣清通之理也。不可象者，即在象中。」（《正蒙注・卷一》）神是二氣自身清通之理，而非妙運二氣者，與橫渠視神爲氣之本體者異矣。知船山不過借橫渠之言以發揮自家之思想耳，實未盡合橫渠也。

顧、黃、王皆不事外姓，皆有非常之志節，在學問方面咸足以俯仰百世。亭林敬朱子，但對理學之抨擊不遺餘力；梨洲尊陽明，但對良知本心之體貼未盡浹洽；船山宗橫渠，但儒家理想主義之精神掩翳不彰。

顏習齋初好陸王，未幾，學程朱而言之篤；後皆非之，以爲徒耗精神，乃提倡力行。而其所謂力行，又以習禮、樂、射、御、書、數六藝以見之行爲主。此則不見學術思想對人生之價值。夫提倡力行亦可，惟須先立本。乃食古拘泥，內之，不關乎道德性命；外之，不應乎時代需要，其學之速衰也有故。

習齋曰：「僕嘗有言，訓詁、清談、禪宗、鄉愿有一，皆足以惑世誣民；而宋人兼之，烏得不晦聖道、誤蒼生至此也。僕竊謂其禍甚於楊墨，烈於嬴秦，每一念及，輒爲太息流涕，甚則痛哭。」（《習齋記餘·卷三，書·寄桐鄉錢生曉城》）觀此，知習齋昔之篤信程朱者，祇是一時興會耳。斥宋儒者如亭林之流，僅以清談、禪宗視之，未嘗以訓詁、鄉愿非之者，而習齋則以爲宋儒兼四者而有之，足以誤盡天下蒼生。然則多聞博學、克己自省亦非矣，此誠學術之大反動也。對儒、釋、道三家之義理既無心解，又厭章句訓詁，卒必廢書不觀，自絕靈思，惟假力行之美名以文之耳。

習齋曰：「道者，人所由之路也，故曰『道不遠人』，宋人則遠人以爲道。」（《四書正誤·卷四》）此是取道之本義以非宋儒形而上之「道」義，自不足以難宋儒。後戴東原亦以行言道，與習齋執實之意同。習齋復曰：「理者，木中紋理也，指條理言。」（同上，卷六）東原對「理」字之規範，殆有取於習齋之義也。

習齋反對程朱理善而氣有惡之說；不知程朱所言之理，乃超越的、絕對的，本無善惡之相可言，故爲至善。而氣則是經驗的，有偏駁，故有善有惡。習齋以爲孟子言性即指氣質而言，故曰氣質爲善 —— 後之戴東原亦作如是觀。習齋曰：「若謂氣惡，則理亦惡；若謂理善，則氣亦善。蓋氣即理之氣，理即氣之理，烏得謂理純一善而氣質偏有惡哉！譬之目矣，眶、皰、睛，氣質也；其中光明能見物者，性也。將謂光明之理專視正色，眶、皰、睛乃視邪色乎？……光明能視即目之性善；其視之也，則情之善；其視之詳略遠近，則才之強弱：皆不可以惡言。……惟因有邪色引動，障蔽其明，然後有淫視，而惡始名焉。」（《存性編·卷一·駁氣質性惡》）由是知習齋將感官之質看作氣，將感官之能看作理，有某種之質必有某種之能，是故質、能之爲惡爲善

當一致，不可歧而分之。由此以斥宋儒理善氣不必善之說。夫感官之質能乃道德地中性者，原無善惡可言，如目之能視，豈可因其能視遂謂此為道德地善乎？善惡固可由外在之視聽言動以徵驗，但善惡之本質則不就此說，而就吾人能否存其心說。習齋以感官之能言理善，以感官之質言氣亦善，豈足以駁朱子哉？習齋既曰吾人感官之質能為純善矣，但惡之存在是一事實，乃以邪物之引誘說明惡之來源。如是則惡由外物所致，而非我所能完全負責矣。

習齋雖言惡源於外，但為善為惡仍在我對外物之態度是否得當。習齋曰：「氣質偏駁者易流，見妻子可愛，反以愛父母者愛之，父母反不愛焉，……皆非其愛之罪，誤愛之罪也。……耳聽邪聲，目視邪色，非耳目之罪也，亦非視聽之罪也；皆誤也，皆誤用其情也。誤始惡，不誤不惡也；引蔽始誤，不引蔽不誤也；習染始終誤，不習染不終誤也。」（《存性篇・卷二・性圖》）如是，則惡之源在我之誤用其愛，惡用其情；在吾之甘受引蔽、習染，則惡仍當歸咎於我，而不可全咎於外物之引動矣。如此解釋惡之起因，較上所說者為佳。但吾人何以會誤用其情，誤用其愛，會有引蔽習染，此則須由宋儒所言氣質有偏雜以說明之，但氣質有偏雜之說又習齋所不許者。習齋以為吾人若能不誤用其情愛、不受引蔽習染即能免於惡，而保有原來理氣之善，但吾人如何方能有效地避免誤用其情愛，並免於引蔽習染之害乎？使吾人免於誤用情愛、免於引蔽習染之根據究竟安在哉？此非習齋所能解答，亦非其所能覺了，於是德行之修養，終成無根，而不能保證其必然有效矣。是故德行之修養不得不落於外在行為之整飭上說。「與門人習禮畢，謂之曰：『試思周旋跪拜之際，可容急躁乎？可容暴慢乎？禮陶樂淑，聖人所以化人之急躁暴慢，而調理其性情也。致中和以位天地、育萬物者即在此。』」（《顏習齋先生言行錄・卷下・學問第二十》）禮樂之陶冶，周旋跪拜之從容，亦是聖人之教，但若謂聖人之教盡於此，則非是；借此以非講心性之學者，尤非是。大抵對心性之精微無所見者，輒借實行實事以譏宋明儒之空談心性。不知實行實事是常行，宋明儒亦不能外之；而宋明儒之所以卓犖處，則非彼之所能窺者。

濂溪曰：「聖人定之以中正仁義而主靜，立人極焉。」（〈太極圖說〉）習齋以為靜則不能成事，欲強身強國，惟有靠動。習齋曰：「三皇、五帝、三王、周孔，皆教天下以動之聖人也，皆以動造成世道之聖人也；五霸之假，正假其動也；漢唐襲其動之一二，以造其世也。晉宋之苟安，佛之空，老之無，周、程、朱、邵之靜坐，徒事口筆，總之皆不動也，而人才盡矣，世道亡矣。

吾嘗言：一身動則一身強，一家動則一家強，一國動則一國強，天下動則天下強；益自信其考前聖而不謬，俟後聖而不惑矣。」（《顏習齋先生言行錄‧卷下‧學須第十三》）佛、老之空、無，宋儒之主靜，其內涵如何，習齋實未之知。宋儒之主靜豈是槁木枯枝，兀然不動邪？將晉之傾歸咎於佛老之言空無，宋之顛歸咎於宋儒之主靜，與顧亭林之見相去不遠；此皆不衡量政治情勢，而求備於士人之過也。漢、唐固皆具原始活力以有天下，以成盛世；但漢初諸侯擾攘，非靜不足以養民生息，是以假黃老以致治。若動而不靜，伸而不屈，民何以堪。唐則以才力開國，才力衰則天下隨之亂，才力之不足恃也如是；習齋祇見其一而不見其二也。強身強國固須動，但動不能必保證身之無恙、國之安治。小之一身，大之一國，若徒騁力氣而無含斂之功，其不流於狂馳以至於覆亡者幾希矣，可不深戒之哉？

習齋雖尚事功、重力行而輕講學，但亦有一套收斂身心之方，此即所謂習恭。「游馬生學，教之習端坐功，正冠整衣，挺身平肱，手交當心，目視鼻準，頭必直，神必悚，如此則扶起本心之天理。天理作主，則諸妄自退聽矣。」（《顏習齋先生言行錄‧卷上‧學人第五》）此乃欲透過儀容之整肅、心氣之凝斂，使妄念不起；如是之工夫，又與程朱所言之「敬」相去不遠矣。「扶起本心之天理」以使「天理作主」之云，足見習齋少時所習朱、陸之影子並未全然揮去。於此見習齋之斥宋明儒，祇因對心性之學見之不真，而又唯用是視所致；至其平日用功之方，實不能外於宋明儒也。

李恕谷從學習齋，論學亦尚功用，與習齋略似，但兼習考訂，較之習齋並訓詁亦排斥者，門徑略廣矣。習齋反宋明儒理氣之分，恕谷亦然；但習齋重言理氣皆善，恕谷則重言理在於事。恕谷曰：「在天在人通行者，名之曰道。故小人別有由行，亦曰『小人之道』。理字聖經甚少，《中庸》『文理』與《孟子》『條理』同，言道秩然有條，猶玉有脈理，地有分理也。《易》曰『窮理盡性以至於命』，理見於事，性具於心，命出於天，亦條理之義也。今乃以理代道，而置之兩儀人物以前，則鑄鐵成錯矣。」（《顏氏學記二‧卷五‧恕谷二‧傳注問》）此係將典籍中凡言及理者皆視作同義，以為理惟文理、條理一義耳。文理以物言，條理以事言，皆可以指實，由之以反對宋儒，以為其憑空說理，不合理字原義。夫宋儒言理，自有其殊義，非屬文理、條理之範圍。若必以此非彼，是不承認文化思想可以推進，而自居於原始之樸實也。況宋儒之言理，於先秦並非無據乎？後來戴東原對理之取義，同於恕

谷而更加衍伸；東原殆有聞於恕谷之說者，不然，二者之言理也，何以如出一口乎？〔註3〕文理、條理可以言理，性理亦可以言理，祇須了解其各別之義涵即可，何必自設封限邪？

　　程綿莊於恕谷南遊時，屢過問學，推崇習齋為五百年間一人。綿莊曰：「恕谷云：『聖門惟重學禮，宋儒惟重去私，學禮則明德、新民俱有實功，故曰「天下歸仁」，去私則所謂至明健者只與私欲相爭，故履中蹈和之實事，絕無一言及之，去聖經之本旨遠矣。』蒙按：去私欲即孟子寡欲之說，不可謂非聖賢所重，然以為克己正解則不可。且天下之為仁禮害者，又豈惟私欲哉？凡性質之過剛過柔，與智識之浮游昏塞者，舉在其中，非私欲之所得而盡也。」（《顏氏學記・卷九・綿莊・論語說》）宋儒解己為私欲，禮為天理，勝私欲以全天理，此是德性修養之最基本原則。而恕谷以為若言去私，則有至明至健者與私欲相爭之病，不若祇言學禮，學禮方能成就履中蹈和之實事。此等意見，乃因對道德修養之實功無體驗而然，是以將進德之事全化歸為外在行為之整肅。綿莊以為去私欲即孟子所謂寡欲，似是矣；但又以為不可作克己之正解，然則克己將作何解乎？後來戴東原進一步將私與欲分開，主去私而不主去欲。所謂「性質過剛過柔，與智識之浮游昏塞」皆足為仁禮之害，是也；但此即是氣質之偏駁與教養之不足。以為學禮方能盡包一切德行之修養，而去私欲祇得一偏，此是指實語，非究竟語。禮之表現若欲真實無妄，不徒為外在之虛文，將從何處下手乎？凡無心性之實功者，輒強調禮數節文之重要；不知禮數節文宋明儒亦不廢，但本末精粗自當有別。

　　綿莊又曰：「天理二字，始見於〈樂記〉，猶前聖之言天道也。若〈大傳〉之言理，皆主形見於事物者而言；故天下之理、性命之理，與窮理，與理於義，皆文理、條理之謂，無指道之蘊奧以為理者。宋人以理學自命，故取〈樂記〉天理人欲之說以為本原。至此章夫子分辨禮與非禮，以告顏子，乃唐虞

〔註3〕　胡適之曰：「我們至今不曾尋出戴學與顏李有淵源關係的證據。我個人推測來，戴學與顏學的媒介似乎是程廷祚。程廷祚二十歲後即得見顏李的書；二十四歲即上書給李塨，並著《閒道錄》。時在康熙甲午，自此以後，他就終身成了顏李的信徒，與常州的惲鶴生同為南方顏李學的宣傳者。程廷祚是徽州人，寄籍在江寧，戴震二十多歲時，他的父親帶他到江寧去請教一位同族而寄寓江寧的時文大家戴瀚。……戴震入京之後，他曾屢次到揚州，都有和程廷祚相見的機會，……他屢次在江寧鄉試，也都可以見著程廷祚。況且程廷祚的姪孫程晉芳是戴震的朋友，戴氏也許可以從他那邊得見程廷祚或顏李的著作。」（《戴東原的哲學》，頁18）

以來教學之成法，實有所事，而與言渾然一理者不同。《集註》自不應混以〈樂記〉之說，豈諸君子於夫子言禮而不言理之故，猶不能無疑也與？」(《顏氏學記二·卷九·綿莊·論語說》) 以上先辨〈樂記〉所謂「不能反躬，天理滅矣」之天理與《易傳》言理之不同，以為前者指渾然一理之天道，後者指事物之條理與文理。孔子告顏淵「克己復禮」、「非禮勿視」之禮乃實有所事者，不可混以〈樂記〉之說。亦即此處所說者，同於《易傳》而異於〈樂記〉。夫〈樂記〉所言之天理，宋儒將其看作定然不易的法則；「天理滅矣」之云，謂人苟不依循道德法則，則人格性之尊嚴不挺立，與禽獸無以異矣。如此所言之理，與《易傳》「性命之理」與「窮理」所言之理當同指；綿莊必欲分之，以為《易傳》所言者祇是事物之條理，無奈太著實乎？且所謂「天下之理」，猶云天下一般事物之理則，與「窮理」、「性命之理」所言之理亦有距離，前者虛而後者實。「理於義」謂以義為理，理作動詞用，與前二者作名詞用者又別。而綿莊概以條理、文理言之，實失之粗。再者，〈樂記〉「天理」就個體而言，而綿莊則以就宇宙全體言之天道釋之，亦不切。但綿莊尚能見〈樂記〉所言之天理與條理、文理有異，至戴東原遂一條鞭地以條理、文理看典籍之言理者，而〈樂記〉所言之天理亦在其中矣。

孫夏峰、李二曲制行皆可觀，二人雖宗陽明，但承東林派之調和態度，蓋欲兼取朱、王之長以助其踐履之實功。然亦因此故，於朱、王之學皆未能盡，何者為聖學之本質工夫，何者為其輔助工夫亦不甚能辨。夏峰曰：「文成之良知、紫陽之格物，原非有異。如主文成，則天下無心外之物，無物外之心；一切木礫瓦石，一覽即見，皆因吾心原有此物。起一念事親，則親即是物；起一念事君，則君即是物：知與物不相離者也。如主紫陽，則今日格一物，明日格一物，詩書文字，千言萬語，只是說明心性，不是靈知原在吾心，如何能會文切理，通曉意義？且一旦豁然，則格物即是知物，物物皆知，水月交涵，光光相射，不復辨別格之與致矣，此亦知與物不相離者也。識得知與物原不相離，則致知有致知之工夫，虛中澄湛，不染一塵，內外皆忘，物我並照；格物有格物之工夫，隨事察識，因類旁通，鏡古知今，達權通變。然而終不得言先後者，致時已涵物之理，格時適見吾固有之靈而已。」(《清儒學案·卷一，夏峰學案·四書近指》) 陽明與朱子對內聖之學體悟有異，因而形成不同之思想系統，此係一般之常識，無論治朱子或陽明之學者，大體皆能把握分寸，不相踰越，於是進德修業，有所依循。夏峰乃言陽明與朱子

原非有異，則其於二家皆未深解可知。陽明言致良知之天理於事事物物，而事事物物皆得其理，乃是從心性本源上用功，謂良知一旦呈現，吾人之行爲莫不歸於正。良知是吾人之大總宰，亦是造化之精靈。「天下無心外之物」係就良知之神感神應、體物不遺說；而夏峰乃以「一切木礫瓦石，一覽即見」說之，則良知與識心又何異乎？天下無心外之物，物因明覺之感應而呈其相，不感應則歸於寂；焉得曰「吾心原有此物」？陽明之言物也，多指事說。事君、事親皆其所謂物也，而夏峰乃專以親、君言物，可見其於陽明所謂物之內涵不深知。「知與物不相離」，畢竟是吾人良知之明覺感應外物乎？抑是吾人之識心覺知外物乎？前者爲陽明之本旨，後者爲夏峰之理解。由是知夏峰所謂知，實即識心之靈耳，與陽明所言之良知固有距離也。

　　至若朱子之言格物，主要目的仍在以吾心知之靈窮究事物超越的所以然之理，不單是以吾之靈知，以「會文切理，通曉意義」也。格物之至，可使「吾心之全體大用無不明」，而夏峰以「水月交涵，光光相射」喻之，實嫌過當。依此以言「知與物不相離」，並視作與陽明無異，豈非大混亂。由「虛中澄湛，不染一塵，內外皆忘，物我並照」之云，知夏峰所了解之致知，祇是一神識之虛靈圓轉耳，此豈有陽明致吾心良知之天理於事事物物之意乎？「隨事察識，因類旁通，鏡古知今，達權通變」亦祇是心知之通徹事理耳，豈有朱子窮究事物所以然之理之歸乎？格物與致知，在夏峰看來，總是一神識之靈活運轉，無異乎其視陽明之致知與朱子之格物相涵，以爲二者「原非有異」也。由是觀之，夏峰實有其自得之學，與陽明、朱子皆不類，不過以其虛靈之神識以融通朱子明察通徹之心知與陽明覺潤無方之良知耳。夏峰雖宗陽明，但其所謂虛中澄湛之靈知實與朱子所謂虛靈不昧之心氣相近也。

　　二曲爲學，特重悔過一義，踐履工夫殊深，其論朱、王，以爲須兼容並蓄，取二者之長而去其短。二曲云：「姚江當學術支離蔽錮之餘，倡致良知，直指人心。一念獨知之微，以爲是王霸義利人鬼關也。當機覿體，直下令人洞悟本性，簡易痛快，大有功於世教。而末流多玩，實致者鮮，往往舍下學而希上達，其弊不失之空疏杜撰鮮實用，則失之恍惚虛寂雜於禪，故須救之以考亭。然世之從考亭者多闢姚江，而竟至諱言上達，惟以聞見淵博，辯訂精密爲學問之極則，又矯枉失直，勞罔一生，而究無關於性靈，亦非所以善學考亭也。即有稍知向裏者，又祇以克、伐、怨、欲不行爲究竟，大本大原類多茫然。必也以致良知明本體，以主敬、窮理、存養、省察爲工夫，由一

念之微致慎，從視聽言動加修，庶內外兼盡，姚江、考亭之旨不至偏廢，下學上達，一以貫之矣。故學問兩相資則兩相成，兩相闢則兩相病妨。」（《李二曲全集・卷十五・富平問答》，頁 4）以上論朱、王末流之病，甚是，對陽明致良知之理解，亦較夏峰為得體。陽明之倡致良知也，特重「致」字，「致」重向前充盡；即使說向後返，亦是在盡中返，而不是獨守良知之孤明也。直揭本心，令人當下醒覺，祇是初階，此後大有工夫在。二曲於致良知教，實有一間未達處。再者，致良知教本身無病，其所以有末流之失者，是人病，非法病。而救之之方，當以蕺山之慎獨之學為是，而二曲乃曰須救以考亭。夫陽明之倡致良知，乃有見於朱子於聖人之學為支離而然，今乃謂朱學足以救陽明末流之失，可乎？欲挽王學末流之失，惟有復王學之本來面目，或轉向蕺山一路，其它皆非正途也。二曲亦知以朱學救王學之失，易流於徒事博聞考訂，而「無關於性靈」，「大本大源類多茫然」，故主兼取其長。「以致良知為本體，以主敬、窮理、存養、省察為工夫」之云，看似周密無缺矣，實則有病。就致良知教言，知是本體，致良知是工夫，由本體發工夫，而工夫乃所以顯本體也。即工夫即本體，即本體即工夫，體用不二。陽明之致良知教，本體工夫全備，更不必假手其他工夫。「主敬、窮理、存養、省察」即使亦可言工夫，亦祇是助緣，而非致良知教本質之工夫。主敬、窮理、存養、省察乃程朱之主要工夫，但卻不能全盤移至致良知教中使用，因前者重在後天心氣之凝斂，後者重在先天智心之呈現，工夫層次不同也。二曲誠見得王學末流之病，乃欲以朱子之工夫救之，看似可從，實則混淆。

「由一念之微致慎，從視聽言動加修」，前者當指王學之長，後者當指朱學之長。但此二句實不足以分別王、朱學之殊勝處。朱子非不致慎於一念之微，陽明亦非不加修於視聽言動也，凡此皆是修養之常行，不可定說何者屬誰之長。從「內外兼盡」一語中，知彼以為陽明乃用心於內，而朱子則用心於外者，此亦非朱、王所願當也。朱子之主敬豈不用心於內乎？陽明之致良知豈不照管言行乎？朱、王之學皆由內以達外，不過思想系統有異，工夫進路因以別耳。

「學問兩相資則兩相成，兩相闢則兩相妨。」「兩相資」之云，在一般知識之攝取中或可用，在心性之修養工夫方面未必得當。朱、王雖各有其工夫進路，但不能無高下之分。象山、陽明誠見得朱子之說偏離聖學本旨，故承孟子，發揮立本心、致良知之義以扭轉之，使歸於正。內聖之學若有確定之

內容，則其所用之工夫亦當是確定者。如是，則象山、陽明之學本身工夫自足，而不必取資於朱子也。朱子若一旦把握內聖之學之本質，則必用象山、陽明之工夫，而非祇旁取之也。

二曲雖極力調和朱、王，但對二家之了解未盡浹洽。以孔孟之學為準，朱、王之造詣孰高孰下，彼亦不明透。如是而言調和，卒將使二家之學脈皆模糊。

明末清初傳程朱之學者，以陸桴亭為巨擘。桴亭恪遵朱子格物窮理義，亦頗採周、張、程之言，但對陸、王時有微詞。「武箴問：象山不取伊川格物之說，以為隨事討論，則精神易敝；不若但求之心，心明則無不照，如何？曰：隨事討論亦是心去討論，至曰心明則無不照，所照者何物？亦即隨事精察也。先儒論道，雖各持一論，要之，實相通貫，其彼此交譏者，未免有勝心也」。（《思辨錄輯要・卷之三・格致類》，頁 68）以上將象山本心潤物之意理解為隨事精察，以為與伊川格物說相貫通，此見桴亭所見之心惟是認知心耳，於象山直承孟子而言之本心實未之知。問者以為象山主張「心明則無不照」，而反對「隨事討論」，已不能盡得象山之意。桴亭更混而一之，以為象山之學，不能逃於程朱，並言象山之譏程朱為有勝心，則非但不足以釋問者之惑，且形成一大混淆。

「問：程子『一草一木亦有理』之說，如何？曰：草木陰陽五行之所生，陰陽五行不可見，而草木則可見，故察其色，嘗其味，究其開落死生之所由，則草木之理皆可得。《本草》所載，〈月令〉所記，皆聖人窮理之一端也。要之，此皆聖人心體潔淨，知識通明，觸處洞然，故能如此。今人為情欲聲色所汩沒，心體窒塞，即萬物當前，往往視而不見，聽而不聞，食而不知其味，何能格物」。（《思辨錄輯要・卷之三・格致類》，頁 68～69）本段旨在伸張程朱格物之義。依桴亭之理解，格物祇是感官攝物之不謬與心知推考之得當耳。而所以然者，則係「心體潔淨，知識通明」，因能「觸處洞然」，此即程朱所謂心靜理明也。欲達斯境，依程朱，除多用心推考外，居敬集義為基本功夫，惟有使心氣凝斂而不外散，方能不汩沒於聲色之中，常保心知之清明。心知清明然後於事物方能觀察入微，於天理方能確實把握。而桴亭則祇重在心知之精察物理，則於程朱之學之究竟，尚未了澈也。

「問：禪家最喜言悟，理學家多不喜言悟，間有喜言悟者，如宋時陸象山、楊慈湖，我明陳白沙、王陽明，儒者又詆為禪學，畢竟悟字境界是有是無？曰：

悟字境界，安可謂無？凡體驗有得處皆是悟；只是古人不喚作悟，喚作物格知至。古人把此個境界看得平常，禪家卻於此換個悟字。悟者如醉方醒，如夢方覺，字義儘是警策；但儒者悟後只自平常，禪家便把悟作希奇道路。又儒之所悟者實，禪之所悟者虛，所以悟者不同，其實悟之境界則未嘗無也。象山諸公，學術近禪，只爲矜這一箇悟字。」（《思辨錄輯要・卷之三・格致類》，頁 77～78）在修養過程中，欲超凡入聖，總須經過一番徹悟，此在儒釋道三家皆然，悟固不可憑空而得也。陽明之證悟良知，自艱辛之學思歷程中得來，即是一例。此非對一般事理之了解，乃是生命境界之超越翻轉。桴亭宗程朱，殆未嘗經歷此境，故將程朱所謂物格知至等同於悟，殊爲不妥。悟後萬事歸於平平，更無緊張執著之相。桴亭以爲儒者悟後祇是平常，是也；但曰禪家視悟爲希奇，則非。蓋禪家爲啓學者，往往權且故作姿態；既悟，則歸平常；此等平常乃無心爲道之常。「儒者所悟者實，禪之所悟者虛」，此見桴亭於儒佛界分略有所見；但若將「實」祇看作對一般事物之理解，將「虛」看作希奇幻怪，則非。「象山諸公學術近禪」之云，見桴亭對陸、王之學與禪學之內容混淆不清。象山以爲其所說者皆是實理實事，言禪是「平地起土堆」，〔註4〕則其於儒禪界限實有分明之見；豈可因一言乎悟便以爲近禪邪？

張楊園初自陽明入，後乃專宗程朱，亦嘗學於蕺山。楊園曰：「吾人一日之間能隨時隨事提撕警覺，便不到得汨沒。」（《楊園先生全集》，頁 736）由是可見楊園頗得力於程朱主敬之功；但若以爲聖學工夫止於此，則未之盡。楊園復曰：「世儒功夫，只說求心；至於威儀、容貌、言語、行事，概以爲外而不知檢點，此禪學阬阱，人皆習而不察也。」（同上，頁 686）足見其所重者，惟是外在言行之約束，而視「求心」者爲不知檢點，爲入於禪。楊園曰：「朱子精微，象山簡率，薛、胡謹嚴，陳、王放曠，今人多好象山，不樂朱子，於近代人物，尊陳、王而詘薛、胡。固因人情便簡率而苦精詳，樂放曠而畏謹嚴，亦緣百餘年來承陽明氣習。」（同上，頁 716）其意以爲陸、王簡率、放曠，故爲世人所喜，朱子及宗之者精微、謹嚴，故不爲世人所樂。則朱、陸學思價值之高下豈不昭然？陸、王之學彼視爲如此粗俗，無怪乎初學不久即放棄之矣。楊園曰：「姚江良知二字，特其借用名目，其意只欲佐成直

〔註4〕 象山曰：「釋氏立教，本欲脫離生死，惟主於成其私，此其病根也。且如世界如此，忽然生一箇謂之禪，已自是無風起浪，平地起土堆了。」（《陸九淵集・卷三十四，語錄上》）

捷徑情之說耳。因孟子有『不學而能，不慮而知』之語，故借之作證佐，實未嘗服膺孟子也。」（同上，頁 684）陽明之學純然是孟子學，陽明而不服膺孟子，則誰服膺之乎？孟子由良知良能言性善，自擴充本心說工夫，此是孟子學之靈魂，陽明則據之以言致良知，有何不可？凡不理會陸、王之學者，見其發揮孔、孟義旨，輒曰假借其名而易其實。但楊園祇言陸、王假借孟子，而爲「禪學阮阱」，至戴東原則逕以陽明爲禪，而以程朱爲假借孟子矣。

　　清初尊程朱者，以陸稼書最幸，從祀孔廟兩廡。錢穆曰：「稼書之學，實自呂晚村，晚村得之張楊園。」（《中國近三百年學術史》上冊，頁 263）稼書於朱子持之甚堅，而攻陽明至烈。稼書曰：「陽明以禪之實而託于儒，其流害固不可勝言矣。然其所以爲禪者如之何？曰：明乎心性之辨，則知禪矣；知禪則知陽明矣。今夫人之生也，氣聚而成形，而氣之精英又聚而爲心。是心也，神明不測，變化無方，要之亦氣也；其中所具之理，則性也。故程子曰：『性即理也』。邵子曰：『心者性之郭郭。』朱子曰：『靈處是心，不是性。』是心也者，性之所寓，而非即性也；性也者，寓于心而非即心也，先儒辨之亦至明矣。若夫禪者，則以知覺爲性，而以知覺之發動者爲心。故彼之所謂性，則吾之所謂心也；彼之所謂心，則吾之所謂意也。其所以滅彝倫，離仁義，張皇詭怪，而自放于準繩之外者，皆由不知有性，而以知覺當之耳。何則，既以知覺爲性，則其所欲保養而勿失者，惟是而已。一切人倫庶物之理，皆足以爲我之障，而惟恐其或累，宜其盡舉而棄之也。陽明言性無善無惡，蓋亦指知覺爲性也。其所謂良知，所謂天理，所謂至善，莫非指此而已。」（《學術辨·辨中》）以上所言，有立有破，立者闡述程朱之要，破者攻擊陽明之非。朱子以氣之靈處言心，稼書所見不誤也；稼書又以爲性寓於心，性乃是心中所具之理，而非是心，此亦朱子所常言。但性具於心是如何具法？性是超越於心之上而爲心所管攝者乎，抑是內在於心之中，而爲心所包容者乎？稼書並未明白表示。所引邵子「心者性之郭郭」（《集壤集·序》）以言心性之關係，恐祇隨朱子所常引用者而引之耳，未能表示其對朱子所言心、性之關係有確解也。

　　陽明從心以言性，心性是一，心是超越的道德本心，有明覺感應之能。即使可言知覺，亦是良知之明覺，而非感性與知性之知覺。稼書見不及此，逕以感性與知性之知覺視之，於法疏矣。夫感性與知性之知覺之發，苟中無定向，漫無收煞，勢必至於「滅彝倫，離仁義，張皇詭怪」，種種罪惡，因之

而生。依稼書，此等作為即是禪，王學不免乎此，故其學即禪學也。由是見稼書不獨不知陽明，亦不知禪為何物，遂籠統地以「張皇詭怪」同視之矣。夫陽明致良知教，正是要使人倫庶物皆得其理，乃今日陽明視「一切人倫庶物之理，皆足以為我之障」，因「舉而棄之」，何相隔若是之甚！陽明言「無善無惡是心之體」，豈是善惡不分邪？陽明所謂良知，所謂天理，所謂至善，皆是就本心之明覺說，乃以一般感性、知性之知覺視之，不亦異乎？後來戴東原更以為陸、王及告子、佛、老不二，皆以知覺言性矣。

至於居位而言程朱之學者，大抵附和朝廷尊朱之策，對陸、王固大事詆排，但亦漸失程朱之勁道。張伯行曰：「學者實心做為己工夫，須是先讀五經、四書，後讀《近思錄》、小學；則趨向既正，再讀薛文清《讀書錄》、胡敬齋《居業錄》，然後知朱子得孔孟之眞傳，當恪守而不失。再讀羅整菴《困知記》，陳清瀾《學蔀通辨》，然後知陽明非聖賢之正學，斷不可惑於其說，從此觀諸儒議錄，則是非了然胸中，邪正判如白黑，可以無歧趨之惑矣。」（《困學錄集粹・卷之一》，頁18）觀此，知孝先之所得者，實薛瑄、胡居仁、羅欽順與陳建耳，四書、五經及《近思錄》祇是幌子，否則若於此眞有所得，必見陽明之學本於孔孟，與濂溪、橫渠、明道亦不相悖，而不當斷其「非聖賢之正學」也。且教學者僅讀朱子後學者之書，而不許看陽明之書；未經比較，何能「是非了然胸中」？其所了然之是非恐亦是一己之偏見耳。朱子於孔孟已有距離，後學者又徒言主敬窮理，更不深入精研，最多祇能守身自好耳，如孝先是也；語其能弘揚朱子，進而弘揚孔孟，則未也。

態賜履撰《學統》，將歷代學者分別納入正統、翼統、附統、雜統、異統五等之中，以品騭之。正統始乎孔子而終於朱子；雜統始於荀子而終於陽明，象山亦入其中。軒輊諸儒，全憑一己之好惡，斯固不值一駁；但由此亦可見當時一般宗朱者之學養矣。此一班人，於陸王之學誤解已甚，固不必論；於其所尊奉之程朱之學亦不眞知。其論性善也，曰：「氣稟有清濁偏正之殊，物欲有厚薄淺深之異，及其成功，一也，故曰性善。」（《清儒學案・卷三十八，孝感學案》）試問，此是「正統」中孟子言性善之義乎？是「正統」中程朱言性善之義乎？於是程朱之學，名存實亡矣，程朱祇成統治者方便假借之傀儡耳。其論良知良能云：「不學而能是良能，學而能亦是良能；不慮而知是良知，慮而知亦是良知。能而不學是良能，不能而學亦是良能；知而不慮是良知，不知而慮亦是良知。」（同上）試問此是「正統」中孟子言良知良能之意乎？

即使將良知良能之知與能看作聞見之知與體力之能而言其有知與不知、能與不能，亦不可概之以「良」也，否則即成一大混亂。熊氏於語言之使用尚不能守其分寸，亦不必期望其對聖人之學有相應之理解矣。其輕詆陽明也，曰：「自姚江提宗以來，學者以不檢飭爲自然，以無忌憚爲圓妙，以恣情縱欲、同流合汙爲神化，以滅理敗常、毀經弃法爲超脫，道術人心，敝久壞極。」（同上）此乃所謂「欲加之罪，何患無辭」，於是陽明集諸惡之大成矣。

　　李光地以在朝顯貴而言程朱，最得康熙契許，其論陽明之學曰：「王說之病，其源在心之即理，故其體察之也，體察夫心之妙也，不體察夫理之實也。心之妙在於虛，虛之極至於無，故謂無善無惡心之本，此其本旨也。其所謂心自仁義，心自惻隱、羞惡、辭讓、是非，是文之以孔孟之言，非其本趣也。是故遺書史，略文字，掃除記誦見聞，以是爲非心爾、非道爾。夫書史文字、記誦見聞不可去也。書史文字，無非道也；記誦見聞，無非心也。」（《清儒學案·卷四十一，安溪學案下·知行二》）道固不離書史文字、記誦見聞，然遂以此爲道，則非；執此以病陽明，亦非。「心之妙在於虛，虛之極至於無」，此祇是摭拾老釋之虛、無以強加於陽明耳，實絲毫未見彼此間有何差異也。惻隱、羞惡等，無非是良知本心不容自已之發，此是陽明貼合孔孟處，乃曰陽明「文之以孔孟之言，非其本趣」，豈非不許陽明發明聖義，必欲置之於佛老而後已乎？書史文字、記誦見聞陽明果能否定之乎？反陸、王者，輒以此罪加之，可謂能窮理乎？夫尊奉程朱，亦無不可，但彼等有程朱踐履之實功乎？未得程朱之精粹，已先置陸、王於不堪之地，學術之衰，職此之故。熊、李二人，以在朝顯貴倡程朱，排陸、王，乃其不獨誣枉陸、王，亦且有憾於程朱也。

　　清初在位而言陸、王者，以李穆堂最著，但對陸、王心學之精微仍不透；以爲朱子晚年思想同於象山，尤非。穆堂曰：「陸子謂道外無事，事外無道，眞得聖賢爲學之法者。」（《穆堂初稿·卷四十五·朱子語類後》）「道外無事，事外無道」（《陸九淵集·卷三十四，語錄上》）即「宇宙便是吾心，吾心即是宇宙」（《陸九淵集·卷二十二，雜著》）之意，視天地間萬事萬物悉在吾本心感通之中，陽明即由此言「大人者，以天地萬物爲一體」（《陽明文集·卷六·大學問》），仁心之呈現，理必至此。穆堂雖許之，但其具體之涵義彼能否體貼入微，不能無疑。穆堂復曰：「聖人之學，內聖外王，皆不過一心。或乃分心性爲二，疑心學爲近禪，不知心即性，性即心也。……世之人以訓詁章句

爲學，失心久矣。」(《穆堂別稿・卷二十四・過浩齋先生訓語序》) 於此，穆堂一則駁斥宗程朱者攻陸、王爲近禪之非，一則譏守章句、鑽訓詁之徒不知心，其學術立場甚顯。

當時朝廷顯要，非挾程朱以自重，即借考訓以自矜，穆堂一概揮斥之，其自信有得於陸、王可知。但所謂「心即性，性即心」，心、性畢竟是在那一層次言之？所謂「即」是本質地爲一乎，抑衹是外在地關聯乎？依陸、王，言心言性，衹是一時方便之權言，而不礙心、性終歸是一。依程朱，心衹是氣之靈，性乃超越之理，唯亦曰心性不相離，但其本質實爲二，「心即性」、「性即心」，程朱、陸王皆可說，但其義旨全異，徒言此，不足以別程、朱與陸、王也。

陽明輯朱子中年論學未定之說，爲〈朱子晚年定論〉，以爲朱陸終於相合，此是陽明之疏。穆堂則更輯朱子五十至七十歲論學之語，曰〈朱子晚年全論〉，謂「其言無不合於陸子」(《穆堂初稿・卷四十五・孫氏考正朱子晚年定論後》) 夫朱子自中和新說後，思想已定型，與象山異趣，而穆堂乃以爲二者相合，足見其不見朱陸言心之異。是以夏炘論之云：「所引朱子之書凡三百五十餘條，但見書中有一心字，有一涵養字，有一靜坐收歛等字，便謂之同於陸氏；不顧上下之文理，前後之語氣，自來說書者所未有也。」(《述朱質疑・卷十・與詹小澗茂才論朱子晚年全論書》) 夏氏宗朱，亦未深知朱、陸之異，然經其比對，則穆堂之病立見。穆堂復曰：「朱子中年亦以讀書教弟子，至於晚年，則專以求放心、敦踐履爲主，而深以徒倚書冊爲戒。」(《穆堂別稿・卷九・古訓考》) 此於朱子思想之發展並未深考，是以所論不合實情。夫朱子中年思想猶與陸、王有相通處，晚年則思想定型，甚且指象山爲禪，安得以象山之思理概之邪？「以讀書教弟子」，乃朱子之一貫作風，中、晚年並無不同；即使陸、王亦不廢讀書，但以爲求學問當識頭腦耳。「求放心、敦踐履」亦是朱子一生之事，非晚年始重此也。且同是「求放心、敦踐履」，朱子有朱子之作法，象山有象山之作法，豈可因二者皆重視之，遂以爲二家思想卒歸相同邪？

穆堂惟於朱、陸言心之界分不甚了了，是以言學者當重踐履，不必言心性，穆堂曰：「義理與氣質爲定名，心與性爲虛位。……學者苟有志於聖賢之學，躬行實踐可矣，何必言心性？」(《穆堂初稿・卷十八・心體無善惡說》) 至此，穆堂對心、性內涵之了解可知矣。心性在陸、王之說統中爲道德創造之實體，乃至實而不虛者，如何可以虛位視之？凡言內聖之學，必重「躬行

實踐」，程朱、陸王皆然，徒言躬行實踐，豈足以別異同？於各家所言心之內容究之分明，然後可以見彼此境界之高下，以定從入之途；如此，心性焉不必言？彼此所言心性之內涵不明，則陸、王之勝於程、朱者即不見矣。穆堂之尊陸、王本無可非，但由於對陸、王所言本心之義見不真切，亦不別朱子所言之心居何層面，是以混而一之。又見程朱、陸王皆重踐履，是以斷二者終歸無異，如是而尊陸王，於陸王之學復何益哉？

由上可知，清初無論宗程朱或陸王者，對自家所宗之學，率未能深造有得，探得驪珠；於對方所宗者更誤解重重。宗程朱者無其深邃綿密之思惟，於是程朱之靈魂逐漸消亡；宗陸王者亦少潔淨精微之睿思，而陸王之精神亦終不得發皇也。〔註5〕

第二節　從經世致用到典籍考證

明末闖賊亂後，社稷傾覆，外姓入主。顧、黃、王等宿儒皆有亡國之痛，並皆嘗以實際行動反清。彼等於興復絕望之餘，乃專心著述，在反省時代問題上，各有所見。梨洲看出天下動亂之源，在帝王視天下為一家之產業而宰制之，彼此爭奪，生民因之塗炭。作《明夷待訪錄》，規畫一理想之政治藍圖，以為王者法。雖亦託古立說，但別出心裁，眼光之遠大，非尋常所能及。雖因時代限制，對政治體制未有根本改變之說，但民主理想，已呼之欲出矣。

亭林將明代之覆亡歸咎於儒者之空談心性，主張學問必須明道救世；並認為經世致用之學即存於六經之中，通經即能致用，故為學之要在通經。但經典時代距今久遠，欲通經，必先通當時之語言文字；《音學五書》即為考正古音之作。亭林經整理歸納，分古音為十部，成為清代樸學之先導。但亭林之窮經，其原初目的並非祇為求有效把握古音及正確了解經典之原意。亭林曰：「君子之為學也，以明道也，以救世也。……某自五十以後，篤志經史，其於音學，深有所得，今為五書，以序《三百篇》以來久絕之傳。而別著《日知錄》，上篇經術，中篇治道，下篇博聞，共三十餘卷，有王起者，將以見諸行事，以躋斯世於治古之隆，而未敢為今人道也。」（《原抄本日知錄·又與人書二十五》，頁8）依此，《音學五書》及《日知錄》悉屬明道、救世之作。

〔註 5〕本節所引潘用微《求仁錄》世少見；《穆堂初稿》中央圖書館所藏非完帙，《別稿》則無。

蓋經世必先窮經，而窮經則必先明古音也。亭林曰：「自是而六經之文乃可讀，其它諸子之書，離合有之而不甚遠也。天之未喪斯文，必有聖人復起，舉今日之音而還之淳古者。」(《音學五書‧敘》) 至於《日知錄》，則爲亭林平日讀書之箚記，中於禮教風俗之衰頹，多所鍼砭。但後學者每重其考證之精博，而輕其憂世之苦心，此則非亭林所能逆睹。《天下郡國利病書》於天下山川要塞勘驗頗詳，亦備王者用。至於政治方面，亭林主張地方分權，因封建已不可復，增強地方力量，正合封建精神。凡一切政治規畫，亭林多循古法，蓋亭林固以古制較今制爲完美也。

至於船山，則於抗清失敗後，自以遺民之身隱於荒山僻野，專事著述，當時聲名自下於顧、黃，但所涉學問層面甚廣，尤長論史。對於歷史發展之理勢有深微之洞察，特倡民族大義，嚴夷夏之防。此等思想，在當時不爲人知，但到清末則頗有影響，促成漢人民族意識之覺醒，加速清帝之遜位。在政治方面，船山主張維護君權以安天下，惟君權不可一人獨掌，須與士大夫共分之。並主張「上下有其大辨，君子小人有其大閑」(《讀通鑑論‧卷八》)，使上下不相凌踰。蓋船山以爲君子、小人之分乃理之定然，此因天生之「質」不同所致。此種尊君卑民之說，與梨洲民本之主張大異其趣。

船山之政治思想在當時固未受重視，即顧、黃之政治抱負，於清朝政權鞏固後，亦皆無法實現。惟亭林以考古爲通經致用之方，且在考古方面有具體之成績，此則特爲人所重。學風之轉向，於此見矣。

夫經世致用與考證訓詁之間原無必然關係，但亭林以後之學者，既不明其考古之初衷，衹重其考古之成績；又見亭林倚士林重望而非宋明儒，是以輕身心修養之學，而務經籍之考證訓詁；相習成風，經世致用之學乃下轉而爲考證之學矣。亭林本身顧不願以考證宗師自居，但事實上，亭林則開清代考證之門，尤其當程朱、陸王之學皆隱晦之時，學者乃轉其聰明才力於考證一途。此呼彼應，遂儼然成時代潮流矣。

顧、黃、王及顏習齋，雖對宋明儒學之理解有深淺之異，對宋明儒之態度有厚薄之殊，但彼等立身自守，皆卓然有宋明儒之遺風。及考證學興，頗有學者假博聞相尚，靦顏無恥，令人不齒。如閻百詩爲《古文尚書疏證》，引證之博洽，論據之堅確，雖以毛西河之善辯，亦不能難之；但其慕名饗利之心，至死而未已。西河亦然。(見錢穆《中國近三百年學術史》上冊，頁224及231) 自此以下，顧、黃、王之餘韻，蕩焉將盡矣。而在清廷高壓及懷柔政策並用之下，

亦使民族文化生命受相當程度之摧殘，不得伸揚。樸學之興，實非偶然。

　　撇開學者之操守不論，純就學術以言，考證訓詁實有助於典籍內容之了解。蓋古書迭遭世變，幾經補綴，難免失去原貌，亟須蒐羅考校以見其眞。再者，精通文字、聲韻，可以正確把握古義，避免望文生義、穿鑿附會。但若以爲典籍大義之理解，惟憑考證訓詁，即克盡全功，則非是。因語言文字，祇是載道之具；至於典籍之義蘊，則有賴學者心領神會。斤斤於文字詁訓之較量，有時反成理解典籍大義之累障。至若某些託古之作，或含豐富之義理，祇須考出其著作之眞正時代即可，固不必抹搬其義理之眞也。考據家若能自知本身所從事之工作在學術上之分位，而不踰限，對學術思想之推進，亦有輔助之功。然而頗有考證學者，本位主義過重，彼以爲其所從事之工作乃學術上最有價值者，以其有具體之成績可見也。心思既錮於此，乃視言心性工夫者爲空談無用，甚且妄加之罪。彼既乏道德修養之實功，故出處進退之間多疏，厚於此輒薄於彼，得失之間，殆非考證學者所能自覺。再者，部分考證學者不甘專美義理於宋明儒，乃企圖應用訓詁與歸納之方法言義理。於是旁徵博引，妄下臆斷，往往背離經典義旨，此考證學者之大病也。惠定宇以「兼兩」言理，可見一斑。〔註6〕

　　康熙之後，前代學者悉數凋零，經世致用之呼聲已成絕響，顧、黃、王之精神與用心已無人過問。表面上看，程朱、陸王之遺緒似猶有存焉，但欲振乏力，學者挾朱、王以自重，實則朱、王已名存實亡，徒貽考證學者以空談心性之笑柄耳，反不若彼有若干實際治學之成效也，是以未能抵擋考證之潮流。而彼徒事考證之學者，初或稍有所聞於朱、王之學，但心態既不相應，乃轉而趨於樸學。又見言心性之學者無卓犖處，於是自信益堅，詆彼益烈，考證之學遂成學術界之主流矣。

　　惠氏三世傳經，標榜漢學，至惠定宇門戶乃大，王鳴盛曰：「惠君之治經求其古」（洪榜〈東原行狀〉所引），即欲恢復漢儒說經之面目。但漢儒說經既有今古文之異，復有師法家法之別，將何所適從乎？如解《易》，以「箕子」爲「荄茲」，否定施讎、梁邱賀，而專取孟喜之說，即爲一例。（見《周易述·

〔註6〕惠定于曰：「理字之義，兼兩之謂也。人之性稟于天，性必兼兩。在天曰陰與陽，在地曰柔與剛，在人曰仁與義，兼三才而兩之，故曰性命之理。〈樂記〉言天理，謂好與惡也。」（《周易述·易微言下·理》）並引先秦經、子之言及理字者以證明之。

卷五》;《皇清經解·卷三百三十四》,頁 10) 於是其專宗漢儒成說之立場亦難維持矣。即使能通漢儒某家成說,亦未必能通一經;能盡攝漢儒諸家經說,亦未必能通諸經也。蓋漢儒雖去古未遠,但某家所說,祇是一家之見耳,未必能符合經典原義也。況漢儒說經,多祇求通經文,於經典大義少作發揮,尤以古文家為然。是以知惠氏之徒宗漢法以把握群經原義之企圖,有實際種種限制。名為宗漢儒,實則難免主觀取舍。清理漢儒諸家經說,以資治經參考,自有價值;但惠氏以為如此即得經義,並視宋儒之言義理為無據,遂大事譏詆之,則是踰越自家學術分位,而蔽於一曲也。

江慎修亦音學名家。陳師新雄曰:「蓋顧氏篤於考古,疏於審音;江氏則二者兼擅其美。」(《古音學發微》,頁 153) 但亭林憂時傷世之懷非慎修之所能知,惟留意於精博之考辨。慎修分古音為十三部,自較亭林為密。除音韻外,慎修又精於名物度數、天文曆律,所涉極博,誠可謂「巋然大師」。但慎修之治學異於惠氏者,則惠氏專宗漢說,而慎修則不拘家法,惟考其真;就此以言,其治學方法頗有合乎今日所謂「科學精神」者。但其治學範圍仍以典籍之考證為主,原不對自然界之萬物加以客觀之質測,故不能成就科學知識。東原之學問趨向,亦循此路,是以一見慎修而傾心也。江、戴皆在朱子故里,於朱子之學固嘗與聞,但祇取朱子「格物」之精神治經,而對朱子性理之學則甚模糊。實則朱學之靈魂,全在心性工夫之修養,而不在名物度數之博辨。江、戴之於朱子,祇取其末而遺其本。是以慎修雖美朱子,然其所美者,祇是博學於文之朱子,而非講心性義理之朱子。至於東原始則亦自考證之觀點看朱子,對其所言義理則陌生,因陌生而誤解,終於誦言以攻之矣。考據家標榜實事求是,未可非也;乃其所至,祇精於典制詁訓之考索,而於義理之理解,則多粗淺。

清人之考據,雖以經學為主,但其範圍甚廣,旁及子史。與東原同時之朱筠、錢大昕皆在位而以考據名家,錢氏古無輕脣音及舌音類隔不可靠之說,已成聲韻學上之定論。其《二十二史考異》,為清代史學名著,但其所用方法,則與江、戴無異。戴氏弟子段氏、王氏,則為乾嘉考證之學之代表人物,眾所周知。故清代考證之學雖由亭林啓之,實由東原成之也。

然有清一代,儒家心性之學終於一蹶不振者,其故安在?就學者本身言,缺乏慧見睿思,是以面對孔孟之書、宋明儒之著述,未能有存在之呼應,宛若與自家性命不相干。於是將經籍視作考證訓詁之對象,忽視切己反省之工

夫；至於宋明儒所言性命精微之理，更茫然無解矣。就外在因素言，其一爲顧亭林所作之錯誤判斷，將明代之亡歸咎於談心性之學者，一般人於是諱言心性之學。其二爲清廷之籠絡手段，將天下才智之士，徵調至京師修史，並整理古籍。此本爲有效鉗制士人之民族意識，但矯枉過正，卒使士人之才智，多用於整理與抄錄書籍，而不暇作深入之思維；對文化之生命力之斲傷，莫此爲甚。是以清廷表面上雖尊奉孔孟程朱，但其作法卻暗中破壞孔孟之道與程朱之學。種種籠絡、鉗制之作法，原爲鞏固其統治權耳，並非有意阻礙學術思想之推展，尤其是內聖之學之發揚也；但其所產生之結果，乃是士人思想之錮塞，面對聖人傳心之言，如聾如啞。於孔孟，則曲解之；於宋明儒，則攻擊之，斯非民族文化之悲劇乎？

第三章 東原思想之發展

第一節 學術性格

　　朱子爲《大學章句》，於〈經一章〉云：「右經一章，蓋孔子之言，曾子述之；其傳十章，則曾子之意，而門人記之也。」朱子畢生盡瘁於《大學》，將《大學》歸本孔子；但無文獻足徵，故下一「蓋」字。《大學》作者，歷來辨之詳矣。於今觀之，其成篇當在孔孟之後。段玉裁所編《東原年譜》於壬子十歲下云：「授《大學章句》，至『右經一章』以下，問塾師：『此何以知爲孔子之言而曾子述之，又何以知爲曾子之意而門人記之？』師應之曰：『此朱文公所說。』即問：『朱文公何時人？』曰：『宋朝人。』『孔子、曾子何時人？』曰：『周朝人。』『周朝、宋朝相去幾何時矣？』曰：『幾二千年矣。』『然則朱文公何以知然？』師無以應，曰：『此非常兒也。』」（《戴東原先生全集》，頁 29，以下簡稱《全集》）以上問答，爲述戴學者所常引用，以見東原自少便具懷疑精神，不輕信成說，凡事必求實證。但此中亦透露一消息，即東原對經典之了解，自始即偏重史實之考證；至於修己成人之方，則非其所特加關心者。又因歷代儒者皆以成聖成賢爲人生之最後歸宿，遂以爲對史實之正確認知與對文字詁訓之精確把握乃理解聖學之要領；而不知成聖成賢之方與考證訓詁之學有本質之異。夫史實考證之正確，對明瞭學術思想發展之軌跡固有助益，但對學術思想內容之理解則無多大作用。東原誠應順其對《大學》作者之懷疑，考證出《大學》著作之年代；並透過與儒家其它典籍義理之比較，將《大學》在儒家思想中予以定位。但東原此後對《大學》義理之理解與其著作時代之考證兩方面，均未有令人滿

意之結果。始則贊成程朱視《大學》爲有闕文之說,並以爲朱子之補傳爲必不可少者;次則以心知之極其量釋格物致知;終則以朱子之釋明德爲流於禪。東原十歲時對《大學》著作時代與人物之疑惑,終生實未自解。純就《大學》以言,東原並未「求其是」也。

洪榜所作《東原行狀》載:「先生讀書,每一字必求其義,塾師略舉傳注訓解之,先生意每不釋然,師不勝其煩,因取漢許叔重《說文解字》十五卷授之。先生大好其書,學之三年,盡得其節目。又取《爾雅》、《方言》及漢儒箋註之存于今者,搜求考究。一字之義,必貫群經、本六書以爲定詁。由是盡通前人所合集《十三經注疏》,舉其解無遺,時先生十六、七矣。」(《全集》,頁53)此節段《譜》所載略同,洪《狀》先出,段《譜》當係參考洪《狀》者。「每一字必求其義」,不肯匆匆掠過,此見東原讀書態度之謹嚴;蓋字義之理解,乃讀書最基本之工夫。但每一字有本義,有引伸義,欲了解該字在某段文字中之確義,須通貫上下文始能定,此則除對該字之本義了解外,尚須有若干慧見。尤其有關哲學性之著作,作者往往根據其思想系統,將具關鍵地位之某些字,賦予新義;新義與本義之距離往往甚遠。吾人須通觀全文,掌握作者立說之要旨,方能確定該字在文中之義涵,此則非全憑比較歸納所能濟者也。東原之治經方法,於經典字句之理解固有助益,但對哲學思想之把握,作用不大。循此以往,面臨哲學性之著作時,將以本義或某一引伸義解釋思想系統中之重要字眼,而導致對整體思想之誤解。東原之所得者在此,其所失者亦在此。

東原早年之所好者,非《論語》、《孟子》、《中庸》、《易傳》等有關儒家思想之重要典籍,乃是《說文》、《爾雅》、《方言》等有關文字、音韻、訓詁等小學方面之書,其日後之學術性格,概可見矣。在義理、考據、辭章三者之中,東原固以義理爲最高;後來雖獨自發展一套義理,畢竟不能脫文字訓詁舊習,是以論理著實而不透脫。

東原嘗語段玉裁曰:「余於《疏》不能盡記,經《注》則無不能倍(背)誦也。」(《年譜》十七歲下;《全集》,頁29)果此言不虛,則東原記性之強,著實驚人。東原後來屢強調多學而識之重要,蓋彼曾親歷之也。然若以爲精通《說文》、《爾雅》、《十三經注疏》便能確實把握經典義旨,則未必然。但在東原心目中,以爲「貫群經、本六書」可求得某字之確旨;字義既明,義理即可因之而明,而不知此中實有滑轉也。

　　東原曰:「僕自少時家貧,不獲親師,聞聖人之中有孔子者,定六經示後之人。求其一經,啓而讀之,茫茫然無覺。尋思之久,計於心曰:經之至者道也,所以明道者其詞也,所以成詞者字也;由字以通其詞,由詞以通其道,必有漸。求所謂字,考諸篆書,得許氏《說文解字》,三年知其節目,漸睹古聖人制作本始。又疑許氏於故訓未能盡,從友人假《十三經注疏》讀之,則知一字之義,當貫群經、本六書,然後爲定。」(《全集》,頁 1098,〈與是仲明論學書〉)此段出自東原親筆,歷述其少時重視字義訓詁之由來,與洪《狀》、段《譜》所載略有出入。依洪《狀》,塾師因東原不滿其所略舉之傳注,乃授以《說文》,而此則曰自己先悟得爲學次第,乃讀《說文》。若洪《狀》無誤,則東原此書或意在對一不甚親密之友人表明自己少時之穎悟也。「不獲親師」,當指不獲親於當時名儒,非謂連塾師皆不得親也。

　　依段《譜》,東原於壬戌、二十歲時見江慎修。但依許承堯之〈序〉,東原二十八歲庚午,方棻如應聘主講紫陽,定東原與鄭牧、汪梧鳳課藝。又二年壬申夏,梧鳳延東原至其從祖之兄汪岑松家教松之子,梧鳳不疏園多藏書,禮慎修、東原至其家。又二年乙亥,東原入都。(見《全集》,頁 5)於是知江、戴相從,在庚午至乙亥五年之間。段譜壬戌二十歲下繫云:「婺源江慎修先生永治經數十年,精於三禮及步算、鐘律、聲韻、地名沿革,博綜淹貫,巋然大師,先生一見傾心,取平日所學就正焉。」(見《全集》,頁 30)時江永《近思錄集註》已成書,而東原對江氏所傾心者,乃聲韻、考故、律、算之屬,則其學之所重者安在,已甚清楚。而《近思錄集註》多引朱說,於各家義理大脈,並未辨析,即使東原見之,恐亦無得也。

　　東原在入都之前十年,即成《策算》、《六書論》、《轉語》、《爾雅文字考》、《屈原賦註》等書,大致不出小學、考證與算學之範圍,足見其才性傾向在此。入都後,學問之基本方向大致不變,亦有相當之考證成績,博得時人之稱賞。但東原並不以此自足,其最終目的仍在明聖人之道,於是乃企圖借助訓詁以建構思想系統。

第二節　對宋儒態度之轉變

　　東原之學,自小學、曆算及經籍考證入,其在學術上客觀之成就亦在此。但其主觀要求,則希望經由治此等學問之方以明義理。因家距朱子故里不遠,

東原於朱著亦嘗涉及。朱子之成就雖爲多方面者，但主要仍在義理；東原早年亦以朱子之言義理爲是。故以爲漢儒重制數，宋儒重義理，各有所長，不宜偏廢。其實漢儒之制數對東原而言有實質之意義，而宋儒之義理對東原而言祇是朦朧之影像耳。即使見江愼修之後，其學問底質仍無改變，以二家之學本相近故也。吾人於《近思錄集註》中，不見愼修對天道、性命精微之理有所契會，知東原亦不能自愼修處得思想上之啓迪也。東原既覺義理之重要，又不能上遂於高明，乃以認知之方式說義理，而背離逆覺體證一路；及自家之思理成熟之後，反觀宋明諸儒之說，便覺觸處皆非。既自信己所獨得之義理爲孔孟眞傳，基於衛道之心，遂力攻宋明儒矣。於是知東原昔之不反程朱者，祇因思想未成形，惟朦朧捕得若干程朱影像，並非於程朱眞有所解也。若於程朱眞有所解，誠見其不足，而期有以超越之，則必歸於陸王而後已。但東原自始即以佛老視陸王，知其於陸王隔閡尤甚也。

東原三十二歲入京，〔註1〕習聞當時一班考據名家非議宋儒鑿空之言，以其質實之思考方式，遂以程朱爲非。時惠定宇標榜古學，力反宋學。東原於三十五歲見定宇後，信心益堅，自家思想亦初步定型，乃有《原善》三篇之作，後來更擴大爲三卷，此時反宋儒之理論基礎已奠矣。是故東原之反程朱，乃其學問性格使然，與考據名家接觸後之所聞，祇是觸發其反程朱之機緣耳。茲復申述之。

東原入都之前有《經考》與《經考附錄》之作〔註2〕於《經考附錄‧卷四》，〈二程子更定大學〉一條云：「自程子發明格物致知之說，始知《大學》有闕文，凡後儒謂格物致知不必補，皆不深究聖賢爲學之要，而好爲異端，其亦

〔註1〕 東原入都之年，段《譜》繫於乾隆二十年乙亥，東原年二十三歲。但王昶〈戴東原先生墓誌銘〉云：「余之獲知東原，蓋在乾隆甲戌之春。」錢大昕自訂〈年譜〉謂：「乾隆十九年甲戌……休寧戴震初入都，造寓讀竟日，歎其學精博。」時東原年三十二，王、錢二人之言若合符節，且親歷其事，當較晚出之段《譜》可信。

〔註2〕 〈與是仲明論學書〉云：「僕所爲《經考》，未嘗敢以聞於人，恐聞之而驚顧狂惑者衆。」此書段編《東原文集》謂作於癸酉，實則當在己巳、庚午之間，（詳見錢穆《中國近三百年學術史》上冊，頁312）即東原二十七、八歲時所作。此書卷四，〈大戴禮記八十五篇〉條，末題「乾隆丁丑（三十五歲）夏東原氏記」，殆是東原後來改筆。許承堯〈經考附錄跋〉云：「《經考附錄》書跋題有三、四二字，而一、二缺，然《經考附錄》自卷一至卷七完全無缺，則所缺一、二兩冊，其爲《經考》又無可疑。」（《全集》，頁578）據此，則《經考》與《經考附錄》實乃前後相承之作。

謬妄也矣。」(《全集》，頁 544)《大學》一篇，二程子以爲有錯簡，各有改定。至朱子則分經一章、傳十章，並以爲格物致知缺傳，因補之。董槐以爲無缺文，惟錯簡須釐正。(《全集》，頁 544，〈變亂大學〉條)陽明尊信古本《大學》，以爲不須改動。東原則贊成朱子補傳，視此係「聖賢爲學之要」，以爲不必補者如陽明等所云，乃是異端。但如此之云，並非表示朱子格物之旨已爲東原所解，蓋見得朱子「即物而窮其理」之說，與自家爲學之方相似，故許之也。朱子學之精神並未進入東原生命之中，及異日見得朱說分明與自家不類，遂鳴鼓而攻之矣。

東原於「變亂大學」一條，引各家對今古本《大學》之見後，即作按語云：「按《大學》明明德新民，是爲修己治人兩大端。然而析理有未精，則所以修己治人者，胥不免於差謬，故更言止至善。雖若爲上二者要其終，實爲上二者正其始也。必析理極精，知其至善而止之，然後能得止，而明明德新民可以不至於或失。此三綱領下即接知止一節之故。若所以知止之功，此尙未言，待八條目中格物致知乃詳之。《大學》之格物致知，即《中庸》之明善、擇善，《孟子》之盡心、知性、知天，古聖賢窮理精義實事也。其曰知所先後，曰知本者，則又爲下學言之，欲其知先治己而後治人，先明善而後能誠身耳。此所知者止是爲學次第，非如格物致知之土乎理精義明也。董氏諸人於程子朱子格物致知之說，初未有得，遂謂大學無闕文，而欲以『知止』至『則近道矣』及『聽訟』節爲格物致知之義，其亦謬矣。夫古人之書不必無殘闕，知其有闕而未言者，則書雖闕而理可得而全。苟穿鑿附會，強謂之全書，害於理轉大。讀古人書，貴心通乎道，尋章摘句之儒，徒滋異說，以誤後學，非吾所聞也。」(《全集》，頁 544～545)此謂惟有止於至善，析理極精，然後明明德新民乃能行之不差。而止於至善之工夫惟在格物致知。知本、知所先後祇是爲學次第，非聖賢窮理精義之實功也。但《大學》於此一實功卻有闕文，故朱子之補傳乃不可或無，否則聖賢窮理精義之學全無下手處矣。董槐諸人視爲學次第者爲聖學之實功，故謬。但《大學》本身義理乃不確定者，董氏之云，與後之劉蕺山所說模式略同，祇須言之成理即可。安見得朱子之說必是邪？朱註明德，東原後來大加反對，此處略而不提，殆與己所了解者有異，但一時爲賢者諱耳。

東原以格物致知比之孟子盡心知性知天，顯然得諸朱子，(朱子註《孟子・盡心上》首章云：以大學之序言之，知性則物格之謂，盡心則知至之謂也)

但恐未得朱子義旨,當然亦未見朱說之病。朱子云:「必擇善然後可以明善。」(《中庸章句‧二十章》)但其所謂善,乃是「人心天命之本然」(同上)朱子如此釋善,其義理背景諒非東原所能解,且朱子亦不以明善擇善擬之格物致知。由是觀之,東原於此,祇附和朱子之〈補傳〉而未盡其蘊也。

東原於朱子之學雖未盡透徹,但由於朱子言自己於尊德性與道問學中,道問學居多,東原早年以爲此與其所重之多學而識相合,故以程朱爲是。至於陸王,則自始至終在其鄙夷之列。〈與是仲明論學書〉云:「如宋之陸,明之陳、王,廢講學討論之學,假所謂『尊德性』以美其名;然舍夫『道問學』,則惡可命之『尊德性』乎?未得爲中正可知。」(《全集》,頁1098)陸象山言「既不知尊德性,焉有所謂道問學」(《陸九淵集‧卷三十四,語錄上》),東原所言適與之相反。夫象山以尊德性括道問學,朱子特重道問學,而不廢尊德性,各有其形上義理爲背景。東原雖不明其所以然,但由其反陸、王,護程、朱之立場看,可見程、朱在東原早期之生命中,居相當重要之地位。

東原入都之後,始則尙承認宋儒義理之地位,以爲與漢儒之制數同等重要,惟互有得失耳。東原曰:「聖人之道在六經。漢儒得其制數,失其義理;宋儒得其義理,失其制數。譬有人焉,履泰山之巔,可以言山;有人焉,跨北海之涯,可以言水。二人者不相謀,天地間之鉅觀,目不全收,其可哉?抑言山也,言水也,時或不盡山之奧、水之奇。奧奇,山水所有也;不盡之,闕物情也。」(《全集》,頁1101,〈與方希原書〉)由是可見,此時東原心目中所謂聖人之道,制數與義理並重,以爲二者皆須達於精深,方爲見道。宋儒祇見得義理而不明制數,漢儒祇明得制數而不見義理,均得一偏耳。且宋儒、漢儒於其義理、制數亦未盡全蘊,難免有憾;猶登山者不盡山之奧,臨水者不見水之奇也。言下之意,似有意分別籠義理、制數之全蘊於一身,以超越漢儒及宋儒。此等抱負甚佳,但終東原一生所得,實在制數耳。蓋制數屬客觀知識之問題,祇須肯用功,總有成績;而義理則須靠體證,須有慧根,乃能與聖人之生命相契也。東原由認知之路數以說義理,宜乎其不明宋儒所言義理之精蘊也。東原此時所謂宋儒得其義理,或祇是恍惚之虛言;至若言漢儒得其制數,則是相應之實說。

姚姬傳欲拜東原爲師,東原爲書婉拒之,並論及漢儒、宋儒云:「先儒之學,如漢鄭氏、宋程子、張子、朱子,其爲書至詳博,然猶得失中判。其得者,取義遠,資理閎,書不克盡言,言不克盡意。學者深思自得,漸近其區;

不深思自得，斯草薉於畦而茅塞其陸。其失者，即目未睹淵泉所導，手未披枝肄所歧者也。而爲說轉易曉，學者淺涉而堅信之，用自滿其量之能容受，不復求遠者闊者。故誦法康成、程、朱，不必無人，而皆失康成、程、朱於誦法中，則不志乎聞道之過也。」（《全集》，頁 1099）此處所謂漢、宋儒「得失中判」，並非說漢儒得其制數而失義理，宋儒得其義理而失制數，互有得失；乃是說就宋儒之義理言與就漢儒之制數言，皆「得失中判」也。漢、宋儒之所得乃取義遠，資理閎，亦即堂廡大，意境深，可以發揮之處甚多；貴在學者能深思自得也。其所失者乃「目未睹淵泉所導，手未披枝肄所歧」，即未能眞見學問本源，且有旁雜，將使學者淺嘗輒止，未能深入，是爲病。由此可見東原於漢儒、宋儒皆有不滿之意，欲兼義理、制數之精粹而有之，期直探學問本源，而無迂曲之病也。於此，一則可見東原於制數方面具求眞求是之精神，王鳴盛所謂「戴君求其是」（《全集》，頁 58，洪榜所作〈行狀〉引），是也；一則亦可看出東原於義理已漸有自家見地，故對宋儒之義理亦漸不滿。

段《譜》丁丑，三十五歲下云：「是年識惠先生棟於揚之都轉運使盧君雅雨署內。」惠氏三世傳經，惠士奇有《易說》六卷，其說以反王弼易學而復漢易爲主。至定宇有《周易述》二十卷，尊古信漢益堅；並述家學，作《九經古義》，尊漢學而反宋學，圖以經學訓詁破宋明之語錄。

東原之會定宇，彼此所討論者已不得而詳，但視東原後來對定宇之贊佩，則惠氏反宋之態度，必有影響於東原者；而東原昔日籠統言宋儒得其義理者，此後亦放棄不論，轉謂宋儒所見者爲鑿空矣。東原曰：「言者輒曰：『有漢儒經學，有宋儒經學，一主於故訓，一主於義理。』此誠震之大不解也者。夫所謂理義，苟可以舍經而空憑胸臆，將人人鑿空得之，奚有於經學之云乎哉？惟空憑胸臆之卒無當於賢人、聖人之理義，然後求之古經，求之古經而遺文垂絕、今古懸隔也，然後求之故訓。故訓明則古經明，古經明則賢人、聖人之理義明，而我心之所同然者，乃因之而明。賢人、聖人之理義非它，存於典章制度者是也。」（《全集》，頁 1114，〈題惠定宇先生授經圖〉）此書段《譜》繫於乙酉四十三歲下，是時東原既已習聞京都一班在位之考據學者反宋儒之論，且自家思想大致定型，遂全盤否定宋儒經學，而與定宇反宋學態度如出一轍矣。由此亦可見前〈與方希原書〉所謂宋儒得其義理之云，乃迷離恍惚之見耳，實未眞見得宋儒之義理爲何物也。鑿空固不可以言理義，但若僅以鑿空咎宋儒，而不究其學之實際，則亦非求知者應有之態度。「戴君求其是」，祇是在典制上如是，

在義理上則不然也。以是知考據家自始即有成見，衹允許在某一領域內言學問，其它概在排斥之列。古今語文懸隔，明古經必須通過故訓，然也；但曰「故訓明則古經明」，則未必然。經典大義之把握，豈是明故訓所能盡邪？「古經明則賢人、聖人之理義明」，亦不盡然，蓋理義須由反身而誠以得之。東原以爲理義存乎典章制度，意即自典章制度中可見聖人之理義。但各時代之典章制度不同，無普遍性與恆常性，於此正不可以言理義。東原作如是說，正見惟經籍考證之學與其學術生命相應，而義理之學不與焉。東原晚年思想成熟之論，多出於「深思自得」者，而不全依古經；但其學問旨趣則是欲由明古經以明理義，而古經之明又須透過故訓之精通與典制之講求也。

　　段《譜》己丑，四十七歲下，載爲余仲林作〈古經鉤沈序〉。〈序〉中云：「又況古人之小學亡，而後有故訓；故訓之法亡，流而爲鑿空。數百年已降，說經之弊，善鑿空而已矣。……後之論漢儒者，輒曰故訓之學云爾，未與於理精而義明。則試詰以求理義於古經之外乎？若猶存古經中也，則鑿空得乎？嗚呼！經之至者道也，所以明道者其詞也，所以成詞者，未有能外小學文字者也。由文字以通乎語言，由語言以通乎古聖賢之心志，譬之適堂壇之必循其階，而不可以躐等。」（《全集》，頁 1102）此與〈題惠定宇先生授經圖〉，前後相隔四年，而文義無殊，大抵仍持由通故訓以明理義之觀點，並反對宋儒之鑿空。此後，東原對宋儒之成見確定不移，並依自家之思理竭力駁斥之。《疏證》雖是東原晚年定論，但東原對宋儒之成見，則在入都之後已逐漸形成。尋其故，則東原自少時爲學，衹在求經籍之客觀知識，而不在體證天理，循此以往，必至於反宋而後止，並非其學術性格前後有明顯之改變也。

第三節　從《原善》、《緒言》到《孟子字義疏證》

　　東原有關思想方面之著作，始則《原善》三篇，後擴充爲上中下三卷。原善者，探究善之本原也。孟子道性善，舉仁義禮智四端以明之，東原因以仁義禮規定善，並以爲仁義禮「上之見乎天道」，「實之昭爲明德」（《全集》，頁 775），通乎天道與人道。人之智足以知此仁義禮之理；而行若合乎此標準，亦謂之善。〈卷上〉首條對善、性、命、才等各有規定，且文字簡約，可說是《原善》三卷之張本，亦可說東原全部思想之縮影，由是可見東原思想在四十歲前後即已定型，爾後雖有若干補充，但基本論點不變，並無明顯轉進發

展之痕跡。第二條以下，則雜引經典要語以證己說，但多斷章取義，未扣緊原意發揮。東原立說之方式，大抵如此。《原善·卷上》大致環繞仁義禮智立說，尤重仁、智二目，以有欲而後有仁，有覺而後有智，由是以開成德之工夫。〈卷中〉旨在說明人之異於物者，在人能知天德，而物不能焉。天德之知乃知之極其量，並非超乎此知覺之外也。第四條特長，大抵在發揮孟子「心之所同然者，何也？謂理也、義也」（〈告子上〉）一義，以為我之心知有認知理義之能，足以見事物皆有至當不易之則。人有此得諸天之能力，而物不與焉，是謂性善。東原所謂性善，乃就人之知覺大遠乎物說，而不就人之能體現道德心說。蓋東原之所謂性，惟是一血氣心知耳。以為不可離此血氣心知，而空言一在上之天地之性或義理之性，如宋儒之所云。此條除以己意申明理義屬之性外，並批評告子、荀子外理義而不識性之非，已啟《緒言》、《疏證》批評各家之端。此時雖未明言告子等同老釋，但已見此意矣；雖未直攻宋明儒，但爾後攻訐宋明儒之理論，已具於此矣。「凡遠乎《易》、《論語》、《孟子》之書者，性之說大致有三……以理為說，謂有欲有覺，人之私也。」（《全集》，頁781）此雖未明言，但意指宋明儒，尤其是程朱，則無疑。知東原對宋明儒之不滿，在作《原善》時即已確定。但《原善》重在正面立說，是以對宋明儒之駁斥蓄而不發；至《緒言》、《疏證》，則立、破兼施，乃逕指宋明儒之非矣。《原善·卷下》，說明人既有欲有覺，則不能無失，欲之失為私，覺之失為蔽，「去私莫如強恕，解蔽莫如學」（《全集》，頁783）乃東原工夫論之核心。強恕要在絜情，解蔽有賴多學。東原曰：「儒者之學，將以解蔽而已矣。解蔽斯能盡我生，盡我生斯欲盡夫義命之不可已。」（《全集》，頁1113）足見解蔽較去私更為重要。卷末論及為政之道在得人，在正直，在愛民，此為歷來為政之通則，亦承傳統政治原則為道德原則延伸之觀念。此中透露東原思想之形成，與現實政治之機緣有關。

　　《原善》採直敘式，《緒言》、《疏證》則採問答式，亦分上中下卷。從形式觀之，《緒言》不分目，自始至終皆以問答式出之。而《疏證》則分理一目為〈卷上〉；天道、性二目為〈卷中〉；才、道、仁義禮智、誠、權五目及後序一條為〈卷下〉，且每目下首條採直敘式發明該目之要義，以下各條則用問答式以詳釋之。就問語之長短看，《緒言》有時惟有一句，有時則甚冗長，且份量較答語為多；而《疏證》則每一問語皆為一小段簡要敘述，且答語多較問語為長。就問答體式言，《疏證》較《緒言》為佳。《諸言·卷上》分量特

多，幾與〈卷中〉、〈卷下〉之和相埒，《疏證》則三券份量之分配較平均。《疏證》將同類論題聚在一起，將言理者獨成一卷，言性者集中於卷中；《緒言》則言理者散在卷上、卷下，言性者散在卷上、卷中，殊嫌錯雜，不若《疏證》之整齊。《疏證》有前後序，明著作之用心；《緒言》則無。《疏證》離合刪併《緒言》之內容重新組織，加以補充，較見嚴整。

就內容觀之，凡《緒言》中所有之精義，《疏證》皆保留之，《緒言》中較不妥當之言論，《疏證》多刪除之。《緒言》中對各家之批評，乃平列者，《疏證》雖亦論及各家，但主要是針對程朱而發。以爲程朱雜襲佛老之學以入儒書，迷惑學者，貽害無窮，是以費大力氣辯駁之，期使孔孟歸孔孟，老釋歸老釋，以爲此一任務較孟子之斥楊墨，韓愈之排佛老爲重，其衛道之切溢乎言表。東原去世前一月有〈答彭進士書〉及〈與段玉裁書〉，明示《疏證》針對程朱之禍害而作。在《原善》中引而未發者，在《緒言》中述之未盡者，在《疏證》中皆宣洩無遺。從《原善》到《緒言》，從《緒言》到《疏證》，對程朱之成見逐漸加深，顯然可見。東原〈與段玉裁書〉，自言《疏證》乃「正人心之要」，「不得不作」（《全集》，頁 46）。《疏證》爲東原之晚年定論也無疑。

《緒言》論「性」最多，論「理」較少，《疏證》則以〈卷上〉專論「理」，份量最多。《疏證》以情之不爽失一義言理，以爲聖王之治天下，在遂欲達情；而程朱乃絕人情欲以言理，罔顧人情，故旁徵博引以攻其非。其爲扭轉宋儒借釋老之空、無言理，並以意見爲理，用心甚顯。《疏證》中特提出「權」之一義，以爲宋儒不知權，卒成大害，此爲《緒言》之所無。《疏證》並對誠字特加規範，以爲盡其實即是誠——盡智、仁、勇三達德，盡齋明盛服，非禮勿動等等之實即是誠，以破宋以來視誠爲形上實體之說。至若《緒言》所有而《疏證》所無者，多屬旁雜之義，茲略舉數端以見一斑。

「生生，誠也；條理，明也」（《全集》，頁 343）。在《中庸》，自誠可有明，自明亦可有誠，誠與明本質並無不同。依東原，雖曰觀其生生可知其條理，察條理即知其生生，但不礙二者之爲二事，與誠明本質爲同一者不同。東原殆見得以誠明言生生及其條理之說有病，在《疏證》中遂祇以仁言生生，以禮言條理矣。

「問：孟子言『所性不存焉』，朱子釋之云：『其道大行，無一物不被其澤，故君子樂之，然其所得於天者，則不在是也。』………曰：此孟子舉『欲之』之事，『樂之』之事，皆無與於其『性之』之事也。人之所欲，君子非不

欲之也；或重乎此而既得之，則樂之矣；下者惟此之務得，則性之也。進而言乎可樂者，君子非不樂之也，或以此爲主，務期於此而已矣，則性之矣。」（《全集》，頁344）此章，孟子僅言君子之所欲、所樂與所性，並不及於常人，東原乃言君子所欲乃常人所樂、所性云云，大失孟子語脈。朱子所釋未爲非，今乃反謂其「不詳審文義」（同上）亦可怪歟！祇因朱子言及所性爲得諸天，遂非之，而立新釋；但新釋之爲乖舛也甚顯然。東原後殆覺不安，故於《疏證》中未保留斯義也。

「以字定名，有指其實體實事之名，有稱夫純美精好之名。如曰人、曰言、曰行，指其實體實事之名；曰聖、曰賢，稱夫純美精好之名也。曰道、曰性，亦指其實體實事之名也。……曰善、曰理，亦稱夫純美精好之名也。……曰中、曰命，在形象、在言語，指其實體實事之名也；在心思之審察，能見於不可易、不可踰，亦稱夫純美精好之名也」（《全集》，頁346）。此將名分兩類，即實體實事之名及純美精好之名。就其所舉實例觀之，凡指稱具體事象者屬前者，而涉及價值判斷者則屬後者。然二者界限亦難截然畫分。是以如中、命等字則兩者兼而有之。但如此畫分，未盡名之全蘊，缺漏甚多，表負面價值及關係性質之字皆無處安排。勞思光言之詳矣（見《中國哲學史・三卷下》，頁 891～892）。東原如此之云，原在反宋儒以理言性，以爲混淆二類名言之界分，但推類至極，則多疏略，故此文不再錄入《疏證》中，惟仍多採斯義。

《緒言》、《疏證》除以上所舉互有增損外，其餘縱有文字之參差詳略，義則無殊，甚且有整段文字全同者。《疏證》由《緒言》重新整編刪裁而成，甚爲顯然。

在《緒言》與《疏證》間，另有《孟子私淑錄》，未刊入全集，內容多同《緒言》，而分量較少，但有若干文句則改訂《緒言》而同於《疏證》者，故此書可視爲二書間過度之作。此錢穆〈記鈔本戴東原孟子私淑錄〉詳言之矣。（見余英時《論戴震與章學誠》，頁 283 以下所附）

第四章　東原思想之要義

第一節　理道說

一、氣化之道

《說文》：「道，所行道也，从辵首。一達謂之道。」（《說文解字·二篇下》，頁 76）〔註1〕易言之，道之本義爲「通往一方而爲吾人所行之路」，東原對道之了解，實基於此。東原曰：「《詩三百》多以行字當道字。」（《全集》，頁 333）既有此根據，故道字可專取「行」義，由此分天道與人道。「在天地則氣化流行，生生不息，是謂道」（同上），此即所謂天道；「在人物，則人倫日用，凡生生所有事，亦如氣化之不可已，是謂道」（同上），此即所謂人道。天道是統就天地萬物生化之不已而言，人道則專就人倫事物之日起其用而言。無論天道或人道，皆是流行不已者，故總名曰道也。

氣化有陰陽，陽氣與陰氣是二氣，抑畢竟祇是一氣之二相乎？此點東原並未明言。但由「魄屬陰，而魂攝乎魄，是乃魄之陽，雖分爲二，無害其爲一也」（《全集》，頁 353）之言推之，則陰氣、陽氣分爲二祇是權言，實則乃一氣之周流耳。就氣之剛健創發之一面言，謂之陽氣；就氣之柔順凝聚之一面言，謂之陰氣。氣化恆有剛柔、屈伸之表現，周流而不窮，方便言之，遂

〔註1〕段氏〈注〉：「行部偁：四達謂之衢；九部偁：九達謂之馗。按：許三偁當是一例，當作：一達謂之道，从辵首。道，人所行也，故从辵」，以爲今《說文》所釋，乃「淺人改竄」，故次序錯亂如此。

稱陰陽二氣，其底質並無不同，故「無害其爲一」。自古以來，宇宙論地說陰陽二氣，俱當作如是觀，東原亦不例外。泛論陰陽，可就相反相對之二事物以言，如天爲陽，地爲陰；男爲陽，女爲陰；正面爲陽，反面爲陰。若論及陰陽之氣，則不可截然分爲二；否則陰陽二氣之質性既不同矣，其相合，直是大雜混耳，焉能生成萬物乎？

　　〈繫傳〉說陰陽，〈洪範〉言五行。孔〈疏〉：「五行即五材也。哀二十七年《左傳》云：『天生五材，民並用之』，言五者各有材幹也。謂之行者，若在天則五氣流行，在地則世所行用也。」東原殆有取於「五氣流行」之意，故曰：「行亦道之通稱。」（《全集》，頁 300）五行就其爲氣言，可分五相；就其爲質言，即五類材料也。五行既是氣，則與陰陽之爲氣並無本質之異，而可相函，故曰：「舉陰陽即賅五行，陰陽各具五行也；舉五行即賅陰陽，五行各有陰陽也。」（同上）所謂「陰陽各具五行」，言無論剛健之陽氣或柔順之陰氣皆可含攝五種材質也。「五行各有陰陽」者，言五種質氣皆有剛健及柔順兩面之表現也。祇是一氣，就其屈伸言，謂之陰陽；就其質相言，謂之五行。

　　陰陽五行之義既明，今復觀東原對道之理解。東原曰：「道猶行也。氣化流行，生生不息，是故謂之道。」（同上）又曰：「天道，五行陰陽而已矣。」（《全集》，頁 777）畢竟「道」或「天道」是指「氣化流行，生生不息」乎？抑指「五行陰陽」本身乎？前者就質氣生化之動用而言，後者就實然之質氣言，二者義殊。觀東原屢以「行」釋道，當以取前義爲主。但所謂「氣化流行，生生不息」之氣無他，五行、陰陽是也。然五行陰陽之氣非是死物，必起生化之動用。故東原所謂道或天道，實統就五行陰陽之氣及其流行生化而言。東原於言及道時，或取此義，或取彼義，而不覺二義實有差別。

　　東原進而辨形上形下及道器之分云：「氣化之于品物，則形而上下之分也。形乃品物之謂，非氣化之謂。……陰陽之未成形質，是謂形而上者也，非形而下明矣。器言乎一成而不變，道言乎體物而不可遺。不徒陰陽非形而下，如五行水火木金土，有質可見，固形而下也，器也。其五行之氣，人物咸稟受于此，則形而上者也。」（《全集》，頁 300）是則不論就陰陽說，或就五行說，均可自未成形質與已成形質兩面觀之。方其未成形質也，則一氣周流，其自身即能變化生生，所謂道也，形而上者也，體物而不可遺者也；及其既成形質，則品物紛羅，各有定形，所謂器也，形而下者也，一成而不變者也。

　　道器之分以形上形下定；形上形下之別就成形質之前後定。是則道與器、形上者與形下者並無本質之差別，祇是一物前後兩種不同之形態耳。形而上下之上下可解釋爲「前後」，亦有訓詁上之根據。東原以爲「千載而上，千載而下」之上下即作前後解，意謂「千年以前，千年以後」也。又《詩·大雅·下武》首句「下武維周」，鄭〈箋〉云：「下猶後也」，亦可作證。（以上見《全集》，頁300 小注）東原據此斷定形而上下之上下，祇能作前後解，不可有其它想法。蓋東原以爲若直就上下之本義思惟，易將「形而上者」一語想成一不可經驗之超絕理境，如此則落於老、釋、宋儒之見中，故不惜大費周章，尋找訓詁上之證據，將形而上與形而下視作質氣在時間流程中前後不同之狀態也。

　　所謂「道言乎體物而不可遺」，體乃體質之體，非超越的體性之體；體物即「作爲萬物的體質」之義。本句意爲「所以說它（陰陽五行）是道者，因它乃作爲萬物之體質，而爲萬物所不可或缺的」。《中庸》云：「鬼神之爲德，其盛矣乎！視之而弗見，聽之而弗聞，體物而不可遺。」此本指吾人秉至誠以承祭祀時，足以感格鬼神，覺其充盈於天地之間。東原則借此以說明萬物之生成。東原曰：「《中庸》言鬼神體物而不可遺，即物之不離陰陽五行以成形質也。」（《全集》，頁300）東原每於典籍找根據以證己說，而不論原意如何，故常生混淆。「物之不離陰陽五行以成形質」，即「道言乎體物而不可遺」之恰當解釋。

　　陰陽五行之氣，既是「形而上」者，何由知其存在邪？曰：由其所化成之物類以見之。東原曰：「氣之自然潛運，飛潛動植皆同，此生生之機肖乎天地者也。」（《全集》，頁304）即由物類之活動成長，生機洋溢，以見天地陰陽之氣周流無間也。從草木之枝葉花實與果仁，亦可以見氣機之生息。東原曰：「卉木之枝葉華實，可以觀夫生；果實之白，全其生之性，可以觀夫息。」（《全集》，頁776）枝葉花實爲吾人感官所直覺者，生機之具體呈現也。果實之仁中，具生發之能，爲感官所不得見者，生機之潛藏也。就人身言，則凡一切情欲之發，亦是生機之表現，而可以道稱之。東原曰：「喜怒哀樂，愛隱感念，慍懆怨憤，恐悸慮歎，飲食男女，鬱憂喊咨，慘舒好惡之情，胥成性則然，是故謂之道。」（《全集》，頁779）所舉包括人自然生命中一切生理、心理感受之外在表現，而可稱之曰道者，蓋依東原所見，吾人之生命惟是一自然生命耳。自然生命以心知情欲爲內容，別無他物——如宋儒所稱，生命中除氣質之性外，有義理之性者非也。而吾人種種情欲之表現正本乎陰陽五行，與天地一氣周流，故可逕稱之曰道也。

東原復曰：「人物受形于天地，故恆與之相通。盈天地之間，有聲也，有色也，有臭也，有味也，舉聲色臭味，則盈天地間者無或遺矣。外內相通，其開竅也，是爲耳目鼻口。五行有生剋，生則相得，剋則相逆。血氣之得其養、失其養，繫焉。資于外，足以養其內，此皆陰陽五行之所爲。外之盈天地之間，內之備於吾身，外內相得無間，而養道備。」（《全集》，頁 291）此處說明人物與天地一氣相通，凡有生之屬，莫不藉外在之物資以給養其生命。血氣之倫必須順五行之生剋，擇有利於吾生命之長養者以維生，否則生命則不得暢發，甚且有夭逆之患。純就生物各有愛生惜生之本能以觀，東原之說是也。即就人類而言，愛生、惜生亦是吾人對自家生命應盡之義務；否則生命一旦遭厄，一切德業皆將不可能實現。「舉聲色臭味，則盈天地間者無或遺矣」，意謂天地之間，除吾人感官所及之聲色臭味外，不可再說有其它東西；若說有其它東西，因非感覺所能及，祇是冥想耳。

然則陰陽之氣何以能成生生之用？以其有精氣也。精氣不在陰陽之外，乃陰陽自身蒸發出來，以成就陰陽之屈伸、生命之感通與思惟之功用者。是則精氣乃陰陽或物類自然之性能，而非超乎陰陽、物類之上以主導之者。《大戴禮記・曾子天圓》旨在推論陰陽化生萬物之妙，有云：「陽之精氣曰神，陰之精氣曰靈，神靈者品物之本也。」意謂神靈乃萬物所以成其生化者。東原有取於此，落於物類——尤指人身上說，以魂魄當神靈，並伸之曰：「蓋耳之能聽，目之能視，鼻之能臭，口之知味，魄之爲也，所謂靈也，陰主受者也；心之精爽，有思輒通，魂之爲也，所謂神也，陽主施者也。主施者斷，主受者聽。」（《全集》，頁 290）耳目鼻口等感官乃陰氣凝結而成者，其所以有聽視臭味之感覺，則是陰之精氣——所謂靈之作用；落於人身言，謂之魄。然如何使感覺不爽失，及如何對各種感覺物之迎拒恰當，則有賴心官之裁斷。心爲陽氣凝結而成，其精爽乃陽之精氣，所謂神也；落於人身而言，謂之魂。心官除有主導耳目感官之用外，並有思考之能。所謂「心之精爽，有思輒通」也。故知東原所謂神靈或魂魄，實感性與知性之統體也。

東原有時亦將魂魄與鬼神、天地、施受、明幽等比配言之，故曰：「天地之化呈其能曰鬼神，其生生也，殊其用曰魂魄。魂以明而從天，魄以幽而從地。魂官乎動，魄官乎靜，精能之至也。官乎動者，其用也施；官乎靜者，其用也受。天之道施，地之道受。施，故制可否也；受，故虛且聽也。魄之謂靈，魂之謂神。靈之盛也明聰，神之盛也睿聖，明聰睿聖，其斯之謂神明

歟！」(《全集》，頁 779) 此更將陰陽氣化之功能作一分解之說明，藉以解釋天人之道一氣相貫之理。足見東原於氣化宇宙與自然生命之關係曾下一番苦功思索，故能有如此嚴整之比對。然而氣化之功，在何處得徵驗邪？曰：在人身上。吾人心官功能之極其盛則於事理靡不達，耳目功能之極其盛則視聽無爽，而視聽之當否又有賴心官之制斷也。心官之於耳目，固有主從之分，此乃吾人所可理解者；天地萬物之道，可以比類而得。由生命之能，可推知天地之化，遂曰生命之能乃天地之化所呈也。

以上說明天道人道之通貫，以下專就人道論之。東原以為「人道，人倫日用，身之所行皆是也」，(《全集》，頁 313) 所謂「人倫日用，身之所行」包括飲食男女之欲，慘舒歡感之情及五倫中所行之事。凡此，悉屬感官心知所及之實事，故綜括在人道之範圍內。東原曰：「飲食、男女，生養之道也，天地之所以生生也。」(《全集》，頁 785) 飲食所以維持生命，男女所以延續生命，此係人生之常行，聖人亦不免，東原以為此乃「天地之所以生生」，故特重之，並屢引《禮記・禮運》「飲食男女，人之大欲存焉」及《詩・小雅・天保》「民之質矣，日用飲食」為證，以為飲食、男女本身即是道，道更不須他求。然《禮記》此言，重在說明禮之重要，所謂「欲一以窮之，舍禮何以哉」(《禮記・禮運》) 是也。《詩經》所載，旨在說明「民事平，以禮飲食相燕樂而已」(鄭〈箋〉)(〈傳〉：質，成也；〈箋〉：成，平也) 二者皆非強調飲食男女之重要。東原為表示自己之主張於經典有據，遂不惜斷章取義。

至若慘舒歡感之情，乃吾人生命中感性之一面，不可抹摋。即聖人亦「不能無哀樂以應物」(《三國志・卷二八》注引何劭〈王弼傳〉之弼言)，然此等情感之表現，既隨吾人之生命以俱來，則君子立身處世，要在使喜怒哀樂之情「發而皆中節」。蓋情感之為物，易放而難收，苟不善駕御，反將戕賊身心，傷及他人。故君子之於慘舒歡感之情，強調其「中節」之重要，並進而探究如何使之中節，而非特重慘舒歡感之情本身也。東原則以為種種情感，既為可徵之實事而具於吾身，即所謂道，故須特加重視。

若夫五倫中所行之事，東原亦以為其自身即是道，而非彼此當遵循之軌範方是道。《中庸》云：「君臣也、父子也、夫婦也、昆弟也、朋友之交也，五者，天下之達道也。」此明是本《孟子・滕文公》五種「人倫」而來，不過君臣、父子易位耳。〔註 2〕朱子〈註〉云：「達道者，天下古今所由之路，

─────────────────

〔註 2〕父子一倫遵親親之原則，君臣一倫遵尊尊之原則，二者易位，於親親尊尊原

即《書》(〈皋陶謨〉)所謂五典，孟子所謂『父子有親，君臣有義，夫婦有別，長幼有序，朋友有信』是也。」東原以爲朱子「於達道五，舉孟子所稱教以人倫者實之，其失《中庸》之本指甚明」(《全集》，頁 314)，意謂:《中庸》所云方是「道」，孟子所云是教，朱子視道爲教，故「失《中庸》之本指」也。東原拘執於《中庸》字面，以求與其所強調之實事者一致，故以朱子之說爲非。東原曰:「出於身者，無非道也。」(《全集》，頁 314)又曰:「如爲君而行君之事，爲臣而行臣之事，爲父子而行父之事、子之事，皆所謂道也。」(《全集》，頁 315～316)即強調「所行之事」即是道，而不取當循之德爲道也。

東原又取《易·繫傳》「一陰一陽之謂道，繼之者善也」之云，以爲天道本身即是善的；人道與天道無本質之異，故人道原則上亦是善的。但依經驗，人道不能全善乃顯而易見者。於是曲爲之說云:「天地之氣化，流行不已，生生不息，其實體即純美精好；人倫日用，其自然不失即純美精好。」(《全集》，頁 346)此中所謂「實體」，亦「體質」之義，即陰陽氣化本身也。東原視人倫日用「自然不失」即純美精好。其意以爲:人倫日用，原來亦是純美精好者，後因人之表現有所失，是以不能如天道之純美精好也。

夫人倫日用之不失固可言美好，可言善，但如何方能保其不失乎？東原曰:「語道於天地，實體即美好，不必分言也……人之心知有明闇，當其明則不失，當其闇則有差謬之失。」(《全集》，頁 346)此將人倫日用之不能如天道之「純美精好」歸咎於心知之不明。以爲心知若能清明，即可照見其中之微細隱曲而使之不爽失。

二、條分之理

《說文》:「理，治玉也，從玉，里聲。」(《說文解字·一篇上》)段〈注〉:「《戰國策》，鄭人謂玉之未理者爲璞，是理爲剖析也，玉雖至堅，而治之得其鰓理以成器不難，謂之理。凡天下一事一物，必推其情至於無憾而後即安，是之謂天理，是之謂善治，此引伸之義也。」(《說文解字注》，頁 15)由是知理之本義乃剖析玉璞以成器物也。剖析玉璞必察其條紋乃能順成之，故理有區別之意；所區別者亦可稱之曰理，所謂分理、條理也。引而申之，物類之

則之實質內容固無影響，但重點已有轉移。又五倫若以夫婦爲中心，向上言，有夫婦然後有父子，有父子然後有君臣；向下言，有夫婦然後有兄弟，有兄弟然後有朋友，則似以《中庸》之排列爲合理也。

特殊性質亦得稱之曰理，所謂物理也；凡事之來，吾人皆有所以處之之方，所謂事理也。東原以情之不爽失爲理，乃就理之本意輾轉引伸而得，所謂情理也；段氏之注，即取東原之意。

東原曰：「理者，察之而幾微必區以別之名也，是故謂之分理。在物之質曰肌理、曰腠理、曰文理；得其分，則有條而不紊，謂之條理。」（《全集》，頁288）理待「察」乃能得，即理乃由心知之覺識以把握之者。所察之範圍如何？曰：天地、人物、事爲皆在內，即總天地間一切事、物而言也。天地、人物、事爲莫不有其自然之文路或至當不易之則，有待吾人之覺察；若能精察之，即能了別物之文或事之則，此謂「得其分」；於是見天地、人物、事爲莫不呈顯其「條理」矣；至於在物之質之肌理、腠理或文理，特其一端耳。但所謂「物之文」及「事之則」實在不同之領域內，東原並未檢別之，祇統稱之曰「條理」也。

東原首先就氣化生生之有條不紊處說理云：「一陰一陽，流行不已，生生不息。主其流行言，則曰道；主其生生言，則曰德。道，其實體也，德即於道見之也。『天地之大德曰生』，天德不於此見乎？其流行，生生也，尋而求之，語大極於至鉅，語小極於至細，莫不顯呈其條理。失條理而能生生者，未之有也。故舉生生即賅條理，舉條理即賅生生。實言之曰德，虛以會之曰理。」（《全集》，頁336）此係就氣化之自然總持地言之。由天地之能生生以見天地之德，由生生之有條不紊以見萬物之理。天地之德，落實言之，即是仁。「生生，仁也」；「觀於其生生，可以知仁」（《全集》，頁776）。仁即以生生定，生生則由氣化流行來。如此所說之生，祇是自然界萬物之生育長養；所說之仁，祇是使自然界萬物各遂其生。

「實言之曰德，虛以會之曰理」。「德」是就實然之生化說，「理」則是就心知之了別說。就生生之事實看，「語大極於至鉅，語小極於至細」——即綜「天地、人物、事爲」以觀，「莫不顯呈其條理」。條理或是物之文，或是事之則，總之條理非具體之事物本身，乃是事物之曲折相或其律則，而爲吾心知所了別者，故曰「虛以會之」也。具體之事象是實層，乃顯然可見者；條理是虛層，祇能會之於心。

東原復專就物之條文言理云：「凡物之質，皆有文理。粲然昭著曰文，循而分之，端緒不亂曰理。故理又訓分，而言治亦通曰理，理字偏旁從玉，玉之文理也。蓋氣初生物，順而融之以成質，莫不具有分理，則有條而不紊，

是以謂之條理。」（《全集》，頁 336）此處除就理字之構形說明理是文理、分理之外，並就氣化生物之過程言理之所由來。物之生也，乃由氣之「順而融之」以成，故「莫不具有分理」。何謂順，東原未明言，但揆諸《原善》首條稱「上之見乎天道，是謂順」，則所謂順，惟是「自然如是」耳。天道自具條理，萬物由氣化凝結而成，故亦「皆有文理」。然氣化不可見，故其自具條理，實由萬物之皆有文理以逆推得者。

東原曰：「因而推之，舉凡天地、人物、事為，虛以明夫不易之則曰理。」（同上）東原見生生之物皆顯其條理，因曰凡天地、人物、事為皆有其不易之則。但物之文與事之則既屬不同之領域，由物之有文能否推至事之有則，不無可疑。東原殆見得自然界萬物之生生呈現一有條不紊之秩序，因言氣化本身自具天則；天人之道一氣相通，推之，乃言人道之事為亦具不易之則；而吾人之心知即足以客觀地認知此不易之則。宇宙論地說，物之文與事之則悉由氣化本具天則而來，然所謂天則，究實言之，實由觀於萬物之文理與物序之有條不紊逆推而得者。東原種種說法，皆奠基於此等經驗之立場也。

東原曰：「天地、人物、事為，不聞無可言之理者也。詩曰『有物有則』，是也。物者，指其實體實事之名；則者，稱其純粹中正之名。實體實事罔非自然，而歸於必然，天地、人物、事為之理得矣。夫天地之大、人物之蕃，事為之委曲條分，苟得其理矣，如直者之中懸，平者之中水，圓者之中規，方者之中矩，然後推諸天下萬世而準。」（《全集》，頁 295）此段除說明「有物必有則」外，更明確指出凡「則」均是純粹中正者，「則」在物中，乃萬事萬物「自然」而有者，若能仔細觀察，此至當不易之則即見得分明，是謂「歸於必然」。必然者，定然而不可移易之謂。此必然不易之則有恆常性，如能把握之，則可「推諸天下萬世而準」。此必然之則，總持地言之，即曰理義；理義者，實體實事純粹中正之則也。

事物之則既是純粹中正，故可稱之曰善；所謂善，亦自天道之仁義禮說起，而及於人物事為。東原曰：「生生，仁也。未有生生而不條理者。條理之秩然，禮至著也；條理之截然，義至著也。以是見天地之常。三者咸得，天下之懿德也，人物之常也，故曰『繼之者善也』，言乎人物之生，其善則與天地繼承不隔者也。」（《全集》，頁 776）由天地條理之昭著分明而說天地之常，由人物之咸得條理以言人物之常，「循之而得其分理是謂常」（《全集》，頁 775），「常」言其不可移易，施諸天下萬世而皆準。通過心知之把握而得其必

然始可謂之常，自然不可謂之常也。天地自然即純美精好，自然即善；人物
由氣化生生而來，當亦領受此純美精好，領受此善；所謂「人物之生，其善
則與天地繼承不隔」，此是理想地言之。但自然與必然，「在天道不分言，而
在人物分言之始明」（《全集》，頁 314），足見順人物之自然，不能如天地之純
美精好，故須下一番工夫以還於天地之善也。東原此一思考模式，實得之宋
明儒，特其不自覺耳。

東原曰：「陰陽五行，以氣化言也；精言之，期於無憾，是謂理義，是謂
天地之德。人之生也，稟天地之氣，即併天地之德有之，而其氣清明，能通
夫天地之德。物之得於天者，亦非專稟氣而生，遺天地之德也。然由其氣濁，
是以錮塞不能開通。理義也者，心之所通也。天之氣化生生而條理，人物分
於氣化，各成其性，而清者開通，則能知性知天，因行其所知，底於無失，
斯所以還於天地之德而已矣。」（《全集》，頁 338）以上除復伸「繼之者善」
之義外，重在說明人與物雖均稟天地之氣而生，但由於所稟之氣有清濁之異，
對於天地之德，遂有通塞之分。惟人之心知最靈，故能通乎理義，以還天地
之德；物雖原則上亦不遺天地之德，但知覺錮塞，不能認知理義，惟憑本能
活動。人物之判，於焉見之。

東原曰：「人之知覺，通乎天德，舉其知之極於至善，斯仁義禮智全矣，
極於至善之謂理。」（《全集》，頁 353）此段可視作上段之補充，惟文字簡略，
依東原之意順通之，當作「人之稟氣清明，故其知覺能通達天德；通達天德，
斯仁義禮智全矣，是謂至善；極於至善之謂得理」。天道粹然至善，自然全乎
仁義禮，人若能通達仁義禮之理，亦屬至善。惟東原所謂善，乃是就「仁義
禮」之天德說，或就「知常、體信、達順」說；亦即或就「生生及其條理之
秩然截然」說，或就「吾之知覺能認知生生及其條理之秩然截然」說。勞思
光曰：「戴氏取一種粗淺常識觀點，以為「順」、「信」、「常」等皆是一種「善」
（此是將「善」當作一種存有之屬性或狀態看），然後遂說於此三者有所成就
（如知「常」，體「信」、達「順」皆表某種成就）皆是「善」，而不知如此說
時，「善」之意義已分涉兩層次，而其中有大病也。」（《中國哲學史·三卷下》，
頁 870）從嚴格之思考上說，勞氏所云是也。然若理解東原之言仁言智，原分
以理言與以德言，亦即一方面就事物之準則言，一方面就知能分量之多寡言，
則亦不足異矣。

東原曰：「禮者天地之條理也，言乎條理之極，非知天不足以盡之，即

儀文度數，亦聖人見於天地之條理，定之以爲萬世法。」（《全集》，頁 354）
人爲物之靈，有認知理義之能力，聖人則是人中之精英，聰明睿知，故能知
天 —— 即知天地之條理，於是據此條理制定人間之禮儀法度，周旋揖讓之
節，以爲萬世之常法。所制定之儀文度數之所以能爲「萬世法」者，以其本
質上乃天地條理落在人身上行也。而天地之條理亘古如斯，故聖人據此以制
定之儀文度數亦當具永恆性，而可爲萬世法也。次，東原雖曰「理義在事情
之條分縷析，接于我之心知」（《全集》，頁 290），卻往往兼搭著心知之能說
理義。東原曰：「理義者，人之心知有思輒通，能不惑乎所行也。」（《全集》，
頁 304）其義乃是：人之心知有思，思輒能通乎理義，所行因能不惑也。凡
此，皆維持其以心知外鑠理義之一貫立場。

　　東原曰：「理義非他，可否之而當，是謂理義。聲色臭味之欲，察其可
否，皆有不易之則。故理義者，非心出一意以可否之；若心出一意以可否之，
何異強制之乎？因其事，得其不易之則，所謂『有物必有則』，以其則正其
物，如是而已矣！」（《全集》，頁 342）據此，聲色臭味等感覺欲望之本身，
皆有其至當不易之則，要使吾人於聲色臭味之欲表現恰當，在得其「不易不
則」，蓋「有物必有則」，吾人祇須「以其則正其物」，不須「心出一意以可
否之」，否則將有強制之病，而悖乎「物之則」。

　　就對人之態度言，東原有絜情明理之說，東原曰：「理也者，情之不爽
失也。未有情不得而理得者也。凡有所施於人，反躬而靜思之：人以此施於
我，能受之乎？凡有所責於人，反躬而靜思之：人以此責於我，能盡之乎？
以我絜之人，則理明。天理云者，言乎自然之分理也。自然之分理，以我之
情，絜人之情，而無不得其平，是也。」（《全集》，頁 288）此段可視作東原
言理之最終用意。凡吾人一切言行之表現，皆得謂之情，理即在情之表現無
差謬處會之於心；理祇能虛以會之，與情可以指實者不同也。各種喜怒哀樂
之情，皆含使此情表現無差謬之理也。凡吾「有所施」、「有所責」於人之時，
皆有所以處之之理。不過東原於此增一廻環，即假設人以此施於我，責於我
之時，我是否能受，是否盡其實。若我覺得能受，能盡其實，則我即可以此
加諸人矣，否則即不可強加諸人。若強加諸人，則有悖禮犯義，強凌弱，眾
暴寡之患。此即易《大學》絜矩之道而爲絜情之說。東原以爲如此即可免除
如宋儒以意見爲理之患矣。

第二節　性命論

一、命之分限

《大戴禮記・本命》云：「分於道謂之命；形於一謂之性。化爲陰陽、象形而發謂之生；化窮數盡謂之死。」此係宇宙論地對性、命、生、死所作之說明。後二句以陰陽之化、運數之變說明自然生命之生死現象，其義確定。前二句由道說到命與性，則可有不同之理解。關聯著後二句以觀，所謂道，可就氣化之總體而言。每一個體之生，皆稟受於道；稟受於道，則不能得道之全，而有所限。就稟受之有限而言，謂之命。個體所稟受於道者，融合凝一，爲自然生命之內容，謂之性。如此所說之命與性，乃是就自然生命之由來與形成上說。東原對於命與性即作如是之理解，故屢引「分於道謂之命；形於一謂之性」二句以作其立說之經典依據。

東原曰：「凡分形氣於父母，即爲分於陰陽五行。人物以類滋生，皆氣化之自然。《中庸》曰『天命之謂性』，以生而限於天，故曰『天命』。《大戴禮記》曰：『分於道謂之命；形於一謂之性。』分於道者，分於陰陽五行也。一言乎分，則其限之於始，有偏全、厚薄、清濁、昏明之不齊，各隨所分而形於一，各成其性也。」（《全集》，頁 302）依此，天即是道，指陰陽氣化，命乃限制之名，天命即是分於陰陽而有限制之稱。每一個體所稟受於天者不一，是以「有偏全、厚薄、清濁、昏明之不齊」，此是材質上之先天限制。此種先天限制，「不特品物不同，雖一類之中又復不同」（同上），上句說明類與類間之差別，下句說明同類中個體之差異。如此，則天地間林林總總萬物之殊異皆得以解釋。但東原之言此，殆先經由萬物殊異之觀察逆推之，因說氣化生物時，萬物所稟受於道者各不同。至於何以會不同，東原並未解答，古來哲人亦不能有圓滿之解答。此是造化之奧秘，吾人祇能說是氣機之乘除，自然如是而已。次，東原視「天命之謂性」，義同於其所理解的「分於道謂之命；形於一謂之性」之義，如是則天命祇是氣化對自然生命形成之限制。

東原曰：「性者，有於己者也；命者，聽於限制也。」（《全集》，頁 344）命有限制義，然同樣是限制，而有不同之分際。除以上所說氣化對自然生命形成之限制外，另有兩種限制。東原曰：「凡言命者，受以爲限制之稱，如命之東則不得而西。故理義以爲之限制而不敢踰，謂之命；氣數以爲之限制而不能踰，亦謂之命。」（《全集》，頁 336）理義在事情之條分縷析，接於我之

心知，我之心知因即肯認其為必然，循之以行，不敢踰越。是理義乃所以規範吾人之行動，有限制義，亦謂之命。故東原曰：「性原於陰陽五行……命即人心同然之理義，所以限制此者也。古人多言命，後人多言理，異名而同實。」（《全集》，頁344）但此等命乃透過吾人之心知以把握，自我要求以不踰之者，踰越不踰越，操之在我，此可曰主觀上之自我要求，自我限制。

至若個體之窮通夭壽，所謂氣數者，亦屬吾人之一種限制。孔、孟聖人也，身處離亂之世，所如不合；顏淵早死；伯牛染疾：凡此，皆人生所無可奈何處，即孟子所謂「莫非命也」。蓋吾人以有限之身，處於各種不同之時空環境，所受之福禍皆不同。此種限制，經由吾人之努力或睿見，雖可有某種程度之轉移，但無可奈何處仍多。

歷來學者之說命，多就限制義說。就有生之初氣化之分不齊以言命，固是一種限制；就有生以後遭逢之異數以說命，亦是一種限制。凡此，皆非人力所能為者，吾人但求如何面對之，而無法逃避之也。東原所云理之為命，顯與以上所云氣命之命涵義不同，此乃吾人可以自我決定遵循或不遵循之者；吾人若欲遵循而不踰越之，則理義對吾人似有一限制相；但此與氣命之為超越的限制不同。

二、性之曲全

東原曰：「性者，分於陰陽五行以為血氣心知，品物區以別焉，舉凡既生以後所有之事、所具之能、所全之德，咸以是為本，故《易》曰『成之者性也。』」（《全集》，頁302）觀此，知東原所說之性，祇是以血氣心知為內容之氣性。血氣心知之所有表現包括事、能與德。性既分於陰陽五行，本此而發之事、能與德亦與陰陽五行相配，故曰：「性之事配陰陽五行，性之能配鬼神，性之德配天地之德。」（《全集》，頁776）性之事者，「日用飲食」、「飲食男女」而已矣；性之能者，感覺與知覺之能力而已矣；性之德者，智仁勇分量之多寡而已矣。不論事、能或德，物類之表現各殊，以所分於陰陽五行者各殊故也。故曰：「人與物同有欲，而得之以生者各殊；人與物同有覺，而喻大者大，喻小者小也各殊；人與物之一善同協於天地之德，而存乎相生養之道，存乎喻大喻小之明昧也各殊。此之謂本五行陰陽以成性，故曰『成之者性也。』」（同上）不論事、能或德，人與物皆判於生初，因以成其類別之異、個體才能之差；此是從氣化宇宙方面解釋物類與個體之殊異性。

　　於是東原進一步說明人與禽獸之同異云：「凡血氣之屬，皆知懷生畏死，因而趨利避害，雖明暗不同，不出乎懷生畏死者同也；人之異於禽獸不在是。禽獸知母而不知父，限於知覺也；然愛其生之者，及愛其所生，與雌雄牝牡之相愛，同類之不相噬，習處之不相齧，進乎懷生畏死矣；一私於身，一及於身之所親，皆仁之屬也；私於身者，仁其身也；及於身之所親者，仁其所親也，心知之發乎自然有如是：人之異於禽獸亦不在是。」（《全集》，頁303）「懷生畏死」，「趨利避害」是生物求生之本能，人亦是生物之一，故不能外乎是。母子之相親，牝牡之相愛，同類之不相傷，是生物為保存與延續同類所發之自然習性，人亦不能外乎是也。

　　生物之本能與習性既「人之異於禽獸不在是」，然則人之異於禽獸者安在？東原以為即在「人之知覺大遠乎物」，亦即人對於利害之照察，理義條分之了別能力，為禽獸所不及。此種心知能力於分於陰陽五行以成性時即已定矣。東原曰：「天道，五行陰陽而已矣。分而有之以成性；由其所分，限於一曲，惟人得之也全；曲與全之數判之於生初。人雖得之全，其間則有明闇厚薄，亦往往限於一曲，而其曲可全，此人性之與物性異也。」（《全集》，頁777）人與物相較，人得陰陽五行之全體，故為天地之精英，為萬物中最靈者；物則祇得一偏，故先天上才智即不如人。東原於此，殆有取於濂溪之意。〈太極圖說〉云：「二氣交感，化生萬物；萬物生生而變化無窮焉。惟人也，得其秀而最靈。」但濂溪於此，乃關聯著天道誠體之創生說，非如東原純就陰陽五行之生化說。再者，人與人相較，則有「明闇厚薄」之異。惟人之「限於一曲」與物之「限於一曲」不同：後者乃一限永限者，以所得於天之量本不足故也。前者之「限於一曲」若與物較，實是全而無所限；若與同類之人較，則較薄較濁者，心知之能一時未能盡其量，東原亦謂之「限於一曲」，其實祇是蔽而未盡明耳。若能積學擴充，久之，即無蔽而盡明矣，此即東原所謂「其曲可全」也。可知在物與在人處之「限於一曲」並非同義。於人處之「限於一曲」，似可用「蔽而不明」說之，以免與在物處之「限於一曲」相混。以上判人禽之分、智愚之別，乃純就氣性上說。

　　東原曰：「人之所以異於禽獸者幾希。雖犬之性、牛之性，當其氣無乖亂，莫不沖虛自然也；動則蔽而罔罔而行。人不求其心不蔽，於是惡外物之惑己而強禦之，可謂之所以異乎？」（《全集》，頁782）依東原，當氣無乖亂時，犬、牛皆能沖虛自然，與人無異；但犬、牛動則蔽而罔罔以行，人若祇知去

絕物欲，不知擴充心知，則茫然以行，與犬牛無以異。人之所以異於犬牛者，在人之心知能認知理義，以極知覺之量也。

專就人之性言，東原詳述其具體內容云：「人生而後有欲、有情、有知；三者，血氣心知之自然也。給於欲者，聲色臭味也，而因有愛畏；發乎情者，喜怒哀樂也，而因有慘舒；辨於知者，美醜是非也，而因有好惡。聲色臭味之欲，資以養其生；喜怒哀樂之情，感而接於物；美醜是非之知，極而通於天地鬼神。聲色臭味之愛畏以分，五行生克為之也；喜怒哀樂之慘舒以分，時遇順逆為之也；美醜是非之好惡以分，志慮從違為之也：是皆成性然也。」（《全集》，頁312）聲色臭味，感官之欲也；喜怒哀樂，情性之發也；美醜是非，心知之別也。在物上看，祇見生理需求之滿足與同類之相親；在人上看，則官覺之分、情感之發皆極於精：此亦人與禽獸之別。然依東原觀之，人與禽獸最大不同處，在人明辨美醜、了別是非之心知機能遠非禽獸所能及，人之所貴即在此也。

東原既就心知機能之高低以判人禽，而孟子道性善，於是自心知能認知禮義說善。東原曰：「性者，飛潛動植之通名；性善者，論人之性也」（《全集》，頁211）；「人以有禮義異於禽獸，實人之知覺大遠乎物則然，此孟子所謂性善。」（同上）性善祇能就人而言，人之性所以善，在「人之知覺大遠乎物」，而能「認知理義」也。東原以為孟子祇說「人無有不善」（〈告子上〉），不說「性無有不善」，足見性善祇能就人說，性善實即人之性無有不善之略稱，非萬物之性皆善也。

東原曰：「孟子道性善，非言性於同也，人之性相近，胥善也。明理義之為性，所以正不知理義之為性者也。」（《全集》，頁780）東原祇見得人有才質之性，此等性有智愚之分係事實，故孔子祇曰「性相近」，而不曰「性相同」。以此為準，在孔、孟論性不應有異之假設下，則孟子亦「非言性於同」。但孟子既道性善，此義不可違，於是乃將孔子之「性相近」一語與孟子「性善」之云總括成「人之性相近，胥善也」一義。蓋東原心目中所謂善，惟是精良耳，人之才智較其它物類為高，能認知禮義，故曰性善。但同是人類，其才智則有高下之殊；故孟子雖「道性善」，但並非表示人之才智無高下之分，此即其所謂孟子「非言性於同」之意。人之才智雖有等差，但與其它物類相較，即使是下愚者，才智亦較其它物類為高，此即其所謂「人之性相近，胥善也」之意。

東原曰：「孟子言人無有不善，以人之心知異於禽獸，能不惑乎所行之爲善；且其所謂善也，初非無等差之善。」（《全集》，頁 305）從知覺程度之淺深大小以言性，此係生物學的看法；又曰善有等差，則又就材質之美惡說：此等以氣言之性，原無道德的善可說。但因吾人之心知有認知理義之能力，東原遂以之說善耳。

三、才之等差

東原曰：「才者，人與百物各如其性以爲形質，而知能遂區以別焉，孟子所謂『天之降才』，是也。氣化生人生物，據其限於所分而言謂之命，據其爲人物之本始而言謂之性，據其體質而言謂之才。由成性各殊，故才質亦殊。才質者，性之所呈也；舍才質，安睹所謂性哉？」（《全集》，頁 311）此處界定才之義，及其與性、命之關係。東原從分於陰陽五行而有所限說命，從限於所分而爲人物之本始說性，從由此本始所發之種種表現說才。命、性與才乃一體之三面。《中庸》「天命之謂性」，從天之所命說性；《孟子·告子篇》「天之降才」，由天之所降說才：性與才皆由天而來，惟此「天」在東原衹看作陰陽氣化。才乃是「據其體質而言」，所謂「據其體質」是略稱，其實義是「據其體質之種種能力之表現」。然「有血氣，斯有心知，天下之事能於是乎出」，故「體質之種種能力之表現」即包括吾人所有之事能也。

東原曰：「其稟受之全，則性也；其體質之全，則才也。稟受之全無可據以爲言，如桃杏之性全於核中之白，形色臭味無一弗具，而無可見。及萌芽甲坼，根幹枝葉桃與杏各殊，由是爲華爲實，形色臭味無不區以別者，皆據才見之耳。」（《全集》，頁 311）此處借桃仁、杏仁及由此而發之形色臭味、根幹枝葉以說明性與才之關係，及性異則才異，甚是清楚。「才者性之所呈也，舍才質，安睹所謂性哉？」故才乃性之呈現原則。吾人藉才之顯現各異，可以逆推性之有別。上之，由性之別可說其分於陰陽五行者必不同。東原由物類分於陰陽五行之不同以說性異，由性之異以說明其才之別，此種對氣化成性之異所作宇宙論的說明，當是由「才」逆推而得者。

東原曰：「資以養者存乎事，節於內者存乎能，事能殊致存乎才。」（《全集》，頁 775）可見才之表現包括事與能二方面，然事與能落實言之，各何所指？東原曰：「生養之道，存乎欲者也；感通之道，存乎情者也。二者，自然之符，天下之事舉矣。盡美惡之極致，存乎巧者也，宰御之權，由斯而出；

盡是非之極致，存乎智者也，聖賢之德，由斯而備。二者亦自然之符，精之以底於必然，天下之能舉矣。」（《全集》，頁 776～777）「欲」即生物本能及生理欲望，所謂「飲食男女」、「日用飲食」是也；情是心理情緒，凡事物與我相順相違時，吾之心氣受到激發，表現爲憂樂慘舒等狀是也。此皆表現於外，顯然可見者，故統稱之曰事。所謂巧，乃吾人理物、制物之能力。「宰御之權」，不限於對人之宰御，凡對一切事爲之處置皆包括在內，所謂「辦事能力」也；此等範圍甚爲廣泛，一切人對一切事處置之能力皆屬「巧」。所謂智，專指吾人認知理義之能力，理義固在事情之委曲條分，惟心知則能認知之，以期吾人之行爲表現皆合乎理義。能認知理義、所行合之者爲聖賢；不能認知理義、所行違之者爲凡愚。巧與智皆屬吾心知之所發，乃吾待人處事之能力，故統稱之曰能。吾人經驗生活之內容，不外事與能之表現。

東原爲就性之所呈說才，於是將情與欲皆包括在才之內。然據通常之理解，才乃專就吾人應物之能力言，而情與欲不可以說能力。故東原之所謂才，其實處仍應指巧與智之能說，觀其屢判人與物及人與人間才之高下可見。蓋飲食男女之欲，喜怒歡戚之情，祇有強弱之別，不可以高下論。東原之意蓋是：飲食男女之欲，有正邪之分；喜怒歡戚之情，有中節流蕩之異：亦可以美惡說。但如此說情、欲之美惡時，仍須關聯著心知之能說。蓋情、欲之表現是否得其正，能否中節，惟視心知能否正確地判別之，導引之；如能，則其表現即可不邪僻、不流蕩也。

東原此等就心知之能言才，與《人物志》就吾人自然生命之資質之全幅內容以言才性者，有別。前者祇可籠統地說明吾人應物能力之高下，後者則就整個生命作具體的品鑒，實含一美的欣趣，可以開藝術境界。《人物志》之品鑑人物實對吾人之才性本身有具體而深入之照察，曲折而幽微，可以予吾人窺見才性長短得失之全幅內容。而東原由認知機能與處事能力之高下言才，偏就自然質能深度之等級說，至於各種才質之具體相狀 —— 即其廣度之說明，則嫌不足。（《人物志》之言才性，請參閱《才性與玄理·第二章》）

人之性既得天道之全，故人之才亦「得天地之全能，通天地之全德」（《全集》，頁 780），在萬物中爲最上者。東原曰：「夫金錫之爲器，一成而不變者也，人又進乎是。自聖人而下，其等差凡幾。或疑人之才非盡精良矣，而不然也；猶金之五品而黃金爲貴，雖其不美者莫能與之比貴也。況乎人皆可以爲賢爲聖也！」（《全集》，頁 311）異類之才質各異，固無論矣；即同類中個

別之才質亦有等差而不全同。就金屬言，黃金最貴；就黃金言，質地亦有高下。但即使品質最差之黃金亦貴乎其它金屬。較物類之才，以人最高，其它生物無論其才多好，亦比不上人類中至愚之才。純就自然之資質而言，此說是也。惟「人皆可以為賢為聖」是另一回事。此專就人類進德修業可能達到之理想上說。然東原之言此，殆欲加重人實貴於其它物類耳。

東原曰：「天下古今之人，才各有所近，大致近於純者，慈惠忠信，謹厚和平，見善則從，而恥不善；近於清者，明達廣大，不惑於疑似，不滯於習聞，其取善去不善亦易。此或不能相兼，皆才之美者也。才雖美，猶往往不能無偏私。」（《全集》，頁 312）觀此，東原所謂才，實偏就能判別善惡是非之心知而言。不論「近於純者」，或「近於清者」，皆是善才，蓋人之才當初皆美，故祇說純者、清者，不說雜者、濁者。其卒成為雜者、濁者，乃因「偏私」害之也。

東原曰：「蓋才質不齊，有生知安行，有學知利行，且有困知及勉強行。其生知安行者，足乎智，足乎仁，足乎勇者也，其學知利行者，智仁勇之少遜焉者也；困知勉強行者，智仁勇不足者也。」（《全集》，頁 319）以知仁勇之量之等差說明生知安行、學知利行、困知勉行之殊，乃專就才之善的表現方面說。蓋天之降才予人，原初皆美好，即使如此，其分量亦不能無等差，故其處事之能力不能無異。聖人生而足乎智仁勇，故生知安行，毫不勉強。賢者則智仁勇稍遜，故須學；於事理見得分明，行之亦快速。眾人則先天上智仁勇之分量遠遜乎聖賢，故須勤奮不懈，歷經艱苦，然後知曉道理，且須以大魄力勉強去做，方能辦好事情。但《中庸》重在強調：無論生知安行、學知利行、抑困知勉行，及其知之、成功，皆一也。乃在勉人「人一能之，己百人；人十能之，己千之」，如此則「雖愚必明，雖柔必強」。亦即要人克服先天資質之限，朝夕惕厲，以底於成。蓋先天資質之限非我所能掌握，然後天之奮發有為則操之在我。人不應自暴自棄，加倍努力，總有成聖成賢之可能也。孔子曰：「我非生而知之者；好古，敏以求之者也。」（《論語·述而》）此非謙語，乃是實情，足見生知安行者祇是一理想，事實上並無此等人；即使學知利行者亦不多見。在成德之過程中，大多用困知勉行之工夫。不過氣質有清濁之分，能力有高下之別，對於進德修業確有影響，但無絕對性。即使天縱之才亦有可能一時糊塗而墮萬丈深淵，魯鈍之資亦可經不斷奮鬥而極於高明。《中庸》生知安行云云是站在成德之工夫上說；而東原則祇借之以論人之才質有等差，應事能力因之而異。

濂溪曰：「性者，剛柔善惡中而已矣」；「剛：善為義、為直、為斷、為嚴

毅、爲幹固；惡爲猛、爲隘、爲強梁。柔：善爲慈、爲順、爲巽；惡爲懦弱、爲無斷、爲邪佞。惟中也者，和也，中節也，天下之達道也，聖人之事也。」（《通書‧師第七》）此就氣質之性而言其美惡。就人之氣質別之，可分剛柔兩大類，兩類各有其善之一面，亦各有其惡之一面。吾人不論屬於何類，總須保其善而去其惡，以造就一中和之材。此係就氣性實然地說，並特重工夫之不可已。東原以爲「此亦就才見之，而明舉其惡」（《全集》，頁 213），是也。但又以爲「此偏私之害，不可以罪才，尤不可以言性」（同上）；然均是人也，何以有人會害於偏私，有人不會乎？偏私之存在既是一事實，何以不可罪才乎？才出於性，何以不可言性乎？東原於此，實未能有圓滿之說明。

四、智之不齊

孟子曰：「仁、義、禮、智，非由外鑠我也，我固有之也。」（〈告子上〉），《中庸》云：「智、仁、勇，天下之達德也。」又云：「或生而知之，或學而知之，或困而知之」；「或安而行之，或利而行之，或勉強而行之。」東原據此，曰：「仁、義、禮者，道於是乎盡；智、仁、勇者，所以能盡道也，故仁、義、禮無等差，而智、仁、勇存乎其人，有生知安行，學知利行，困知勉行之殊。」（《全集》，頁 315）又曰：「仁、義、禮之仁以理言，智、仁、勇之仁以德言。」（《全集》，頁 397）易言之，仁義禮屬之理，理無等差，乃權衡一切事爲之準則；智仁勇屬之才，亦即屬之德，才有等差，乃所以使吾人之事爲合乎仁義禮之準則者。不論四端或三達德，皆含仁智，而智又是成就德性之樞紐。

東原曰：「善，曰仁、曰義、曰禮，斯三者，天下之大衡也。上之見乎天道，是謂順；實之昭爲明德，是謂信；循之而得其分理，是謂常。道，言乎化之不已也；德，言乎不可渝也；理，言乎其詳緻也。善，言乎知常、體信、達順也。」（《全集》，頁 775）「大衡」者，權衡事情之大準則也。段刻本「大衡」作大本，殆恐人將其想成如有一物，是以改本作衡，以顯示此是由心知虛以會之者。「仁義禮」之爲善與「知常、體信、達順」之爲善，顯然不同。前者就理言，言仁、義、禮皆純美精好之名，故以善稱之；後者以德言，乃就吾人能知常、體信、達順之能力上說。言吾若能知之、體之、達之，則吾「智仁勇」之德即極於盛，故亦得曰善。東原蓋以爲，仁義禮既是純美精好而曰善，則若能發揮智、仁、勇之才能，使吾人之行合乎仁義禮之標準，亦是善也。然後者之爲善固因前者而有，實具不同之義分也。

東原曰：「《易》曰：『天地之大德曰生』，氣化之於品物，可以一言盡也，生生之謂歟！觀於生生，可以知仁；觀於其條理，可以知禮；失條理而能生生者，未之有也，是故可以知義。禮也、義也，胥仁之顯乎！若夫條理之得於心，其心淵然而條理，是爲智。智也者，其仁之藏乎！」（《全集》，頁776）東原於《易傳》「生生之謂易」之生生執實地理解之，以爲氣化之生生即是仁，吾人由觀氣化生生本身即可領會仁。推之，凡有助於物類之生養者，即爲仁；有害於物類之生養者，即爲不仁。

生生者莫不有自然之分理，是故「觀於其條理，可以知禮」，在此禮與理通。但所謂條理，可就事、物兩方面言。就物言，其條理即物之結構、紋路而呈現於吾人感官之前者。其始也，祇是如此如此之結構、紋路，在感觸直覺之形式條件——即時空之制約下爲吾人之感官所攝取，此時尚無知識可言；經知性之法則性概念——即範疇決定後，乃成一客觀之知識。東原所謂觀於條理，可以導至此，以成就經驗知識。但東原自覺不是講知識，乃是說道德者；故所謂觀於條理，即偏就事言。然而事非具體可指者，故觀其條理不能如觀物然，祇可由心知直接把握。如子於父之態度，臣於君之態度等等，皆有自然之分理，可由吾人之心知把握之。條理之秩然有序即含其截然不可亂，就理之此面言，謂之義。禮與義雖分言，其實祇是一分明之條理耳。「條理者禮，斷決者義」，義偏就對條理能予正確裁斷，使吾人之行不謬說。其實有生生之事物，自有其分明之條理，仁既顯，禮義隨之以成，故東原於仁義禮必縮著說。若夫智，則是認知條理之根據，無智則不見有生生，不見有條理；反之，無生生條理亦顯不出智。故智乃是「仁之藏」，仁則是智之發。但四者實相關聯，舉一端，其餘三端隨之而有。在如此之解析下，四端祇是心知虛以會之者，而非直接由道德本心所發之眞實存有。

落實於倫理關係說，東原曰：「至貴者仁，仁得則父子親，禮得則親疏上下之分盡，義得則百事正，藏於智，則天地萬物爲量。」（《全集》，頁775）就此以言，四端中似以禮爲最重要，蓋「父子親」可括於「親疏上下之分盡」下，「親疏上下之分盡」即含「百事正」。因東原所關心者，仍在人倫關係之諧和，百事正之百事亦重在就人倫之事爲上說。惟於智言「天地萬物爲量」者，東原殆以爲一切人倫事爲，皆據智定其是非；大之，遂說智可以權衡一切事物也。此是就智之功用充其極地說。

東原曰：「仁者，生生之德也。『民之質矣，日用飲食』，無非人道所以生

生者。一人遂其生，推之，而與天下共遂其生，仁也。言仁可以賅義，使親愛長養不協於正大之情，則義有未盡，亦即為仁有未至。言仁可以賅禮，使無親疏上下之辨，則禮失而仁亦未為得。且言義可以賅禮，言禮可賅義。先王之以禮教，無非正大之情；君子精義也，斷乎親疏上下，不爽幾微。而舉義舉禮可以賅仁，又無疑也。舉仁義禮可以賅智；智者，知此者也。」（《全集》，頁 316）仁義禮三者相賅，此三者既藏於智，智復是三者之認知根據，於是四端結成一體矣。

　　且夫「與天下共遂其生」是一事，而能否「協於正大之情」又是一事，「親愛長養不協於正大之情」，似祇能說義有未盡，不能說「仁有未至」也。然東原殆以為：吾所說之親愛長養是在協於正大之情下之親愛長養，即仁以義為條件。「言仁可以賅禮」，亦然，東原殆以為：吾所說之親愛長養亦是在有親疏上下之辨下之親愛長養，如是，仁亦以禮為條件。親愛長養是生生，而協於正大之情及有親疏上下之辨則是其條理，此是仁義禮之落於事為上說。於是，言仁可以賅禮義。禮義之相賅必是：禮乃協於正大之情下之禮，義乃有親疏上下之辨下之義；禮義互為條件。而禮義復以仁為條件，即舉禮義可以賅仁也。東原既將在天道處之仁義禮三者綰在一起說，言其一，則預設其二；於是落實於人倫事件中，亦作如是觀。

　　天道具仁義禮智四德，人性稟受於天道，故亦具仁義禮智四端，約之，仁智盡之矣。仁屬生發，智屬息藏，通天人皆可作如是觀。東原曰：「生生者化之原；生生而條理者，化之流。動而輸者立天下之博，靜而藏者立天下之約。博者其生，約者其息。生者動而時出，息者靜而自正。君子之於問學也如生；存其心，湛然合天地之心，如息。人道舉配乎生，性配乎息。生則有息，息則有生，天地所以成化也。……得乎生生者謂之仁，得乎條理者謂之智。……生生者仁，條理者禮，斷決者義，藏主者智，仁智中和曰聖人。」（《全集》，頁 775）就天道言，動、輸、博、生、出為陽之發，屬之仁；靜、藏、約、息、正為陰之收，屬之智。就人道言，問學之活動為生，為陽之發，屬之仁；而湛然存其心為息，為陰之收，屬之智：與天道相配也。仁智動靜皆得其宜，是謂與天地合其德，是謂聖人。此有類乎《人物志》所云聖人屬陰陽清和的中和之質，具兼德而至的中庸之德。（見《人物志·九徵篇》）陰陽生息有條序，聖人行止得其宜。此是從氣化宇宙論說到自然人性論，以氣機之生息發藏言仁智。

東原曰：「飲食之貴乎恭、貴乎讓，男女之貴乎謹、貴乎別，禮也。尙廉恥，明節限，無所苟而已矣，義也。人之不相賊者，以有仁也；人之異於禽獸者，以有禮義也。」（《全集》，頁 785）此是落實於飲食、男女方面看仁義禮。所謂仁者，人我之不相賊耳，是以禽獸母子之相愛，同類之不相噬，亦得謂之仁也。所謂禮者，不過是飲食之恭讓，男女之謹別，即外在儀節之不爽失耳。所謂義者，不過於禮數見得分明，不苟且踰限耳。於仁上，不足以別人禽，於禮義上方足分之。

人既以禮義自別於禽獸，故就進德修業言，當自禮始。東原曰：「君子體仁以修身，則行修也；精義以體仁，則仁至也；達禮以精義，則義盡也。」（《全集》，頁 784）達禮以精義，精義以體仁，體仁以修身，工夫之根本處在達禮。禮即條理，條理即事情之委曲條分。達之，進而行之不懈，則精義體仁而身修矣。易言之，致乎身修，達禮盡之矣；而禮之達又在於智。但所謂達禮可有二說：一者祇是精通禮數，二者是對禮數能切實付諸實行。前者於修身無實際效益，諒非東原達禮之意；東原之意當在後者。但在躬行實踐儀文度數之前，必先熟習禮文，是故達禮雖重在行，亦包括知在內。

東原曰：「言乎其盡道，莫大於仁，而兼及義，兼及禮；言乎其能盡道，莫大於智，而兼及仁，兼及勇。是故善之端不可勝數，舉仁義禮三者而善備矣；德性之美不可勝數，舉智仁勇三者而德備矣；曰善曰德，盡其實之謂誠。」（《全集》，頁 318）智仁勇就血氣心知之盡其能說，仁義禮就人倫日用之極其精說。依東原，盡道與能盡道有異。盡道指吾人之言行合乎仁義禮之準則言，能盡道指智仁勇能起作用言。工夫自智仁勇說，不自仁義禮說。仁義禮是「善之端」，智仁勇是「德性之美」。能盡德性之美，即能使吾人言行合乎善之端，是之謂誠；誠祇是血氣心知實能表現智仁勇或人倫日用實合乎仁義禮耳。就「盡道」說，首須言仁，次乃言禮義；蓋有生生，乃能見其條理也。就「能盡道」說，則須先言智；蓋不蔽則智，不私則仁，而不蔽較不私更爲切要故也。

第三節　成德工夫

一、去私與解蔽

不論以理言之四端或以德言之三達德皆含仁與智。以德言之仁與智，屬

之才者也。才雖亦爲吾之所固有，但可自少而加多，以至乎聖人之才之盛。而人之所以能達仁、智之盛，在有欲與覺。但欲不能無私，覺不能無蔽；私與蔽，不盡其才所致也；故成德之要在去私與解蔽。

東原曰：「人與物同有欲，欲也者，性之事也；人與物同有覺，覺也者，性之能也。欲不失之私則仁，覺不失之蔽則智。仁且智非有所加於事能也，性之德也。」（《全集》，頁 776）欲與覺爲人與物之所同有，欲祇是生理上飲食男女之需求，覺祇是心理上感受刺激之反應。二者在人與物上，雖有範圍廣狹、程度淺深之異，但其本質並無不同。人與物之所以不同處，即在其欲與覺所及之範圍及程度有等差。物僅能遂己之欲，人則能廣之以遂人之欲；物不能知禮義，其知覺較爲粗淺；人則能知禮義，其知覺較爲精深。「人以有禮義異於禽獸，實人之知覺大遠乎物則然」（《全集》，頁 308），可見東原以知覺量之多寡判人物，不以知覺質之異同判人物也。在人物之判上，覺較欲更占重要地位。

東原以不私爲仁，所謂私，是遂其欲而不遂人之欲，不私即「廣之能遂人之欲」，以感官生理之滿足說仁。以不蔽爲知，所謂蔽，不過於事物之條理認知有差謬，不蔽即對條理之認知皆不謬，是又以認知能力之充其量說智。仁與智皆血氣心知之所發，故是「性之德」。

東原惟於生命中私與蔽二方面之弊端深有所感，故能詳細描述其內容，並提出對治之方。東原曰：「人之不盡其才，患二：曰私，曰蔽。私也者，生於其心爲溺，發於政爲黨，成於行爲慝，見於事爲悖、爲欺，其究爲私己。蔽也者，其生於心也爲惑，發於政爲偏，成於行爲謬，見於事爲鑿爲愚，其究爲蔽之以己。鑿者其失誣，愚者其失爲固；誣而罔省，施之事亦爲固。私者之安若固然爲自暴，蔽者之不求牖於明爲自棄。自暴自棄，夫然後難與言善，是以卒之爲不善，非才之罪也。去私莫如強恕，解蔽莫如學。」（《全集》，頁 783）仁與智皆屬之才，才本自美好，盡其美好之才，則爲聖爲賢；但人往往不能盡其才，而有私與蔽之患。夫人之才原無不精良，何以不能自然如其精良而表現之，而卻表現其反面之私與蔽，此則東原不根究，祇承認其爲一事實。雖可說此是因「陷溺其心」使然，但「陷溺其心」之具體表現祇是私與蔽，故增此義亦無助於問題之解決。

私與蔽之生於心，發於政，見於事，蓋仿孟子詖辭、淫辭、邪辭、遁辭之「生於其心，害於其政；發於其政，害於其事」（〈公孫丑上〉）而來，不過

東原多「成於行」一義。其實祇是「生於心」與「成於行」二義耳。心有所私，有所蔽，則見諸行者必不能合乎禮義也。但欲之所以有私，由於心之溺；心之所以會溺，亦由於知之有蔽也。分言之，曰欲之失與知之失；統言之，祇是一知之蔽耳。東原工夫論之要歸，在知之無蔽、心之清明也。又東原用以描述私與蔽之內容所用之字眼大抵來自《論》、《孟》。溺即《孟子》「陷溺其心」（〈告子上〉）之溺，黨即《論語》「群而不黨」（〈衛靈公〉）之黨。黨與偏皆屬「發於政」，此殆由《尚書》「無偏無黨，王道蕩蕩」（〈洪範〉）之義轉來。愿與惑得諸《論語》「修愿」與「辨惑」（〈顏淵〉）。鑿即孟子「所惡於智者，為其鑿也」（〈離婁下〉）之鑿；鑿則不智，故與愚連言。鑿者其失誣，愚者其失固，誣統於固，故鑿乃愚之一端，此與孟子之說合。了此，則東原用以說明私、蔽之內容者皆不難明白。

　　孟子曰：「自暴者，不可與有言也，自棄者，不可與有為也。言非禮義，謂之自暴也；吾身不能居仁由義，謂之自棄也。仁，人之安宅也；義，人之正路也，曠安宅而弗居，舍正路而不由，哀哉！」（〈離婁上〉）孟子稱所言非禮義者曰自暴，稱所行自絕於仁義者曰自棄，勉人要居仁由義；若是自甘墮落，自絕於仁義，乃是人生最可哀之事。蓋仁義禮智雖吾之所固有，但既有此血肉之軀，則生命容易物化，苟不提撕警覺，隨時均有陷溺之患。孟子於生命底蘊體悟甚深，要人醒覺，回歸正路。而東原以安於自私為自暴，以安於愚昧為自棄，祇是方便借用孟子之言耳。

　　「去私莫如強恕，解蔽莫如學」，此係借用孟、荀之言以說工夫。孟子曰：「萬物皆備於我矣。反身而誠，樂莫大焉；強恕而行，求仁莫近焉。」（〈盡心上〉）恕為「己所不欲，勿施於人」（《論語・顏淵》、〈衛靈公〉）之義，但人總難無憾於恕道，故須「強恕而行」。在進德修業之過程中，此種勉強之工夫實有必要，「強恕而行」最見工夫之警策。東原之所謂私既落於欲之失上說，則所謂強恕乃是勉強自己能做到遂人之欲耳。蓋人容易祇顧遂己之欲，不顧遂人之欲，故須以強恕之工夫加之。

　　荀子曰：「凡人之患，蔽於一曲，而闇於大理」；「凡萬物異則莫不相為蔽，此心術之公患也。」（〈解蔽〉）欲免此患，惟在知「道」；道者天下之衡也。人之所以能知道在心，心「虛一而靜」，謂之「大清明」，故能「疏觀萬物而知其情，參稽治亂而通其度」（同上），如此，「則足以定是非，決嫌疑」（同上），而無偏蔽之患矣：此荀子解蔽之大意也。故荀子之解蔽，重在心知之明，

心知之清明固有待於學，而不限於學。東原以為「解蔽莫如學」，可謂只得荀子之一偏而未能通其全。且荀子之所謂蔽，指人之通一端而不知他端。惟有透過虛靜與學思之工夫，方能通達眾端，權衡得失。東原之所謂蔽，祇是不明乎禮義耳，此與荀子原義亦有間。但無論明禮義或疏觀萬端，皆不離於學，東原「解蔽莫如學」之云，實深受荀子之影響。

東原曰：「君子克己之為貴，獨而不咸之謂己。」（《全集》，頁 783）將己看成自己，克己即克去「獨而不咸」之病，要與人相感通而不祇顧到自己，即要遂人之欲，達人之情也。「以己蔽之者隔於善」（同上），善即仁義禮。觀此，知去蔽雖較去私更佔優位，但私亦足以障智。以智別禮義可以去私，以仁與人相親亦可以除蔽，二者實相輔相成。

東原曰：「聖人之言，無非使人求其至當以見之行。求其至當即先務於知也。凡去私不求去蔽，重行不先重知，非聖學也。」（《全集》，頁 322）依東原，至當在事情之委曲條分，吾心祇是認知之耳。以「去私不求去蔽」為「非聖學」，則祇去私不可以為聖學，聖學之要在去蔽。不去蔽，去私亦不可能。知東原用功之要在去蔽或解蔽，「解蔽莫如學」，學是認知心之把握禮義，以求行之不謬；此則近乎荀子隆禮之說，惟規廓不及荀子之宏大耳。

人之不智，由於有蔽；人之有蔽，在於心知未盡明透；蔽之大小隨心知之明暗而異。東原曰：「凡血氣之屬，皆有精爽；其心之精爽，鉅細不同。如火光之照物，光小者，其照也近，所照者不謬也；所不照，斯疑謬承之；不謬之謂得理。其光大者，其照也遠，得理多而失理少。且不特遠近而已，光之及又有明闇，故於物有察有不察。察者，盡其實；不察，斯疑謬承之，同乎不照，疑謬之謂失理。失理者，限於質之昧，所謂愚也。」（《全集》，頁 356）血氣之屬，不限於人類，其它動物亦在內。血氣之精爽，是為心知；心知隨物類之異，而有明暗之差別。「物之不齊，物之情也」（《孟子‧滕文公上》），其不齊是事實，不必追問其所以然。東原以火光照物喻之，可謂善喻。光有小大，喻物類知覺程度有先天上之差別；光最大者為人類，其它動物之知覺在先天上即低於人類。即就人類知覺之最低者與其它物類知覺之最高者較之，前者亦高出後者甚多，是以東原有劣質之黃金在品質上仍高於其他五金之說。光大者中，又有明闇之分，此喻同是人類，其心知明暗之程度亦有所不同。聖人之心知通明，故於物情能察之精、明之盡；眾人則有程度不等之昏昧，往往失理。此是唯才質一層論下所見物類之別也。

《大學》云：「欲修其身者，先正其心；欲正其心者，先誠其意；欲誠其意者，先致其知；致知在格物。」東原申之云：「或一家、或一國、或天下，其事必由身出之，心主之，意先之，知啓之。是非善惡，疑似莫辨，知任其責也。長惡遂非，從善不力，意任其責也。見奪而沮喪，漫散無檢柙，心任其責也。偏倚而生惑，身任其責也。故《易》曰『君子永終知弊』；絕是四弊者，天下國家可得而理矣。其曰『致知在格物』，何也？事物來乎前，雖以聖人當之，不審察無以盡其實也，是非善惡未易決也。格之云者，於物情有得而無失，思之貫通，不遺毫末；夫然後在己則不惑，施及天下國家則無憾，此之謂致其知。」（《全集》，頁785）此係將家、國、天下看做一層，身、心、意、知看做一層；格物則是以後者理前者。《大學》由無自欺、慎獨說誠意；東原則以「長惡遂非，從善不力」釋意之不誠。《大學》由心之有忿懥、恐懼、好樂，憂患說心之不正；東原則由「見奪而沮喪，漫散無檢柙」說之。格物一義與朱子〈格物補傳〉之說有相通處。「於物情有得而無失，思之貫通，不遺毫末」與「一旦豁然貫通焉，則眾物之表裡精粗無不到」及「在己則不惑，施及天下國家則無憾」與「吾心之全體大用無不明」比觀，足見東原雖力反朱子之言理，但無意中仍深受朱子格物說之影響。

二、積學與飭行

去私與解蔽乃東原成德之要方，當中又以解蔽為核心。其餘所論，皆屬此二端之補充。以下再分三目剖析之。茲先說積學，次說飭行。

東原曰：「就人言之，有血氣則有心知；有心知，雖自聖人而下，明昧各殊，皆可學以牖其昧而進於明。」（《全集》，頁298）以上可說是東原重學之總綱領。心知隨血氣以俱有；惟聖人生而神明，不假修習，其餘則才質各異。才質雖異，但透過積學之工夫，皆可以去其昏惑，終達聖人神明之盛。

東原以形體之長養與德性之增進相提並論，曰：「試以人之形體與人之德性比而論之：形體始乎幼小，終乎長大；德性始乎蒙昧，終乎聖智。」（《全集》，頁296）形體資於飲食乃長，德性資於學問乃明。形體始時雖幼小，但已具長大之雛型，祇須飲食無虞，不論品格之良窳，皆可長大成人。透過問學可使吾人蒙昧之心知開通，而能對仁義禮等善端認知不謬。東原統德於知，知識可自少而加多，故與形體之長養比類為說。

心知資於學問，猶血氣資於飲食，皆貴其化，化乃能增益吾心知之明。

東原曰：「人之血氣心知本乎陰陽五行者，性也。如血氣資於飲食以養，其化也即爲我之血氣，非復所飲食之物矣；心知之資於問學，其自得之也亦然。以血氣言，昔者弱而今者強，是血氣之得其養也；以心知言，昔者狹小而今也廣大，是心知之得其養也，故曰『雖愚必明』。人之血氣心知，其天定者往往不齊；得養不得養，遂至於大異。苟知問學猶飲食，則貴其化，不貴其不化。記問之學，入而不化者也。自得之，則居之安，資之深，取之左右逢其源，我之心知極而至乎聖人之神明矣。神明者，猶然心也。非心自心而所得者藏於中之謂也。心自心而所得者藏于中，以之言學，尚爲物而不化之學，況以之言性乎？」（《全集》，頁 292）在此特重「化」之重要。東原將所飲食之物化爲血氣，喻問學所得化爲心知；然其間實有差別。飲食之物化爲血氣，物類莫不然，但隨其體質之異，化爲不同類之血氣耳。學問之於心知，嚴格言之，不可曰化。蓋吾心知之增益知識也，並非外在之知識消失，進入吾之心知中，經融化後，成爲我之知識，猶飲食爲吾所攝取後即消失，進入吾之體內，化爲吾之血氣；實乃憑吾高度之知能，接納外在之訊息，加以選擇淘汰，組織歸納後藏諸心知中者。吾人亦可資以往所接收之知識融貫之，觸類旁通之，以產生新知識。吾人甚可袪除一切外在訊息之影響，讓吾人之推理能力自行，以構造邏輯系統也。凡此，皆人類所特有，其它動物心知再高，亦祇能作單純之記憶與簡單之組合，不能如人類之能馳騁心知以至乎其極也。是故人之心知不特能感通外在之訊息，且具無限開展之能力，不似生理機能僅能將飲食之物重新消化組成吾之血氣也。且同一飲食也，一人食之，他人莫得而食；同一知識也，一人聞之，他人亦得而聞，甚且可歷千萬年而不朽。蓋所飲食者爲物質，凡物質必有侷限性；知識則非物質，故具普遍性；是又二者之不同也。就人類言，飲食之量有限，且同一飲食之物所化成之血氣相差不遠；蓋人類之生理機能略同故也。惟心知於知識則不然，可以無限吸收，無限組合，無限開展。同一知識，某甲習之，不費片刻；某乙習之，日月無已。同一箴言，某甲聞之，憬然有悟；某乙聞之，懵然無覺。足見心知之於學問，其複雜性殊非血氣之於飲食可比。

「人之血氣心知，其天定者往往不齊，得養不得養，遂至於大異」。「天定者」是命定，「得養不得養」是人爲；人之血氣、心知之所以大異，乃因命定益之以人爲。「得養」之上，當加「益之以」三字，意思較顯。夫血氣與心知天定本不齊，此係事實；有得養有不得養，此亦事實。但血氣之不齊與得

養不得養，及心知之不齊與得養不得養，所導致之後果畢竟有別，是又不可不知。

〈學記〉所謂「記問之學」，即荀子所稱小人之學——「入乎耳，出乎口」（〈勸學〉）者。此等知識，以其未經心知之汰濾融化，其無甚價值也必然。東原所說「入而化」之學，殆如荀子所云「君子之學也，入乎耳，箸乎心，布乎四體，形乎動靜」（同上）者，此係經由對禮義之認知，以達於行動之表現者。所謂化，祇是印可之，確定之，把握之，以增益吾心知之明耳。久久如此，理想地言之，總有「極而至乎聖人之神明」之時也。

東原以爲問學所得，即化爲我之心知，非心知自心知，而問學所得則藏於其中也；否則即成物而不化之學。其實就心知之攝取知識言，說知識藏於心知中亦可。荀子曰：「心未嘗不臧也，然而有所謂虛。」（〈解蔽〉）心是一無量大法藏，所藏再多，亦不害其爲虛也。但所藏者不一定皆是原始材料，很多是吾人心知之綜合作用所創造之新知。荀子對於心之作用實有甚深之照察，東原則較粗略。

依東原，心知之所知，仁義禮足以盡之；心知能認知仁義禮，是謂德性。德性固有資於外，但若我本無是天德，則亦不能資於外以達乎聖人之德之盛，東原亦以飲食之化爲血氣喻之。東原曰：「夫資於飲食能爲身之營衛血氣者，所資以養者之氣，與其身本受之氣，原於天地，非二也。故所資雖在外，能化爲血氣以益其內，未有內無本受之氣與外相得，而徒資焉者也。問學之於德性亦然，有己之德性，而問學以通乎古賢聖之德性，是資於古賢聖所言德性，裨益己之德性也。冶金若水，而不聞以金益水，以水益金。豈可云己本無善，己無天德，而積善成德如罍之受水哉？」（《全集》，頁 307）在此，東原所以必持德性本有之說者，殆亦有取於孟子。孟子曰：「仁義禮智，非由外鑠我也，我固有之耳。」（〈告子上〉）又曰：「苟得其養，無物不長；苟失其養，無物不消。」（同上）觀此，東原之說似可與孟子不相悖矣，而實不然。孟子純就本心之充養說，而東原則就知量之擴大說。孟子肯定仁義禮智人人圓滿具足，但須充養方能充分體現；東原則認爲德性須由外資益，方能於本來者有所增益。所謂德性，祇是認知仁義禮之知能耳，原無宋明儒所言德性之義也。

就行爲之整飭說，東原頗借《中庸》之言以伸己意。《中庸・首章》言戒慎恐懼，言慎獨，此爲聖學深密之功；〈末章〉則爲聖德功化之極。東原則將其了解爲對心知之警覺整肅，以使言動無差失。

東原曰：「《中庸》曰：『道也者，不可須臾離也；可離，非道也。是故君子戒慎乎其所不睹，恐懼乎其所不聞。』『詩云：「相在爾室，尚不愧於屋漏。」故君子不動而敬，不言而信。』睹聞者，身之接乎事物也；言動者，以應事物也。道出於身，其孰能離之？雖事物未至，肆其心而不檢柙者，胥失道也。純懿中正，道之則也。事至而動往往失其中，至而可以不虞於疏乎？」（《全集》，頁 783～784）《中庸》首末二章前後呼應，東原並引之以互證，未爲非也。「道出於身，其孰能離之」，似爲「道也者，不可須臾離也」之另一種說法，但其實義乃是：出於身之一切言動，莫非是道，孰能離乎言動而存者乎？依東原對道之了解，道必有「則」以範之，否則難保言動之無失。不過東原仍曰道之則在道之中，非在其外，蓋恐曰則在外即落於宋儒以理爲「得於天而具於心」之失，故曰「純懿中正，道之則也」。東原亦知有諸中者必形諸外，故注意心之檢柙，此是荀子之工夫，亦與朱子敬貫動靜之功相通。

東原曰：「《中庸》曰：『莫見乎隱，莫顯乎微，故君子慎其獨也』；『詩云：「潛雖伏矣，亦孔之昭。」故君子內省不疚，無惡於志，君子之所不可及者，其惟人之所不見乎！』獨也者，方存乎志，未著於事，人之所不見也。凡見之端在隱，顯之端在微，動之端在獨。民多顯失德行，由其動於中悖道義也。動之端疚，動而全疚。君子內正其志，何疚之有，此之謂知所慎矣！」（《全集》，頁 784）此段發揮內正其志，即慎獨之義。但其所謂「內正其志」之「志」，仍落在依於血氣而有之心知上說。內正其志，亦可使行之發就範不蕩越，以造就一謹慎從事、言行寡過之人。

東原曰：「所謂戒慎恐懼者，以敬肆言也。凡對人者，接于目而睹，則戒慎其儀容；接于耳而聞，則恐懼有愆謬。君子雖未對人亦如是，蓋敬而不敢少肆也。篇末云『君子不動而敬，不言而信』是也。所謂慎獨者，以邪正言也。凡有所行，端皆起于志意。如見之端起于隱，顯之端起于微；其志意既動，人不見也。篇末云：『君子內省不疚，無惡於志，君子之所不可及者，其惟人之所不見乎！』蓋方未應事，則敬肆分；事至而動，則邪正分。敬者恆自檢柙，肆則反是；正者不牽於私，邪則反是。」（《全集》，頁 294）此段所引不出以上兩段義旨，而意思較清楚。戒慎恐懼成了外在儀容之整肅與言語之謹慎。「雖未對人亦如是，蓋敬而不敢少肆」之云，難說不得諸程朱居敬之義也。「獨」從志意說，志意是行之端，慎獨即內正其志，不牽於私，慎之於人所不見之始，則於顯然可見之行庶乎合禮義而無失矣。

三、遂欲與達情

　　欲與情屬性之事。人之生也，小之，在遂己之欲，達己之情；大之，在遂人之欲，達人之情：是爲得理。但人莫不有私，往往逞其欲而損人之欲；莫不有偏，往往肆其情而逆人之情：是爲失理。故君子貴乎節己之欲，絜人之情。

　　東原曰：「有是身，故有聲、色、臭、味之欲；有是身，而君臣、父子、夫婦、昆弟、朋友之倫具，故有喜、怒、哀、樂之情。惟有欲有情，而又有知，然後欲得遂也，情得達也。天下之事，使欲之得遂，情之得達，斯已矣。惟人之知，小之能盡美醜之極致，大之能盡是非之極致。然後遂己之欲者，廣之能遂人之欲；達己之情者，廣之能達人之情。道德之盛，使人之欲無不遂，人之情無不達，斯已矣。」（《全集》，頁 312）聲色臭味之好謂之欲，喜怒哀樂之發謂之情；欲乃吾人對物質需求之所發，情乃吾人對人際順逆之反應，二者皆出於血氣，故屬性之事。但要使欲得遂，情得達，則有賴於知覺；有知覺，方能辨聲色臭味之美惡，使吾人之感官得以滿足；有知覺，方能管喜怒哀樂之舒卷，使吾人之情感得以宣洩。欲、情、與知構成吾人自然生命之三成分，三者關聯而有，密不可分。

　　「天下之事，使欲之得遂，情之得達，斯已矣」，意即：若能遂其欲，達其情，則天下之事畢矣。此見東原看人，祇及情欲知覺層次，不及道德理性層次。

　　在感性與知性之範圍內，美醜與是非實無絕對之標準。就美醜言，各人對聲色之美所起之感受，每因主觀好惡之異而不同，甚或截然相反。蓋美醜之辨，雖亦涉及知性，實則基於情性；情性乃浮動者，故不能絕對客觀也。由是觀之，心之「盡美醜之極致」，實難免染上個人主觀之色彩也。就是非言，若屬邏輯、數學上之是非，有絕對性；若屬自然科學上之是非，惟有相對性，而無絕對性。至於人情事故上之是非，更屬不確定。各人基於主觀之喜厭與本身利害之考慮，彼此對某事之是非往往難得一致之見解。就知性之功能說，實難「盡是非之極致」也。東原不辨此中之委曲，遂視吾人之知眞能盡美醜、是非之極致。但東原之言此，殆祇在強調吾人之心知於天下事物之理能察之精、明之盡，以極乎知之量耳。以爲心知極其量，則能遂人之欲，達人之情，是謂「道德之盛」。

　　人能遂欲達情而不爽失，即是得天理；理乃虛者，離開情欲別無所謂天

理。東原曰：「欲者，有生則願遂其生，而備其休嘉者也；情者，有親疏長幼尊卑，感而發於自然者也；理者，盡夫情欲之微，而區以別焉，使順而達，各如其分寸毫釐之謂也。欲不患其不及，而患其過；過則狃於私而忘乎人，其心溺，其情慝；故孟子曰：『養心莫善於寡欲。』情之當也，患其不及，而亦勿使之過；未當也，不惟患其過，而務自省以救其失。欲不流於私則仁，不溺而為慝則義，情發而中節則和，如是之謂天理。情欲未動，湛然無失，是謂天性。非天性自天性，情欲自情欲，天理自天理也。」（《全集》，頁 327）有欲方能遂其生，備休嘉，欲乃是維持吾人自然生命之所需，欲不可言惡，此東原所以反對宋儒以人欲為惡之理由。情欲之「順而達」，「各如其分寸毫釐」而無幾微爽失，是謂得理；故理非實體實事之名，祇是純美精好之名，不可指實，其本身無獨立性。

喜怒哀樂等情之發，有中節，有不中節；中節則當，不中節則不當。不當或是過，或是不及，過與不及皆須「自省」以救之。至若情之當，則無事矣，何以復有「患其不及，而亦勿使之過」之顧慮？故此一義為多餘。分情之當與未當，並說二者各有過與不及，法度看似整齊，實則於義理不順也。

人之有身也，莫不懷生畏死。能遂其生，廣之，亦遂人之生，則仁。有欲而後有生，故欲為仁之必要條件。東原曰：「孟子言『養心莫善於寡欲』，明乎欲不可無也，寡之而已。人之生也，莫病於無以遂其生。欲遂其生，至於戕人之生而不顧者，不仁也。不仁實始於欲遂其生之心；使其無此欲，必無不仁矣。然使其無此欲，則於天下之人生道窮促，亦將漠然視之。」（《全集》，頁 292）孟子於「養心莫善於寡欲」之下云：「其為人也寡欲，雖有不存焉者寡矣；其為人也多欲，雖有存焉者寡矣。」（〈盡心下〉）所強調者在寡欲以存其心，寡欲則有主於中，耳目等感官聽命焉，故「有存焉」。多欲則「物交物」，中無所主，故「有不存焉」。孟子之意在將存本心與逐物欲對翻，使人明乎「寡欲」之重要，不在強調「欲不可無也，寡之而已」。依東原之引申，輕重抑揚之間，已失孟子本意。

依東原對欲之了解，吾人若無欲，則無以維生，生理機能不活動，固無「不仁」之事，但亦無「仁」之可言。如是，於天下之人生道窮促，祇是無覺耳，又焉得「漠然視之」？「漠然視之」表示有覺，祇是不關心耳。但生理機能既不活動，覺又焉出？然東原之意在強調：有欲乃能遂其生，推之，乃可言遂人之生；無欲，則一切皆不能說也。急於強調有欲之重要性，於是

拿無欲作比較，因而疏略其中之語病也。

　　東原曰：「是故去生養之道者，賊道者也。細民得其欲，君子得其仁。遂己之欲，亦思遂人之欲，仁不可勝用矣；快己之欲，忘人之欲，則私而不仁。」（《全集》，頁 785）「細民得其欲」者，祇顧其身之生養，不顧他人之生養也；「君子得其仁」者，能生養其身，並推以生養他人之身也。而仁祇是生生耳，祇是各遂其欲使自然生命得以保存焉耳。

　　性之欲既是維生之所需，故不可禁遏，惟須節之；猶水之流，不可塞其源，惟須順導之也。東原曰：「性譬則水也，欲譬則水之流也；節而不過，則為依乎天理，為相生養之道，譬則水由地中行也。窮人欲而至於有悖逆詐偽之心，有淫泆作亂之事，譬則洪水橫流，汎濫於中國也。聖人教之反躬，以己之加于人，設人如是加於己，而思躬受之之情。譬則禹之行水，行其所無事，非惡汎濫而塞其流也；惡汎濫而塞其流，其立說之工者且直絕其源，是遏欲無欲之喻也。『口之於味也，目之於色也，耳之於聲也，鼻之於臭也，四肢之於安佚也』，此後儒視為人欲之私者，而孟子曰『性也』；繼之曰『有命焉』。命者，限制之名。如命之東，則不得而西，言性之欲之不可無節也。節而不過則依乎天理，非以天理為正，人欲為邪也。天理者，節其欲而不窮人欲也。是故欲不可窮，非不可有。有而節之，使無過情，無不及情，可謂之非天理乎？」（《全集》，頁 293）水有就下就濕之性，若能順其性以導之，則不至於汎濫，是謂行所無事；行所無事者，非真無所事於水也，祇是順水之性而不過之耳。此見人力之不可忽。吾人生理之自然有逐物之性，若順其性而不節制，則人欲橫流矣，此亦見工夫之重要。惟禹之於水也，乃是順水之性行之；君子之於欲也，卻不可順欲之自然傾向流去，而須以禮節制之，導引之，是與治水之功不同也。東原以節欲與行水類比，不甚妥當。惡水之汎濫而塞其流，是乃不順水之性，其為汎濫之甚也必矣；惡欲之無節而禁其欲，非乾枯而死，即犯亂彌甚，故聖人不禁其欲。

　　聖人能遂人我之欲，故具種種美德，東原曰：「聖人順其血氣之欲，則為相生養之道。於是視人猶己，則忠；以己推之，則恕；憂樂於人，則仁；出於正，不出於邪，則義；恭敬不侮慢，則禮；無差謬之失，則智。曰忠恕，曰仁義禮智，豈有他哉？常人之欲，縱之至於邪僻，至於爭奪作亂。聖人之欲，無非懿德。欲同也，善不善之殊致若此。」（《全集》，頁 298～299）聖人與常人固皆有欲，但聖人能推以及人，以成懿德；常人則縱其欲，以流於私，

而有邪僻作亂之舉。但由「順其血氣之欲」，如何能成就「相生養之道」，中間卻欠缺一段工夫。蓋成就相生養之道，並不能由順其血氣之欲直接推得。至於對忠恕與仁義禮智之界說，似亦不違孔孟之言，但此是在自然生命之遂欲達情之思想背景下所云者。

四、自然與必然

自然與必然乃東原用以說明事物、條理與心知之關係的重要詞語，所謂事物概括天地間所有之物類與所發生之事件。任何事物皆有其條理，可以由吾之心知把握之，條理未被把握之事物，謂之自然；條理既被把握，即謂歸於必然。條理在事物之中，不在其外。能歸於必然，是爲得理；否則便是失理。

東原曰：「天地、人物、事爲，不聞無可言之理者也；《詩》曰『有物有則』，是也。物者，指其實體實事之名，則者，稱其純粹中正之名。實體實事罔非自然，而歸於必然，天地、人物、事爲之理得矣。」（《全集》，頁 295）一切事物，皆有其理，此等理，非事物超越的所以然之理，如程、朱之所說；亦非本心所自發的道德律則之爲理，如陸、王之所說；同時亦不等同於物類的結構之理，如自然科學所觀察者，祇是事物「自然之分理」。自然之分理，舉其大者言，曰仁、曰義、曰禮。此等分理乃「純粹中正」者，亦即具正面價值者。

東原曰：「《易》言天道，而下及人物，不徒曰『成之者性』，而先曰『繼之者善』，『繼』謂人物於天地，其善固繼承不隔者也。善者，稱其純粹中正之名；性者，指其實體實事之名。一事之善，則一事合於天。成性雖殊，而其善也則一。善，其必然也；性，其自然也。歸於必然，適完其自然，此之謂自然之極致，天地人物之道於是乎盡。」（《全集》，頁 314）人物原悉得天地之善以爲善，故莫不純粹中正。事爲由人而發，其本身原亦具純粹中正之則。但吾人之實際行事，則不一定能合其則；故須有「還其善」以「歸於必然」之工夫。事爲之善，不在吾人之心中，而在事爲之自身。吾人所當努力者，在認知其善，然後方能如其爲善以應之。斯乃所以還其原本純粹中正之善，而非吾人以善加於事爲也。若不如事爲之純粹中正者而把握之，則吾人之行即有所偏失，亦即吾人不能使自然者得最好之表現。此如，於事親一義，就其爲一事件以觀，謂之自然；但「事親」之事即含有一必然之律則，此一

律則即孝。吾人應於事親一事上即知其有孝之必然律則，然後順此以行，乃能全其事親之事。孝之律則，不在吾人之心中，而在事親之事中。事親，其自然也，孝則其必然。孝豈在事親之外？不盡孝之必然，即不能成全事親之自然。推之，日用飲食之事事物物，皆有其至當不易之則，吾人祇是如其為純粹中正之必然者而還之耳。若不明其必然，任自然者流去，將有所偏失，反喪其自然矣。此東原屢言「歸於必然，適完其自然」之義也。

所謂必然，落實言之，即是理，是命，乃虛層者；所謂自然，落實言之，即是道，是性，是事為，乃實層者。東原曰：「必然為自然之極則，而歸於必然，適完其自然。由是言之，惟性道之名有其實體。至若古人多言命，後人多言理，不過性道自然之極則，別無其實體矣。」（《全集》，頁 345）實體即體質之意，與宋明儒自超越層、道德層以言本體者不同。蓋性乃綜血氣心知而言，道則是性所表現之所有事，二者皆可指實，故曰有其實體。命祇是限制之名，理則為純粹中正之名，屬之性、道，二者只是性、道狀態之描述語，不可指實，故曰無其實體。

第五章 東原思想之檢討

第一節 理道說之檢討

一、形上之道與形下之道

　　《易・繫辭上》云：「一陰一陽之謂道。」又云：「形而上者謂之道。」東原對天道之理解，其經典根據主要在此二句。並辨「之謂」、「謂之」之異，以爲「古人言辭『之謂』、『謂之』有異；凡曰『之謂』，以上所稱解下……凡曰『謂之』者，以下所稱之名，辨上之實」（《全集》，頁 300）。今就東原於《疏證》「天道」目所舉實例，益以《中庸》「喜怒哀樂之未發，謂之中；發而皆中節，謂之和」二句以觀。則凡單表某義，意思自明，而不必與他義有所比對時，用「之謂」；如「一陰一陽之謂道」，道不與器比對言也。《中庸》「天命之謂性」以下三句，以天命說性，意思自明，不必與「率性之謂道」、「修道之謂教」比對也。有兩者或兩者以上之觀念，須通過比對意思乃明確時，用「謂之」。就「形而上者謂之道，形而下者謂之器」言，道與器因「形而上」與「形而下」之比對，義乃明確；「自誠明謂之性，自明誠謂之教」等亦然。故不論「之謂」或「謂之」，皆可說「以上所稱解下」，不過有比對與不比對之異耳。此等語法問題，於義理本身本無多大決定作用。即如東原就「以上所稱解下」與「以下所稱之名，辨上之實」分「之謂」、「謂之」之異，亦無法決定義理之實也。「之謂」、「謂之」之分，與「一陰一陽之謂道」之「道」理解爲陰陽氣化本身；及「形而上者謂之道」之「道」理解爲「形以前」，豈

皆有必然之關係乎？二句豈不容許有其它之理解乎？夫「上下」之本義與「前後」有別，其引伸義容可有「前後」之義，然安知《易傳》此處之「上下」必作「前後」解邪？直就上下之本義進一步推求《易傳》形而上、形而下之義，豈非更爲直捷乎？

東原曰：「氣化流行，生生不息，是故謂之道。」（《全集》，頁 300）引《易》曰「一陰一陽之謂道」以明之。《易傳》本用「之謂」，及乎自己申述時，卻不自覺地用「謂之」，東原本人並未嚴格遵守其所說之分別，此亦可證「之謂」、「謂之」之分不能決定義理之實也。東原復曰：「一陰一陽流行不已，夫是之爲道而已。」（同上）此與上「氣化流行」云云，二者均是釋道之文。比而觀之，知東原所謂「一陰一陽」即是氣化，其自身即能「流行不已」、「生生不息」，故謂之道。所謂流行乃是氣化之流行，所謂生生乃自然生命之生息，所謂「一陰一陽」即實然氣化中陰與陽之交替作用，亦即一氣之屈伸。

「一陰一陽之謂道」一句，就《易傳》本體宇宙論之義理觀之，乃一指點語句，非是客觀地以氣化之陰陽界定道也。其實意爲：在陰陽之變化莫測中以見具創生作用之道體。「一陰一陽」是急辭，不是「一個陰氣，又一個陽氣」，乃是「陰了又陽，陽了又陰」，變化無端，終始無窮也。而能使陰陽變化無端，終始無窮，以成生化之大用者，必非陰陽本身；乃是一超越之眞體——形而上之眞實，此一眞體即稱之曰道也。故「一陰一陽之謂道」是帶著陰陽以言道，表示即陰陽以見道。但道本身非陰陽，不可逕以陰陽爲道；否則即成自然主義與唯氣論，而喪失道體之超越性、能創生之眞實性及妙運萬物之主宰性矣。

《易·繫辭上》云：「陰陽不測之謂神」，此實即「一陰一陽之謂道」之最佳解釋。「一陰一陽」即「陰陽不測」，在陰陽之變化莫測中以見道創生萬物之神用，故逕以「神」稱道也。神非鬼神之神，乃是「神無方而易無體」（《易·繫辭上》）之神。神無方所，易無定體，不可以形跡求，故能妙運陰陽，而起生化之大用也。若有方所、定體，則滯於一隅，而有局限矣，焉能妙運無窮乎？鬼神之神，雖無形，但有「跡」、「相」，其不足以運化無方亦明矣。「神也者，妙萬物而爲言也」（《易·說卦傳》）神之所以爲神，以其能起妙運之功能定。故神即是天地萬物的超越眞宰，神即是體，神體即道體也。

「形而上者謂之道，形而下者謂之器」（《易·繫辭上》），道、器分屬形上、形下兩層，足見道不即是器。道乃是超越乎形象之上、陰陽氣化之上而

妙運主宰之者；不論器或是氣均是形而下者。器祇是氣之結聚狀態，器與氣本質並無不同也。「形而下者謂之器」，言器，則氣在其中矣。不可因氣、器異名，爲安頓氣，遂逕以形而上者當之也。「形而上者謂之道」，此言道之超越性。然道非空懸者，必即陰陽氣化以見。「一陰一陽之謂道」，此言道之內在性。故道乃是既超越而又內在之創生實體也。「一陰一陽之謂道」，即陰陽以見道，明道不離陰陽也，此雖可顯道之內在性，但超越性不顯；益之以「形而上者謂之道」，則道之全部性格乃明朗。但「一陰一陽之謂道」，語意簡略，若不貫通《易傳》全部義理，實不易得其確旨。單就此語觀之，容易令人想到陰陽本身即是道，而漏掉兩「一」字之作用。東原正是孤零零地看此一句，益之以其著實之思考方式，遂逕以氣化之陰陽視道矣。

後代學者於「一陰一陽之謂道」之旨多所推述。韓康伯〈注〉云：「道者何？无之稱也。无不通也，无不由也，況之曰道。寂然无體，不可爲象。必有之用極，而无之功顯。故至乎神无方而易无體，而道可見矣。故窮變以盡神，因神以明道。陰陽雖殊，无一以待之。在陰爲无陰，陰以之生；在陽爲无陽，陽以之成，故曰『一陰一陽』也。」此以虛寂無爲之旨說道，以不生生之之意說明道對陰陽之作用。所謂「寂然无體，不可爲象」，「在陰爲无陰，陰以之生；在陽爲无陽，陽以之成」皆是《道德經》中之主要觀念。〔註1〕如此，道之於陰陽，祇是消極地、作用地成全之；而非積極地，直貫地創生之；此與儒家之言道體創生萬物者大相逕庭。王、韓注《易》，每以老、莊之玄旨說之，故多不相應。〔註2〕然此中亦透露一消息，即陰陽雖由「道」或「无」以成，而道或无畢竟非陰陽本身。孔〈疏〉：「道雖无於陰陽，然亦不離於陰陽；陰陽雖由道成，即陰陽亦非道。」更是釐然判分陰陽與道之不可亂，不可逕以陰陽爲道；頗具睿識。

濂溪曰：「誠者聖人之本。『大哉乾元，萬物資始』，誠之源也。『乾道變化，各正性命』，誠斯立焉，純粹至善者也。故曰：『一陰一陽之謂道，繼之

〔註1〕《道德經・二十五章》以「寂兮寥兮，獨立不改，周行而不殆」狀道；〈十四章〉以「無狀之狀，無物之象」狀道。〈第二章〉以「萬物作焉而不辭，生而不有，爲而不恃，功成而弗居」說明道成全萬物之作用。

〔註2〕王、韓《易注》，雖不得儒家道德的形上學之義旨，但一掃漢易象數之塵氛，歸於形上之義理，具摧陷廓清之作用，此其功也。牟先生曰：「王、韓之《易》學，要在廢象數。至於義理，則未能握住孔子之管鑰，而是以道家之有無玄義解經也。……王、韓之《易》是以道家玄義附會孔門義理。眞能握住孔門義理而盡其蘊者，必自宋儒始。」（《才性與玄理》，頁101）

者善也，成之者性也。』元亨·誠之通；利貞，誠之復。大哉易也，性命之源乎！」（《通書·誠上第一》）濂溪於「一陰一陽之謂道」一語並未作解析，但由本章前後皆論誠觀之，則其以誠說道則無疑。《中庸》說「誠者物之終始」，《易傳》說「乾道變化，各正性命」（〈乾卦·彖傳〉），其義一也，皆是本體宇宙論地言道體之創造性，故濂溪得合二者立說，可謂獨具慧眼。誠即是體，合而言之曰誠體。誠體純粹至善，亦即道體純粹至善也。就誠體或道體而體性學地說其為善，乃絕對的善。至若陰陽本身，不可以善惡言；若說其為善，乃因道不離陰陽，因道體之善，故亦連帶地說陰陽亦善也。然道雖不離陰陽，而道畢竟非陰陽也。牟先生以為「一陰一陽之謂道」一語「非界定語，乃藉顯語。乾道誠體藉資陰陽之無間暢通而得有一具體之終始過程」（《心體與性體》第一冊，頁 327）。足見「一陰一陽之謂道」乃就道體關聯著氣化過程而說，亦即就道體之具體呈現圓融地說；而非指實地謂陰陽氣化本身即是道也。

橫渠曰：「一物而兩體，其太極之謂與！陰陽天道，象之成也；剛柔地道，法之效也；仁義人道，性之立也。三才兩之，莫不有乾坤之道。」（《正蒙·大易篇》）此即由天道之兼體陰陽，地道之兼體柔剛，人道之兼體仁義，以言太極。所謂陰陽、柔剛、仁義皆是以德言，而不以氣言，太極即在「參和不偏」、「兼體無累」中見，此即神之妙用也。橫渠由「兼體無累」以言太極，其至也乃指向一生化不測之神體，並非以氣化本身視太極也。

明道釋「一陰一陽之謂道」云：「陰陽亦形而下者也，而曰道者，惟此語截得上下最分明。元來只此是道，要在人默而識之也。」（《二程遺書·卷第十一》）所謂「只此是道」，乃即陰陽以見道之意，並非說陰陽本身即是道也。蓋「陰陽亦形而下者也」，而非形而上之道也。「要在人默而識之」，表示道不可以形跡求，而須在默會心通中方能了悟之也。明道心思活潑，對儒家根源之智慧通透圓熟，一見此語，便了然默契，於形上形下之分，道與陰陽無間融通之義，一眼看穿，故曰「惟此語截得上下最分明」。牟先生曰：「此不是分解地『截得上下最分明』，而是圓融地『截得上下得分明』。既『截得』而又圓融，既圓融而又『截得』，上即在下中，下即在上中，此所以為詭譎也。惟詭譎始能融『截得分明』于圓融中，雖圓融而不失上下之分者也。」（《心體與性體》第二冊，頁 43～44）蓋若質實地單看「一陰一陽之謂道」一語，易將形而下之陰陽視作形而上之道，而道氣不分矣。而明道則靈活通透，能相應地解悟，並以圓融詭譎之方式表之，此其所以不可及也。

伊川曰：「一陰一陽之謂道。道非陰陽也，所以一陰一陽，道也。如一闔一闢之謂變。」（《二程遺書・卷第三》）如此理解道與陰陽之關係，亦是「截得上下最分明」。「所以一陰一陽，道也」，意謂：讓陰陽之變化可能者乃是道。但此處之「所以」隨思想系統之異可有不同之理解：或祇是超越地、靜態地規律之之所以；或是既超越又內在、動態地妙運之之所以。依前者，道祇是靜態的理，祇存有而不活動；依後者，道不祇是理，亦是神，乃即存有即活動者。單就伊川此語觀之，不能決定其究為前者抑是後者。但關聯其論性之綱維──所謂「性即理」之思路觀之，伊川當是意許前者。伊川復云：「離了陰陽更無道。所以陰陽者是道也；陰陽氣也。氣是形而下者，道是形而上者。形而上者則是密也。」（《二程遺書・卷第十五》）《易傳》祇說「形而下者謂之器」，伊川則更推「氣」是「形而下者」，此為《易傳》之所意涵，無誤也。「離了陰陽更無道」，是說若無陰陽之變化，則道規律陰陽之作用亦不可見，非是以陰陽為首出，將道視作陰陽之屬性也。「所以陰陽者是道」，不管是超越的、靜態的所以，或是超越的、動態的所以，道總是形上之真實也。

朱子以太極說道，曰：「太極，形而上之道也；陰陽，形而下之器也。是以自其著者觀之，則動靜不同時，陰陽不同位，而太極無不在焉。自其微者觀之，則沖穆無朕，而動靜陰陽之理，已悉具於其中矣。」（《周子全書・卷一，太極圖註》）朱子於此，形上形下之分甚為分明。太極、道、理為同義語，就其在陰陽氣化之上，而為最高極至者言，謂之太極；就其帶著氣化流行而為其所以可能之根據言，謂之道；就其能規律氣化流行，使其有條不紊言，謂之理：皆所謂形而上者也。至於動靜、陰陽均屬形而下者。不論是「自其著者而觀之」之「著者」，或是「自其微者而觀之」之「微者」，皆陰陽動靜之所呈，不過有顯微之異耳。所謂「太極無不在焉」，亦即理無不在。蓋理氣雖不相雜，亦不相離。無氣，理無所掛搭也。「沖穆無朕」乃是氣之渾然，由是以見理之粲然。所謂「動靜陰陽之理，已悉具於其中」之「具於其中」乃指理具於渾然之心氣中，「具」乃是管攝地具、關聯地具，非本無今有之具；即非是有陰陽動靜，乃生陰陽動靜之理，以理為陰陽動靜之所生也。此亦見理氣之不相雜。程、朱所理解之道，對於氣化陰陽，祇有超越的規律義，而無妙運義。朱子下一「具」字甚有深義。此表示：有陰陽動靜，即有所以陰陽動靜之理。但理乃是靜態地「祇是理」，而無動態地妙運之「神」義也。

劉蕺山曰：「一陰一陽之謂道，即太極也。天地之間一氣而已。非有理而

後有氣，乃氣立而理因之寓也。就形下之中而指其形而上者，不得不推高一層，以立至尊之位，故謂之太極。」（《劉子全書·卷五，聖學宗要》）此說與東原之說似相通矣，而實不同。蓋蕺山爲強調理不離氣之意，遂將理氣緊縮於一起，一滾地說之，因有以氣爲太極之疑似。爲說明氣之重要性，因有「天地之間一氣而已」之說。儼若除了氣外，更無理者。然下云「氣立而理因之寓也」，則並非無理也，祇因有氣，理乃有所寓，不可離了氣，而空想一理。朱子所謂「理先氣後」，乃先說理，再說氣；蕺山所謂「氣立而理因之寓」，乃先說氣，再說理，二者所強調者不同，而並不相悖。蕺山所謂「非先有理而後有氣」，明是針對朱子理先氣後之說而發，乃是誤將朱子理氣邏輯先後之關係看成時間上之先後者。「氣立而理因之寓」，氣與理不可有時間先後之分，猶朱子理先氣後之理與氣不可有時間先後之別也。於是知蕺山之批評朱子乃因誤解而然。所謂「不得不推高一層」，儼若太極是人所推想，「以立至尊之位」者；其實不然。太極與陰陽實有形上形下之分之必然性，不在人之將太極推高一層與否也。於是知蕺山於太極陰陽之了解，表面似與東原有相似處，實則非也；而於理氣形上形下之分，固與朱子不相悖也。

　　船山之論「一陰一陽之謂道」云：「道，天道也；陰陽者，太極所有之實也。」（《周易內傳·卷五，繫辭上傳·第五章》）以陰陽爲太極所有之實，即是以陰陽合釋太極。船山復云：「陰陽之本體，絪縕相得，和同而化，充塞於兩間，此所謂太極也。」（《周易內傳·卷五，繫辭上傳·第十一章》）船山不於陰陽之外推高一層說太極，逕以陰陽自身之運化妙合以說之，太極祇是一贊詞，所謂「太極者，無有不極也，無有一極也」（同上），陰陽彌綸天地，絪縕渾合，生化無窮，乃造化之最神妙處，故贊之曰太極。太極是虛說，陰陽是實說。東原以氣化之陰陽爲太極，太極是實說。二者對太極之了解宛若相似矣，但其間仍有區別。

　　對於形而上與形而下之道與器，船山以爲「上下者，初無定界，從乎所擬議而施之謂也。然則，上下無殊畛而道器無定體，明矣。」（《周易外傳·卷五，繫辭上·第十二章》）所謂「擬議而施」是說上下是就同一事物作兩方面之指涉，並非實質上眞有上下兩層之分也。「道器無定體」，是說道與器相依相即，不可視作兩種獨立存在之事物。然船山畢竟以器爲首出，有器斯有道；所謂道，指器之功用。無器又如何表現其功用乎？此等觀點自成思理，但不必是《易傳》原意，亦不足以反駁宋儒形上形下之分。即使如此，亦與

東原以陰陽五行爲道、氣化流行本身爲道之說不同。

東原曰：「孔子以太極指氣化之陰陽，承上『明於天之道』言之，即所云『一陰一陽之謂道』。」（《全集》，頁 301）在東原，太極亦是道，但道乃是氣化之陰陽，故可逕以太極指氣化之陰陽也。然就《易傳》義理統觀之，實推不出以太極爲氣化之陰陽之結論；《易傳》祇說「一陰一陽之謂道」，及「易有太極，是生兩儀」耳。朱子以太極說道，東原亦然；但東原逕以陰陽爲太極，而略去兩「一」字之作用。依朱子對道之了解，尚保住太極之超越地位；按東道之說，眞成唯氣論矣。

綜上所述，知歷代學者對於「一陰一陽之謂道」及「形而上者謂之道，形而下者謂之器」之了解，儘管因道德進路、思想系統之不同而有差異，但不將道視作陰陽氣化流行之本身，亦不將道器視作質氣在時間流程中先後狀態之異稱，則一。惟東原祇取道之流行義，略去其超越之創生義與妙運義，復忽視「一陰一陽」兩「一」字之作用，遂逕以陰陽氣化本身視道矣。又因「古籍」上下可作前後用，乃以時間之「前」「後」解形而上與形而下之「上」與「下」；於是立體式之異質異層者化歸爲平面式之同質同層者矣。

就人道言，東道以爲五倫中所行之事即是道，並非親、義、別、序、信爲道，舉《中庸》「君臣也，父子也，夫婦也，昆弟也，朋友之交也，五者大下之達道也」以明之。夫《中庸》提及天下之達道有二處，除此處外，另處爲〈首章〉之「和也者，天下之達道也」。和之所以爲天下之達道，乃因喜怒哀樂發而皆中節，非喜怒哀樂本身即是「達道」也。同在一篇之中，於達道之義函不應有異，朱子於兩處之達道皆釋爲「天下古今所共由之路」，是也。《中庸》單舉「君臣也、父子也」等五者，係略稱，其實意當爲「君臣之間所應遵循之軌範，父子之間所應遵循之軌範」等等。此五者，乃「天下古今所共由之路」也。否則光就君臣、父子等而言，惟是個體與個體耳，固不得稱「達道」。即就彼此對對方所施之行爲與所持之態度而言，不能保其必無差謬，亦不得爲「天下之達道」也。吾人於人倫中所行之事，於不同境況下，固當有所權變，而不可拘於一端；但無論如何，於各種人倫之中所當分別遵循之原則乃不變者——即父子間當遵循「親」之原則，君臣間當遵循「義」之原則等是也。此等原則方是「天下之達道」。至若某種具體之行事或君臣、父子本身不得爲「天下之達道」也。

次，東原以爲氣化之實體純美精好，人倫日用自然不失即純美精好，亦

待商榷。夫氣化之生生不息，生機洋溢，就自然宇宙方面觀之，說其為純美精好，可；說其祇是自然現象，無美醜善惡可言，亦可。要之，並無道德地善可說也。而人倫日用屬吾人具體之生活內容，因有彼此之利害好惡等摻雜其中，故其表現，於彼於我，難以盡調暢順適。人倫中事，即大聖大賢，亦不能無憾焉，此點東原當知之；但曰人倫日用本來即「純美精好」，則牽強。蓋人倫日用未表現時，乃在懸虛狀態，固無美惡可言。若謂人倫日用如能順氣化生物之天德以行，即屬美好，則前已論及氣化生物正不可以美善言也。故如此說之，亦無據。再者，東原以為若心知清明，即可使人倫日用不爽失。夫心知之清明，固有助於吾人之辨別是非、認知事物，但亦能增長吾人對利害之計較。蓋心知之能乃道德地中性者，趨善趨惡，其本身不能決定也。欲使心知之明為善服務而免於惡，有賴意志之指引也。故知東原將人倫日用之純美精好溯源於天地之氣化，固無據；而將人倫日用之不爽失歸結於心知之清明，亦未為得也。

二、實理與虛理

宋明儒根據孟子，就行為之當然而不可易或意志之定然方向以言理，所謂性理也。性理是形而上的真實，此是實理。不管是程朱「性即理」或陸王「心即理」之所謂理，皆是實理；因其超越性格而成其為實。而東原則以事為之條分言理，理祇能「虛以會之」於心，其本身無獨立性，故是虛理；因其祇是經驗事物之軌則耳。東原所爭於宋明儒者祇在此點。

依東原，仁既是生生之德，亦是吾心所會之理；所謂生，祇是自然生命之生育長養耳。夫自然生命生養之事乃價值中性者，固無孔孟心目中具道德上最高價值之「仁」可言也。即使因見自然界萬物生生不息而贊歎其美妙，亦不可言其為仁；蓋依孔孟，仁祇能就道德心之覺潤說。「生生之謂易」（《易‧繫辭上》），乃是透過吾人對萬物生化之明覺感應以言易體之妙化萬物也。此是從感觸界提昇上來，自睿智界說，如此所說之生始有價值意義。「天地之大德曰生」（《易‧繫辭下》），天地之大德即天地之仁也，德屬價值世界；就自然天地之生生化化以言，實無「大德」可說也。說天地有「大德」，乃是透過吾人主觀之修證、仁心之呈現，至乎「天下歸仁」之境地；反觀天地萬物，莫不生意盎然，因說此是天地之大德也。天地之大德因吾人仁心之遍潤而得其具體之真實。故仁是實理，由仁心所貫注之諸事則是實事。正宗儒家並不

就自然界的生化本身說仁，並認識論地就能將之會於心說理也。

東原既視事為皆有至當不易之則，又患人們誤以此等至當不易之則為如有物焉而藏於心，落於宋儒以意見為理之病，故曰：「所謂則者，匪自我為之，求諸其物而已矣！」（《全集》，頁 336）亦即事為之則乃其所固有，吾祇是客觀地去認知之耳。如能把握事物之理則，吾之一切事為皆可不逾分而有最恰當之表現；殊不知如此說理則，正犯孟子所云外鑠禮義之病。蓋人間一切事為隨境況之異而多變化，吾所以處之之方亦各不同，純就事為本身以把握其則並遵循之，乃不勝其繁，事實上亦不可能。欲使事為真正合理並具道德價值，舍遵意志之方向、良知之裁決外，將奚適焉？東原於此，急欲反宋儒，遂說至當不易之則在事為本身，可由吾之心知確實把握之，而不細察此中之問題也。

東原或可曰：吾所謂事之則，重點落在人倫關係上，如對父之孝，對兄之悌等，孝、悌等即為吾人待父兄之不易之則。但所謂孝、悌等字眼，乃是一具普遍性之概念，表示吾人對父、兄之總原則，在具體之生活中，於各種不同之境況下，面對父兄，皆有不同的孝、悌之行，如何方能保證此行之合理，斯非徒知此一孝、弟之原則所能濟者。欲使吾人對父兄孝悌之行在各種情況下皆表現妥貼，除一念清明，本於良知而發外，別無他途。根據良知明覺所發之行，在各種不同情況下，吾人對父、對兄皆可有最恰當之態度；此等最恰當之態度，總持地言之，即曰孝，即曰悌。於是知欲使人倫之實踐得其當，實不能求之客觀之事為也。

東原既肯定事物之理則純粹中正，又曰此純粹中正之則可由吾心把握。然就經驗事物言，不能悉為純粹中正亦明矣。即使理想地言實體實事皆有純粹中正之則，吾心將何由盡攝之，以保證吾人言行之無謬？「則」在事物之中，不可勝數，吾人之心知未能盡攝，難免飄忽漫散也。

然則欲使萬事萬物悉歸於純粹中正有道乎？曰：有。但不可徒言由心知把握其則，而須提高一層。在道德本心之朗照遍潤下，萬事萬物皆各得其所，生機洋溢，天下之至美存焉。明道所謂「靜後見萬物自然皆有春意」（《二程遺書·卷第六》）是也。惟有如此，方能實現萬事萬物之純美精好、純粹中正。然此乃是就萬物萬事隨道心之呈現一體而化說，祇能以智心知，而不可以識心識也。

宋明儒莫不肯定天地之道為至善，東原亦曰天地自然純美精好。但就個

體言，則有私欲之雜，須變化氣質，使吾形色之表現，漸趨完美，卒至踐形盡性，與天地之德爲一。東原亦以爲吾人之行不能無失，故須歸於必然以還天地之德。但東原之思想，畢竟與宋明儒不同者，宋明儒所謂變化氣質所以可能之根據，乃在超越的道德心。其要在以良知本心作主，化去氣質之偏頗渣滓，使氣質不爲吾身之累，而成爲天性顯發之資具。言變化氣質，非肯定一良知本心不可。但東原所謂歸於必然，則是靠心知之照察以得事物必然之則，期使吾處事時能順此必然之則；所謂必然之則，乃落於事物上說。必然之則，若是指自然科學知識，則經比較歸納，確可爲吾心知所把握，亦具相對的普通性與眞實性。但東原之實意不在此，否則順此發展，即足以成就科學知識。東原所謂必然之則，重在就行爲之合理說。要求行爲如理，惟賴意志之自定方向；東原卻欲以認知心了別事物客觀之理則以致之，此所以爲不相應也。

《易傳》承「一陰一陽之謂道」後，曰「繼之者善」，言能繼此道者乃是善也。「之」指道言，蓋道由一陰一陽之神妙莫測以見，乃純粹至精者，能承繼此道方是善；所謂善，必就能繼道說。而東原解此句云：「言乎人物之生，其善則與天地繼承不隔者也。」（《全集》，頁 776）以善通貫天地與人物，不合《易傳》語脈。然若不考慮東原語脈之失，而單就其釋語以觀，似亦言之成理。即肯定天地本善，而人物由天地生成，故亦本善。此或可通至宋明儒所體證之天道純粹至善，性命通於天道，故亦至善之說；實則不然。蓋東原所謂善，仁義禮而已矣；仁義禮祇是自然物之生生及其條理之秩然截然而已矣；於此正無道德地善可說也。

東原以人物稟氣有清濁之異，對於「天地之德」遂有通塞之分之說，難說不受明道之影響。明道云：「『萬物皆備於我』，不獨人爾，物皆然，都自這裡出去。只是物不能推，人則能推之。雖能推之，幾時添得一分？不能推之，幾時減得一分？百理俱在，平舖放著。幾時道堯盡君道，添得些君道多？舜盡子道，添得些子道多？元來依舊。」（《宋元學案·明道學案上》）在此，明道一則在說明本體論地言之，人與物皆完此理，能否盡道，對性體本質而言皆不增不減也；一則在說明人能作道德實踐，故本體論地言之的天理不祇是超越地爲其體，亦能內在地爲其性。物則氣昏，推不出去，故天理永遠祇超越地、潛存地爲其體，實不起任何作用也。明道於此，特強調天理之超越遍在，至眞至實，牟先生所謂「挺立乾坤」、「貞定乾坤」是也。（見《心體與性

體》第二冊，頁61）而東原所謂「天地之德」，祇是天地自然之生生，所謂「知性知天」，祇是心知覺了自然事物之生生及其條理之秩然截然；條理散在事物之中，祇能虛會於心。明道是本體論地說，東原則是認識論地說，二者立說之基礎不同。

　　孟子曰：「規矩，方圓之至也；聖人，人倫之至也。」（〈離婁上〉）東原申之云：「語天地而精言其理，猶語聖人而言乎其可法耳。」（《全集》，頁295）蓋聖人「與天地合其德」（〈乾・文言〉），於人倫庶物「文理密察，足以有別」（《中庸》），並行之不悖，足以為天下法也。然所謂「聖人可法」可有二說，其一謂聖人對事為之條理見得分明，面面通達，了無蔽障，此乃就認知層面說；如此所說之聖人，事實上並不存在，祇是一理想耳；吾人僅可想像有如此之「聖人」，作為效法之對象，使吾人之知慮亦漸能通達天理（自然之分理）也。其二則謂聖人能消融氣質之偏雜，渾然天理著見，睟面盎背，足為吾人之所仰望；如此之聖人，其存在乃可能者；而吾人之法聖人，祇須精進不懈，亦實能達到此理想之境地。前者為荀子心目中理想之聖人，後者為孟子心目中理想之聖人。就東原之思理以觀，其心目中之聖人，當屬前者，而非後者；前者以量定，後者以質定。先秦儒家說聖人，量與質往往不分；但聖之第一義，必以質定也。後來陽明以成色分兩說聖人，則全以質定。〔註3〕後一義之聖人尤為宋明儒所重。

　　孟子曰：「心之所同然者何也？謂理也、義也，聖人先得我心之所同然耳。」（〈告子上〉）東原所謂聖人能知天，能見天地之條理，殆有取於孟子「聖人先得我心之所同然」之言。東原曰：「心之所同然，始謂之理，謂之義；則未至于同然，存乎其人之意見，非理也，非義也。凡一人以為然，天下萬世皆曰是不可易也，此之謂同然。」（《全集》，頁289）孤離地看此段申述，似不背孟子義旨。然孟子於此，重在說明人心之於理義，莫不悅之。所謂悅，顯非如感官知覺上之嗜好，而是良知本心之自悅；蓋理義非他，即良知本心所自立之道德法則也。聖人能先乎我擴充此本心，以至乎其極，其行事莫非天理。眾人則不能無私欲之雜，故本心未能充分彰著；雖不能，然不害理義為

〔註3〕陽明曰：「聖人之所以為聖，只是其心純乎天理，而無人欲之雜。猶精金之所以為精，但以其成色足而無銅鉛之雜也。人到純乎天理方是聖，金到足色方是精。然聖人之才力，亦有大小之不同，猶金之分兩有輕重。……才力不同，而純乎天理則同，皆可謂之聖人；猶分兩雖不同，而足色則同，皆可謂之精金。」（《傳習錄・卷上》）

吾人本心之內容,而隨時可能呈現也。東原則將理義看成萬世不易之外在律則,為眾人心知之所同肯認者。於是將孟子所云自本自根,基於本心之不容已所自發之實理,一變而成心知所把握,各種事為所當依循之軌範矣。

東原既視情實而理虛,故主絜情以明理,以免以意見為理。夫「反躬而靜思之,人以此施于我,能受之乎」(《全集》,頁 288)之裁斷,不在此一假設情況本身,而在我良知之明覺,此與我有所加於人,而裁斷其當否之根據無異。若後者有以意見為理之虞,則前者亦不免此患矣,特東原不自覺耳。祇因在「反躬而靜思之」之時,良知炯炯自明,是非之判朗然;而當吾人直接面對事物時,難免有私欲之夾雜,良知易走作,是非易混淆。苟非工夫純熟,則「反躬而靜思」之功實有必要。但「反躬而靜思」之後,吾既見得是非分明矣;及吾面對事物時,是否真能順此良知所決定之是非以處之,又是一事矣,此則須視各人意志之強弱而定。就此以言,增一「反躬而靜思」之工夫,反不若當下斷其當否之為直截也。不論是「反躬而靜思」所明之理,或當下裁斷所循之理,皆是良知自定方向之理,皆有真實性與絕對性者,此即宋明儒所云之天理,而與東原所云事物客觀之條理異質異層,亦非是虛以會之者。東原不覺此中之曲折,以為反躬而靜思之所會之理,乃即情以求理,可免宋儒以意見為理之患;殊不知如此所得之理,若具普遍性,則與宋儒所言之天理正是同一者。由此可見言道德,必以本心天理為最後依歸,東原亦不能逃,祇因見得不分明,遂將由良知本心所發之實理視作由心知所了別之虛理矣。

第二節 性命論之檢討

一、理命與氣命

東原以為命乃「受以為限制之稱」。不管是何種限制,皆是以氣言之命;而理義在事情之委曲條分,隨氣化而來,故亦視為命。然儒家之言命也,除以氣言之命外,另有以理言者。《中庸》「天命之謂性」及《易傳》「窮理盡性以至於命」(〈說卦〉)之所謂命,皆屬以理言之命。東原視理義為命,原可透至此,但既視理義為虛以會之者,乃不能與《中庸》、《易傳》之意協一。

對於「分於道謂之命,形於一謂之性」二句,除東原從氣化宇宙論所理

解者外，吾人可有另一種理解。「一陰一陽之謂道」，「形而上者謂之道」；道指形上之實體，而爲萬物生化之根源。「分於道」之分是權說，每一分於道者皆得道之全。命是命令義、定然義，非限制義。落於個體說，每一分於道者即形成吾人之性。性是形而上之眞實，是道德創造之根源，道即是命，命即是性，此即中庸「天命之謂性」之撐開說。天道、性命通而爲一，此即宋明儒內聖之學之理論基礎，非東原所能理解。但與《中庸》比觀，亦屬可能之一說。

　　《中庸》首句「天命之謂性」，「天命」之云，乃據《中庸》後文所引「維天之命，於穆不已」之詩句中，能「於穆不已」地起創生作用的「維天之命」而來。「天所命而定然如此」（《心體與性體》第一冊，頁30）即是性，在此，命無限制義，而有絕對必然義，乃是以理言之命，非以氣言之命。此詩作者確有形而上之洞見，故《中庸》得引之以贊美文王之德性純粹，日新不已。對於「分於道謂之命」即使容許有東原之所理解，但《中庸》首句與之屬不同之思路乃無疑者。

　　牟先生曰：「『命』是個體生命與氣化方面相順或不相順的一個『內在的限制』之虛概念。這不是一個經驗概念，亦不是知識中的概念，而是實踐上的一個虛概念。」（《圓善論》，頁142）此是就氣命說，一般言命，率指氣命。孔孟之言命，雖亦就氣命言，但並非祇是說生命之存在有種種限制，實關聯著修德言之。孔子曰：「不知命，無以爲君子也。」（《論語‧堯曰》）知命始能不怨天尤人，始能理解人生之艱難，而兢兢業業於德性之修養。孟子勉人要「殀壽不二，修身以俟之」（〈盡心上〉）以「立命」。立命非謂自我安排命運，其中實含有極嚴肅之道德意識──即不論窮通殀壽，吾皆勤於修身。「盡其道而死者，正命也；桎梏死者，非正命也」（同上）。凡事祇問盡道不盡道，合義不合義。合義盡道則吉凶殀壽之來，皆可順適安寧。立乎巖牆之下致死及桎梏而死，是乃自家見不明、自做孽，亦即非「盡道」，此雖亦是命，但乃由自家行爲不當所導致者，原可避免卻不避免，故孟子以爲如是之招禍「非正命」。牟先生曰：「生死雖有命存焉，但在此方面，知命者卻不因爲有命存焉，即立於危牆之下，康德於此名曰『理性無用』。盡道而死，雖就是死，亦須盡道，盡道就表示理性有用。」（《圓善論》，頁146）莊子則說：「知其不可奈何而安之若命。」（〈人間世〉）安命嫌消極，但亦非照透生命底蘊者不能，此亦可予奔競紛馳之生命有歇止處也。

　　東原之所以視理義爲有限制義之命，有取於孟子。孟子曰：「口之於味也，目之於色也，耳之於聲也，鼻之於臭也，四肢之於安佚也，性也；有命焉，君子不謂性也。仁之於父子也，義之於君臣也，禮之於賓主也，智之於賢者也，聖人之於天道也，命也；有性焉，君子不謂命也。」（〈盡心下〉）吾人之耳目鼻口等感官對於感覺物之聲色臭味之美者，皆有嗜好，四肢百體亦喜安適，此係吾人自然生命之生理欲求，乃與生俱來者，可稱之曰性；此所謂性，乃是氣性。然感覺物之美者有限，而吾人自然生命之感官對其追求，則無窮無盡，永無滿足之時；此示感覺物對於感官，不能完全令其滿足，而有所限制，所謂命也。君子深知感覺物永不能滿足感官之自然欲求，作無限制之追求僅能有相對之滿足，不能有絕對之滿足；亦即：期望經由對感覺物之追求以達到完全滿足感官之欲望乃不可能者，實是有限制者。而讓感官縱放於聲色臭味之中，衹是與物質打滾，徒然消磨生命，物化生命，而不見生命之價值也。故君子在自我要求上，必不說此等感覺嗜欲本身爲吾人之本性，必截斷眾流，從對物質性之追求中超拔上來，挺立人格之尊嚴。「不謂性」乃君子對自己主觀之要求，並非否定吾人有此等感覺嗜欲之性也。

　　至若仁義禮智在父子、君臣、賓主、賢者當中之實踐，以及聖人對於天道之體悟，亦往往不能盡愜人意，完滿無憾，此亦屬一超越之限制。如舜盡事父之道，而不得於父；申生潔行，而不容於獻公：是仁之於父子不能無憾焉。比干力諫而遭剖心；岳飛精忠而死風波：是義之於君臣不能無憾焉。子思之拒鼎肉；孟子之去齊卿：是禮之於賓主，不能無憾焉。晏嬰智矣，而不知仲尼；朱子大賢，而不解象山：是智之於賢者，不能無憾焉。至若聖人之於天道，衹能透過一通孔以表現，如孔子有孔子之型態，釋迦有釋迦之型態，而不能得天道之全：是聖人之於天道，亦不能無憾焉。凡此，皆屬超越的限制，是吾人於立身行道之所無可奈何處，故曰「命也」。然仁義禮智等天德，乃根於人之本心，爲吾所固有者，吾人皆有不容自已要表現此等德性之要求，故曰「有性焉」，此性是天性。既是天性，故君子不因其在實踐上難免有憾而稍懈，而必認眞體現之，以至乎其極。故「仁之於父子」云云，雖君子不言其爲命，但此乃君子於進德上之自我要求，並非否定此等事在實踐上有超越的限制也。

　　孟子此章，性命對揚，前一組性、命乃是就感官之嗜欲說，要吾人節制之；後一組性命乃是就理性之呈現說，要吾人實踐之。性是吾之所固有，而

有天性、氣性之分，命是吾人所受之限制，而有所以處之之道。朱子註此章云：「愚聞之師曰：此二條者皆性之所有而命於天者也。然世之人以前五者為性，雖有不得而必欲求之；以後五者為命，一有不至，則不復致力。故孟子各就其重處言之，以伸此而抑彼也。張子所謂養則付命於天，道則責成於己，其言約而盡矣。」（《四書集註・孟子集註》，頁 210）此中，朱子所云之師，當指李延平，如此體悟，甚是；橫渠之說亦是。世人以為性者，君子不謂之性；世人以為命者，君子不謂之命。孟子「伸此而抑彼」，儒家道德實踐之功見於此矣。

東原引本章後申之云：「存乎材質所自為，謂之性；如或限之，謂之命。存乎材質所自為也者，性則固性也，有命焉，君子不以性而求逞其欲也。如或限之也者，命則固命也，有性焉，君子不以命而自委棄也。」（《全集》，頁777）此處釋「不謂性」為「不以性而求逞其欲」，「不謂命」為「不以命而自委棄」，是也；籠統地以「如或限之」界定命，亦可；但將性祇看作「存乎材質所自為」，是祇見氣性，而不見天性。祇以材質視性，於解本章前一組性命，或可通；但釋下一組性命，則難通矣。孟子所云之仁、義、禮、智之實踐及天道之體證，亦可謂存乎材質所自為乎？東原或可曰：仁義禮智皆在父子、君臣、賓主、賢者之表現上見之，是不離材質也。然所謂「不離」，祇是藉材質以表現耳，仁義禮智之實踐本身非材質所能自為也明矣。道德若欲真成其為道德，有待反身而誠之自覺，而非材質之自然所能濟也。

東原於另處釋此章云：「欲根於血氣，故曰性也；而有所限而不可踰，則命之謂也。仁義禮智之懿，不能盡人如一者，限於生初，所謂命也；而皆可以擴而充之，則人之性也。『謂』猶云藉口於性耳。君子不藉口于性以逞其欲，不藉口于命之限之而不盡其材。後儒未詳審文義，失孟子立言之指。『不謂性』非不謂之性，『不謂命』非不謂之命。由此言之，孟子之所謂性，即口之于味，目之於色，耳之於聲，鼻之於臭，四肢於安佚之為性。所謂人無有不善，即能知其限而不踰之為善，即血氣心知能底於無失之為善。所謂仁義禮智，即以名其血氣心知之能協於天地之德也。」（《全集》，頁 310）此段所論，大意不出上段，但文意更確定周詳。東原心目中祇有一個血氣心知之性，從「由此言之」以下一段文字可見。「仁義禮智之懿，不能盡人如一者，限於生初，所謂命也」，此非孟子之意。據孟子，「仁義禮智根於心」（〈盡心上〉）；「人皆可以為堯舜」（〈告子下〉）；「心之所同然者何也？謂理也、義也」（〈告子上〉）

由此諸說觀之，仁義禮智乃盡人如一者，否則成聖即無必然之保證。若說因氣稟之不齊，故體現仁義禮智「不能盡人如一」，則可；若說「生初」各人仁義禮智之懿不一，則不可。純就仁義禮智之爲懿德言，無所謂不齊與限制。若說其爲命，亦祇能就理命上說；從理命上說之命祇有命令義，無限制義。「皆可擴而充之，則人之性也」之云，祇是牽合孟子「有性焉」之言，而強爲之說耳。孟子「有性焉」句，原是說「仁之於父子」云云是吾人性分中所有事，此處祇作此肯認，尚未說到擴充，說擴充是下句「君子不謂之命」之意所涵。東原於此，已失孟子語脈。且孟子所謂「擴而充之」(〈公孫丑上〉)，乃是說四端吾之所固有，吾人欲修德，直就此固有之四端擴充之斯可矣；不是說吾人四端本不齊，須擴充之以達齊一也。

二、道德本性與血氣心知

孟子道性善，東原亦曰性善。但孟子據本心以言性，本心隨時不容自已地呈露，興發道德之行，以潤身潤物，故爲至善；性既就本心說，故其爲善乃必然者。由此本心即性之性即可分析出善。而東原據血氣心知以言性，血氣心知與物交，難免有私欲利害之計較，乃可善可惡者；東原卻於此說性善，故處處刺謬。

孔子說性，有「性相近也」(《論語·陽貨》)之言，但此語簡略，未能確定其所言之性究竟是指理性或氣性。下文「習相遠也」及「惟上智與下愚不移」之云當就氣性說，惟於氣性上乃可曰「習相遠」及「上智」、「下愚」之殊；天性人人皆同，更不必說習，亦不可言智愚也。由此推之，「性相近」之性當指氣性。同是人類，其得諸天之氣性總是相差不遠，而異乎異類者，故曰「性相近」。說相近，可知不全同，故因習而可導致彼此相遠。氣性並可有上智下愚之殊。但「相近」可含有「相同」之意，如孟子曰：「其日夜之所息，平旦之氣，其好惡與人相近也者幾希！」(〈告子上〉)「相近幾希」言相同之處不多也。若此，「性相近」亦容許有「性本相同」之義，自相同處說性，舍天性之外無他。(參見《心體與性體》第一冊，頁24～25)但孔子心目中之性是否有孟子所言「性善」之性之義，則頗難說。「性相近」之性，究何所指，不甚確定，宋明儒大多視之爲氣性，今從之。〔註4〕

──────────

〔註 4〕徐復觀認爲孔子此處所言之性即指天性，與孟子性善之性無異指。《論語》除此處言性外，另處爲子貢所云之「夫子之言性與天道不可得而聞也」(〈公冶

　　孟子有時亦就感官之嗜欲說性，如云「如使口之於味也，其性與人殊，若犬馬之與我不同類也」（〈告子上〉）。「口之於味」等感官之嗜欲屬感性，可概括在氣性下，與荀子所言之性同。但孟子特就道德行爲的動力之源言性，此性是天性。「孟子道性善，言必稱堯舜」（〈滕文公上〉）；「人性之善也，猶水之就下也」（〈告子上〉）；「盡其心者，知其性也」（〈盡心上〉）等所言之性皆指此等性。孟子舉「孩提之童無不知愛其親者；及其長也，無不知敬其兄也」（同上）以言良知良能，並證性善；性善之說乃孟子學之靈魂。是孟子非不知人有感官之嗜欲，但必以道德本性爲性之第一義也。孟子所說性善之性乃就孔子所言之仁直指其即爲吾人之本性，使人了解仁心爲吾之所固有，不假外求，其對道德本質之體會與孔子並無差異。於是知孟子言性不必自孔子「性相近」一語轉來。若說孔子所言「性相近」之性，即孟子所言性善之性，則須將「相近」解爲「相同」。但此祇是可容許之一解，而非定然也。

　　東原視孔、孟所言之性同，皆指血氣心知，並以爲孟子所謂性善即指人之血氣心知本善，此則不通。蓋東原本於經驗，祇見得人有血氣心知之性，而不能證會人有「天地之性」。彼見孟子道性善，遂說吾人之氣性本善；又認爲孟子思想直承孔子而來，孔孟之說不得有異，於是說「性相近」之性即「性善」之性，皆指血氣心知也。

　　《易·繫辭傳》云：「一陰一陽之謂道，繼之者善也，成之者性也」。「成之者」的「之」字，當亦指道，「成之者性」言能成就此道者乃是性。道乃是總天地萬物而爲其超越的實體而言，性則就個體之形而上的眞實而言。客觀地言之，個體皆爲天道實體之所貫注以成其性；但並非吾人生來即能體現道，因有氣質之摻雜故也。未體現時，道在個體上乃潛隱者。欲將此道充分

　　長〉）。性與天道並稱，則性是天性。以此句爲準，衡諸「性相近」一語之性，當然指天性；此其一。次，孔子論及人之差異，如宋明儒所言氣質之性者，如「柴也愚，參也魯，師也辟，由也喭」（《論語·先進》）等，皆絕不相同，無有所謂相近者；此其二。由上可證孔子所云「性相近」之性，當指人人同一至善之性，如孟子所云者。此說可備參酌。（見《中國人性論史·第四章·第二節，論語中兩個性字的問題》）。但孟子道性善，乃就孔子言仁進一步轉出者。孔子以前言性，率指自然生命之內容。則孔子是否逕以其所體會之仁說性，而言其爲絕對善者，不無可疑。即使將性與天道連言，亦不見得其所說之性即孟子所云性善之性，或宋明儒所謂之義理之性也。蓋性爲一奧體，與天道同其幽微難知，此所以子貢有「不可得而聞」之歎。此一奧體，在孔子心目中，是否即單指孟子所云性善之性，而不包括其它成分，如宋儒所云氣質之性之類，或定非即指氣質之性，亦無顯明之證據也。

體現出來，有待個體之修爲。然個體之所以能透過修爲以充分體現道之根據安在哉？亦在其性耳。蓋天命之性雖潛隱，但必時露端倪；就此端倪操而存之，擴而充之，便能逐漸發揮其潤身役氣之能，而至於全幅彰顯其光輝，使吾人成一道德的存在，而非只是自然的存在。同時亦因我的盡性而澈盡天道之全幅內容，而見全宇宙爲一德化之世界，故曰「成之者性也」。成乃是工夫上之成，非本無今有之成。天道須在盡性中乃見其客觀而絕對之眞實。後來張橫渠據《易傳》，亦有「成性」之說，此性是道德本性，而非血氣心知；東原則將之視作分於陰陽五行的血氣心知，此非《易傳》之義也。蓋東原既以陰陽五行言道，而性分於道，乃就血氣心知言性矣。

東原曰：「《易》、《論語》、《孟子》之書，其言性也，咸就其分於陰陽五行以成性爲言。」（《全集》，頁 303）視《論》、《孟》、《易傳》——即先秦正宗儒家之言性，即其所云血氣心知之性，此等斷定未得其實。以「血氣心知」說性，如道家之「養生」、告子「生之謂性」、荀子「性惡」、董仲舒「如其生之自然之資謂之性」（《春秋繁露・深察名號》）、王充「用氣爲性，性成命定」（《論衡・無形》）等諸說，此一系言性之傳統，源遠流長；東原亦繼承此傳統。但以爲先秦儒家所說之性，均屬此類，則非是。孔子雖罕言性，然其所言之仁實指向一道德主體，孟子則直指此道德主體爲吾人之本性，此一道德主體，乃純粹無雜者，故曰性善。至《易傳》、《中庸》則由「於穆不已」之天道說下來，性是天性，命是天命，皆形而上者，非形而下之陰陽五行、血氣心知也。

孟子曰：「口之於味也，有同耆焉；耳之於聲也，有同聽焉；目之於色也，有同美焉；至於心，獨無所同然乎哉？心之所同然者，何也？謂理也、義也，聖人先得我心之所同然耳，故理義之悅我心，猶芻豢之悅我口。」（〈告子上〉）孟子於此，藉吾人之口、耳、目等感官對於味、聲、色等感覺物皆有好其佳者、美者之共同傾向，以喻心之於理義，亦有同好。凡比喻，祇取少分相似，使人透過較清楚者了解較不清楚者，固不可以文害義，以爲孟子將心於理義之悅，與口耳目於味聲色之悅歸於同一層次也。「聖人先得我心之所同然」，所先得者，理義也；「易牙先得我口之所耆」，所先得者，美味也：理義與美味不可平列比論。且感官之於感覺物，人類雖大體有共同之嗜好，但隨習性之不同亦有所偏尚，不能全同。然心於理義之悅，則是絕對必然者，因此心乃是道德本心，理義乃是此本心所自立之道德法則故也。本心既自立之，必

自悅之，本心不得有異，故人人本心之悅理義亦不得有異，此在聖人與凡愚皆同，但聖人能極其至耳。

東原曰：「耳目鼻口之官接於物，而心通其則。心之於理義也，天下之理義，心若其符節也，是皆不可謂之外也，性也。」（《全集》，頁 780）理義乃是感官接物應守之則，而由吾人之心知通之者。理義是虛層，感官之欲才是實層。但就儒家之基本教義觀之，理義雖非經驗所及，卻是形而上的至眞至實者。感官之欲隨感覺物轉，乃變動不居者；而理義則有恆常不變性。就此以言，眞正眞實者當在理義，而不在感官之欲與感覺物。夫感官於感覺物之欲與心於理義之悅，固皆是性，但其內容與層次則不相同。嚴格言之，心於理義之悅才是內，耳目於聲色之悅皆屬於外，以前者爲本心之自甘如此，後者則爲外物所引動故。

東原曰：「凡人行一事，有當於理義，其心氣必暢然自得；悖於理義，心氣必沮喪自失。以此見心之于理義，一同乎血氣之于嗜欲，皆性使然耳。」（《全集》，頁 292）此進一步證明心於理義之好與耳目之於聲色之好屬同一層次。聲色若能滿足耳目之欲，可使軀體暫時有快感，此等快感與所行當於理義而內心自足自悅，顯然不同。前者表現於感性上的喜樂之容，後者表現於理性上的溫睟之象，所以令吾悅之來原與本質有異故也。吾人行事苟出於理義，有時固有心氣暢然自得之感，但此祇是養之未熟，名、利之計較未盡去，在情性上所激起之浪花。東原見得吾人所行當於理義，有時有此浪花之激起，而耳目足於聲色，亦有感性之歡愉，遂將對理義之悅與對聲色之好平列於同一層次矣。然揆諸東原將理義視作事情之條分，而由心知把握之——心知能把握之，行爲能適合之，亦有一種自足自快之感；則其有如是之說，亦不足異矣。

東原本視聲色臭味之欲恰如其分即是理義；但又覺如此言理義，範圍似太隘，是以益之以「凡人行一事」時應有之恰當表現以言理義。有恰當之表現即所謂合於理義，而心氣即能暢然自得。但所謂行事時之恰當表現而使吾人心氣暢然自得者，有時並非吾人預先認定一客觀之行事軌則使吾人之行爲遵循之，以有心氣之暢然自得，如東原之所云。往往是吾人面對一事時，當下自然表現某種順適恰當之態度，吾人此時不知何以會有如是之態度，但此等態度，吾人誠覺其於應此事乃當然而不可易者，因有一種內在之自我滿足，有時亦能激起吾人心氣暢然自得之浪花。此等經驗，在吾人日常生活中，往

往有之，東原亦當曾有之。此等未及計較利害，亦不顧及其是否合乎外在之軌範，卻能表現吾人當下覺其最恰當而不容他易之行者，其根據即是吾人內在之本心、良知，儒家即於此建立其道德的形上學，宋明儒即於此說天理。由東原所謂行事當於理義，心氣暢然自得之說，步步分析與追問，勢必肯定有一形而上之「天理」、「良知」之存在，否則不能說明道德行為之可能，特東原未進一步思考與反躬自證；遂使純粹之道德本性不明，而道德與情欲之間亦夾纏不清矣。

東原曰：「古人言性，但以氣稟言，未嘗明言理義為性，蓋不待言而可知也。至孟子時，異說紛起，以理義為聖人治天下具，設此一法以強之從，害道之言，皆由外理義而生。人徒知耳之于聲、目之於色、鼻之於臭、口之於味之為性，而不知心之于理義，亦猶耳目鼻口之于聲色臭味也。」（《全集》，頁291）此處所謂「古人」，當指孟子以前之人，包括孔子及《中庸》、《易傳》作者。（《中庸》、《易傳》之作顯在孟子後，但東原仍以為在孟子前）。「古人」雖不明言理義為性，但豈無其意哉？孔子之仁、恕、忠、信非即孟子所說之理義乎？《中庸》「天命之謂性」、《易傳》「成性存存，道義之門」（〈繫辭上〉）之所謂性，豈「但以氣稟言」者乎？何必祇拘泥於字面，而不考究其血脈之一貫相承？「古人」言性，固有以氣稟言者，但豈止於此乎？宋明儒者明分義理之性、氣質之性，乃承先秦儒家立教之精神而來者，若對吾人生命之內容稍加照察，當不反對此分也。孟子誠然見得理義乃吾本性之所固有，因講明之；非以理義為治具，強天下以從之。「害道之言，皆由外理義而生」，此說大致無誤，蓋除正宗儒家視理義為根於心而發外，其餘諸家如告子、老莊及後來之荀子，籠統說之，皆持「義外」之觀點。但孟子說理義為性，並非與耳目鼻口有聲色臭味諸嗜欲之為性等同視之，否則何以有大體、小體及大人、小人之分？孟子點明理義之為性，固是發前人所未發，於儒家義理之開展大有助益，但此乃根據孔子所說之仁進一步推出者，非東原心目中所想之理義也。故東原此處亦說理義為性，是也；但須知孟子乃是從本心良知所自立之法則上說理義，而非自心知能了別條分上說之也。東原亦可說理義內在於心，但此祇是說各種事情本身皆有其委曲條分，而我之心知有了別之能力，了別以使吾人之行事遵循之耳；以孟子之學衡之，此仍屬「義外」之說也。

在道德理性之層次上，方可曰理義為吾心之所同然，所固有；在血氣心知之層次上則不能如是說，祇可曰理義為我心知之所認知。東原既視吾人之

性只能是血氣心知，又曰此性固有理義，豈非違反實情？但東原不察乎此，遂曰孟子「明理義之爲性，所以正不知理義之爲性者也」（《全集》，頁 780），此語，似合於孟子之說，實則不然。依孟子，理義既爲本心不容已之發，則祇須良知不昧，所作所爲，無往而非理義。理義非認知心之所對，祇是道德本心之所呈現。但依東原對性之觀點，祇能說理義是心知之所認知。「明理義」云云意即：孟子闡明吾人之心知自然全乎理義，所以糾正不明白心知自然全乎理義者之錯誤觀念——如告子視理義爲在心知之外者，是也。但理義既爲認知心所把握，即非吾之所固有，而不可曰理義爲性矣。祇因吾之心知能把握理義，遂說理義爲吾所固有，是倒果爲因之說也。東原視理義與性之關係，應與荀子之思理無異才是。祇因拘執孟子之言，遂不順荀子，而在表面上服從於孟子矣。

　　東原始終秉持經驗之立場，以爲性善亦須就材質說，否則空言無據。東原曰：「惟據才質爲言，始確然可以斷人之性善。人之於聖人也，其才非如物之與人異。物不足以知天地之中正，是故無節於內，各遂其自然，斯已矣。人有天德之知，能踐乎中正。其自然則協天地之正，其必然則協天地之常。莫非自然也，物之自然不足語於此。孟子道性善，察乎人之才質所自然有節於內之謂善也。」（《全集》，頁 780）東原以才質言性，明是針對宋儒以理言性而發。依東原觀之，以理言性，祇是徒託空言，不能徵實；若據才質言性，則可以指實；從經驗立場觀之，確是如此。但若因此即斷才質之性爲善，則謬矣。純就才質觀之，雖有美惡之異，但無道德上之善惡可說。即使說人之才質較其它動物爲精美，但精美並不可逕說爲善也。

　　橫渠據吾人之有道德心與認知心而言德性之知與見聞之知。（見《正蒙·大心篇》）德性之知無知相，祇是一本心明覺之神感神應耳。東原亦言「人有天德之知，能踐乎中正」，「天德之知」一詞明是據宋儒德性之知一詞轉來。但宋儒所謂「德性之知」意謂德性本身即是一種知，而東原所謂「天德之知」意即吾人客觀地認知天德之能力，天德即仁義禮也。如是之「天德」，落實言之，乃外鑠者，與荀子言禮義爲聖人所教者無大異。此一「天德」，既須認知地把握之，則不可曰吾自然而有；但爲不違反孟子仁義禮智根於心之說，遂謂天德爲吾自然而有矣。順吾性之自然，並不能依天德以行，是以再言歸於必然。於歸於必然處，即須言工夫矣。祇是一歸於必然之工夫，爲照應孟子，遂曰全其自然也。

東原曰：「孟子之所謂性善也，人之才質良，其本然之德違焉而後不善，孟子謂之放其良心，謂之失其本心。雖放失之餘，形氣本於天，備五行陰陽之全德者，如物之幾死，猶可以復蘇。故孟子曰：『其日夜之所息，平旦之氣，其好惡與人相近也者幾希。』以好惡見於氣之少息猶然，是以君子不罪其形氣也。」（《全集》，頁 781）東原依附孟子之言立說，時生混擾；但撥開所依附者，其意自見。所謂「其本然之德違焉」當係「違其本然之德」之意。夫才質既有違本然之德之可能，則肯定其原本精良，由之以言性善，祇是想當然耳，並無客觀之必然性也。

孟子以為吾人之本心雖汨於物欲之中，但往往會露其端倪，吾人即應就此萌蘖之發加以養護，以復本心之全體，否則一再戕賊，終將與禽獸無以異。所養所護者乃本心，而非血氣心知；但東原既以材質言性，於是所養所護乃落於血氣心知上說。「形氣本於天，備五行陰陽之全德」，如何會有放失？其復蘇之可能根據又安在乎？從材質方面言其備全德，並言本心放失，將使工夫無從下手，所謂復蘇亦成空談矣。孟子以平旦之氣「好惡與人相近也者幾希」，說明良知之萌蘖，而東原則將之理解為「氣之少息」猶有與人相近之好惡，故形氣不可咎。夫「君子不罪其形氣」，是也；但如何方能使形氣如理合道乎？形氣豈自然而能之乎？足見就材質以言性善及工夫之要，雖曲為之說，實不能條達順適，令人覺觸處有礙也。

東原曰：「（心之精爽）靜而未動，湛然合乎天德，故為天下之大本；及其動也，粹然不害於私，不害於蔽，故為天下之達道。人之材質良，性無有不善，見於此矣。」（《全集》，頁 784）此由心氣之未動與動解釋《中庸》之大本與達道，並由之以言性善，盡失《中庸》、《孟子》義旨。《中庸》以「中」為天下之大本，而中乃由喜怒哀樂未發之時超越地體證之者，實指涉吾人之性體也；否則不足以為天下之大本。東原祇從心氣之湛然不動看中，則中祇是一渾然無覺之狀態，如何能說全乎天德，而為天下之大本乎？此祇拘拘於《中庸》字面之義，而未究其實指故也。心氣之動也，如何方能「粹然不害於私，不害於蔽」，豈自然能之乎？《中庸》以喜怒哀樂發而皆中節言達道，實已預設慎獨之工夫；但東原祇寡頭地以喜怒哀樂「粹然不害於私，不害於蔽」言達道，則亦言之易易矣。《中庸》不論言中言和，皆扣緊工夫說，而東原以為心氣自然能中和，由此見人之材質良，性無有不善。但吾人之心氣不動時乃中性者，與合不合天德無關；動時則不能保其必不害於私與蔽，此乃

經驗上吾人所能直接感受者也。

　　東原曰：「小人徇我而悖理，君子重我而循理；悖理者亦自知其非也，是性無有不善也。……即此飲食男女，其行之而是爲循理，行之而非爲悖理而已矣。」（《全集》，頁 365）東原既以血氣心知言性，血氣包括飲食之欲與男女之情，心知主要是對理義之認知。雖有放縱情欲之人，亦自知其行之非是，東原所謂「悖理者亦自知其非」，是也。吾人於日用之間，往往能自覺到所行之當與不當，東原亦當有此體驗，但卻未深究「自知其非」之眞正來原，祇說心氣自能如理也。

　　飲食男女，「行之而是爲循理，行之而非爲悖理」，是也；但如何能保其行之而是，如何能保其必不悖理，此方是問題之所在。憑心知對理義之認知並不能保證之；東原於此，更不往深一層思考，蓋其在主觀上視宋儒離物言理爲非，故一往以爲必在物上說理方不落空談也。

　　「小人徇我而悖理，君子重我而循理」，此言亦是。但小人所徇之我爲情欲，而君子所重之我則是德性，東原祇知有一情欲之我，不明德性之我。於是遂將君子所重之我置於情欲上說矣。

　　東原曰：「孟子之所謂性，即口之于味，目之於色，耳之於聲，鼻之於臭，四肢於安佚之爲性。所謂人無有不善，即能知其限而不踰之爲善，即血氣心知能底於無失之爲善。所謂仁義禮智，即以名其血氣心知所謂原於天地之化者之能協于天地之德也。」（《全集》，頁 310）耳目口鼻等感官之欲，不能自然有節；使之不踰限不能就耳目鼻口等感官本身說，而須求諸其它動力。如是並非性本身即可分析出善，性之爲善有待其它動力爲條件，於是知東原所謂性善之實義爲：性經某種動力節制後有善的表現。所謂血氣心知本身自然全乎善祇是虛說耳。但孟子性善之意豈如是迂曲？孟子所謂性善云者，性本身即是至善者，性與善之關係乃分析者，非如東原所云之爲綜合者。但東原既以材質言性，則欲說性善，非將性與善說成綜合關係不可。東原或可曰「知其限而不踰」者仍爲我之心知，心知具此能力，可導耳目鼻口之欲歸於善，故亦可說性善。但如何謂之踰限，如何謂之非踰限，殊非吾人之心知所能把握者；即使以客觀之禮法爲衡準，亦不能曲盡其變。蓋此屬德性之事，非認知之功所能全濟者，踰限與否最後仍須訴諸良知之判準也。然良知之判準則非東原之所自覺者，於是將之交由心知判斷。但心知判斷道德行爲之當否本不能絕對正確；即使所判斷者有時正確矣，能否即使行爲不踰限亦有問題。

總之，由心知對理義之了別不能保行為之必然不踰限也。

在血氣心知上既不能建立絕對之價值標準，於是乃從天道說下來。血氣心知亦確有協於天地之德之可能，但如何能協方是問題所在，徒曰血氣心知能協天地之德，因曰性善，實未究其所以可能之根據也。未究其根據，血氣心知之為善乃搖擺不定者，如何可曰性善？且天地之德將由何處見之邪？

東原曰：「人之心知，於人倫日用，隨在而知惻隱，知羞惡，知恭敬辭讓，知是非，端緒可舉，此之謂性善。……己知懷生而畏死，故怵惕於孺子之危，惻隱於孺子之死，使無懷生畏死之心，又焉有怵惕惻隱之心，推之羞惡、辭讓、是非亦然。」（《全集》，頁 304）懷生畏死乃生物之本能；無此本能，即同木石，因無怵惕惻隱可言。東原由吾人有懷生畏死之本能，因有怵惕惻隱之發，以言性善，實未究怵惕惻隱之發之源頭也。孟子舉吾人見孺子將入於井，皆有怵惕惻隱之心，以證人性本善。怵惕惻隱之發，乃本心不容自已以湧現者，不可視作認知之所對，即使可言知，亦是自證自知；即使可言情，亦是道德的覺情，而非感性之情。人性之善，即就此道德本心所自發之明覺處說，而不就血氣心知能覺知惻隱之情處說也。

三、良能與知能

東原曰：「人之性善，故才亦美；其往往不美，未有非陷溺其心使然，故曰『非天之降才爾殊』。才可以始美而終於不美，由才失其才也，不可謂性始善而終於不善。性以本始言，才以體質言也。體質戕壞，究非體質之罪，又安可咎其本始哉？」（《全集》，頁 312）於人之性處，祇能說善，不能說不善。蓋天道自然全乎天德，人之性得天地之全德，故亦本善。才為性之所呈，理亦當善——惟才之善東原以美好稱之。但才之表現有不美乃不可否認之事實，才既性之顯，則性亦當有不善；再往上推，則天道亦有不善矣；但如此則違孟子性善之旨，且與《易傳》「繼之者善」之義相背。由天道與性之善說下來，才亦當美，然事實上卻有不美；由才之有不美此一事實推上去，則性與天道亦當有不善，此不合經典之意。於是形成兩難，此兩難當如何消解？東原確信《易傳》、《孟子》之說不應有誤，才有不美之事實亦不可否認；於是借孟子「陷溺其心」之言以說明才之有不美——即才亦本無不美，後因「陷溺其心」方有不美。但若「陷溺其心」是人與生具來而必不可免者，則亦屬之才，如何可說才原無不美，性原無不善？若曰此是受外物之影響而如此者，

則吾之才原有受外物影響使心陷溺之因子，如何可說其原為美？足見從才質方面說性善、才亦美，必遭逢不可克服之理論困難，雖借用孟子「陷溺其心」說之，於理論困難之消解，亦無助益。

　　夫體質既是本始之發，有如何之本始即有如何之體質。反之，由體質之發亦可究本始之何所是。今體質戕壞，如何非本始之罪？心亦屬之才，心之陷溺是誰使之然哉？豈非心之自甘陷溺乎？如此，豈不可咎才？「言才則性見」，又豈不可咎性？若曰：使心陷溺之因素在才之外，則才非吾人所有事能之全體矣，此則與原初說由身所發之一切事能皆屬之才相矛盾。當知孟子「陷溺其心」之所謂心，是道德本心，非血氣心知；本心是自明的，本無所謂陷溺，祇因有氣質之駁雜，外物之引誘，遂暫時隱蔽其光芒，因曰陷溺其心。欲去隱蔽本心光芒之陰翳，仍須求之本心，惟有本心有此力量，而不可求之血氣心知。東原惟未能肯定與體證吾人有此超越的本心，故難以解釋才成不美之故。

　　東原曰：「才雖美，譬之良玉，成器而寶之，氣澤日新，久能發其光，可寶加乎其前矣。剝之蝕之，委棄不惜，久且傷壞無色，可寶減乎其前矣。譬之人物之生，皆不病也，其後百病交侵。若生而善病者，或感於外而病，或受損於內身之陰陽五氣勝負而病。指其病，則皆發乎其體，而曰天與以多病之體，不可也。」（《全集》，頁 313）此段借玉之成壞與身之病健說明才成為不美之故，但所論實不能愜於人心。玉之「成器而寶之」乃人所予之造就；「剝之蝕之」乃人所予之毀棄。吾人之才，苟得其養，則能精純；苟夫其養，則有缺陷。但依東原之說，才之得養失養之根據仍在才本身，因無有一超越者以照察之也。是得養失養並無必然之保證，多少有待命運之安排；不像玉之或成寶或毀壞，乃人使之然，而非玉本身自爾也。至若以人之病健說明才原無不良，亦不類。「生而善病者」，其體質先天上即弱乎常人，如何不可說「天與之多病之體」？病雖「發乎其體」，但在相同之生活環境下，何以有些人少病，有些人多病，豈非人所受於天之體質有些原本就孱弱乎？推之，在相同的教育環境下，有些人易於為善，有些人易於為惡，豈非先天材質原有不美者？但若承認先天材質即有不美之事實，即須承認性有不善，如此則悖於孟子性善之旨，是以東原總須強說天生才質原無不美，而不顧理論之當否。不知孟子性善說之性，非氣性；「非天之降才爾殊」之才，亦非才質之才也。

　　夫才有清、純、雜、濁之異，既是事實，則肯定人天生即有清純等美材

及雜濁等惡材，豈不較簡易明白乎？夫由道說命，由命說性，由性說才，可也，祇須肯定陰陽氣化本身即有純駁，則一路說到才，才亦可有純駁，此不成理論之病。如此以觀天人，亦屬一層次，即經驗層次是。此一層次亦值重視，吾人之現實生活總在此中表現也。將此一層次詳加剖析，亦大有貢獻。如此所觀之天人，無道德上之善惡可說，惟有經驗上之清濁好壞可言，何必強在此上加一善字；說其爲善，在道上雖有病，其病不顯；但一說到性與才處，則窒礙難通矣。

孟子道性善，從人之良知本心上以說之，故善有絕對必然性；東原亦說性善，從血氣心知以說性，故善無絕對必然性。孟子從善性說才，有善性則有體現此善性之善才，才即良能也，由善性所發之才爲善，乃必然者。東原亦由性說才，但血氣心知既不能說純善，則才亦當有駁雜，不可以純善說之。不論性或才，孟子皆就道德本心上說，東原皆就血氣心知上說。但東原以爲其所意謂之性與才即孟子所說之性與才。今孟子言性善，才無不良，故亦言其所意謂之性與才亦無不善，無不良也。此是糾纏於經驗層與超越層之間，故有不合常情之論。

《孟子‧告子上》，公都子列論性之三說，所謂「性無善無不善」；「性可以爲善，可以爲不善」；「有性善，有性不善」後，問孟子：「今曰『性善』，然則彼皆非歟？」此處公都子所列之說雖若不同，實皆告子「生之謂性」一義所涵，總之皆是就氣性說。而孟子所說性善之性，則是就理性說。孟子答以「乃若其情，則可以爲善矣，乃所謂善也。若夫爲不善，非才之罪也」。伊川、朱子以下學者，多將「情」理解爲情感之情，「其」字則承上，指性言，「其情」指性之情；亦即據性而發之情。據性而發之情無不善，則必預設性爲善方可。而公都子於此正懷疑孟子言性之爲善，今若預設性善，等於無解答；且原是問性，乃轉說到情，亦覺突兀。東原曰：「情猶素也，實也。」（《全集》，頁 312）「其」仍指性說，其情即「性之實」，亦即就性之所以爲性之實看，皆可以爲善。如此，可以免以情爲善之病，但此祇是東原以氣性爲善的一貫之說，非孟子義。牟先生將此句與「牛山之木嘗美矣」章「人見其禽獸也，而以爲未嘗有才焉，是豈人之情也哉」（〈告子上〉）比觀，定「其情」即「人之情」，其即指人，則「乃若其情，則可以爲善矣」意謂「就人之爲人之實情而言，人實可以爲善」（《原善論》，頁 24），人之爲人之實情即是人異乎禽獸之良知良能也。如是，便順適，足以解答公都子之惑。蓋前所列論性之

三說，皆就氣性言，氣性之表現乃善惡不定者。人與禽獸氣性不同，於此雖亦可別人禽，但不見人之所以可貴，亦不見有道德上之善可說；必就人之所以爲人之實——即能體現天心良知處說，方有眞正之善可言，乃可以說性善也。東原曰：「孟子於性本以爲善，而此云『則可以爲善矣』，『可』之爲言，因性有等差，而斷其善，則未見不可也。」（《全集》，頁312）東原說性，總是自氣性方面說，故曰「有等差」，既有等差，則「斷其善」焉「未見不可」？於此正見其「不可」也。東原於性善則才亦美一義，實不能有圓滿之說明也。

次，才之一字，一般皆祇就氣性方面之材質說，宋明儒亦然。但孟子之學，意在點醒人之本心，不在論人之材質。除以上所引兩處外，孟子另有「求則得之，舍則失之，或相倍蓰而無算者，不能盡其才者也」（〈告子上〉）之云。牟先生曰：「才字即表示人之足夠爲善之能力，即孟子所謂『良能』，由仁義之心而發者也，非是一般之才能。」（《圓善論》，頁23）如是，不能盡其才即不能盡由其良知所發之良能。「非才之罪」意即不是良能之過，蓋良能原無不足處。「非天之降才爾殊」即非天所予吾人良能如是不同。於是前後順適矣。陸象山曰：「情、性、心、才都只是一般物事，言偶不同耳。」（《陸九淵集·卷三十五，語錄下》）意實得之，但並未予以進一步辨析耳。〔註5〕

《二程遺書》載：又問：「如何是才」？曰：「如材質是也。譬如木，曲直者性也；可以爲輪轅，可以爲梁棟，可以爲榱桷者，才也。今人說有才，乃是言才之美者，才乃人之資質，循性修之，雖至惡，可勝而爲善。」又問：「性如何？」曰：「性即理也，所謂理性是也。天下之理，原其所自，未有不善。」（《二程遺書·卷第二十二上》，伊川先生語）伊川於此將才與性分開說，各屬不同之領域，一方面承認材質之不齊，一方面保住性體之至尊。惟此處說「曲直者，性也」則不妥。曲直而可以爲輪轅云云，是才；所以曲直方是性，如此方合伊川一貫之思理。（參見《心體與性體》第二冊，頁319）若曰曲直是性，祇能就才性說，不可就理性說。

說人有才，固多指其美者而言，但才既是人之資質，則事實上不能全美，故須「循性修之」，以勝其偏惡而歸於美善。伊川對於人之材質有美惡見得分明，而自性理上立定對治偏惡之方，其言約而盡矣。惟彼殆亦不覺其所言之

〔註5〕 岑溢成於「清代訓詁學研究」中，對《孟子·告子上》所提「才」字之所指有詳細之討論，從而確定「才與性之義通」；「才與性在孟子之義理系統中並非兩個不同的概念」，頗值參酌。（見上揭書，頁660～667，抄寫影印本）

才異乎孟子所指之才。故亦曰「今人說有才，乃是言才之美者」。才有美者，則不能無惡者亦明矣。東原則拘蔽於孟子之說，言人之才質無不精良，再假孟子「陷溺其心」之言以說明才之不美，而其對治偏惡之方又袛靠心知之照察，未能立定化除氣質偏惡之超越根據。

　　問：「人有口誦萬言，或妙絕技藝，此可學否？」曰：「不可。大凡所受之才雖加勉強，止可少進，而鈍者不可使利也，惟理可進。除是積學既久，能變得氣質，則愚必明，柔必強。蓋大賢以下即論才，大賢以上更不論才，聖人與天地合德，與日月合明；六尺之軀，能有多少技藝？人有身，須有才；聖人忘己，更不論才。」（《二程遺書·卷第十八》）記性超卓，技藝絕妙，多屬天分，不可學而至。無此天分，雖強學，袛能少進，未能如天生者之精純，明白此點，方能就己資質所長，加以發揮。但伊川以爲「惟理可進」，逐漸修習，到最後「雖愚必明，雖柔必強」，而與聖人無異。何以能如此肯定？蓋理自堯舜至塗之人皆一。但因氣質有清濁之不齊，是以行爲表現之如理有難易也。但人若能勤於積學，久久不懈，最後行事必皆如理矣。蓋才質雖稟諸天，循理則操諸己也。所謂「大賢以上不論才」者，蓋聖賢以德定，不以氣定，聖賢固亦有才，但所以爲聖賢則不在此也。

　　伊川曰：「性無不善，而有不善者，才也；性即是理，理則自堯舜至於塗人，一也。才稟於氣，氣有清濁，稟其清者爲賢，稟其濁者爲愚。」（同上）此處嚴分性與才，「有不善者，才也」，但才並非皆不善，亦有善者。不管稟於清之賢，或稟於濁之愚，皆是氣質決定，非理性決定。但稟於清者較易循理耳。東原以爲「此以不善歸才，而分性與才爲二本」（《全集》，頁 313）。伊川並未說才皆不善，不過性與才較，則性是純粹至善者，才則有善有不善。說「有不善」即含「有善」，並非表示全不善也，而東原則將其理解爲全不善，此其不善會伊川處。至於批程子「分性與才爲二本」亦不妥。蓋性之表現固須借才，但二者既屬異質異層者，又何妨分說？徒曰「性善，則才亦美」，以言一本，果能盡才與性之實乎？

四、性德與智德

　　孟子曰：「惻隱之心，仁之端也；羞惡之心，義之端也；辭讓之心，禮之端也；是非之心，智之端也。」（〈公孫丑上〉）四端純然是本心不容自已、沛然莫之能禦而發者；代表吾人德性之全部內容。《中庸》云：「智、仁、勇，

天下之達德也。」智、仁、勇之云，顯然承孔子「智者不惑，仁者不憂，勇者不懼」（《論語・子罕》、〈憲問〉）之說而來。孔子「四十而不惑」（《論語・爲政》），「不惑」重在表示德慧通明，達禮精義，無所偏執，不專指多聞多見也。孔子「五十而知天命」（同上），《易傳》云「樂天知命故不憂」（〈繫辭上〉），不憂代表道德生命之光暢，俯仰無愧，悠游坦蕩也。「君子不憂不懼」；「內省不疚，夫何憂何懼」（《論語・顏淵》），「自反而縮，雖千萬人吾往矣」（《孟子・公孫丑上》），惟「內省不疚」，「自反而縮」，故能卓爾自立，不畏橫逆，行所當行也。能「不惑」、「不憂」、「不懼」，即是一積極進取、圓盈無瑕之德性人格。《中庸》又曰：「好學近乎知，力行近乎仁，知恥近乎勇。」惟乾乾不息進德修業，方能漸臻於智、仁、勇之理想境地。智、仁、勇乃完美人格之表徵，放諸四海而皆準之通德，故曰「天下之達德也」。

孟子「惻隱之心，仁之端也」之云，說明仁德的具體內容，義、禮、智亦然。孔子「仁者不憂」之云，說明體現仁德之效應，智、勇亦然。孟子重在展示本心之各種面相，孔子重在表露完美人格之造境。不論四端或三達道，皆是仁心德慧一根而發者，屬之性德。而東原則將仁義禮屬之理，理無等差，乃心所慮會者；智仁勇屬之德，德存乎其人，有等差，乃血氣心知所發，故其爲德乃是智德。性德乃絕對必然者，智德則有量之等差，乃變動者。智德嚴格言之，實不成其爲德也。

就仁言，東原曰：「天地之德，可以一言盡也，仁而已矣。人之心，其亦可以一言盡也，仁而已矣。耳目百體之欲喻於心，不可以是謂心之所喻也。心之所喻，則仁也。心之仁，耳目百體莫不喻，則自心至於耳目百體，胥仁也。心得其常，於其有覺，君子以觀仁焉；耳目百體得其順，於其有欲，君子以觀仁焉。」（《全集》，頁 779）此段所言，殆由孟子之說轉來。孟子曰：「君子所性，仁義禮智根於心，其生色也，睟然見於面，盎於背，施於四體，四體不言而喻。」（〈盡心上〉）孟子證得仁義禮智乃吾本心所自發，足以滋潤吾人之生命，所謂睟面盎背者，道德心誠中形外之徵驗也。東原則自心知之有覺觀仁，從欲之得遂說仁，歸根究柢，所謂仁，祇是一氣化之生生耳，即使說「心得其常」，「耳目百體得其順」，亦祇是心知認知氣化生生之條理，所行合乎事物自然之分理耳。理乃是識心所知，而非本心所立也。夫仁祇是一滿腔子惻然愛物之心；即使說欲遂人之生，亦是據道德心而發。東原從遂其生與遂人之生上看仁，是落於自然生命之生育長養上說，失其本矣。無其本，

即使欲由遂己之生，推之以遂人之生亦不可能。「己所不欲，勿施於人」實根據一反身自覺而來的決斷；否則，因遂己之生而戕人之生者多矣。人莫不知遂己生而戕人之生爲非，但因私欲作祟，損人利己者有之。要使遂其生，廣之遂人之生爲可能，本心天理作主爲其必要條件。但一說到天理，東原又必視爲落於佛老之見矣，此其所以爲無根也。

東原曰：「《易》曰：『立人之道，曰仁與義。』而《中庸》曰：『仁者，人也，親親爲大；義者，宜也，尊賢爲大。親親之殺，尊賢之等，禮所生也。』益之以禮，所以爲仁至義盡也。」（《全集》，頁316）《易》乃是承「立天之道，曰陰與陽；立地之道，曰柔與剛」說下來，而說「立人之道，曰仁與義」。仁屬於人道之寬裕溫柔一面，義則屬人道之發強剛毅一面，二者相資相養，乃能圓融通透，成就一完美人格。人道之須有仁義，猶天道之須有陰陽，地道之須有柔剛也。《中庸》則落實於客觀之禮制上說。由親親以說仁，由尊賢或尊尊以說義。前者主情，後者主理，周文之所由立也。於是根據親親之殺及尊尊之等建立客觀之禮制，以維繫人群社會，先有親親之仁及尊尊之義乃有禮之產生也。《易傳》、《中庸》義各有當，非《易傳》之言有不足，待《中庸》以補之也。然東原之言此，亦非無故，蓋彼視禮者條理之秩然有序也，「條理苟失，則生生之道絕」，故禮乃所以保障仁之至、義之盡者。

東原曰：「脩道以仁，因及義，因又及禮，而不言智；非遺智也，明乎禮義即智也。智仁勇三者天下之達德，而不言義禮，非遺義遺禮也，智所以知義、所以知禮也。」（《全集》，頁315）《中庸》繼「修道以仁」後，乃落實於周文之親親、尊尊之道以明客觀禮制之由來，義已盡矣，非是已含蘊智而不言，亦非意寓明乎禮義即是智。此處舉仁義禮在說禮制之產生，孟子舉仁義禮智在說本心所固有之四端，二者是兩回事，並非《中庸》在表面上未言智，而實有此意。說智、仁、勇三達德是另端更起，言其乃通行天下，而爲吾人所共有之德性，義亦自足，非是其中即含有禮義，祇是未言，可由智以知之也。次，說無等差，不祇仁義禮，雖智仁勇亦然；說存乎其人，不祇智仁勇，雖仁義禮亦然；蓋無論智仁勇或仁義禮，皆根於本心所發者。東原惟於仁義禮看成理，於智仁勇看成才，是以言前者無等差，而後者存乎其人也。

東原曰：「是故謂之天德者三，曰仁、曰禮、曰義，善之大目也，行之所節中也。其於人倫庶物，主一則兼乎三，一或闕焉，非至善也。謂之達德者三，曰智、曰仁、曰勇。所以力行於德行者三，曰忠、曰信、曰恕。竭所能

之謂忠，履所明之謂信，平所施之謂恕。忠則可進之以仁，信則可進之以義，恕則可進之以禮。仁者，德行之本，體萬物而與天下共親，是故忠其屬也；義者，人道之宜，裁萬類而與天下共覩，是故信其屬也；禮者，天則之所止，行之乎人倫庶物而天下共安於分無不盡，是故恕其屬也。忠近於易，恕近於簡。信以不欺近於易，信以不渝近於簡。斯三者馴而至之，夫而後仁且智。仁且智者，不私不蔽者也。」（《全集》，頁 783）本段涉及《孟子》之四端，《中庸》之三達德，《易傳》之易簡與仁智，《論語》之忠信，如此湊合，殊為巧特，茲檢別於下：孔子之道祇是仁，仁包括忠與恕。孔子曰：「夫仁者，己欲立而立人，己欲達而達人，能近取譬，可謂仁之方也已。」（《論語・雍也》）己立立人，己達達人，即所謂盡己，盡己之謂忠；能近取譬即「己所不欲，勿施於人」，（《論語・顏淵》、〈衛靈公〉），是所謂推己，推己之謂恕。忠即有所為，恕即有所不為。孟子曰：「人有不為也，而後可以有為。」（〈離婁下〉）不論有所為或有所不為，皆以精誠惻怛之道德心為根本動力，而孔子即括之以仁。由是可知，忠恕祇是仁德一體之兩面耳；而東原則合忠恕與信為「所以力行於德行者三」。「竭所能之謂忠，履所明之謂信，平所施之謂恕」，如此了解忠、信、恕，粗看亦無病，但所謂「竭所能」、「履所明」、「平所施」等，究竟是落於何層次說，頗值商榷。蓋此可自仁體本心上說，亦可就血氣心知上說。依東原之思理，祇能就後者說。蓋彼視忠、信、恕之德量，遜於智、仁、勇，必忠、信、恕之極其至，方是智、仁、勇。所謂「斯三者，馴而至之，夫而後仁且智」，是也。智仁勇就血氣心知說，則忠信恕亦當就此言。但東原又以忠信恕分別隸屬於仁義禮三天德，則不類。蓋依《論語》，忠與恕皆仁之一面相，如何專以忠屬之仁，而恕不與焉？信屬之義，亦穿鑿，祇是強為比配。無論忠信恕或仁義禮皆是道德心所發者，何以將仁義禮限於天德，而將忠信恕視作力行之要？依東原，忠信恕是智仁勇之基礎，仁義禮是智仁勇所要符合之標準，如此搭配似甚工巧，但若問德行最根源之動力安在，反見模糊，於是不得不落於自家所謂去私與去蔽言之矣。

「仁者，德行之本，體萬物而與天下共親」，單獨觀此，宛若出自宋明儒之口。依東原，「體萬物而與天下共親」意當為：體察萬物之情而與之共遂其生；「體」無宋明儒所說之本體義。就義而言，籠統曰「人道之宜」亦可，但曰「裁萬類而與天下共覩」，則是落於心知之分別事物之條理說，與孟子就羞惡之本心覺情言義者不類。以「天則之所止」言禮，則禮祇是生生自然之條

理。「行之乎人倫庶物而天下共安於分無不盡」，近乎荀子以和群定分言禮之作用，與孟子就恭敬之心言禮者亦有距離。凡此種種，皆見東原爲說明各德目間之關係，實大費周章，用圓轉之語企圖接合之，但終難令人滿意。

《易傳》云：「乾以易知，坤以簡能」；「易簡而天下之理得矣」（〈繫辭上〉），易簡乃是就乾坤之終始萬物說，而陸象山則自本心不假外求自能興發道德之行說易簡。故易簡必須就「乾道變化，各正性命」（〈乾卦·彖傳〉），及「含弘光大，品物咸亨」（〈坤卦·彖傳〉）說。而東原以忠恕比附易簡，亦失之牽強。「竭所能」如何是易，「平所施」如何是簡？此誠不可解矣。復支解信爲「不欺」與「不渝」以配易簡，尤不類。此無他，祇因《易傳》惟有易簡二言，而彼所湊合之忠信恕則有三言故也。忠信恕「馴而至之，夫而後仁且智」，何以不曰「智仁勇」乎？有二故：其一，忠信恕與智仁勇誠難相配；其二，爲與不私、不蔽拉關係。仁是不私，智是不蔽。「去私莫如強恕，解蔽莫如學」（《全集》，頁 783），一方由強恕與學以達於仁智，一方則由忠信恕以達易簡，即達於仁智。前者由恕以達於仁，後者則由忠以進於仁，可矣。但同是恕，何以在前者屬之仁，而在後者卻屬之智？凡此，具見此等比配之舛雜不順。

誠爲《中庸》之思想核心。就宇宙言，祇是一於穆不已之天命；就人生言，祇是純亦不已之道德心，一切德性皆自此出。但東原對誠字之眞諦未能把握，祇籠統地以「實」字釋之；實也者，盡夫智仁勇與仁義禮之實耳。如是誠字祇是一空殼子，其爲道德創生之實體義泯失矣，東原曰：「誠，實也。據《中庸》言之，所實者，智仁勇也；實之者，仁也、義也、禮也。由血氣心知而語於智仁勇，非血氣心智之外別有智、有仁、有勇以予之也；就人倫日用而語於仁，語於禮義，舍人倫日用無所謂仁，所謂義，所謂禮也。……全乎智仁勇者，其於人倫日用，行之而天下睹其仁，睹其禮義，善無以加焉，自誠明者也。學以講明人倫日用，務求盡夫仁，盡夫禮義，則其智仁勇所至，將日增益以至於聖人之德之盛，自明誠者也。質言之，曰人倫日用；精言之，曰仁、曰義、曰禮。所謂明善，明此者也；所謂誠身，誠此者也。質言之，曰血氣心智，精言之，曰智、曰仁、曰勇。所謂致曲，致此者也；所謂有誠，有此者也。」（《全集》，頁 318）夫智仁勇之發固不離血氣心知；仁義禮之現亦不離人倫日用，但必以智仁勇或仁義禮爲主，血氣心知乃能不盲動，人倫日用乃有價值，有意義。今主從易位，入德之途，將奚適焉？

《中庸》「自誠明」乃是理想地肯定性體百理具備，能夠呈現；「自明誠」則是落實地言德性之修養，以達於圓滿。必先肯定性體百理具備，隨時可以呈現，然後成聖成賢之工夫才不落空；必就性體所發之善端，擴而充之，方能使性體全幅昭朗。誠以發明，明可復誠，此是工夫之進程，及工夫成熟，誠即明，明即誠也。此《中庸》「自誠明謂之性，自明誠謂之教」之意也。而東原於此無相應之了解，於是乃落於智仁勇之性德能否盡仁義禮之天德說；祇是在經驗的認知的範圍內轉，而不能往超越的道德領域趨。

　　《孟子》、《中庸》皆言「不明乎善，不誠乎身」。〔註6〕至善祇在天命之性當身，體證至善之源則言動無非至誠之流露也。而東原既以仁義禮言善，於是明善是明此仁義禮，仁義禮則是事物之生生及其條理耳。於是儒家反身而誠、逆覺體證之工夫全不見矣。

　　《中庸》云：「其次致曲，曲能有誠。」乃是要人把握誠體所發之善端推廣之，以復誠體之全。吾人實際從事心性工夫之修養時，多循此法以進，而東原乃將致曲解為致智仁勇，有誠解為有智仁勇，則不相應矣。祇因對曲對誠當落於何處說無善會，於是乃一以智仁勇貫之矣。

　　以實有三達德言誠，則誠失其為道德實體之意。《中庸》曰：「凡為天下國家有九經，所以行之者一也」，東原亦以實有九經言誠，則誠照體挺立之意亦亡。東原曰：「智也者，言乎其不蔽也；仁也者，言乎其不私也；勇也者，言乎其自強也。非不蔽不私加以自強，不可語於智仁勇。既以智仁勇行之，即誠也。使智仁勇不得為誠，則是不智不仁不勇，又安得曰智仁勇？下云『齊明盛服，非禮不動，所以修身；去讒遠色，賤貨而貴德，所以勸賢』，既若此，亦即誠也。使齊明盛服、非禮不動為虛文，則是未嘗齊明盛服、非禮不動也。去讒遠色、賤貨而貴德為虛文，則是未嘗去讒，未嘗遠色，未嘗賤貨貴德也，又安得言之？其皆曰所以行之者一也，言人之才質不齊，而行達道之必以智仁勇；脩身之必以齊明盛服、非禮不動；勸賢之必以去讒遠色，賤貨而貴德，則無不同也。」（《全集》，頁318～319）誠固有實有之之意，但就《中庸》言，

〔註6〕孟子「不誠乎身」作「不誠其身」。《孟子·離婁下》「居下位，而不獲於上」一章與《中庸》「在下位，不獲乎上」至「擇善而固執之者也」一段，旨義略同，措詞亦近似。《中庸》之作若在《孟子》後，則誠之精義，《孟子》已發其端，《中庸》不過引而申之耳。若如朱子注《孟子》本章，以為孟子言誠「乃子思所聞於曾子，而孟子所受乎子思者」，亦可見《中庸》、孟子之思想乃儒家思想一根而發者。

則不可拘於此。否則語脈不順，非獨義理不通而已。但東原則將《中庸》作名、動詞使用之誠字視作副詞。三達德所以行之者一，言其動力祇是一誠耳；九經所以行之者一，言若非出於至誠，幾何不流於虛偽？若說行達道必一於智仁勇，行九經必一於齊明盛服云云，則「所以行之者一」一句爲多餘。「所以行之者一」乃就「九經」總持地說其所以可能實行之根源惟是誠耳，如何將總持地說者復還歸於分別說之中？

《論語・顏淵》：顏淵問仁，子曰：「克己復禮爲仁。一日克己復歸，天下歸仁焉。爲仁由己，而由人乎哉？」顏淵曰：「請問其目。」子曰：「非禮勿視，非禮勿聽，非禮勿言，非禮勿動。」東原解此章云：「『克己復禮爲仁』，以己對天下言也。禮者，至當不易之則，故曰：『動容周旋中禮，盛德之至也。』然又非取決於天下，乃斷之爲仁也；斷之爲仁，實取決於己，不取決於人。故曰：『爲仁由己，而由人乎哉？』自非聖人，未易語於意見不偏、德性純粹。至意見不偏、德性純粹，動皆中禮矣。就一身舉之，有視、有聽、有言、有動，四者勿使爽失於禮，與動容周旋中禮，分安勉而已。」（《全集》，頁 322）顏淵爲孔子最得意之弟子，孔子對其問仁之答，最見孔子言仁之義旨。克己復禮乃心性修養之基本原則，「己」爲人欲，「禮」爲天理，克去人欲以復全天理，此意，儒家後學不能違，宋明儒亦不能違。而東原將己解作自己，將禮看作「至當不易之則」。如此，克己之解實彆扭，而復禮亦成合乎外在之節度。聖學之精神全不見矣。「意見少偏，德性未純」，非即宋儒所說之人欲乎？東原實難完全擺脫宋儒之影子也。但以爲如此，「皆己與天下阻隔之端」；易言之，克己即己與天下無隔。祇因下文有「天下」，遂將己解作自己，以便二者相對爲言。殊不知克己復禮語意自足，「一日克己復禮，天下歸仁焉」乃明克己復禮之效應。何必定合下文以解上文？禮爲「至當不易之則」，實即秩然有序之條理耳，但「至當不易之則」所以判其爲「至當」之根據安在哉？如此追問，非逼至本心之判決不可，蓋東原自認彼所言者乃道德之事也。「克己復禮」依東原之了解當是「克去造成己與天下阻隔之偏見惡行，以使自己之行合乎秩然有序之條理」，如是己字仍當落於偏見惡行上說，但東原祇將之解爲自己，此所以爲迂曲也。

「天下歸仁」實即明道所云「仁者渾然與物同體」（《二程遺書・卷第二上》），亦孟子「萬物皆備於我」（〈盡心下〉）之意，東原解爲「不隔於天下」，則泛。其所謂「不隔於天下」祇是能了然天下事物之條理，使吾人之行爲得

其至當而能通天下之情耳。

「爲仁由己，而由人乎哉」，此句與「我欲仁，斯仁至矣」（《論語・述而》）義同，意在說明人皆可以爲仁，但視爲不爲耳。而東原則將「爲仁由己」解爲「斷之爲仁，實取決於己，不取決於人」，亦即我是否有仁德，由我自己裁斷，非由他人裁斷。如此之云，聖人勉人行仁之苦心不見矣。

顏淵「請問其目」，孔子答以「非禮勿視，非禮勿聽，非禮勿言，非禮勿動」，此即克己之意，克己即含復禮，而東原以爲此是未達「意見不偏，德性純粹」之勉強工夫。「動容周旋中禮」，惟生知安行之聖人能致。但孟子所謂「動容周旋中禮」，係就聖德之究竟圓滿說，孔子之四勿乃就道德實踐之工夫說，「生知安行」云云則就學者之才質說。東原則以爲「四勿」乃勉行，動容周旋中禮方是安行，由此判高下，實未見允當也。

東原克己復禮之云雖不得聖學精神，但由此可見東原之重禮，蓋禮乃所以保障仁之至義之盡者。東原曰：「問：《論語》言『主忠信』，言『禮，與其奢也，寧儉；喪，與其易也，寧戚。』子夏聞『繪事後素』，而曰：『禮後乎』？朱子云：『禮以忠信爲質』，引《記》稱『忠信之人可以學禮』證之。老氏直言『禮者，忠信之薄，而亂之首』，指歸幾於相似。然《論語》又曰：『十室之邑，必有忠信如丘者焉，不如丘之好學也。』曰『克己復禮爲仁』。《中庸》於禮以知天言之。孟子曰：『動容周旋中禮，盛德之至也。』重學重禮如是，忠信又不足言，何也？」（《全集》，頁 317）此係東原爲強調禮之重要，所設之問，其後即詳解問中所涉及之問題，茲先就此問觀之。『指歸幾於相似』之前所引，問者（實即東原之疑）以爲輕禮而重忠信；其實不可如此籠統畫分。「主忠信」一語，《論語》有三處提到。〈學而〉：子曰：「君子不重則不威；學則不固；主忠信；無友不如己者；過則勿憚改。」此章〈子罕〉重出，但略前二句。顏淵：子張問崇德、辨惑，子曰：「主忠信、徙義，崇德也；愛之欲其生，惡之欲其死。既欲其生，又欲其死，是惑也。」〈學而篇〉以「主忠信」，爲君子成德之一要件，乃是一般地說之。〈顏淵篇〉則是針對子張之問，而以「主忠信」爲崇德之方。以上皆就進德說，乃儒家修養之通義。「主忠信」言以忠信爲主，即以眞誠無妄存心，不掩翳欺瞞也。此處雖不論及禮，但亦無輕禮之意。

「禮，與其奢也，寧儉；喪，與其易也，寧戚」（《論語・八佾》）乃孔子答林放「問禮之本」之言，孔子殆有感於當於社會風氣奢浮，禮數無眞性情

以貫注之，流於形式，故要人返本溯源，以樸實純真之心出之也。以樸實純真之心出之，則一切禮數皆真實生命之所流注，皆有意義矣。此非輕禮，與重忠信亦無干也。至若子夏聞夫子「繪事後素」(《論語·八佾》)之言，而知「禮後」之義，朱子注「禮以忠信為質」，大體得之，蓋若心地不純粹真誠，則一切禮數祇成具文耳。此亦非輕禮，但以為禮與忠信須有主從之分。老子「禮者，忠信之薄而亂之首」(《道德經·三八章》)之云，須就老子思想背景理解之。言徒重禮，易流於虛偽巧詐，一切禍亂悉由此生，要人心地淡泊無競，回歸淳樸自然，以弭禍端，並非言凡循禮者皆易作亂，故禁絕禮數也。儒道二家有不同之思想背景，豈可曰「指歸幾於相似」？

孔子曰：「十室之邑，必有忠信如丘者焉，不如丘之好學也。」(《論語·雍也》)忠信固是美德，但惟有力學不厭，方能使德業前進，日達乎高明；孔子在此祇強調進學之重要，並未說到禮，亦非菲薄忠信。孔子答顏淵「克己復禮為仁」，己代表人性中黑暗的、非理性的一面，禮代表人性中光明的、理性的一面。禮若祇是節文度數，執之最多祇成一謹愿之人，如何便能「天下歸仁」邪？足見此處所謂禮，雖不離儀文度數，但非儀文度數所能盡。克己復禮通乎忠信，焉可謂忠信不足言？《中庸》曰：「君子不可以不修身；思修身，不可以不事親；思事親，不可以不知人；思知人，不可以不知天。」此祇是由修身往上推，以至乎知天；言欲修身，不可不證知天之所以為天，即證知天道乃是「於穆不已」，「為物不二，生物不測」者；易言之，天道惟至誠之健動，了悟天道之奧，天人不二之理，則知人、事親惟是一至誠耳。以誠修身則行修，蓋《中庸》乃是由天道言及人事，天人之道，惟是一誠字足以盡之，此徹上徹下之言也。此處不在說禮，奈何曰「於禮以知天言之」？孟子曰：「動容周旋中禮者，盛德之至也」(〈盡心下〉)。此係由「堯舜性之，湯武反之」說下來，言能夠自然體現天性或努力修德以復其天性之本然者，足以「動容周旋中禮」。忠信是天性之本質，「動容周旋中禮」，可說是忠信極其至的自然表現，此豈是寡頭地重禮重學，「忠信又不足言」邪？凡此，皆是未細辨經典原意，強加畫分為二類，遂見彼此相違。若能確實理會，則見經典義旨各有所當，彼此不相背謬。同是一禮字，有就節文度數本身而言者，有就表現節文度數之一般原則而言者，有就使節文度數表現恰如其分之可能根據而言者，所指層次不同，焉可籠統一之？以上述及東原設問之得失，茲略撮東原之自答，並論其對禮之見解。

　　東原曰：「禮者，天地之條理也，言乎條理之極，非知天不足以盡之。即儀文度數，亦聖人見於天地之條理，定之以爲天下萬世法。禮之設，所以治天下之情，或裁其過，或勉其不及，俾知天地之中而已矣。」（《全集》，頁 317）此謂聖人有以見天地之條理、天地之中，遂據以爲儀文度數，作天下萬世之常法。夫萬物之井然有秩是自然現象，亦可說是造化之奧秘，而人倫諸事之有條不紊則基於超越的道德心，非得諸自然，安可由萬物之自然有秩推及人倫諸事之本具條理邪？聖人制禮，乃是本於人情，因時損益，但東原卻說本於「天地之中」；「天地之中」即天地之常德，天地之常德即氣化之自然生生、自然有條理。「天地之中」一語本於《左傳・成公十三年》，劉康公曰：「民受天地之中以生，所謂命也；是以有動作威儀之則，以定命也。」天地之中可有二指，一爲天地沖虛中和之氣，一爲天下之大本──義理當然的天命、天性。劉康公時殆尚未進至後者之理境，所說當指前者。如是，「受天地之中以生」之命，祇有「根命」、「存在」義，而無義理當然之命義。（見《心體與性體》第一冊，頁 209～210）在《左傳》中，天地之中祇是沖和之氣，而東原則將之看成生生條理之常德，此其所以異乎《左傳》原義也。

　　東原曰：「至於人情之漓，猶飾於貌，非因飾貌而情漓也。其人情漸漓，而徒以飾貌爲禮也。非惡其飾貌，惡其情漓耳。禮以治其儉陋，使化於文；喪以治其哀戚，使遠於直情而逕行。情漓者，馳騖於奢與易，不若儉戚之於禮雖不足，猶近乎制禮所起也。」（《全集》，頁 317）禮之設，在節人之情使化於文，與情漓飾貌者迥異，東原此說，頗得聖人禮教之精神。但所謂禮，乃因時損益者，何必推本於天地？至若言「儉戚之於禮雖不足，猶近乎制禮所起」，則不類。孔子之言儉戚，乃欲救當時奢與易之病。儉戚亦禮表現之一方式，與奢易相較，更近於禮之本質。蓋禮必本乎至情乃有意義，徒事奢易，輒失眞情，以儉戚從事，較易表現眞情也，故孔子以此返本還源之說救時弊。是故儉、戚非於禮不足，正是較奢、易更能表現禮之精神也。至若「制禮所起」，祇是一個眞性情，與採用儉戚之方式是兩回事，不可言近不近也。

　　東原曰：「君子行禮，其爲忠信之人，固不待言；而不知禮，則事事爽失其條理，不足以爲君子。林放問禮之本，子夏言禮後，皆重禮而非輕禮也。」（《全集》，頁 317）「不知禮無以立也」（《論語・堯曰》），君子固須「文質彬彬」，但若曰知禮則爲忠信之人，則未必是。蓋矯詐飾情，脅肩諂笑者亦所在多有，不可因觀其有禮，即說其人能忠信。蓋禮屬文，忠信屬質。若言禮即

賅忠信，何須言「文質彬彬，然後君子」乎？東原蓋欲強調禮之重要；但在進退抑揚之間，已將忠信置於次要地位矣。不知孔子正是質、文並重，並以質救文之失也。孔子曰：「禮云禮云；玉帛云乎哉？樂云樂云，鐘鼓云乎哉？」（《論語・陽貨》）言禮樂若非本於真性至情，則皆成虛文也。林放、子夏固皆重禮而非輕禮，但此處林放之所問，子夏之所言，乃針對當時行禮者之虛矯而發，以明禮之本質，所論固非重禮或輕禮之問題也。

東原曰：「子夏觸於此言（即繪事後素），不特於詩無疑，而更知凡美質皆宜進之以禮，斯君子所貴。若謂子夏後禮而先忠信，則見於禮亦如老氏之僅僅指飾貌情漓者所為，與林放以飾貌情漓為俗失者，意指懸殊，孔子安得許之？」（《全集》，頁 317）子夏「禮後」之答，表示忠信應在禮先，猶如苟無「巧笑倩兮，美目盼兮」之美質，則「素以為絢兮」亦無益也。所貴在忠信，非東原所云所貴在禮也。東原以為子夏並非輕禮，其所見之禮當非僅如飾貌情漓所為，是也；然孔子所許，許其得乎禮與忠信之緩急先後也，非許其重禮也。「若謂」以下之云，意為：若說子夏所言之禮，祇是飾貌情漓，故後禮而先忠信，如此，孔子安得許其「禮後」之答？孔子既許其「禮後」之答，表示孔子重禮，則其所謂禮，即非如飾貌情漓所為者，乃是化於文與遠於直情逕行者：二者意旨懸殊也。若此之類，東原乃是以己意強加於典籍，遂覺迂曲不順適矣。

東原曰：「聖賢論學，固以忠信為重；然如其質而見之行事，苟學不足，則失在知而行因之謬。雖其心無弗忠弗信，而害道多矣。行之差謬，不能知之，徒自期於心無愧者，其人忠信而不好學，往往出於此，此可以見學與禮之重矣。」（《全集》，頁 317～318）既能「主忠信」，則布乎四體，形乎動靜，皆能如禮，雖一時未嫻於禮文節度，亦無傷大體，如何會「害道多」？祇是博學多聞，難保其必能在道德上躬行實踐也。果能忠信，則行必少差謬，偶有差謬，亦必見得分明，而即時改過，如何會「不能知之」？東原惟不見忠信祇是道德本心一根而發者，遂有忠信而不好學，因致行謬之顧慮矣。

舉凡忠恕、仁智、仁義禮等，東原皆以己意重新規範，以便納之於以經驗的、認知的方式言德性之說統中。於是同一仁字，而有以理言與以德言之分矣；忠恕、智仁勇皆落於血氣心知上言之矣；仁義禮往外推，而由認知心以把握之矣。於是孔孟由仁體本心直貫地、創生地言德性之成己成物者一變而為自然生命之順遂與知能之充盡矣。

第三節　成德工夫之檢討

一、充養本心與擴大知量

　　在成德工夫方面，上自先秦孔子、孟子及《易傳》、《中庸》之作者，下迄宋明儒諸大家皆有確定之教路。孔子由吾人不安之情、俳憤之感指點仁；孟子由愛親敬兄之不慮而知言良知，由不忍人之惻隱悲情見本心；《中庸》乃透過戒愼恐懼之愼獨工夫以體證天命之性，並由德性之純亦不已以言誠；《易傳》則由知幾通微以言窮神知化，由知始成終以言盡性至命。仁也，本心也，誠也，神也，惟是一精誠惻怛之道德心之呈現耳，儒學所以必涵道德的形上學在此。宋明儒立教，承續先秦儒學之慧命，但講論更見精微耳。濂溪由主靜立人極以見性命之源；橫渠則由化氣成性以見吾人之天德良知；明道由仁心之感通無外、覺潤無方以言一本；伊川則由居敬集義以把握天理；胡五峰主張盡心以成性；朱子教人由格物致知以透至萬物所以然的太極眞體；象山直承孟子，而惟是一本心之伸展與遍潤；陽明言致良知以正物，亦孟子學之發皇；劉蕺山則特彰誠意愼獨之教，並完成以心著性之義理規模。以上除伊川、朱子不自覺地偏離儒學之基本方向外，其餘皆是由孔孟之原始智慧一根而發者；無非是通過道德主體之自覺，以充養本心焉耳。惟東原則由擴大知量以言工夫，此所以於道德實踐爲不相應也。

　　依東原，欲屬性之事，覺屬性之能，性乃吾人所分於陰陽五行者。性以血氣心知爲內容，此乃人性之動物性。人亦動物之一，與其它動物之別，固可自其「能遂人之欲」、「知覺大遠乎物」分之；但祇憑此，不足以定人之所以爲人之價值。「性之事」者，生理機能之表現是；「性之能」者，認知之能力是。此爲吾人自然生命之種種徵象，就其自身觀之，固不可說惡，但亦無善之可言；僅有精粗淺深之異耳。

　　曰「欲之失爲私，覺之失爲蔽」，可；但以爲「不私則仁，不蔽則智」，則不可。子貢稱孔子「學不厭，智也；教不倦，仁也。」（《孟子·公孫丑上》引），仁祇是聖者愛心之遍潤，智祇是聖者德慧之精熟。不厭不倦乃因不忍生命順物質性滾下去，朝乾夕惕，切己省察後之自然表現。聖境雖「苟不固聰明聖知，達天德者，其孰能知之」（《中庸》），但「我欲仁，斯仁至矣」（《論語·述而》），祇要一念省覺，便與聖人之心無異。存而養之，總有成德之日。孟子以惻隱之心說仁，是非之心說智；惻隱之心即不忍人之心，是非之心即良知也。此無非

道德本心之所自發，乃所以使吾人超乎世俗利害計較之外，無條件地奉行道德法則以行者。智固偏就知言，但所謂知，必以知是知非之道德心的決斷爲第一義，非祇限於對事物之了別也。就「不失之私」、「不失之蔽」而言，如何可能，顯非欲與覺本身所能致者。仁與智若眞要成爲性之德而使欲不失之私，覺不失之蔽，非凌駕乎欲與覺之上以主導之不可也。若然，豈非仁智有所加於事能乎？但此乃東原極力反對者。蓋東原一見宋儒天性、氣性之分，便以爲與二氏無異，欲維持其一本之論，遂不惜打併歸一，〔註7〕將仁與智往經驗層下拖，以爲如此可免宋儒二本之病。不知如此云云，於對治生命中種種黑暗面時，因失其超越之根據，而無必然的保證也。

　　東原以爲「聖賢之道，無私而非無欲；老莊釋氏，無欲而非無私」(《全集》，頁320)。此不然；聖賢之道，固是無私，亦是無欲。但欲有中性義，亦有劣義。東原所說之欲是生理需求，乃屬於中性者；此種欲，雖聖人亦不能外，日用飲食是常行，否則無以維生也。「棖也慾，焉得剛」(《論語·公冶長》)、「克、伐、怨、欲不行焉」(《論語·憲問》)，所說之欲是劣義，代表吾人於聲色名利之貪求無度。「無欲」也者，將好名、好色、好利之心搜索乾淨，使吾人之行純依良知天理也。宋明儒提到欲，多取劣義，故極力「無」之，東原則以中性義之欲看宋明儒所云劣義之欲，故以宋明儒所說無欲爲非也。老莊、釋氏，固是無欲，亦是無私。其所謂欲亦多取劣義。老子曰：「少私寡欲」(《道德經·十九章》)、「非以其無私邪，故能成其私」(《道德經·七章》)，私者，爲一己之形軀計，陷於名利計較之中，乃進道之障礙，故老莊竭力破除之。大乘菩薩之成佛也，必即九法界而成佛；有一眾生不得度，誓不成佛，如何可說有私？「我相、人相、眾生相、壽者相」，所謂四相，乃佛門極力掃除者，焉有私之可言？惟宋明儒以公、私判儒佛，乃是基於入世與出世之觀點判之，此是另一問題；與東原所云祇爲自己考慮之「自私」義不同也。大體言之，私與欲代表生命之陰暗面與物化之傾向，乃儒釋道三教所要共同化解者，並非聖人惟講無私，老釋則曰無欲也。

　　東原又以爲，「凡異說皆主於無欲，不求無蔽；重行，不先重知」(《全集》，頁320)，所謂異說，凡老、莊、釋氏及後來之宋明儒之所說皆包括在內。孟子

〔註7〕錢穆曰：「在孟子所分別言之者，在東原均打併歸一，是東原所指爲性者，實與荀卿爲近，惟東原以孟子性善之意移而爲說耳。」(《中國近三百年學術史上冊》，頁362)

所說之存心養性，老子所說之致虛守靜，釋氏所說之明心見性，工夫進路儘管有異，但皆爲去除生命中非理性之成分，如何說不求無蔽？東原蓋將老子「絕學無憂」，釋氏「無一法可說」之言，單單了解爲去學、去法，故云然。依東原，「解蔽莫如學」，既「絕學」，則不能無蔽也。不知老、釋此等言語，皆所謂詭辭，不可質實地理解之。說異說「重行」，誠然，無論儒釋道三教，其內德之體現即是行也；至於說異說「不先重知」，則大不然。焉有能成大教而不重知者乎？但依張橫渠之分，知有見聞之知與德性之知二者。〔註 8〕德性之知者，智的直覺之所知也，此等知無知相，祇是一明覺之朗照耳。釋、道亦有般若智與玄智。見聞之知，三教亦皆涉及之，惟立教之重點不在說此耳。且不論何種知，必有眞知，行乃不謬，故東原所謂異說「重行，不先重知」，亦不合實情。

　　東原曰：「孟子曰：『執中無權，猶執一也。』權所以別輕重，謂心之明，至於辨察事情而準，故曰權。學至是，一以貫之矣，意見之偏除矣。」（《全集》，頁 322）「允執厥中」本是前聖相傳心法，但中不是事物兩端之中間，祇是個最恰當處，否則執中又成執一矣。《中庸》引孔子之言云：「舜其大智也歟！舜好問而好察邇言，隱惡而揚善，執其兩端，用其中於民，其斯以爲舜乎！」孔子許大舜執中，足見執中並非易致；但孟子恐人因此即凡事取正反兩端之中以爲斷，又成一種執，是以提出一「權」字以救之。東原則以「心之明，至於辨察事情而準」爲權；夫「心之明」之心若祇是心知，則辨察事情不能保其必準，蓋心知與情欲往往同時而起，難保無私欲混雜其間也。且就客觀之事情看，如何才最恰當，實無一定之標準。故欲由心知絕對準確地辨察事情乃不可能者。要求應事之絕對準確惟有自道德本心上說。在本心之裁斷下，是者是之，非者非之，放諸四海而皆準也。如是乃可曰「天下之所同然」，「辨察事情而準」也。否則「此亦一是非，彼亦一是非」（《莊子·齊物論》），莫衷一是矣。但道德本心之判決非東原之所能知，必以之爲任「意見之偏」矣。

　　依東原，吾人之知若能達到權衡事情而準之境地，才算「一以貫之」，能一以貫之，則無任其偏見之病。一以貫之，依東原之了解，非「以一貫之」，乃是「上達之道即下學之道也」（《全集》，頁 320），亦即由下學之博學多聞至乎其極，即是上達，故必重學。《論語》提及「一以貫之」處有二：其一爲孔子告曾子「吾道一以貫之」（〈里仁〉），其二爲孔子問子貢「女以予爲多學而

〔註 8〕　《正蒙·大心篇》：見聞之知，乃物交而知，非德性所知；德性所知，不萌於見聞。

識之者與？」（〈衛靈公〉）並告之以「予一以貫之」。子貢聞一知二，聰明博學之士，其對孔子「多學而識」之云，直接反應即答「然」，又疑孔子此問必另有用意，故復言「非歟」？而孔子乃肯定答以「非也」，並以「予一以貫之」正之。子貢不復追問，吾人亦不知子貢是否了解孔子「一以貫之」之義。而曾子答同門曰：「夫子之道，忠恕而已矣」，忠即有所爲，恕即有所不爲，二者足以盡聖人德性人格之全，其實即仁也。曾子對一貫之闡釋，同門無異辭，其爲眾人之所肯認也無疑。子貢始則自學觀聖人，爲孔子之所否定；曾子自德觀聖人，爲孔子之所默許。則「一以貫之」當就德性之體現說，而不就知識之累積說。東原則自知之充其量看一貫，並以爲孔子答子貢者乃「予學一以貫之」之略辭，實失聖人之意也。

　　東原曰：「權，所以別輕重也。凡此重彼輕，千古不易者，常也；常則顯然共見其千古不易之重輕。而重者於是乎輕，輕者於是乎重，變也；變則非智之盡能辨察事情而準，不足以知之。」（《全集》，頁 319）以上分別常與變，似甚分明；但細按之，所謂「千古不易者」，所謂「重者於是乎輕，輕者於是乎重」者，究何所指？「千古不易者」，除道德本心外，又奚有焉？本心對應各種不同情境皆有最恰當之裁斷，是謂知權。要眞正做到知權並非易事，須「和順於道德而理於義」（《易・說卦傳》），方能在言行舉止各方面皆無憾。孔子去魯遲遲其行，去齊則接淅而行，是謂知權（見《孟子・萬章下》）；對弟子之問，隨其才質不同，當機予以最恰當之啓發，是謂知權。孟子所謂「君子之所以教者五」（〈盡心上〉），是謂知權；去齊，三宿而後出晝（見〈公孫丑下〉），是謂知權。吾人言行表現最恰當處謂之權；德智圓滿，然後能權。朱〈註〉引洪氏曰：「權者，聖人之大用」（《四書集註・論語集註》，頁 62），引程子曰：「權，經也。」（同上）可謂有特識。經即常也，權即衡也，程子何以以經釋權乎？當吾人面對某件事時，皆有一最合理之處置態度，舍此便是不義，便是非道，故逕以經釋之，其用意深矣，非混淆經與權之義分也。若夫孟子之以「嫂溺，援之以手」說權，亦是說當見嫂溺之時，應即援之，不容他慮。《易傳》之「通其變，使民不倦」，亦是當變則變，否則便不能盡道盡義也。權之義爲衡不爲變，衡事而準謂之權。依東原之理解，世間有千古不易之事，亦有變化之事。於千古不易之事，吾人則處之常；於變化之事，吾人則處之權：此說似是而不然。蓋世間絕無千古不易之事，時移勢易，總是在變，處事實無定法也。惟一可說常者，道德律則也，而道德律則正不在

事上。

孔子曰：「可與共學，未可與適道；可與適道，未可與立；可與立，未可與權。」（《論語・子罕》）在此，學是泛稱，包括知識之攝取與德性之修養；當然孔子所謂學，以德性之修養為第一義，如稱顏淵「不遷怒，不貳過」為好學，是也。共學即共同與於學也。適，往也，適道即心向於道，道即君子成德之道也；適道是真感受到道之可悅，而立志求之，孔子所謂「志於道」，是也。同是與於學，但不見得能一心向慕君子之道，故曰「可與共學，未可與適道」。立即「三十而立」之立，表示心有存主，確實能將成德之道——即仁義體之於身，不因外物之引誘而有所動搖也。蓋雖歆慕於道，而未必能實體之也，故曰「可與適道，未可與立」。權即衡也，能衡事而準謂之權，權即「四十而不惑」之不惑。惟有德慧通明，乃能致之。能立是初階，大端可以無誤，但必義精仁熟，然後才能泛應曲當也，故曰「可以立，未可與權」。本章可與「吾十有五而志於學」（《論語・為政》）一章比觀，以見聖人成德之工夫歷程。東原釋之云：「蓋同一所學之事，試問何為而學，其志有去道甚遠者矣，求祿利聲名者是也，故未可與適道。道責於身，不使差謬，而觀能守道不見奪者寡矣，故未可與立。雖守道卓然，知常而不知變，由精義未深，所以增益其心知之明，使全乎聖智者，未之盡也，故未可與權。」（《全集》，頁319）上釋共學、適道與立之義雖泛，亦未點明道之所指，但籠統觀之，尚可。惟「未可與權」由「不知變」、「精義未深」等心知之不明說之，全自認知之廣狹淺深說，而不就德性之充盡與否說，則有未盡也。

《中庸》云：「君子尊德性而道問學，致廣大而盡精微，極高明而道中庸，溫故而知新，敦厚以崇禮。」此段說明君子德行之穩固，涵養之深厚，智慧之通達，心靈之活潑與律己之嚴正，每句分別用兩組詞語組成之，示君子不倚一端，故能智周德備也。有此至德，故能凝聚成至道，盡「發育萬物」，裁成輔相之功也。東原申之曰：「凡失之蔽也，必狹小；失之私也，必卑闇，廣大高明之反也。致廣大者，不以己之蔽害之，夫然後能盡精微；極高明者，不以己之私害之，夫然後能道中庸。盡精微，是以不蔽也；道中庸，是以不私也。人皆有不蔽之端，其故也；問學所得，德性日充，亦成為故；人皆有不私之端，其厚也，問學所得，德性日充，亦成為厚。溫故，然後可語於致廣大；敦厚，然後可語於極高明。知新，盡精微之漸也；崇禮，道中庸之漸也。」（《全集》，頁 784）以上將《中庸》所云工夫之極致與聖德之完美者，

統之以不私不蔽，豈能盡其旨義？「致廣大而盡精微」、「溫故而知新」豈限於道問學方面，豈可以不蔽拘之？「極高明而道中庸」、「敦厚以崇禮」豈限於尊德性方面，豈可以不私拘之？「致廣大」與「盡精微」、「極高明」與「道中庸」，皆屬並列之詞語，其間並無因果關係，奈何以因果關係說之？凡此，具見東原於德性主體無所證會，凡經典中從德性主體立說之語句，皆未能體貼入微，惟統括以情欲之不私與認知之不蔽二義，故解義多迂曲也。

二、道德進路與知識進路

歷來儒者之言工夫，大抵順二路前進，一爲道德進路，一爲知識進路。前者肯定德性圓滿具足，而由逆覺體證之方以復其德。先秦孟子及宋明象山、陽明爲其典型。後者則視聖人爲一德知圓滿之理想，而由博學多聞盡其知量以求接近之。先秦荀子爲其典型，宋之伊川、朱子亦有此傾向。前者合乎聖教之本質，後者不合聖教之本質。東原之言工夫，亦順知識進路，然強解孔孟之言，故多糾纏。

東原曰：「形體之長大也，資於飲食之養乃長，日加益，非復其初；德性資於學問，進而聖智，非復其初，明矣。人物以類區分，而人所稟受，其氣清明，異於禽獸之不可開通。然而人與人較，其材質等差凡幾。古賢聖知人之材質有等差，是以重問學，貴擴充。」（《全集》，頁 296）以上主要在批評朱子復其初之說之非，[註9] 次說明積學之重要。東原所謂聖智，重在對仁義禮等善端認知之不謬耳，原非指能自覺地呈現本心仁體，故以德性爲可透過問學而得也。

孟子曰：「孩提之童，無不知愛其親者；及其長也，無不知敬其兄也。」（〈盡心上〉）愛親敬兄等良能乃根於天命之性者，若加點示，則其發也，益爲沛然不可禦。此人之所以異於禽獸處，亦人之尊貴處。儒者所謂復其初，非復其蒙昧之初也；乃正是要人透過進德修業之工夫，以彰顯本來之善性。《莊子・繕性》云：「文滅質，博溺心，然後民始惑亂，無以返其性而復其初。」道家之所謂復其初在復天性之自然。蓋人自有知識之後，即被紛擾之事物所淆亂，而心地不

〔註9〕《大學》首章朱〈註〉：「明德……爲氣稟所拘，人欲所蔽，則有時而昏，然其本體之明，則有未嘗息者。故學者當因其所發而遂明之，以復其初也。」《論語・學而》首章朱〈注〉：「人性皆善，而覺有先後，後學者必效先覺者之所爲，乃可以明善而復其初也。」

淳樸矣；道家正是要透過虛靜之工夫，無掉一切紛擾，以歸於淳樸，是謂復其初。儒釋道三家皆可曰復其初，但所復之初各不同：儒家是要復良知良能之初，孟子所謂「大人者，不失其赤子之心者也」（〈離婁下〉）；道家是要復天眞淳樸之初，老子所謂「知其雄，守其雌，爲天下谿；爲天下谿，常德不離，復歸於嬰兒」（《道德經・二八章》）是也；佛家是要復自性眞空之初，體認父母未生前之本來面目是如何也。凡此，皆是於原始諧和破裂後，透過工夫之修養，以趨再度諧和也。儒家復其初豈是空想一天理擺在那裏，無所事事耶？於是知形禮之長養與德性之增進有本質之異。東原則類比之，亦失審矣。

　　「古聖賢知人之才質有等差，是以重問學，貴擴充」，是矣；聖人因材施教，無非爲提高學者之才德。但問學不限於博學多識，擴充亦不限於增加認知能力；尤重德性之栽培、本心之充養也。否則即使學富五車，充其量祇可稱博雅君子，終不能與於聖賢之域；而況所學之多，有時適足助其爲惡乎？

　　孟子曰：「君子深造之以道，欲其自得之也；自得之，則居之安；居之安，則資之深；資之深，則取之左右逢其源。故君子欲其自得之也。」（〈離婁下〉）此章文意簡括，理解不易。「深造之」是指對學者之深造抑對自己之深造？若對學者之深造，則「其」字指學者；若對自己之深造，則「其」指君子自己。朱註亦未指明，姑作君子自己之深造看。「道」之義太泛，祇可解爲正當之途徑，其落實處何指，則難說，姑作仁義之道看。「自得」朱子解爲「默識心通」。若然，則「君子深造之以道，欲其自得之也」意謂：一個君子所以用仁義之正道深自造詣，是想讓自己於此默識心通也。「自得之則居之安，居之安則資之深」此二句易解，且套於學、行各方面皆適用。言默識心通則存於己者安然無疑惑；存於己者安然無疑惑，則憑藉之以應物深遠有根柢。順此下來，則逢其源之源當亦指仁義之源，不能他指。若然，「資之深則取之左右逢其原」意謂：憑藉之以應物深遠有根柢，則隨意取用皆與仁義之本源相逢；亦即合於仁義之道也。此是以種仁義之因始，以收仁義之果終也。

　　若將本章往知識方面想，則「深造之以道」之「道」究係何指？勉強祇可說正當之學習途徑，但何者爲正當則不定。即使能找到一最正當之學習途徑，能否「自得」亦有問題，更不用談居之安、資之深矣。且逢其源之「源」究是何指，亦甚含糊。東原亦假借孟子此章之言以說己意，但對其實旨恐未深思。東原略撮上文後曰：「我之心知極而至乎聖人之神明矣。」（《全集》，頁 292），似「逢其源」即是「心知極而至乎聖人之神明」之意，源即指「知

之極其盛」，如此解之，太牽強，太鬆泛。總之，孟子此章易爲人所借用，但大多隨口滑過，不得確解，東原亦然。

　　孔子曰：「惟上智與下愚，不移」（《論語・陽貨》）。所謂智愚，可有二指：一就才質說，一就德性說。就才質言，智、愚乃天定者，上智者聞一知十，下愚者形同木石，此係實情，故曰不移，言其非外力（如教養）之功所能改變者。吾人於上智，惟有贊歎，不必歆羨；於下愚，惟有同情，不可輕視。就德性言，所謂智，即能自覺而努力修德，以企望聖賢；所謂愚，即不自覺而自甘墮落，日趨下流。愚者亦知進德之爲是，惟自暴自棄，自甘爲愚；是所謂愚，非眞愚也，乃退墮耳。如此之下愚，非不可移，乃是原本可移卻自甘不移也；如此之上智，亦非不可移，一旦鬆懈，亦足以移。移與不移在乎一念之間，非如才質之不可移是一客觀之事實也。東原自才方面看人，卻從德性方面言「不移」，是以不順適。東原曰：「惟上智與下愚，明闇之生而相遠，不因於習。然曰上智，曰下愚，亦從乎不移，是以命之也。不移者，非不可移也。故曰：『生而知之者，上也；學而知之者，次也；困而學之，又其次也；困而不學，民斯爲下矣。』故君子愼習而貴學。」（《全集》，頁 783）「明闇之生而相遠」，乃就材質說。就材質說者，雖亦可移，但總有其限。上智者無論如何，總不失其智；下愚者雖努力向學，所進仍有限，絕不可能成爲上智，如何說「非不可移」？且東原對本章之闡釋，祇限於下愚之「非不可移」，不及上智之「非不可移」。但孔子明說上智與下愚皆「不移」；則於上智亦應有交待。所引《論語》「生而知之者」一章，意在強調學之重要。但孔子之意，祇在勉人須困而學之，不可爲天生資質所限，殆兼學與德兩方面而言。

　　東原曰：「生而下愚，其人難與言理義，由自絕於學，是以不移。然苟畏威懷惠，一旦觸於所畏所懷之人，啓其心而憬然覺寤，往往有之。苟悔而從善，則非下愚矣。加之以學，則日進於智矣。以不移定爲下愚，又往往在知善而不爲，知不善而爲之者，故曰不移，不曰不可移。雖古今不乏下愚，而其精爽幾與物等者，亦究異於物，無不可移也。」（《全集》，頁 305）此段所云，若除去「生而下愚」一句，「加之以學，則日進於智矣」二句，及「雖古今」以下至段末，則所謂「不移」，是就德性方面說，乃自甘墮落，自暴自棄者，此等人，就其才質說，不可曰下愚，甚至可爲上智；但由於物欲所蔽，名利薰心，故生命裡面漆黑一團。但此種人，道心祇是潛藏，良知並未泯失，時有萌蘖之生；苟得適當機緣，悔悟前非，德性之光漸昭，浮翳潛消，終至

全幅光明，亦有可能。佛教所言一闡提亦有佛性，皆能成佛，理與此同；孟子曰：「雖有惡人，齊戒沐浴，則可以祀上帝」（〈離婁下〉），即是此故。而東原則夾雜於德、智之間。首先，「生而下愚」，若指才質說，「其精爽幾與物等」，其異於物者，惟在形軀之相狀耳。此等人，非但難與言理義，且無吸收知識之能力，乃眞是「不移」者，雖聖人亦無如之何，如何說「無不可移」？其次，「加之以學，則日進於智矣」，此是就知識之增進言，知識由學而來，心知因學而開；然知識之多，心智之廣，對德性之充養非本質地相干者。東原自以爲所講者是德性，但進德之方往往卻從盡心知之量說，故不對題。再者，東原以爲材質之劣者亦「無不可移」，此顯悖事實。此等人，就知言，是愚癡；就德言，爲中性。彼雖亦具天德，但氣質所限，天德下不來，是以其行爲可免夫道德之責罰，此與就德性說之「下愚」者大異。

　　依東原，常人透過不斷學習，心知日充，終可達於聖人之神明，故曰：「惟學可以增益其不足而進于智。益之不已，至乎其極，如日月有明，容光必照，則聖人矣。此《中庸》『雖愚必明』，孟子『擴而充之之謂聖人』。神明之盛也，其于事靡不得理，斯仁義禮智全矣。」（《全集》，頁 291）此係肯定聖人可學而至。但經由認知之途徑以「至乎其極」，實乃一無窮盡之過程，蓋「極」之標準究在何處，其孰知之？且知識之探求乃無止境者，窮畢生之力以求之，所遺者多矣，如何能「如日月有明，容光必照」？可知學無終窮，惟德有所止。依孟子，一旦本心呈現，即是「至乎其極」，與聖人等。《中庸》之言「雖愚必明」乃「人一能之，己百之；人十能之，己千之」之所致；勉人於學行方面，盡心力而爲之；並非祇說由學可以致明；東原於此，祇是斷章取義耳。孟子以「日月有明，容光必照」，喻聖人之智覺照一切，無有遺漏。東原借此語以說心知無不明，亦祇是方便借用。「擴而充之之謂聖人」，孟子並無此言。孟子曰：「凡有四端於我者，知皆擴而充之矣，若火之始然，泉之始達。」（〈公孫丑上〉）又曰：「大而化之之謂聖」（〈盡心下〉），東原「擴而充之之謂聖人」殆由此兩處湊合而成。又心知廣大光明之後，雖「於事靡不得理，斯仁義禮智全矣」，但由心知之明所得的仁義禮之理是虛以會之於心的，乃認知心之所知，非道德心之所發也。

　　由積學以達心知之神明，使所行不謬，以下所說，最爲完整。東原曰：「《論語》曰：『多聞闕疑，愼言其餘；多見闕殆，愼行其餘。』又曰：『多聞，擇其善者而從之，多見而識之，知之次也。』又曰：『我非生而知之者，好古，敏以

求之者也。』是不廢多學而識矣。然聞見不可不廣,而務在能明於心;一事豁然使無餘蘊,更一事而亦如是。久之,心知之明進於聖智,雖未學之事,豈足以窮其智哉?《易》曰:『精義入神,以致用也。』又曰:『智周乎萬物而道濟天下,故不過。』……凡此,皆精於道之謂也。心精於道,全乎聖智,自無弗貫通,非多學而識所能盡。苟徒識其跡,將日逐於多,適見不足。《易》又曰:『天下同歸而殊塗,一致而百慮;天下何思何慮!』同歸,如歸於仁至義盡,是也。殊塗,如事情之各區以別,是也。一致,如心知之明盡乎聖智,是也。百慮,如因物而通其則,是也。孟子曰:『博學而詳說之,將以反說約也。』約,謂得其至當,又曰:『守約而施博者,善道也』;『君子之守,脩其身而天下平。』約謂脩其身。六經孔孟之書,語行之約,務在脩身而已;語知之約,致其心之明而已。未有空指一而使人知之求之者。致其心之明,自能權度事情,無幾微爽失,又焉用知一求一哉?」(《全集》,頁 321)本段由博學多聞層層推進,以至乎心知達於神明之盛。其中雖多引孔孟之言及《易傳》,亦祇是藉以發揮己意耳。《論語》「多聞闕疑」(〈爲政〉)一章,孔子所重在闕疑闕殆,愼言愼行,以免尤悔;不重在要人多聞多見也。孔子曰:「蓋有不知而作者,我無是也;多聞,擇其善者而從之,多見而識之,知之次也。」(《論語・述而》)本章重在警人不可「不知而作」,以免流於盲動妄動;即使多聞亦須「擇善而從」,多見亦應「默識明辨」,不得草率疏忽;重點亦不在強調多聞多見。「我非生而知之者」(《論語・述而》)一章,乃孔子自述本身非天縱之聖人,祇是好古敏求,故學行日進,意在勉學者孳孳上進也。三章所云,義各有當,雖皆涉及於學,但重點不在強調多學而識。聖人固「多學而識」(《論語・衛靈公》);「多能鄙事」(《論語・季氏》),但所以爲聖之本質不在此;是以孔子屢提醒學者不可以此爲爲學之標的,而必向上翻轉也。

「然聞見不可不廣」以下至「豈足以窮其智哉」,與朱子〈格物補傳〉相較,甚是相似,東原早年嘗習朱學,後雖反朱,但朱子之影子畢竟揮不去也。不過朱子格物之最終目的,在使心靜理明,以把握萬物超越的所以然之理,至乎太極。東原則相信對所認知之事物豁然,累積既多,便能使知極其盛,亦即達於聖智。到此境地,雖未學之事亦可了然。但此實不可能,蓋就知識之攝取言,吾人固可由歸納演繹之方以產生新知,然此亦據已知之知而來。吾所未知之某領域之知識,實不能從吾所已知者推得;對吾所陌生之他類知識之吸收,仍須從頭來也。東原無意中爲朱子「吾心之全體大用無不明」之

說所影響，亦言「雖未學之事，豈足以窮其智哉」？但朱子祇說心之「全體大用」無不明，不說於未學之事亦知之，是以其言可以無病。惟東原則純就心知之量之擴充說，此等擴充乃無窮無盡者，亦無收煞處，故彼曰「未學之事」不足以「窮智」則有病。顯示彼對心知之功能認識不徹底也。

《易傳》曰「精義入神以致用」（〈繫辭下〉），乃是說對於義要極其精，達於神妙之境，是為了使其繁興大用。橫渠云：「義入神，則無方」（《正蒙・神化》），無方所則圓明，圓明乃能無不周普。「智周乎萬物而道濟天下」（《易・繫辭上》）之智乃是神智，神智無不滲透，故能照鑑萬物而無遺。若是見聞之知，其未能盡知萬物也顯然。《易傳》說義、說神、說智，皆是形而上地道德的，此非東原之所能見，並為東原所反對者。「心精於道，全乎聖智，自無弗貫通」，所謂道，祇是生生之事，即人倫日用；人倫日用皆有其必然之則，東原以為若能精究之，即能全乎聖智。所謂聖智，非大而化之、圓明靈通之謂，祇是心知之極其量，而於理靡不得耳。所謂「無弗貫通」，並非道德心之遍潤萬物而無遺，乃是心知能照察事情而皆準。東原既重多學而識，但又恐有食而不化之病，故重學而能化，乃求觸類旁通，以增益心知之明也。「苟徒識其跡，將日逐於多，適見不足」之云，顯受莊子所說「吾生也有涯，而知也無涯；以有涯隨無涯，殆已」（〈養生主〉）之影響。但莊子意在由言意境以達乎超言意境，東原祇在表示求知不應食而不化耳。

《易・繫辭下》云：「天下同歸而殊途，一致而百慮，天下何思何慮？」言天下之人不必多所思慮，蓋各人入道途徑雖殊，卻同歸於最高之真實；思考方式雖異，卻對真理有一致之見地。《易傳》乃就悟道證道說，東原則偏就心知之明察說。孟子「博學而詳說之，將以反說約也」（〈離婁下〉），言博學詳辨之最終目的，在得學問之要，學問之要無非領悟生命之真諦，即體證良知本心是也。東原以約為得其至當，則不切。蓋依彼所說，一物有一物之至當，至當可以無限多，不可以說「約」。孟子「守約而施博」（〈盡心下〉）之約，落實言之，指修身，是也；但須看修身之本質工夫安在，修身絕非祇是外在行為之整飭，否則如何便能致天下平？東原於「約」字分「行之約」與「知之約」，而於「知之約」則曰「致其心之明」，心明應物乃能得當也；如是，約字之義不顯。但東原千迴百轉，總轉回心知上說，以為心知既明，於天下之理靡不得，而無餘事矣，因以批評所謂「知一求一」之宋儒也。

次，《中庸》所謂慎獨，自天命之性，道不可離，戒慎恐懼一路說下來，則

慎獨乃是自性當體之警省覺察,使其自己昭朗呈現,而無所蔽。此方是內聖之學潔淨精微之實功,與孔子克己復禮,孟子反身而誠,《易傳》知幾存誠之義一致,此乃儒家所以能成一大教,足以引導生命趨向光明之最核心處,亦即儒家教義之最精彩處。而東原則以類似程朱主敬之方言慎獨,則不切矣。

三、踐形盡性與養道完備

東原所關心者,在欲之得遂,情之得達,亦即自然生命生養之順適與舒暢;而正宗儒家所關心者則是道德生命之護持,故必求盡其性,使吾人為一道德的存在。然東原以為養道完備即是道德之盛,而未能證會聖教踐形盡性之功,是衹見及生命之自然層次,而不見及其道德層次也,其未能盡生命之全蘊也甚顯然。

遂欲與達情固為吾人之所願,聖人亦不悖之,但天下之事,豈二者所能盡?「遂己之欲者,廣之能遂人之欲;達己之情者,廣之能達人之情」(《全集》,頁 312),東原以為由「知量之盡」即能達乎此,其實不然。就吾人自然生命之傾向言,衹知遂己之欲,達己之情;至於他人之欲是否得遂,他人之情是否得達,不甚理會;甚且損人之欲以足己欲,掩人之情以逞己情也。若真要「廣之」遂人之欲,達人之情,正不可求之知性與感性,而須求之德性也。從德性貫下來,方能與物無隔,視「民吾同胞,物吾與也」(《正蒙·乾稱》)於是惻隱之心油然而生,願天下人皆能遂其欲達其情也。甚且可犧牲一己之欲,以使眾人遂其欲。知性對於遂人之欲、達人之情惟有輔助之功——如方法之施設等,有賴心知之安排;但無本質之決定作用。

「欲」之不徇私、不邪慝,固佳;但以之說仁義則不盡。蓋欲之不徇私、不邪慝衹是消極地免過而已;而儒家之言仁義則具積極意義。仁以覺與健定,義以剛與斷定;前者為惻隱之心之無不周普,後者為羞惡之心之充分發揮:此皆所以蕩滌吾人生命中之渣滓,以彰顯吾人理性之光者。「喜怒哀樂……發而皆中節謂之和」,《中庸》嘗有是言,東原「情發而中節則和」之說,實據《中庸》。但依《中庸》,情之中節非空頭者,須有心性上甚深精微之工夫為基礎,此即慎獨是也。

就正宗儒家言,天性即是吾人之道德本性,天理則是由天性所自發之道德律則。天性與天理是一,屬於形而上的道德界;情欲則由吾人之自然生命所發,屬於形而下的存在界。吾人之生命必須於天性、天理處立根基,然後

情欲之發，方能中節合度。東原以欲之不「流於私」、「溺為惡」，情之「發而中節」說天理，此非即情欲以見天理之意——即情欲以見天理，天理乃是實的；而是視天理為情欲狀態之描述語——視天理為情欲狀態之描述語，天理乃是虛的。東原不問使情欲不失之根由，祗強調情欲自然不失即天理，實是不徹底之見。

依東原，「己不必遂其生，而遂人之生，無是情也」（《全集》，頁 292），就人之俗情看，固是如此。但人卻另有一動力根源，以超越此等俗情。有此一動力根源，有時且可舍己之生，遂人之生，此孔子所以言「殺身以成仁」（《論語・衛靈公》），孟子所以言「舍生而取義」（〈告子上〉）也。祗從生理欲求之滿足上看人性，則一切崇高之道德行為之表現皆無法解釋矣。

夫吾人之有情有欲是一客觀之事實，不容否定，亦無可斬絕，此是一事；而吾人如何對治情欲之流蕩，以常保理性之情明，此又是一事。儒家祗言閑邪存誠，並不否定氣質；道家祗言轉俗成真，並不祛除嗜欲；佛家祗言即妄見空，並不斷滅萬法。夫以理性之清明對治生命中之污濁，此三教之所同；但各有其所以對治之根據，以形成不同之教路，此三教之所異。不可因其有所對治，遂謂其否定情欲也。

東原曰：「聖人治天下，體民之情，遂民之欲，而王道備。」（《全集》，頁 298）「體民之情，遂民之欲」，即孟子所謂「使民養生喪死無憾」（〈梁惠王上〉），此乃為政之基本原則。但王道不能止於此，是以孔子於「富之」之後必言「教之」（見《論語・子路》），孟子於「養生喪死無憾」後必曰「謹庠序之教，申之以孝弟之義」。蓋「人之有道也，飽食，煖衣，逸居而無教，則近於禽獸」（《孟子・滕文公上》），足見要維繫國命，進至太平，必須「道之以德，齊之以禮」（《論語・為政》），否則飽食暖衣後，易流於驕奢淫逸，卒無王道之可言。東原以為「體民之情，遂民之欲，而王道備」，是祗見其一而不見其二也。

四、端正方向與歸於必然

東原當亦見得吾人之行事，如何為是，如何為非，但不願將此一判斷標準落於道德心上說，以為一落於心上說理，便成意見，是以轉而就事為上求之。不知事為上所具價值性之至當不易之則，實乃吾道德心判斷之倒映也。順道德心之所是以見之行，即東原之所謂歸於必然也。故價值之標準在吾心

之決斷，不在事爲之中。東原祇因有一「理得於天而具於心」之忌諱梗於胸中，遂將價値之根據往外推，以爲可即事爲自身求之矣。事爲若眞有至當不易之則，除是本心所自定之道德法則之倒映外，又奚求焉？所以然者，東原固自以爲在說道德，而非解析客觀之事物也。東原若於此處醒覺，回向本心，則復歸儒學之正矣。夫然，非自然者歸於必然，乃是由必然者貫注於自然之中，便自然者皆得其必然也。亦即道德之眞諦必須是：以吾人神聖的意志，端正行爲之方向；而非以吾人心知之明，把握客觀事物之必然律則也。

東原曰：「欲者，血氣之自然；其好是懿德，心知之自然。此孟子所以言性善。心知之自然，未有不悅理義者，未能盡得理合義耳。由血氣之自然而審察之，以知其必然，是之謂理義。自然與必然，非二事也。就其自然明之盡而無幾微之失焉，是其必然也。如是而後無憾，如是而後安，是乃自然之極則。若任其自然而流於失，轉喪其自然，而非自然也。故歸於必然，適完其自然。」（《全集》，頁299）孟子固以「好是懿德」證明人性之善，但「好」是本心之自悅，懿德即是本心所自定之道德律則。東原則視「好是懿德」之好與「口之於味」之好無本質之異，認爲人之心知自然悅理義，禽獸則不能悅之，孟子之所謂性善即於此處得到證明。其實就心知之自然言，正不可說悅理義；心知自然之發有時固能合理義，但有時則背理義。東原亦知此一事實，故言心知之自然「未能盡得理合義」。由此可見心知之悅理義，初無必然性。而孟子所謂理義之悅我心──易言之，即我心之悅理義，乃是無條件地自悅，故有必然性。然吾人之言行所以有不合理義者，人欲之私害之也。

「就其自然明之盡」之所明者乃是其中之理義，而非自然本身之微細隱曲。蓋憑吾人之心知以察自然本身，如飲食男女之欲，憯舒好惡之情之微細隱曲，祇是增加吾人對各種情欲之具體內容之了知耳。此於「歸於必然」，乃不相干者。然理義果可即自然之事物以求乎？

「若任其自然而流於失，轉喪其自然，而非自然也」意即：自然若要眞成其爲自然，要使之歸於必然，歸於必然之自然才能保住其自然，否則便是不穩定之自然。由此可見，自然本身易流於失，要定住之使不流蕩，須靠「必然」。但必然在何處乎？依東原，精察自然，即得必然；此即：自然本身即含使其本身歸於必然之理義。若然，任其自然，即當向必然而趨，如何會流於失？自然既不會主動趨向必然而須有工夫之加，足見必然不在自然之中，而是來自另一根源。此一根源除吾人之本心外，不可以他求。豈可因必然須藉

自然之事物以表現，遂曰二者「非二事乎」？

人與物之異在人之知覺大遠乎物，能就自然明其必然，而能盡自然之極致者則爲聖人。東原曰：「孟子言乎自然，異乎告子之言乎自然，蓋自然而歸於必然。必然者，不易之則也。非制其自然使之強而相從也。天下自然而無失者，其惟聖人乎！孔子言『從心所欲不踰距』，『從心所欲』者，自然也，『不踰矩』者，歸於必然。必然之與自然，非二事也。就其自然明之盡而無幾微之失焉，是其必然也。如是而後無憾，如是而後安，是乃聖賢之所謂自然也。……聖人之學，使人明於必然，所謂『考諸三王而不謬，建諸天地而不悖，質諸鬼神而無疑，百世以俟聖人而不惑』，斯爲明之盡。人與物咸有知覺，而物之知覺，不足與於此。物循乎自然，人能明於必然，此人物之異。孟子以『人皆可以爲堯舜』斷其善，在此也。」（《全集》，頁 343）此段所牽涉之問題頗多，東原則以自然與必然貫穿之，茲分別疏理於下。

自然原是道家用語，爲「自爾獨化」、「逍遙無待」之意，乃透過主體之修證，遣去一切執著，不爲外物約束，所達到的自在無礙之境界。自然者，自己而然，非他然也。儒家經克己復禮之工夫，層層轉進之後，亦可達乎類似之理境。依孟子，從「可欲之謂善，有諸己之謂信」說起，至「大而化之之謂聖，聖而不可知之之謂神」（〈盡心下〉）。儒家到聖神化境時雖與道家有相通處，但其教路與道家有本質之異，故稱曰神化，不曰自然。孟子書中不用「自然」一詞，告子雖就人性之動物性以看人，但亦不用「自然」一詞。故東原此處謂「孟子之言乎自然」與「告子之言乎自然」，乃一時不愼之用語。自然一詞有「事物之本來樣態」之意，東原即用此意以說孟子、告子也。所謂「告子之言乎自然」之自然，當指「生之謂性」之生，生以血氣心知爲內容。東原視孟子言性，亦就人之血氣心知說，與告子無大異；但孟子知人之知覺大遠乎物，能明理義，告子則不知之，是以異耳。斯殆東原所謂「孟子言乎自然，異乎告子之言乎自然，蓋自然而歸於必然」數語之義旨。

必然乃自然不易之則，並非以必然制其自然。就人而言，理義乃情欲之必然，工夫之要，祇在還情欲之必然耳，並非用一外在之理義以制情欲也。此意爲東原之所屢伸。但依吾人之體驗，情欲之蠢動實德性修養之一大阻力；工夫之要，即在操持本心，以銷融情欲之偏雜也。本心之與情欲，主從地位不容顚倒，否則工夫無從下手；就此以言，說以「必然」制其「自然」，亦無不可也。

孔子「七十而從心所欲，不踰矩」（《論語·爲政》），是乃聖功之完成；到此，情欲即是本眞，情欲皆在仁心之潤澤下一體而化，是眞自然，是大自在。常人從心所欲常踰矩，聖人則舉手投足、言動聲色莫不中節恰適。是乃儒者歷經人生各階段之奮鬥，層層轉進，克服氣質之偏，至無可克處所呈現之最高理境。東原則將「從心所欲」看成自然，將「欲」祇作血氣心知之欲看待；不知此中實含一渾化自在之絕高智慧也。聖人之「從心所欲」即含「不踰矩」，「不踰矩」乃「從心所欲」之補充說明，並非以「不踰矩」規範「從心所欲」也。否則，聖人與世俗循規蹈矩之人復何異乎？

聖賢之所謂自然，乃歸於必然的自然，是故不流於失；常人之所謂自然，無必然以限之，是以易流於失。如是，未歸於必然之自然與已歸於必然之自然顯然不同，就此而言，自然與必然視作二事亦無不可；二者分別說，必然之特性豈不較顯豁乎？宋儒理氣分而爲二，豈礙就圓融理境言理氣之爲一？在修養過程中之理欲分爲二，豈礙就圓融化境言之理欲融而爲一？東原祇因「理得於天而具於心」之忌諱太重，遂急著說自然與必然非二事矣。

「聖人之學，使人明於必然」，是也；但所謂明，有本心之自知自證之明，有認知地理解之明。前者祇是良知之朗現，本心之自定方向，乃由誠體所自發之明覺；後者或是知性客觀地了別事物曲折之相，或是知性客觀地把握外在之道德律則。東原所意指之明，即是心知了達客觀事物中之理義之明也。

《中庸》云：「君子之道，本諸身，徵諸庶民，考諸三王而不謬，建諸天地而不悖，質諸鬼神而無疑，百世以俟聖人而不惑。質諸鬼神而無疑，知天也；百世以俟聖人而不惑，知人也。」此是說，君子之道，不爲時空所限，具永恒不變之價值，此乃就聖人之大德敦化說，而不就聖人於客觀事理認知之不謬說。且君子之道，所以能「考諸三王而不謬，建諸天地而不悖，質諸鬼神而無疑」者，皆因「百世以俟聖人而不惑」，而得證驗也。

孟子道性善，視「人皆可以爲堯舜」。但堯舜之所以爲堯舜，在「由仁義行」，而非「行仁義」。仁義根於本心，堯舜有之，我亦有之；堯舜由仁義行，成爲聖人，我苟能良心靈昭不昧，亦與堯舜之心同；擴而充之，而仁不可勝用，義不可勝用。若祇是認知外在之禮義，未必保其能行；即行，亦不見得能純粹無雜也。「由仁義行」是出自道德心之不容自已，祇要見得本心，人人皆有沛然莫之能禦而行之動力。「行仁義」則是以客觀的、外在的仁義爲標準，勉強我之行動符應之，東原即循此路而不徹底。「孟子道性善，言必稱堯舜」

（〈滕文公上〉），乃是肯定人人皆備至善之天性，皆可以為聖人，而以堯舜為聖證之典型也。「舜何人也，予何人也，有為者亦若是」（《孟子‧滕文公上》引顏淵曰），意即：舜與我既同是人，則我祇須有為，亦可如舜也。故孟子所謂「人皆可以為堯舜」，乃是道德的提挈語。東原將孟子所言之道德的提挈語視作知覺的明盡語，乃其自知覺層次看人，而不自道德層次看人所必有之結果。

第六章　東原批評各家思想之討論

第一節　老莊與釋氏

東原於孔孟之學既無所契會，對佛道兩家之思想隔閡更深。彼於老莊之書雖有涉獵，但心思質實而不得玄旨；雖淺嘗於禪宗，但亦不見釋氏立教之精神。彼見得釋氏說空與老莊言無，有恍然相似處，遂將二者歸併為一，甚且視老莊、釋氏與告子無異矣。

一、老　莊

老子有見於人間之一切爭亂，皆起於情欲之紛擾與意念之造作，故主張透過「無」的作用——即「致虛」、「守靜」之工夫，化除所有人為之不自然，以歸於淳樸。老子並非要否定一切，而是要作用地保存一切，使芸芸之萬物隨道心之呈現皆歸根復命。若能不塞物生之源，不禁物長之性，萬物即能自生自濟。「道」或「無」乃是萬物生濟所以可能者，由此似可指向一超越之體以為萬物生濟之源。然此一超越之體，實是透過虛靜之工夫所呈顯者，祇是一姿態，並不真能成其為創造之實體。是故老子之形上學終為境界形態，而非實有形態。〔註1〕

〔註 1〕 牟先生曰：「道家只能籠統地說實現原理，不好把它特殊化，說成創造，因此道家是徹底的境界形態。」（《中國哲學十九講》，頁 105）又曰：「道家不是從客觀存有方面講，而是從主觀心境方面講，因此屬於境界形態。」（同上，頁 128）

　　莊子則將老子之思想推進一步，泯絕物我之相對、是非之分別，以達乎渾化之境。莊子見世人好名爭勝，致生命膠滯困縛，因生無限之悲情。故其立說，重在化除世人對知識之執著，由言意境以進至超言意境。使天地萬物、一切所知，皆隨道心轉化，不致成爲生命之累贅。因可縱浪於大化之中，無拘無礙；如是即足以安頓生命。老子尚分解以立意，莊子則多詭譎以寄意。分解則物我之相顯，詭譎則物我之分泯。就成心看，則有大小之分、是非之別、萬象之異；就道心看，則秋毫不爲小，泰山不爲大；各如其分，自足無待；是者不見其爲是，非者不見其爲非，萬物同歸於冥寂。老子爲一博大眞人；莊子則爲一渾化物我之天人，道家之圓教，於焉見之。

1. 絕情欲，貴神識

　　老子「正言若反」（《道德經・七十八章》）諸說，東原祇質實地理解之，因斥其非。至若老子虛靜之心境，東原則視之爲神識，以爲老子冀望神識之不滅而長存也。

　　東原曰：「老氏言『致虛極，守靜篤』，言『道法自然』，釋氏亦不出此；皆起於自私，使其神離形體而長存。其所謂性，所謂道，專指所謂『神』者爲言。」（《全集》，頁297）此一小段，所涉及之問題頗多，須分別疏理之。

　　「致虛極、守靜篤」（《道德經・十六章》）言致虛至乎其極，守靜能篤實也；此係道家工夫之要。有此深密之虛靜工夫，則有知常之明，而無妄作之凶。一眞一切眞，一靜一切靜，萬物皆如其如而然其然。至若「道法自然」（《道德經・二十五章》），乃老子由「人法地，地法天，天法道」（同上）推比而至者。道之法自然與人、地、天之法地、天、道不同，後者之法皆有一對象，惟道之法自然則非有一「自然」在彼爲道所法，乃言道之表現全出乎自然，此見道之超越性格。「致虛極，守靜篤」乃就修道之工夫而言，「道法自然」則是對道之超越性格之描述，此係兩回事，而東原乃混一視之，未見其可。若曰：由致虛、守靜所達至之理境即是道，而道之表現純出乎自然，故「致虛極、守靜篤」必含道法自然；此則迂曲，亦非東原之意。蓋東原所謂之自然，或指生物本能之表現，或指血氣心知之靜默狀態，皆無老子「自己而然」之意，東原祇是將虛靜與自然連在一起想耳。

　　佛、道兩家之教路雖有若干相似處，但畢竟有別。「致虛」、「守靜」乃道家之基本教義，其目的在使萬物皆歸根復命，即在成全萬物之自然；而佛家重在以般若觀諸法實相——即性空，使心不染著。二者工夫所至，固皆可免辟執之

病，但彼此教路實異，焉可將致虛、守靜強加於佛家之上，而謂「釋氏亦不出此」乎？老子虛靜之工夫，可以袪除宰物、徇私之病，使物我各遂其生；就此以言，正是大公，如何謂之「自私」？東原所以稱老子爲自私者，殆以爲老子祇求「使其神離形體而長存」，而不顧及其它也。夫老子誠有「谷神不死」之言，但所謂谷神，祇是「道」之轉換表示；所謂不死，其實意乃是「綿綿若存，用之不勤」（《道德經・六章》）耳，此非如東原所謂神識離形骸而長存也。道家末流，固有走入專事養生一路者，但不能說老子之學立基於此也。

　　老子所謂道，固可以「神」表示，但所謂「神」，祇是沖虛之玄德，固與《易傳》感應無方、不疾而速、不行而至、妙萬物而爲言之神不同；尤與形而下的鬼神之神、或精魂神識大異；東原將其視作鬼神與神識之神，是以養生家視老子者。且《道德經》五千言，並不言性，性字至莊子始大量出現，東原以爲老子「所謂性」亦專指神言，亦一時之失察。

　　東原曰：「老、莊、釋氏見常人任其血氣之自然之不可，而靜以養其心知之自然。於心知之自然謂之性，血氣之自然謂之欲，說雖巧變，要不過分血氣心知爲二本。」（《全集》，頁 299）此處以爲老、莊、釋氏祇養心知之自然，而外血氣之自然，血氣與心知分爲二本，是爲大病；必血氣、心知合而一之，乃爲一本。其實不論血氣或心知，皆屬經驗領域者；老莊之所養，則屬超越領域之眞君；眞君乃袪除情欲之辟執與知識之係累所呈顯者。即就經驗範圍內之血氣心知言，亦不妨分言之。蓋血氣乃純物質性者，包括具體之形骸與周流其間之活力。心知雖不離血氣而獨存，但專司認知與思辨，與血氣有本質之異也。「常人任其血氣之自然」，而成盲、爽、發狂，固爲老莊所非；徒「靜以養其心知之自然」，而成槁木枯枝，亦老莊所不許，以二者悉不能致「虛而不屈，動而愈出」（《道德經・五章》）之妙用也。使心知平靜而不狂騁，亦老莊工夫之所在，但欲致此，有賴道心之呈現，祇空頭說養心知使之平靜，實難奏效也。

　　東原曰：「天地間百物生生，無非推本陰陽。《易》曰：『精氣爲物。』曾子曰：『陽之精氣曰神，陰之精氣曰靈，神靈者，品物之本也。』因其神靈，故不徒曰氣而稱之曰精氣。老、莊、釋氏之謬，乃於此歧而分之，內其神而外形體，徒以形體爲傳舍。以舉凡血氣之欲、君臣之義、父子昆弟之親，悉起於有形體以後；而神至虛靜，無欲無爲。在老、莊、釋氏徒見於自然，故以神爲已足。」（《全集》，頁 298）以上乃基於陰陽氣化之觀點批評老莊。《易

傳》所謂「精氣爲物，遊魂爲變，是故知鬼神之情狀」(〈繫辭上〉)，所稱之
「鬼神」，與《大戴禮記・曾子天圓》「陽之精氣曰神，陰之精氣曰靈，神靈
者，品物之本也」所云之「神」，皆指氣化之精英、良能，東原同一視之，是
也。無論是「鬼神」、「神」或「魂魄」，與吾人之形軀密不可分。二者若分離，
即爲生命之終止，東原特重二者之不可分性，亦是。但以爲老莊於二者歧而
分之，則非。夫吾人之自然生命有形體，有神識，二者不相離，此義甚明。
老莊豈能自外於此？但老莊所養之神，與鬼神、神靈之神乃異層者；焉可見
同是一「神」字，便混一視之？「內其神而外形體，徒以形體爲傳舍」之議，
祇能就養生家說，而不可就老莊說。老莊之終極關懷，亦是在安頓生命，使
生命不僵化。若然，豈能外此形軀、空守枯寂？但既有此形軀，即有情欲知
識之累以亂我心曲，使生命狂馳，無所底止。是故，須深刻照察之，轉化之，
使生命回歸自我也。及乎工夫到家，則情欲、知識不爲累，皆隨道心之昇進
而得其存在之意義，此豈「外形體」者乎？飲食男女之欲，乃所以維生與延
生，此吾人所不能免；君臣之義、父子昆弟之親，乃所以維繫人倫，此吾人
所不能逃——老莊亦不能外也。〔註 2〕但既有血氣之欲，即易陷溺於此，使
生命不能灑然自如，故老子要人「少私寡欲」。寡欲並非絕欲，乃要人淡化之，
適其分則止也。至若君臣之義與父子昆弟之親，乃儒家所積極肯定者；但老
莊則以爲：若有心而爲之，拘執於禮數，勉強而虛矯，反成生命之累贅；要
想成全之，惟有無心以處之。「絕仁棄義，民復孝慈」(《道德經・十九章》)；
「絕」非存有論地去之，乃是在工夫上作用地去其拘執，使仁義不僵化，使
生命永遠舒朗自在也。「絕聖而後聖功全，棄仁而後仁德厚」(王弼〈老子指
略〉)，此之謂「作用的保存」。儒家所重者在「應當」，道家所重者在「如何」。
父子當有親、君臣當有義，儒家即就此應當處努力實踐。道家則問：如何方
能眞正使父子昆弟相親、使君臣有義？惟有如是反省，沖虛恬淡以處之，仁
義乃不致僵化。「絕之」所以存之，此乃絕高之智慧，不可視爲外之也。

　　東原曰：「在老、莊、釋氏，就一身分言之，有形體，有神識，而以神識爲
本。推而上之，以神爲有天地之本，遂求諸無形無跡者爲實有，而視有形有跡
爲幻。」(《全集》，頁 301) 依此，老、莊將天地與人身皆二分之。就天地言，

〔註 2〕 莊子曰：「天下有大戒二：其一命也，其一義也。子之愛親，命也，不可解於
　　　　心；臣之事君，義也，無適而非君也。無所逃於天地之間，是之謂大戒。」(〈人
　　　　間世〉)

分爲無形之神與有形之物，神爲眞實者，物乃虛幻者。人身之分，類乎天地，亦分形體與神識，神識爲實有，形體爲虛幻。然就東原觀之，有血氣形質然後有心知神識，形質乃實有者，神識則依形質而有；形質較神識更具根本性。就天地以言亦然：萬物爲經驗所及，爲實者；神乃陰陽氣化之精英，無氣化亦不可以言神，故由氣化所形成之萬物較神更具根本性也。老、莊乃於此歧而分之，將實有者視爲虛幻，祇將依之而有者視爲眞實，成大顚倒矣。

東原曰：「老、莊、釋氏見於遊魂爲變之一端，而昧其大常；見於精氣之集，而判爲二本。莊周書曰：『一受其成形，不亡以待盡。』釋氏人死爲鬼，鬼復爲人之說同此。周又曰：『其形化，其心與之然，可不謂大哀乎？』老氏之長生久視，釋氏之不生不滅，無非自私，無非哀其滅而已矣，故以無欲成其私。孟子曰：『廣土眾民，君子欲之。』又曰：『欲貴者，人之同心也。』又曰：『魚，我所欲也；熊掌，亦我所欲也。生，亦我所欲也；義，亦我所欲也。』在老、釋皆無之，而獨私其遊魂，而哀其滅，以豫爲之圖。」（《全集》，頁327）所引《莊子·齊物論》之言，所述釋氏不生不滅、老子長生久視之說，乃爲證明釋、道二家哀此形軀終將歸消亡，故靜以養其神識，使其長存。而達致此一目的之方，惟在屛除一切生理欲求。又引孟子之言，說明儒家不去欲，兩相比較，老、釋之說顯然與聖人之教相違，所以爲異端也。然莊子之言，實乃見於世人眷戀形軀，生命隨機械式的自然而運轉，不能和以天倪，自適其適，因引發其悲情。此非有清明之理智，對生命內容有深微之照察者，不能有此實感也；豈可以哀此形軀之消亡、冀能長生視之？至若佛家輪廻之說，重點亦不在說明神識之不生不滅，而是在表示眾生若未覺了，則在三界之內、六道之中輪迴流轉，永無解脫之日，是故「當用大智慧打破五蘊煩惱塵勞」（《六祖壇經·般若品》）。觀彼恆沙塵務，如夢幻泡影，皆無實性，不黏滯執持，因得大解脫、大自在。莊子意在見眞君，釋氏意在求解脫，教路不同，一者成眞人，一者成佛，焉可混一視之？如東原所云之神識，無論佛家或道家，均是待解脫、待轉化者，絕非企其長存也。至若老子所云「長生久視」之說，乃自「治人，事夫，莫若嗇」（《道德經·五十九章》）說下來，意謂吾人之於事爲，當如農夫治田之去其殊類，全其自然，是謂服從常道，厚積大德；如是則無有不能勝任之事，可以應用無窮，行之久遠，而無危殆之患矣。〔註3〕單看「長生久視」一言，似可往養生家之說想，但老子所謂「深

〔註3〕《道德經·五十九章》云：「治人、事天，莫若嗇。夫唯嗇，是謂早服。早服

根固柢，長生久視」(《道德經‧五十九章》)，乃就玄德深厚，無所終窮說，而非就形軀、就神識之不滅說也。

所引孟子三段之文，以說明聖人重欲，實爲不類。蓋此處所見之「欲」字，皆作動詞，與「血氣之欲」的欲字作名詞用者不同。前者猶言喜好，後者則是生理機能對物質性之需求；義各有當，不容相混。蓋孟子言「廣土眾民，君子欲之」，不重在說明君子欲廣土眾民，乃在強調君子「所樂不存焉」。層層推進，以轉出「君子所性，仁、義、禮、智根於心」，此中含一價值之決斷。(見〈盡心上〉)「欲貴者，人之同心也」亦不重在說人人欲貴，乃由之進一步說「人人有貴於己者」，即仁義是也。若能「飽乎仁義」則可以「不願人之膏粱之味也」；備仁義則「令聞廣譽施於身」，故可以「不願人之文繡也」(見〈告子上〉)。仁義方爲吾人之良貴，而衣食之美，爵位之崇高，不與焉。蓋前者具永恆之價值；後者非獨無道德價值可言，且隨時可去，未必能久保也。

魚與熊掌皆我所欲，「二者不可得兼，舍魚而取熊掌者也」。孟子於此亦不重在說其喜好魚與熊掌，此祇是下文之一喻。「生亦我所欲也，義亦我所欲也，二者不可得兼，舍生而取義者也」，生命固要珍惜，但與義相較，則義更重要，故必要時，可以「舍生而取義」，而不偷生以害義(見〈告子上〉)。孟子此三段文字，意在透過比較對翻，以彰著仁義之價值，挺立人格之尊嚴。東原爲表示自己重欲之說於孟子有據，乃掇拾孟子文句曲解之以就己說，此豈足以駁老莊無欲之說乎？

東原曰：「《左氏春秋》曰：『人生始化曰魄，既曰魄，陽曰魂。』魂魄非他，其精氣之能知覺運動也。至於形敝而精氣猶凝，是謂游魂，言乎離血氣之體也。精氣爲物者，氣之精而形凝，品物流行之常也；游魂爲變，魂之游而存，其後之有敝有未敝也，變則不可窮詰矣。彼有見於游魂爲變，而主其一偏，昧其大常，遂以其能盜天地生生之機者爲己之本體。非聖人不知不言，獨彼能頓悟得之也。彼之以神先形氣者，聖人所謂游魂爲變中之一端耳。」(《全集》，頁 364)此處從氣化宇宙論之觀點說明自然生命之形成與遷化，而自《左傳》與《易傳》尋其立說之根據。氣之精而凝，則成形質，雖其後亦歸衰敝，但爲經驗之所及，是謂大常。魂游而存，就吾身言，乃是心知，心知是否隨

謂之重積德，重積德則無不克，無不克則莫知其極，莫知其極，可以有國。有國之母，可以長久。是謂深根固柢，長生久視之道。」王〈注〉：「嗇，農人之治田，務去其殊類，歸於齊一也。全其自然，不急其荒病，除其所以荒病。」

血氣之消盡以具亡，東原未有確言，僅曰「其後之有敝有未敝也，變則不可窮詰矣」，似以爲：心知可以隨血氣以具敝，亦可以不隨血氣以俱敝，有各種變化。察東原所以兩頭說者，殆以爲：心知既因血氣而始有，則血氣既敝，心知亦當隨之以敝；但《易傳》有游魂爲變之說，又不敢違斯義，於是曰游魂之變乃不可窮詰者。

　　依東原，游魂爲變乃是「天地生生之機」，此意聖人亦知之，但以其非天下之大常，故不特重之，而老莊則以此爲己之本體，是「主其一偏，昧其大常」，與聖人之教相違，故爲異端。夫聖人所體證之「天地生生之機」，當是「爲物不二，生物不測」之創生實體、道德實體。不論是「精氣」或「游魂」，有此創造眞幾之妙運，其變化乃有意義，聖人即以此爲天地之本體；天道性命相貫通，亦即以此爲吾人之性體。要說大常，此即爲大常。變化之游魂，固不可以爲大常；成物之精氣，更不可以爲大常；以二者皆隨時空以俱移故也。惟此德性主體具永恆性，聖人即以此爲大常也。至若老莊亦不以游魂、神識爲大常。老子曰：「昔之得一者：天得一以清，地得一以寧，神得一以靈，谷得一以盈，萬物得一以生，侯王得一以爲天下貞。」（《道德經・三十九章》）「一」者道也，天得「一」乃能成其清，「一」即是「大常」。莊子曰：「夫道，有情有信，無爲無形，可傳而不可受，可得而不可見；自本自根，未有天地，自古以固存；神鬼神帝，生天生地；在太極之先而不爲高，在六極之下而不爲深，先天地生而不爲久，長於上古而不爲老。」（〈大宗師〉）惟道乃能「神鬼神帝」，絕待自足，物物而不役於物，如此，方可爲「天下之大常」，屬於氣化之鬼神或游魂不可以爲大常亦明矣。由此觀之，東原以爲老莊視游魂爲己之本體，爲天下之大常，實大顛倒也。

　　老子之宇宙論乃由虛靜玄同之工夫所透至者，東原則以氣化之觀點理解之，並斷其非。東原曰：「神氣形色，聖賢一視之，修其身，期於言行無差謬而已矣。孟子曰：『形色，天性也，惟聖人然後可以踐形。』老聃、莊周、告子、釋氏，其立說似參差，大致皆起於自私，皆以自然爲宗。彼視一身之中，具形氣以生，而神爲之主宰，因貴此神爲形氣之本。究之神與氣不可相離，故老子曰：『一生二，二生三，三生萬物；萬物負陰而抱陽，沖氣以爲和。』其言乎天地間也，曰：『有物混成，先天地生。』從此而分陰陽，一生二也；陰陽與此而三，二生三也；言乎人物三者咸具，陰也、陽也、沖氣以爲和，即主宰之者也，神也。彼見於氣不可言有，神存乎其有而不可謂有，又不可

謂無,然不離氣者也,故曰沖氣。上之原於『有物混成,先天地生』之道,不離氣而別於氣。故曰:『道之爲物,惟恍惟惚。惚兮恍兮,其中有像;恍兮惚兮,其中有物。』」(《全集》,頁 358)此段由孟子踐形之說而論及老子離形之非,其中頗多糾葛,須予疏理。孟子以爲吾人之形色,固是天生之自然,但能踐形者惟有聖人,能踐形則可以居人身而無愧。工夫純熟,舉手投足,聲音笑貌,全是天理著見,是謂踐形。踐形是聖人之德性自然流露乎四體動靜之間之謂;常人之言行舉止固不得而稱之。東原以「修其身,期於言行無差謬」說踐形,籠統觀之,亦可;但曰「神氣形色,聖賢一視之」,則又祇落在形氣上說,如何能致「言行無差失」乎?持此以評老子之去形骸,顯然亦不對應。

東原以爲老子所云之沖氣即是神;所以稱沖氣者,以其不離乎氣也。「有物混成,先天地生」之道即神或沖氣之轉換表示,此爲天地萬物生生之本,亦即天地萬物之主宰。「一生二」乃是由道分出陰陽;純就此以觀,尚可無病。但以「陰陽與此(道)而三」解二生三,顯然乖舛。蓋「二生三」乃承「一生二」說下來,一若指道,二若指陰陽,則陰陽所生之三必另有所指,豈可復以陰陽與其所從生之道合而爲三,說其爲陰陽所生者?且「一生二」之上原有「道生一」一句,「一」若指道,則「道生一」將如何解釋?知東原任憑己意解老子,而不顧前後理路之順否。老子「道生一」一章,旨在說明道爲萬物之生化原理;「有物混成」一章,旨在說明道之常存性。凡此,皆在描述具「形上實體」姿態之道之性格,「道」焉爲可籠統地僅以氣化之神稱之?老子從「道生一」說下來,連下四「生」字,此祇是方便之言,固不可著實看「生」字,以爲如母生子之生。

牟先生曰:「道之『無』性(先以無表象道)是一,此爲「道生一」(由道引生一);而無不一於無,即道亦有徼向之『有』性,有與無相對爲二。即以有代表二;是爲「一生二」(由無之一引生出有之二)。而有無『兩者同出而異名,同謂之玄』,故玄(有無融一,由于是道之雙重性而融于一)是三,此即爲「二生三」(由有之二以與無相對,亦即有無相對爲二以引生出三)。『玄之又玄眾妙之門』即是『三生萬物』。三生萬物即是道生萬物,蓋玄即代表道之眞實而具體的作用。而有無是道之雙重性,是對于道之分解表象,故必至乎有無融一之玄始能恢復道之自己之具體而眞實之妙用。」(《圓善論》,頁 284~285)以上以道德經〈首章〉之無、有、玄解〈四十二章〉之一、二、三,

妥貼順適。「沖氣以爲和」意謂激盪陰陽之氣，以產生和氣；所以然者，以有虛寂之道也。東原將沖氣理解爲神，亦欠妥。

東原以爲老莊除靜以守神外，無欲之說亦爲大病。東原曰：「老聃、莊周之言尚無欲，君子尚無蔽。尚無欲者，主靜以爲至；君子動靜一於仁。……治水者徒恃防遏，將塞於東而逆於西；其甚也，決防四出，氾濫不可救。自治治人，徒恃遏禦其欲，亦然。能苟焉以求靜，而欲之翦抑竄絕，君子不取也。君子一於道義，使人勿悖於道義，如斯如而已矣。」（《全集》，頁 782）「欲」字或作貪求解（《說文》：欲，貪欲也），或作純粹之生理需求解。老子曰：「我無欲而民自樸。」（《道德經·五十七章》）；「見素抱樸，少私寡欲」（《道德經·十九章》），凡此所言之欲，皆非中性者，皆指吾人對外物之貪求也。此等貪求之念，須化解之，化解之後，虛靜之玄德方能起作用；東原乃就中性義之欲以評老子寡欲、無欲之說，不知二者義各有當也。「老聃、莊周之言尚無欲」，是也；但所無之欲非生理需求之欲，乃是心理貪求之欲。惟有「無欲」乃能「無蔽」，舍「無欲」則無「無蔽」可言。「君子尚無蔽」，固也，但想「無蔽」，亦在乎「寡欲」。若「多欲」，絕不可能「無蔽」。了此，則無欲之後將導致欲之「氾濫不可救」之顧慮即屬多餘。蓋老莊於生理需求之欲並不否定之，於心理貪求欲者則淡薄之，此正足以使吾人之生命自然而不流放也。

孟子批駁楊墨無君無父，同於禽獸，東爲則以爲老莊之絕情欲，貴神識，乃兼楊墨之病而有之。東原曰：「老聃、莊周無欲之說，及後之釋氏所謂空寂，能脫然不以形體之養與有形之生死累其心，而獨私其所謂『長生久視』，所謂『不生不滅』者，於人物一視而同用其慈。蓋合楊、墨之說以爲說。由其自私，雖拔一毛可以利天下，不爲；由其外形體、溥慈愛，雖摩頂放踵以利天下，爲之。」（《全集》，頁 319）楊、墨之思想乃截然相反者，一屬極端之爲我主義，一屬極端之利他主義：二者水火不相容。東原乃曰老莊兼有之，實不可解。東原殆以爲老莊靜以養其神識之自然，乃是私其身，如此，當近於楊氏之爲我；但楊氏「拔一毛而利天下，不爲」，特愛其形體，而老莊則脫然不以形體累其心，則又與楊氏不同。而墨子「摩頂放踵以利天下，爲之」，與老莊之不重形體者，復有類似處，就此以言，老莊又近於墨氏；於是老莊乃兼楊墨之弊而有之矣。此皆未作嚴格思考所生之無謂聯想。東原之作此說，殆見得孟子批楊、墨，乃集楊、墨之弊於老莊矣。

孟子批楊、墨，有其思想背景；韓愈排佛老，有其時代背景。東原以紹

述聖學自居，駁斥佛老之非，因及於宋明儒之失，以爲如是便可復儒家之正矣。東原曰：「彼楊、墨者，當孟子之時，以爲聖人賢人者也；老釋者，世以爲聖人所不及者也。論其人，彼各行所知，卓乎同於躬行君子，是以天下尊而信之；而孟子、韓子不能已於與辨，爲其言入人心深，禍於人大也，豈尋常一名一物之訛舛比哉？」（《全集》，頁 322）孟子以儒家大中至正之矩以批楊、墨爲我、兼愛不近人情之失，確是出於維護聖教之至誠，其所自覺地弘揚之儒學，實足以救楊、墨之失，發揮「正人心，息邪說，距詖行，放淫辭」（〈滕文公下〉）之效，使天下復歸於正；其德慧深，其氣魄大，其用心純。韓退之乃文人之雄，雖尊奉聖人，但於孔孟之教之精神尚未能體貼入微，對於老釋之學亦未深涉；僅就其末流對社會民生所造成之禍害以非之，未能對儒家與佛老思想大界作比勘，以見儒家之勝於佛老處。故儒學不因其維護而張揚，佛老亦不因其詆排而式微；雖予後學者若干啓示，然在當時之影響力並不大。東原對孔孟之德慧既已疏隔，對佛老之形上學更是曲解，欲以己見駁斥佛老，維護聖教，如何可能？

2. 廢禮學，毀仁義

老、莊對於生命存在之困結有甚深之照察。聲色名利之欲，足以損其眞；禮數知識之執，亦爲吾心之累；仁義聖智若不善處之，即成生命之負擔。凡此，皆須有以化解之。化解之，則聲色名利不爲我累，禮數知識皆爲我用，仁義聖智全而無弊，此道家「無」的智慧之妙用也。而東原不明作用地保存之義，以爲老子屛棄存有層次之仁義聖智，於是道家之言皆成違背常情之論矣。

東原曰：「老、莊、釋氏，以其所謂眞空、眞宰者爲完全自足；然不能謂天下之人有善而無惡，有智而無愚也，因舉善與智而毀訾之。老氏云：『絕學無憂。唯之與阿，相去幾何？善之與善，相去何若？』又云：『以智治國，國之賊；不以智治國，國之福。』又云：『古之善爲道者，非以明民，將以愚之。』蓋彼以無欲而靜則超乎善惡之上，智乃不如愚，故直云絕學；又主絕聖棄智，絕仁棄義。」（《全集》，頁 296）依東原之見，老子爲守其眞空眞宰，遂不惜毀訾善與智。蓋眞空固容不得惡與愚，亦不能雜乎善與智，否則即成不眞空矣。就智與愚而言，愚者無知，更近眞空，故老子非智而是愚也。若然，則道家工夫之極致，直成冥惑耳。

夫善與智之價値須肯定，不容置疑；但善有多端，智有多用。天下「皆知善之爲善」（《道德經·二章》），乃有爲博取善名而不循正軌致之者，爭端

啓矣，故「斯不善矣」（同上）。如此之善，與惡相較，「相去何若」（《道德經‧二十章》）？若能化去對善名之逐求，凡事出乎性分之自然，雖無所事於善，卻不會導致與善相反之結果，反能成就眞正之善。絕仁棄義，其理亦同；惟無所事於仁義，乃能成就眞正之仁義也。

就智而言，有大智慧，有小機巧。惟至人乃有玄同無爲之大智慧，俗人則「與接爲構，日以心鬥」（《莊子‧齊物論》），僅有小機巧耳。惟有去小機巧乃能成就大智慧；老子之所喝斥者，亦小機巧耳。「以智治國，國之賊；不以智治國，國之福」（《道德經‧六十五章》）之智，祇是機巧。蓋老子以爲爲政者若能放開一步，不對百姓橫加干預，使百姓各適其性，各安其分，無有怨咎，即是至治。若「法令滋彰」（《道德經‧五十七章》），多事擾民，百姓動轉不能裕如，必覺不便，於是怨謗叢生，而「盜賊多有」（同上）。「不以智治國」非是放任政策與無政府主義，此是政治運作上之絕高智慧。「古之善爲道者，非以明民，將以愚之」（《道德經‧六十五章》），亦非愚民政策，乃是因在上位者「不見可欲」故「民心不亂」（《道德經‧三章》）耳。要使百姓各安其分，不奔馳競逐以致動亂，實非易事。凡此，皆須有曲線之智慧乃能把握其義旨，不可祇作直線之思考，而以才性上之智愚理解之，以爲老子反智而向愚也。

老子既曰「絕學無憂」，東原因以爲老子主張斷滅心智擴充之路，與聖人博學多聞之說相違。東原曰：「老、莊、釋氏謂有生皆同，故主於去情欲以勿害之，不必問學以擴充之。在老、莊、釋氏既守己自足矣，因毀訾仁義以伸其說。」（《全集》，頁296）所謂「有生皆同」，當指人之始生同爲無知無慮。依東原意，老莊要人永保始生時無知之自然。就人生之歷程以言，常保嬰兒時之無知，乃事實上不可能者。蓋人之始生，知識未開，固處於一渾樸狀態；但隨年事之增，知識開而情欲現，原始渾樸必然破裂，往往天機潛隱，感性與知性當主，種種煩惱、束縛，因之而生。老莊有見於此，故主以虛寂之工夫，化去由感性與知性所產生之種種弊端，以現本眞，使生命得以和諧。此時之和諧，乃帶一切感性、知性而有之者，不過轉俗成眞，一切情欲、知識皆不爲累耳。欲致道家至人、眞人之境地，須經以上一番跌宕，非東原所云之易易也。老子固曰「絕學無憂」，但並非主「不必問學以擴充之」，蓋學知之多寡是一事，而其能否爲吾人之累又是一事。苟有以化之，則學知之多非但不爲礙，且足以方便應事，充實生命內容；若不知化，雖所知甚少，亦有礙也。老莊亦是人，亦須過現實生活，豈能自外於知識？不過對所知能善處之耳。

老子以爲「禮者，忠信之薄，而亂之首」（《道德經・三十八章》）。所以然者，人一落於外在之節文度數、動容周旋之中，往往拘於成規而不自然，甚且虛矯詐僞；一切變亂，因之以生。老子有見於此，故提出以上之警告，非是反禮教，去禮數也。東原曰：「老氏因俗失而欲併禮去之，意在還淳反樸，究之不能必天下盡歸淳樸。其生而淳樸者，直情徑行；流於惡薄者，肆行無忌。是同人於禽獸，率天下而亂者也。」（《全集》，頁 317）曰老子「意在還淳反樸」是也，但曰「欲併禮去之」，則非。老子並不存有論地否定禮，不過對因禮而引生之種種弊病察之明透耳。蓋日常生活離不開禮，老子祇不過要人以忠信處之，全其本眞耳。「生而淳樸者，直情徑行；流於惡薄者，肆行無忌」，以此責斥老子「反禮教」之失，祇是臆測，實不相干。肆行無忌固非，直情徑行亦不美。老子豈要人斬絕一切禮數節文，卒致生命放浪盲動也哉？

二、釋氏：以虛空爲實有，視形跡作幻化

佛家與道家所言之性雖皆異乎儒家所言具道德創生義之性，但二者亦有別。道家所言之性，指生命存在之自然；佛家所言之性，指緣起之空如。界脈分明，不容相紊。就工夫言，道家由致虛守靜以歸根復命，佛家則由蕩相遣執以解脫煩惱。二者雖皆重主體之觀照，但教路之異終不可掩。

東原以爲佛家與道家皆離棄實有之形質，嚮慕空無之神識，見於一偏，昧乎大常。以下專就其論及釋氏者，略予疏解。

東原曰：「釋氏言不生不滅。所謂不生者，不受形而生也。不滅者，即其神長存也。」（《全集》，頁 297 小注）依此，有生必有滅，要使「其神長存」，必須「不受形而生」，亦即須離去形骸，獨任虛空；此則遠乎人矣，故不可以爲法。如此了解不生不滅，足見東原於佛家基本教義把握不住。

《中論・觀因緣品第一》：「不生亦不滅，不常亦不斷，不一亦不異，不來亦不去。」（《大藏經》第三十冊，頁 1）是謂八不緣起。生滅等相乃因吾人執持緣起法變化之現象而形成，今可復消融於緣起法中，故無自性。就個物言，皆依因待緣而成。吾人感官所及，宛然現前之物，實無一有自性者。若有其自性，當能自持其自己，永遠不變；其未出現者，當亦永遠無法出現。然此與事實相違，以是知任何個物，皆不能自持其自己，不能有其自性，即以無自性爲其性，故曰空性。生滅等相雖與個物不同，但相遷則物遷，物遷則相遷，二者叶合爲一，總歸是識心之計執。去此計執，即見諸法之如相。「不

生亦不滅」兩頭通，一在遮撥生滅相之無自性，一在遮撥個物之不能自持其自己。總之在遣去對緣生物之執著，見其空如本性也。「不生不滅」云云以遮詮之方式表示「緣起性空」一義，東原之批駁顯然不相應。

東原曰：「釋氏書，問：『如何是佛？』曰：『見性為佛』。『如何是性？』曰：『作用為性』。『如何是作用？』曰：『在目曰見，在耳曰聞，在鼻香臭，在口談論，在手執捉，在足運奔，遍見俱該法界，收攝在一微塵。識者知是佛性，不識喚作精魂。』」（《全集》，頁 301 小注）以上引自《五燈會元·卷第一，東土祖師·初祖菩提達磨大師》下，而略加刪裁。惟「在目曰見」上當有「在胎為身，處世為人」二句，「法界」原作「沙界」，殆一時筆誤。東原引之，以見釋氏亦「以神為有天地之本」，「求諸無形無跡者為實有，而視有形有跡為幻」也。

「在胎為身」至「不識喚作精魂」乃波羅提向南天竺國國王演說之偈語。波羅提乃南天竺佛大勝多門下六宗之一，屬無相宗，其思想可自與達磨對語知其梗概，彼云：「我明無相，心不現故」，「我明無相，心不取捨，當於明時，亦無當者」。「入佛三昧，尚無所得，何況無相，而欲知之？」「我說不證，證無所證。非三昧故，我說三昧。」不取不捨，證無所證，得無所得以觀諸法實相，近於空宗一路，波羅提明真空之義，故特受達磨賞賜，記之曰：「汝當得果，不久證之。」是以當南天王輕毀三寶之時，達磨即命波羅提詣王所開示之。所謂「作用為性」者，言由吾人之眼見耳聞之作用即可見佛性也，祗看人悟與不悟耳。「遍見俱該沙界，收攝在一微塵」，言佛性遍沙界而不增，在微塵而不減，舒捲自如，圓通無礙也。「識者知是佛性，不識喚作精魂」，言若以智心觀照，則一切動作云為無非佛性之顯現；若以識心了別，則祗見其徒為精魂之播弄耳。而佛性者，萬法空如之性也。波羅提以此說南天王，欲其捐我見我慢，就聞見言動之中，直下證得空如本性也。南天王聞下「心即開悟，悔謝前非」，可見其根器亦不淺。此是「不壞假名而說諸法實相」，亦是理事圓融之義，而東原則以為此是認虛空為實有，因以非之。

東原曰：「釋氏書云：『即此識情，便是真空妙智。』又云：『真空則能攝眾有而應變。』又云：『湛然常寂，應用無方；用而常空，空而常用。用而不有，即是真空；空而不無，即成妙有。』」（《全集》，頁 294 小注）以上所引，與上波羅提偈語同一理境。夫情識乃佛家之所伏，真空妙智乃佛家之所證；但真空妙智不虛懸，即由情識之解心無染見之。無有情識，真空妙智亦無由

見。是故「即此識情，便是真空妙智」，非肯斷、指實語，乃是詭譎、圓融之語，意在表明性相圓融才是見道，若見有一情識，復有一真空妙智，即非究竟了義矣。

「真空則能攝眾有而應變」此與華嚴宗萬法惟一心迴轉之義略同。諸般緣起法，刹那萬變，惟有證得自性本空，方能應用遍及一切，而不著不離。真空非超然單顯一空相，乃是體法空，即帶著一切法而見其緣生無自性，是故真空即含妙有也。若單顯一空相，亦是著相，即非真空矣。

「湛然常寂，應用無方」云云，亦是「緣起性空」一語之引申。惟有「湛然常寂」，乃能「應用無方」，若有定相，即有定用，而用局矣。雖有無方之用，然其體本自空寂，是謂「用而常空」。體雖空寂，卻有無限之妙用，故曰「空而常用」。用無定相、體本空寂，即此大用直見性空，故曰「用而不有，即是真空」。真空非頑空，乃是即萬法以見其空，有萬法無限之妙用，故曰「空而不無，即成妙有」。此用空、有雙遮之方式，以見諸法實相。由真空即可分析出妙有，由妙有亦可分析出真空。總歸是空有一如，而東原以為此乃守真空而遺形質，亦淺乎視之矣。

〈答彭進士書〉引釋者曰：「不思善，不思惡時，認本來面目。」東原以為此係釋者「不貴善」之說，因以非之。所引亦節語，原見《六祖壇經·行由品》，乃惠能為惠明開示之法語。原文云：「不思善，不思惡，正與麼時，那個是明上座本來面目。」所謂「不思善，不思惡」，亦是遮顯語，言惡念固不可有，善念亦不可執，善惡雙遣，乃見空慧，所謂「本來面目」也。然此並非斷絕百慮，執持一空境之謂。〈機緣品〉臥輪禪師偈云：「臥輪有伎倆，能斷百思想；對境心不起，菩提日日長。」菩提之智圓妙活轉，如水常流通，臥輪則堵絕百思，執斷滅相。惠能以為「此偈未明心地，若依而行之，是加繫縛。」所以然者，萬法畢竟不可去，而強去之，反成一大執矣。惠能因示以一偈云：「惠能沒伎倆，不斷百思想；對境心數起，菩提作麼長。」「不斷百思想，對境心數起」並非如凡夫之日坐愁城，俗慮縈心，乃是「煩惱即菩提」之意。「前念迷即凡夫，後念悟即佛。」（《六祖壇經·般若品》）凡夫與佛之別，不以有無思慮定，而以迷悟定；悟則所思所見齊登法界，迷則所思所見盡屬塵勞。斷百思想既是惠能之所訶，足見「不思善，不思惡」不可以堵絕思慮視之，亦非如東原所斥之「不貴善」。惠能所謂「不思善」，意在遣除善念，不在否定有價值意味之善也。「正與麼時，那個是明上座本來面目」，

言正當善念惡念雙遣，智慧如如流通之時，所反觀者乃汝惠明之本來面目；惠明之本來面目，亦是眾人之本來面目，本來面目以空如定。觀六祖對惠明言「屏息諸緣，勿生一念」、「汝若反照，密在汝邊」，足知見性之方，惟在「反照」；一念未遣，即是煩惱根源。惠能心法，由《金剛經》「應無所住而生其心」一語悟入：「不思善，不思惡」，即是「無所住」；「不斷百思想，對境心數起」，即是「生其心」。既不執著，又常流通，是謂見性。東原諒不了此，乃有釋氏「不貴善」之譏也。

東土祖師自達磨以來，以「直指人心，見性成佛」為教，肯定眾生皆有佛性，但其底子實基於《般若經》。牟先生曰：「般若中無所建立，只是一融通淘汰之精神，一蕩相遣執之妙用。」（《佛性與般若》上冊，頁11～12）。惠能曰：「凡夫即佛，煩惱即菩提」又曰：「不悟即佛是眾生，一念悟時眾生是佛」（《六祖壇經·般若品》），就相即與迷悟之說觀之，又近乎天臺宗。故禪宗雖言「不立文字，教外別傳」，但其思理乃在空宗與天臺宗之間也。此係吸收大乘教義後，撥開名相之繁瑣，透過主體之修證，以簡易之方式開示成佛之捷徑者；此乃佛教教義應有之發展，亦不悖於緣起性空之基本教義也。東原乃將其所呈現之空如妙智，看作神識；而將其遮撥善惡之語看成「不貴善」。以此非佛，宜其不相應也。

第二節　告子與荀子

一、告子：尚自然以保其生

告子論性，透過《孟子·告子上》所引告子之言及孟、告之辯說，可知其梗概。告子所見之性，惟是自然質性耳。孟子則體證得人有興發仁義之道德性，故曰性善；欲以此提挈告子，惜告子終不悟。但孟子並未明示其與告子所說之性屬不同層次，祇是以其所自證者駁斥告子，而有若干理路之曲折，告子終亦不明性善之旨也。

告子首以杞柳喻性，此係性之材質義；次以湍水喻性，此係性之中性義。材質則可塑造成好壞，中性則可導而之善惡，其初原無好壞善惡可分，故曰「性無善無不善也」（《孟子·告子上》）。告子對性之種種譬喻，總括之以「生之謂性」（同上）一語。董仲舒曰：「性之名非生歟？如其生之自然之資謂之

性，性者質也。」（《春秋繁露・卷第十・深察名號》）此即「生之謂性」一語之恰當解釋。所謂「生之自然之資」，謂生命存在之自然資質，最基層者乃生物維持生命及蕃衍後代之本能；告子曰：「食、色、性也。」（《孟子・告子上》）即屬此。稍高層者，即宋儒所云氣質之性；氣有清濁厚薄之分，其現於人也有智愚、賢不肖之異。最高層者即劉劭人物志所云之才性；有中庸之材，有偏至之才，隨才之偏正各有其所堪任之事及其限制，不可強也。以上三者，足以盡吾人自然生命之內容，而皆爲「生之謂性」一說性原則之所含。

東原之言性，僅及才質，實屬告子一路，因見告子言性爲孟子所非，遂將之歸於佛老一流，以爲彼亦重自然，貴神識而外禮義，故每籠統地與老莊、釋氏一同批駁。其對告子之理解，未盡其實；擬之老莊，亦失其類；對所維護之孔孟，不究其蘊：是以言多舛雜。茲專就其論及告子處剖析之。

東原曰：「告子謂性無善無不善，不辨人之大遠乎物，概之以自然也。告子所謂無善無不善也者，靜而自然，其神沖虛，以是爲至道；及其動而之善，之不善，咸目爲失於至道，故其言曰：『生之謂性。』及孟子詰之，非豁然於孟子之言而後語塞也，亦窮於人與物靈蠢殊絕，犬牛類又相絕，遂不得漫以爲同耳。主才質而遺理義，荀子、告子是也。……告子以上焉者無欲而靜，全其無善無不善，是爲至矣；下焉者理義以梏之，使不爲不善。……告子貴性而外理義，異說之害道者也。凡遠於《易》、《論語》、《孟子》之書者，性之說大致有三……以心之有覺爲說，謂其神獨先，沖虛自然，理欲皆後也。」（《全集》，頁 780～781）以上言及告子論性之要點及其缺失。首先，「生之謂性」一原則即含性無善無不善，東原相提並論之，是也。但「生之謂性」乃是言自然質性之通則，並未對性作任何價值之判斷。查東原語脈，似將「生」理解爲神識沖虛之自然之義，欲使「其神沖虛」，惟有不趨善惡，方能棲心冥寂，自然長久。「無善無不善」，在告子祇表示性之中性義，東原則將之理解爲善惡不分，意謂告子以沖虛自然爲最高價值，不理會善與不善。此乃以其所理解於老莊者看告子，屬佛家所云之「增益見」；增益見者，屬入一己之見，於原意有所增加也。既於原意有所增加，則其未能客觀地了解之也無疑。就自然質性言，不獨人與物不同，即物與物亦相異，此等事實，常人皆知，告子不應無辨。東原以爲告子「不辨人之大遠乎物，概之以自然」，實屬過甚之辭。所以然者，殆由誤解「生之謂性」一原則而作無謂之聯想。告子於自然質性確有所見，但對義理之性則全然模糊，故當孟子以義理之性凌乎其上，

步步逼問時，告子未能詳予辯解，乃至於無言相答。當孟子問告子曰「然則犬之性猶牛之性，牛之性猶人之性歟」？告子實不必爽然自失，而可以有言以對。彼實可辯曰：否，犬、牛、人雖各有其「生」，但所以爲生則異；所以爲生異則性異；但此不妨「生之謂性」一通則之成立。而孟子之設此問，思考亦欠周，原是爲提醒告子：人有眞正異乎犬牛的道德性，今乃將人、犬、牛並列言之，易生誤解；將人與犬牛並列言性，有以類之差異看人與動物之別之嫌。是故孟子此問，告子實可以有答而卻無答，足見其未能推類至盡，故爲孟子一時之辭鋒所懾。而東原據孟子之設此問，遂以爲孟子所見之人性，與犬牛之性皆屬才質之性；才質之性人與牛不同，牛與犬不同，孟子以此詰告子，糾正其「不辨人之大遠乎物，概之以自然」之謬。是又以文害義，執一偏而未見大全也。

　　告子既僅就質氣言性，則一切道德行爲，皆不能根於性，故必主義外。「彼長而我長之，非有長於我也」，此表示：我性中原無有一對長者之尊敬，祇因看到彼爲長者，吾遂對其尊敬。吾對彼之尊敬與否，乃隨彼是否爲一長者此一客觀事實而定，義非吾之所固有，故「義外也，非內也」。如是，義祇有規範行爲之作用。隨客觀事實而轉之義行，嚴格言之，祇是虛文耳。此等文貌雖合乎社會之規範——有此等表現，雖亦可受贊譽，甚或被稱爲有德者；但若與道德的本質相對照，立見其無任何價值。次，告子既不能了悟性善之義，則其所謂「仁內也，非外也」，實亦失據。「吾弟則愛之，秦人之弟則不愛也，是以我爲悅者也，故謂之內」（《孟子·告子上》）；如此所說之愛，乃是私情，固不得仁之所以爲仁之眞。見其爲吾弟則愛之，見其非吾弟則不愛；私情隨客觀之物而轉，亦是外也。孔子固以「愛人」說仁，孟子亦曰「仁者愛人」（〈離婁上〉），此等愛固亦是一種情感，但此種情感是道德的覺情，非俗情上起伏不定之情愛也。告子雖主仁內義外，但其所謂仁，祇是私愛；其所謂義，祇是文貌：二者皆非孔孟所言仁義之實旨。惟由道德本心所自發，不假外求，沛然莫之能禦，以決定吾人行爲之方向者，方是孟子所言仁義內在之仁義。此非告子所能領會，故必主義外；而其所謂仁內，實亦不能眞成其爲內也。東原以爲告子「主才質而遺理義」，言亦有病。蓋告子主才質，就其思理所至，必言義外。「義外」與「遺義」並非同義也。且告子並不言理，東原將之與「義」連言，曰告子「遺理義」，亦一時之失審。

　　告子論性，純就人「生之自然之資」言之，不討論人才質之上下等差。

是故東原以爲告子有「上焉者」及「下焉者」之分，失其實矣。「無欲而靜」，乃是以道家之思理想告子。姑不論東原所了解之老莊非老莊之實，祇就其所意謂之「無欲而靜」言，實不見告子有此意。「理義以梏之」之云，則是以荀子之思理說告子。荀子以爲常人須制以禮義，乃不亂分；但吾人亦不見告子有此義。告子祇說義不內在於性，並未明示以禮義治性之工夫。由上觀之，東原於告子，或納之於老莊，或歸之於荀子，而告子言性之實旨反未能充分彰顯也。

是故東原言告子「貴性而外理義」，祇是臆測。就文獻考之，告子祇有表明對性之見解，並無貴性或賤性之說。東原誤解告子「生之謂性」之云，以爲告子亦如其所理解之道家之守神識令不消亡，遂視告子與道家同爲「貴性」矣。告子之主張，對孟子而言，固是「異說」，所以孟子亟欲扭轉之；至於此等異說是否「害道」，則是另一回事。平心而論，告子於自然質性見得分明。蓋自然質性與生俱來，與吾人之經驗生活相結合，不可須臾離，故須正視。告子祇是將此等性作一般的說明，於道德性之發固無增益，亦未減損，實不可謂之害道。惟吾人若不操持道德性，自然質性易下滾，則會「害道」。東原所以認爲告子義外說害道者，殆受孟子詰告子「率天下之人而禍仁義」（〈告子上〉）一語之影響。然孟子此言，意在表示仁義乃是由內在的道德心所發者，而非人力假材質塑造而成者；若以爲仁義可由人力假材質塑造而成，正是破壞仁義之本質。故孟子嚴格批評告子「禍仁義」，乃是拔本塞源之論也。東原以爲論性而遠於聖人之說者有三，其中「以心之有覺爲說，謂其神獨先，沖虛自然，理欲皆後」居其一，此乃籠統批評告子與老莊者，則其視告子論性猶老莊甚明。如此比附，不但未得告子之實，並老莊之旨亦失之矣。

在「生之謂性」一原則所說之性下，仁、義皆非出於性，即皆由外鑠；告子視私愛爲仁，故曰仁內義外。東原不究此中之委曲，因批評告子之說云：「告子以自然爲性使之然，以義爲非自然轉制其自然，使之強而相從。故言仁內也，非外也；義外也，非內也。立說之指歸，保其生而已矣。……貴其自然，以保其生，誠見窮人欲而流於惡者，適足害生；即慕仁義，爲善，勞於問學，殫思竭慮，亦於生耗損。於此見定而心不動，其『生之謂性』之說如是也，豈得合孔子哉？」（《全集》，頁 303）由此觀之，東原祇反對告子義外之說，不檢討其仁內之說；而於「生之謂性」一語則大不以爲然。其所以反對義外者，因孟子言仁義禮智，我固有之；今告子乃將義視作足以轉制吾

性之自然者而排拒之，實失孟子之旨。依東原，人之血氣心知自然全乎理義，故「義」內在於吾性之中；焉得為保其生，遂將義視作足以戕吾性之自然之外物？夫孟子據道德本心言義內乃必然者，告子據自然質性言義外亦必然者，惟東原據血氣心知言義內則不必然。東原祇附和孟子之非義外，主義內；至於孟子何以主義內則未解，何以非告子義外亦未解。其至也，對告子主張義外說之義理背景亦不甚了了；故其反對告子義外說未盡其實，而其維護孟子義內說亦不得其要也。

　　孟子於告子仁內之說無辯解，雖未推類至盡，猶有憾焉，但孟子於仁之所以為內實有清楚之意識，仁之為內亦道德地必然者。而東原於告子主仁內不反對，此非表示其於孟子所云仁之本質有所了悟，實乃贊成告子以情愛說仁也。蓋東原以生生之德說仁，以遂其生說仁。所謂生，祇是自然生命之生存，能使此血氣之軀免於傷害夭折，使其遂欲、全生即為仁。是故吾人須由愛其生，廣之以愛人之生。如此說仁，正與告子以情愛說仁者相去不遠，故不以告子仁內之說為非也。夫情愛每隨客觀事物而轉，亦隨時間移易而變，此時愛之，彼時恨之者常有之，其表現乃不穩定者、無普遍性者，此與孟子就道德心之普潤言仁而具普遍性者大異其趣矣。

　　依東原之理解，告子所重者在「保其生」，故必「尚自然」。窮人欲固足以害生；即為善，為仁義，從事問學亦於生有損。故必去人欲，去問學，去仁義，亦即袪除一切欲求與學行，方能常保虛靜自然也。告子所以必視義為外者在此，亦即告子舍一切而不顧，祇注意保其生、養其神識耳。於是告子與老莊無二致，不合孔、孟之說，故非之。以上乃東原就其所理解於告子之「保其生」一義進一步所作之推論，是乃以其所理解於老莊者解告子「生之謂性」一義。宛若於文獻未予理會，其不得告子說之實也必然。

　　東原所以反對告子「貴其自然以保其生」者，除認為如此之說不合聖人之教外，另一原因則是以為告子但知屏絕外緣以求其神之虛靜，而不知寧其神之正途。東原曰：「彼自貴其神，以為先形而立者，是不見於精氣為物，秀發乎神也。以有形則有欲，而外形體、一死生、去情欲以寧其神；冥是非、絕思慮以苟語自然。不知歸於必然，是為自然之極致；動靜胥得，神自寧也。」（《全集》，頁781）此處指出告子之誤有二：其一為顛倒形與神之優位次序，其二為寧其神之方錯誤。就形神之優位次序言，東原以為「有血氣然後有心知」；「精氣為物，秀發乎神」，亦即神識乃精氣之精華，由精氣蒸發而成，無

血氣或精氣則無神識；神識因血氣而有，故血氣乃根本首出者。今告子「自貴其神，以爲先形而立」，是一大顛倒。就寧神之方言，吾人既有血氣心知，即自然全乎仁義。血氣心知者，自然也；仁義者，必然也。吾人祇須將自然歸於必然，即可以全其自然。至此，動靜胥合乎禮義，不必求其寧，而心神自寧。今告子不明歸於必然以寧神之方，但求屏除情欲，斷絕思慮，以求神之寧。如是，祇是「苟語自然」，未必能全其自然，故爲大謬。以上乃東原就自家之思理以批駁其心目中之告子。此亦是以其心目中之老莊看告子，而不得告子之實。然東原所提寧神之方則須注意。「歸於必然」足以寧其神，是也。孟子以爲吾人若能配義與道，行無不慊於心，則可以不動心，不動心則神寧矣。但孟子所提不動心之方，自養浩然正氣下手，有本有源；其至也，可使吾人惟義之從，無憧憧往來之患。東原祇說歸於必然，未究明其眞正之動力如何，是所謂必然未必能成其必然，以無本故也。或許經由心氣之整肅與行爲之約束，亦可以有合乎禮義之行，但此實不能保證其永遠不變，未可曰必然也。

復次，告子言其不動心之方云：「不得於言，勿求於心；不得於心，勿求於氣。」（《孟子・公孫丑上》）似可表示東原以告子絕情欲、去思慮爲有據，而非全以其所了解之老莊硬套於告子者。然此只表示告子對論說與思考之態度。「不得於心，勿求於氣」，孟子以爲「可」；所謂「可」者，表示並非最佳之方。蓋「不得於心」，仍須求通，否則永遠迷惑也。「不得於言」，正須求諸心以見其癥結，今曰「勿求於心」，故孟子以爲「不可」也。告子在「不得於言」處不進一步去思通之，於「不得於心」處祇消極地不暴於氣，不審其所以然；期以此免去心靈之激盪，保持心靈之平靜，使心不動。觀其與孟子論性，方孟子步步逼問時，告子「不得於言」，但亦「不求於心」，是以始終惟守其自然質性之說，而不細繹孟子言性之內涵。吾人所了解於告子不動心之方止於此。於是知東原以爲告子「外形體，一死生，去情欲」，純屬臆測。至若欲因告子主張「不得於言，勿求於心；不得於心，勿求於氣」，遂說告子「冥是非，絕思慮」，乃過甚之辭。告子祇是於「不得於言」處，不求諸心，並非全然去思慮也；祇是於「不得於心」處，不進一步究其所以然，並非於任何事皆不辨其是非也。

在東原看來，告子之指歸雖同於老莊，但其立說亦有不同於老莊者。東原曰：「告子未嘗有神與形之別，故言『食、色，性也』，而亦尙其自然，故

言『性無善無不善』。雖未嘗毀訾仁義，而以杞柳喻義，則是戕杞柳始爲桮棬，其指歸與老、莊、釋氏不異也。」（《全集》，頁 303）東原以爲：告子「食、色，性也」之言乃是就形而論性，「生之謂性」之云乃是就神而論性，論性而兼及形神，故曰「未嘗有形神之別」。就形論性，爲東原之所許；蓋東原以爲性乃血氣心知之全，且孟子亦言「形色，天性也」：此未可非。告子之病在貴神識，尚自然以保其生，亦即言「生之謂性」，言「義外」，言「性無善無不善」。東原將「食、色，性也」與「生之謂性」視作兩回事，似以前者爲是，後者爲非；但「生之謂性」乃論自然質性之通則，必含「食、色，性也」一義，東原未解告子，於焉見之。

　　宋儒於孟子、告子言性之異確實見得分明，知二者乃屬不同層次者。自張橫渠分天地之性與氣質之性後，儒者多無異辭，東原則以爲孟子所言之性，乃是才質之性，因以非朱子對告子之評論云：「朱子釋孟子有曰：『告子不知性之爲理，而以所爲氣者當之。蓋徒知知覺運動之蠢然者人與物同，而不知仁義禮智之粹然者人與物異也。』如其說，孟子但舉人物詰之，可矣。又何分牛之性、犬之性乎？犬與牛之異，非有仁義禮智之粹然者，不得謂孟子以仁義禮智詰告子，明矣。在告子既以知覺運動爲性，使知覺運動之蠢然者人與物同，告子何不可直應之曰『然』？斯以見知覺運動之不可概人物而曰爲蠢然同也。」（《全集》，頁 304）朱子以爲性祇是理，而氣不可言性，理氣二分，此是其形上學之總綱。知覺運動人與物同有之，此不足別人、物之異，惟仁義禮智之性理乃人所獨有（在此獨有是獨能超越地攝具之義），物不得與焉，於此方可見人、物之大別。告子祇就知覺運動看人，而不見人之有性理也。朱子之說大致無誤。惟曰「知覺運動之蠢然者人與物同」則須略加說明；此殆人與物同有知覺運動之意，而非知覺運動人與物皆相同之意。於知覺運動表現之異，亦足以別物類，此即東原之所持；但若以爲孟子惟就此以別人、物之異，則非是。告子雖就知覺運動言性，但亦不至於視人與物之知覺運動皆同，而無表現情狀之異，有待孟子詰以「犬之性猶牛之性，牛之性猶人之性」時，始恍然明白人與犬、牛之異也。再者，曰「犬與牛之異，非有仁義禮智之粹然者」，固是；但曰「不得謂孟子以仁義禮智詰告子」，則非。孟子正是以人與犬、牛相較，以爲仁義禮智惟人有之，犬牛不與焉，以此別人、物。蓋東原反對朱子以仁義禮智之所謂理者言性，其所見之性，惟是質氣一層，彼將犬之性、牛之性、人之性之三性平列觀之；今犬與牛性中無仁義禮

智，故不可以此別之也明矣，故朱子以爲孟子拿仁義禮智之不同別人與犬牛之異實非也。此是將朱子所說之「同」字看成相同之同，而將「異」字看成分量之異所生之誤解；不知朱子因人與犬牛同有知覺而曰其同，因人有仁義禮智，犬牛無之而曰其異也。

東原復比較告子、老釋與荀揚間之異同云：「問：告子所謂性，一似荀子言性惡，一似揚子言善惡混，一似釋氏言作用是性。今以荀揚不與釋氏同，則告子不得而與荀揚同矣，豈獨與釋氏所謂性相似歟？曰：然；老聃、莊周之書，其所貴焉者咸此也，杞柳、湍水之喻，胥是物也。其視仁義，視善不善，歸之有思有爲以後事；而其保此性也，主於無思無爲，即釋氏所云『不思善、不思惡時，認本來面目』是也，實一說而非有三說。」（《全集》，頁358）依東原之見，荀子雖言性惡，但主張隆禮義；揚雄雖主張善惡混，但亦勉人修其善，猶近乎聖人之教。惟釋氏則不論善惡，而言「作用是性」；老莊則毀訾仁義以寧其神，二者與告子守其神識之自然而外義之說相似。是故荀揚不與釋老同，告子則與釋老同，而異乎荀揚也。如此之分合實未得各家義理之實。荀子曰：「性者，本始材樸也。」（〈禮論〉）本始材樸原無善惡可說。但人生而好利、疾惡，有耳目之欲，聲色之好，若順是而無節，則流於惡也；非言材樸之性本即是惡者。揚雄曰：「人之性也善惡混，修其善則爲善人，修其惡則爲惡人。氣也者，所以適善惡之馬也與？」（《法言‧修身篇》）揚雄亦以氣言性；氣稟駁雜，而有善惡之成分。但實際表現善惡，則由人之修習決定。方未修習時，氣亦可謂處在「本始材樸」之狀態。由是觀之，荀揚言性，同屬才質一路，而可括之於告子「生之謂性」一通則下，亦即三人所見之性基本上並無不同，不過因所重略別，遂見參差耳。告子杞柳、湍水之喻，正足以證成揚雄性善惡混之說；而其義外之云，正與荀子禮義起於僞之精神相一致。至若釋氏之作用見性，乃是理事之圓融，「不思善不思惡時，認本來面目」，乃是善惡雙遣，直顯空慧之義，此與告子之說絕不相干。老莊「絕聖棄知，絕仁棄義」意在化去執著，以「無」的智慧作用也保存聖知仁義，並非正面否定聖智仁義也，此又與告子之說有何關係？凡此，具見前論。不獨告子與老、釋搭不上關係，即老、釋之說亦互異，焉可混一視之？

就以上所提到之各家言之，告子、荀子、揚雄同路，就質、氣以言性；惟告子僅就自然質性作一般之說明，而荀、揚則進一步提供修善之方。道家固亦就生命存在之自然以言性，但老莊立說，重點不在說明如何養護此自然

之形軀，而在透過虛靜之修養工夫，化除人爲之拘執，逍遙無爲，以安頓生命，此是一路。佛家重在以般若空慧照破五蘊煩惱塵勞，求得解脫，此又是一路。以上三者之義理形態截然不同，不容隨意分合。東原以爲荀揚同路，是也；但以爲告子與老釋同路，則非矣。

二、荀子：隆禮義而未聞道

　　荀子博學明辨，沈潛篤實。其言性，順告子自然質性一路，惟主性惡，故有化性起僞之說。對於天道，亦自經驗之立場見其爲一自然之天。主天生人成，以爲吾人當「明於天人之分」（〈天論〉），不可「錯人而思天」（同上）。爲穩固社會秩序，須建立客觀之禮制以定分，禮制資於百王以來所累積之成果，而後王之禮制尤爲粲然明備，故主張法後王。在倫理上既主定分，在知識上則言正名。務期名言之使用得其當而不淆亂，使邪說辟言不得擅作，頗見邏輯思辨之能；正名之目的亦所以定分也。荀子自認知心出發，重客觀精神之表現；與孟子自道德心出發，重主觀精神與絕對精神者迥異。

　　荀子見得禮義爲維繫人類社會秩序之所需，故肫肫懇懇以建立其禮義之統，殆出乎維護民命、不忍混亂殘殺以同歸於消亡之一念，其於人群族類，實有其終極關懷。可惜將禮義往外推，不能直接根於道德本心，難免落於功利之用；及李斯、韓非出，遂棄禮義而任法術矣，此其學之不幸也。荀子誠應就其不忍生民塗炭、文化滅絕之一念眞誠，有所醒覺，即此識得本心仁體，以歸於儒家之正，然後由其博大之學充實之，以重開生機暢旺之新文運；無奈於本源處不通透，遂爲奸刻之徒所借，以草芥生民，摧殘文化，豈不惜哉！

　　東原論及荀子者，止於性惡及勸學之說，餘不及焉。性惡爲東原之所不許，勸學則東原之所印可。蓋東原以爲性中自然備乎理義，豈可曰惡？而學足以擴充心知，故當重之。荀子不知吾人性中原備理義，孟子見及之；故孟子見道，而荀子未聞道。實則荀子亦有其所見之道，此即認知心所建構的禮義之統也，斯與孟子就道德心之直下呈現言理義不同。若以孔孟爲準以觀荀子，而言其不見道，則可。東原之思理實近乎荀子，循此以往，充其極則足以構造系統之知識，訂定客觀之禮制，成就利民之事功。徒以其所了解於孟子者評荀子，失其實矣。觀東原除性惡之說外，於荀子之論多表贊成，亦足以見其思想傾向矣。

　　東原曰：「荀子以血氣心知之性，必教之理義，逆而變之，故謂性惡，而

進其勸學修身之說。」又曰：「以有欲有覺為私者，荀子之所謂性惡在是也；是見於失其中正之為私，不見於得其中正，且以驗形氣本於天，備五行陰陽之全德，非私也。」（《全集》，頁 781）依此，荀子所謂性惡者，欲與覺本身是私、是惡者，故須教之理義（禮義），逆而變之。但血氣之欲與心知之覺，就其本身觀之，乃是中性者；此點，荀子當甚清楚，不致視中性者為惡。夫血氣與心知乃吾人自然生命之兩大成分，而維生又是生物之本能；於是心知為血氣服務，以便利自然生命之保全。但血氣心知本身形成一機括，一發而不可收拾，循至害人以利己，荀子所謂「從人之性，順人之情，必出於爭奪，合於犯分亂理而歸於暴」（〈性惡〉）者，以此。東原以為荀子「見於失其中正之為私」，是也。足見其對荀子之所謂惡有所了解，但對荀子所云致惡之由則不甚善會。蓋荀子固言吾人生而好利、疾惡，有耳目之欲、聲色之好，但惟「順是」，始生爭奪、殘賊、淫亂而流於惡，因情欲之表現有惡，遂稱此材質之性為惡。故所謂性惡，乃由果溯因之說，非是由材質之性本身即可分析出惡也。至若康德所云性癖於惡，則逕承認人性中原有惡根，是以有殘暴、嫉恨等非理性之行，對惡之說明較荀子為直接，可與荀子性惡說相比觀。但康德強調吾人之意志是自由的，為惡不可委諸天生，吾人實應對自己之行為負責；〔註4〕荀子則強調師法之化，禮義之道之必要及其重要性。而東原以為吾人血氣心知自然備仁義禮智之全德；其底子是告子、荀子之路，卻不敢違孟子之言，於孟、荀兩不著邊；成德之方，遂不能堅立挺拔。

　　東原曰：「荀子二理義於性之事能，儒者之未聞道也。」（《全集》，頁 781）所以然者，蓋東原以為荀子不明血氣心知自然全乎理義，乃以為理義得諸外也。夫孟子之聞道固非如東原之所說，荀子未聞道之故亦非東原所理解。就荀子觀之，孟子性善之說，「無辨合符驗，坐而言之，起而不可設，張而不可施行」（〈性惡〉），祇是空談無徵，未能落實，不合實情，才是未聞道；而吾能建構一客觀之禮義之統，足以飾情性，使人遠於偏險悖亂，而歸於正理平治，一切皆可見諸施行，皆有「辨合符驗」，可發揮實際效用，此方是聞道；

〔註 4〕康德曰：「我們卻須對于性癖于惡之性癖負責，蓋因為由于此性癖有關於主體「人」之道德性，而且結果亦是被發現于此主體之為一自由活動著的存有中，是故此性癖必須當作是此主體自己之過錯而可歸咎于此主體，由此主體負責，儘管此性癖是如此之深地植根于自由決意中以至于它必須被說為是自然地被發現于人之生命中者。」（《圓善論》，頁97～98，牟先生譯康德「單在理性範圍內之宗教」首部Ⅲ，人本性上是惡的——「無人可生而免於惡」）

吾之所謂道，乃客觀之禮義法度之道也。夫荀子以孟子之說無「辨合符驗」，遂「不然」之，見荀子之著實，缺乏理想主義之情調。以正宗儒家之義理衡之，荀子之未聞道正在此。儒家之道，當以孔孟爲衡準，否則聞道或未聞道，即無定矣。惟東原之所云，無論自孟、荀任何一方觀之，皆屬未聞道，以其既乏理想主義之精神，又不能貫徹經驗主義之立場也。

　　東原曰：「荀子以禮義生於聖心，常人學然後能明於禮義；若順其自然，則生爭奪。弗學而能，乃屬之性，學而後能，不得屬之性，故謂性惡。而其於孟子言性善也，辯之曰：『性善，則去聖王，息禮義矣；性惡，則與聖王，貴禮義矣。』此又一說也。荀子習聞當時雜乎老、莊、告子之說者廢學毀禮義，而不達孟子性善之旨。以禮義爲聖人教天下，制其性，使不至爭奪；而不知禮義之所由名。老、莊、告子及後之釋氏乃言如荀子所謂去聖王、息禮義耳。」（《全集》，頁 296）以上自「故謂性惡」之前所云，頗能把握荀子性惡論之要旨。但東原於此，重在表明荀子如此之云，乃是「不達孟子性善之旨」，「不知禮義之所由名」；此須檢別。荀子曰：「禮義者，聖人之所生也，人之所學而能，所事而成者也。」（〈性惡〉）此即東原所云「荀子以禮義生於聖心，常人學然後能明於禮義」之根據。但聖人何以能生禮義乎？荀子曰：「聖人積思慮，習偽故，以生禮義而起法度。然則禮義法度者，是生於聖人之偽，非故生於人之性也。」（〈性惡〉）足見聖人性中亦原無禮義，聖人之禮義亦自「積思慮，習偽故」而來，如此之云，頗能貫徹性惡說。但若進一步問聖人何以願「積思慮，習偽故」，起禮義法度以化人之性？必曰：不忍見人群之爭奪、犯分、亂理也。足見此不忍之一念，乃禮義法度所以生之原。荀子誠應就此一念，見得人性中有至善之根柢。如是，當肯認孟子性善之說有據，而不必以其無辨合符驗譏之矣。荀子所以「不達孟子性善之旨」者在此，不在其不肯認血氣心知中無禮義也。蓋貫徹荀子之說，血氣心知中無禮義，理義由外鑠，乃必然者；曰「血氣心知自然全乎禮義」，反而不通也。次，「禮義之所由名」，在孟子，祇是「辭讓之心」與「羞惡之心」，此皆良知本心在對應不同事況時一根而發之不同面相；而在荀子，禮義由積習而來，目的在使吾人免於偏險悖亂，合於文理而歸於治。以孟子之標準衡之，荀子誠「不知禮義之所由名」。但東原以爲人之血氣心知自然全乎禮義，而荀子不知之，因曰荀子「不知禮義之所由名」，則非矣。

　　荀子以禮義可以穩固人群秩序，故禮義具最高價值。而禮義之興，來自

聖王，是聖王乃一切價值之最後根源。不管現實上是否有如是之聖王，荀子於理上總作如是之肯定。今孟子曰性善，荀子以爲「所謂性善者，不離其樸而美之，不離其資而利之也」（〈性惡〉），然而實情則與此相反。荀子以爲此點孟子亦知之，故引孟子曰：「今人之性善，將皆失喪其性故也。」（同上）由荀子觀之，孟子此言，即「今人之性，生而離其樸，離其資」（同上）之意，此點，正足以說明性惡，故性善乃無稽之論也。不獨此也，性善說使人以爲人之才質生而美，生而利，是故不必聖王之教化，不必禮義之約束；如是，必至於亂。故性善必不可說；因人之才質並非生而美，生而利，無教化必歸於亂也。以上是荀子對孟子性善說之駁斥，其病在不知孟子所云之性屬何層次，而僅將其所見之自然質性想孟子所言之性，故以性善說爲無稽，爲不可。孟子所言「性善」之性，果如荀子所理解，則荀子以經驗之實情駁斥之，孟子當無辭以對。但孟子既自道德本心上說性善，此性之爲至善乃定然者，故荀子之駁斥，表面上看似有據，實際上正是蔽於一曲也。再者，孟子言性善，乃是就道德本心肯定其爲至善；並非一說性善，即表示吾人之言行天生皆完美無缺，更不必修習也。吾人生命之有情欲，由此而有非理性之作爲，孟子亦深知；但欲成聖成賢，則非肯定性善不可。聖王之教化與禮義之約束，於成聖成賢雖非本質的關鍵，但亦足以化民成俗，孟子亦不排斥之。從肯定性善以至乎成聖成賢，正有一大段路要走也。以是知荀子之斥孟子說性善必致「去聖王，息禮義」爲一大誤解。荀子以「不離其樸而美之，不離其資而利之」理解孟子之性善，因反對之；東原就血氣心知自然全乎禮義理解孟子之性善，因贊成之。所持態度雖異，但對「性善」之理解並無不同也。

依東原之見，荀子因「習聞當時雜乎老、莊、告子之說者廢學毀禮義」，以爲如此必同人於禽獸，故主張以禮義制其性，但荀子復視孟子性善說將去聖王，息禮義，其卒也，將與老、莊、告子之病無異，以故非之；此特荀子不解性善之旨，故其非孟子，正見其不見道；而孟子亦不致有老、莊、告子之病。以上乃東原對荀子所以駁斥性善說之了解，因言其非。夫荀子之重禮義，是否因見老、莊、告子之廢學毀仁義而來，已無可徵；即使如此，亦係荀子誤解老莊絕學、絕仁義之義旨。而荀子是否因見得孟子之說將導致與老莊同病，故批評之，亦難說。是東原以爲荀子之批孟子乃因見得老莊廢學毀仁義之害而來，純屬臆測。所謂荀子未達孟子性善之旨則是實情；但孟子性善之旨非東原之所意謂耳。

荀子曰：「凡性者，天之就也，不可學，不可事。禮義者，聖人之所生也，人之所學而能，所事而成者也。不可學，不可事，而在人者，謂之性；可學而能，可事而成，之在人者，謂之偽：是性偽之分也。」（〈性惡〉）易言之，順其自然生命之種種表現，謂之性；而禮義則由積習而來，祇能謂之偽，不得謂之性。在東原看來，如此之說，正犯二本之病。蓋東原以爲，禮義亦自然生命之固有，而荀子卻二之，所以爲未聞道。東原曰：「荀子見常人之心知，而以禮義爲聖心，見常人任其血氣心知之自然之不可，而進以禮義之必然。于血氣心知之自然謂之性，于禮義之必然謂之教。合血氣心知爲一本矣，而不得禮義之本。」（《全集》，頁 299）又曰：「（荀子）于禮義與性，卒視若閡隔不可通。以聖人異于常人，以禮義出於聖人之心，常人學然後能明於禮義；若順其性之自然，則生爭奪；以禮義爲制其性、去爭奪者也。因性惡而加矯揉之功，使進於善，故貴禮義。苟順其自然而無爭奪，安用禮義爲哉？」（《全集》，頁 306）此係以「歸於必然，所以全其自然」，自然與必然爲一之「一本」說，批評荀子；以爲荀子不知禮義亦源於性，而外之，乃「不得禮義之本」也。彼視老、莊、釋氏與告子分血氣與心知爲二本，是爲大誤。而荀子合血氣心知爲一本，此其進乎老莊處，其重學之精神亦是佛老所不及；但其外禮義於性，則於聖人之道，猶未合也。觀東原對荀子思想之敘述多貼切，而於荀子仍有譏評者，祇因有一「禮義爲自然之質性所固有」之迷障橫梗於心，遂以荀子爲非矣。其實東原之說充類至盡，必歸於荀子一路而無可逃也。

「歸於必然」乃東原用功所在。如何方能歸於必然？曰：必待於學，學所以養吾之心知。所謂學，乃是就心知對於外在禮數之認知說。時時用心於此，亦可使吾人之行端愨敬謹而不逾矩，此即是所謂歸於必然；如是豈非荀子所云由積習以達乎正理平治之方乎？因行身能敬謹端愨，遂說全其自然矣。其實全其自然與性中自然全乎禮義皆是虛說，歸於必然才是實說。

荀子於性既祇見得自然質性，故其修養工夫，必走順取之路，亦即由禮義之認知下手，藉此整飭身心，使行不踰矩。東原於人性之了解，限於血氣心知，其工夫入路基本上與荀子無大差異，故對荀子重學之說無微詞，表面說法之不同不礙二者心態之相應也。東原曰：「荀子謂常人之性，學然後知禮義，其說亦足以伸。」（《全集》，頁 296）又曰：「蓋荀子之見歸重於學，而不知性之全體；其言出於尊聖人，出於重學，崇禮義。首之以〈勸學篇〉，有曰：『誦數以貫之，思索以通之，爲其人以處之，除其害者以持養之。』又曰：『積

善成德，神明自得，聖心備焉。』荀子之善言學如是，且所謂通於神明，參於天地者，又知禮義之極致，聖人與天地合其德在是。聖人復起，豈能易其言哉？」（《全集》，頁 306）此示：荀子雖不知性之全體──禮義由習得，非性所固有；但其所言進學之方則無誤。蓋由荀子之說以行，最後亦可達到「通於神明，參於天地」之境，此即聖人「與天地合其德」之最高理想，荀子之言學，即聖人復起，亦不易其言。東原對荀子之推崇可謂至矣。此無他，心態相應耳，進學工夫相當耳。但荀子之說，聖人復起，果真不易其言乎？由其工夫進路，果真能「與天地合其德」乎？則不能無疑。東原心目中之聖人，惟孔、孟；孔、孟固不廢多學而識，亦不廢對禮數之遵循；但聖之所以為聖，在德不在學。而德舍由超越之本心良知自發外，不可他求。從認知習得之禮數，對於吾人之行雖有約束力；其至也，雖亦可使吾人成一如荀子所云之禮義淳備之君子；但此係無根者，其端謹敦厚並無必然之保障，隨時可塌下來，絕不可能達到孔子所云「從心所欲，不踰矩」，孟子所云「大而化之」之境。是以自孔孟觀之，荀子言學，正是不徹底，絕非是「聖人復起，不易其言」也。如此正不可以言「與天地合其德」；真正與天地合其德，必定通體是天地之德，所謂「天地氣象」是也。是故荀子祇說聖人能參天地，不說其與天地合其德。參者與天地並列為三，則天地仍是天地，我仍是我；天生與人成之功相異故也。合者天地即我，我即天地，二者並無距離也。

　　荀子性惡說與孟子善說表面上似相左，但在東原看來，二者並非水火不相容；就荀子說「塗之人可以為禹」（〈性惡〉），與孟子肯定「人皆可以為堯舜」觀之，二者實可相發明。東原曰：「荀子非不知人之可以為聖人也，其言性惡也，曰：『塗之人可以為禹；塗之人者，皆內可以知父子之義，外可以知君臣之正。其可以知之質，可以能之具，在塗之人，其可以為禹明矣。使塗之人伏術為學，專心一志，思索孰察，加日縣久，積善而不息，則通於神明，參於天地矣。故聖人者，人之所積而致也。聖可積而致，然而皆不可積，何也？可以而不可使之。塗之人可以為禹，則然；塗之人能為禹，未必然也。雖不能為禹，無害可以為禹。』此於性善之說，不惟不相悖，而且若相發明。終斷之曰：『足可以遍行天下，然而未嘗有能遍行天下者也；能不能之與可不可，其不同遠矣。』」（《全集》，頁 306）所引見〈性惡篇〉，而略加刪裁。禹為聖人之代稱。孟子肯定人可以為堯舜，人人皆有道德本心，皆全仁義禮智四端，祇須擴充本心，不自暴自棄，人人皆可以成聖成賢；「可以」乃是真正

可能實現者。而荀子嚴分「可」與「能」之不同；塗之人可以爲禹祇是理論上之可能，其實永不能達到。依荀子之見，成聖工夫在「伏術爲學，專心一志，思索孰察，加日縣久，積善而不息」，最後乃是要達到「通於神明，參於天地」之境。但「通於神明，參於天地」乃是心知之極其盛，常人焉能至之？是以在理論上言，人人皆可達此目標；但就有限之人生言，乃絕不可能達到者。此荀子所以言聖人「可以」而「不可使」致之之故也。在性惡說下，聖人祇是一理想之典型，常人祇能將之當作一修身之最高目標而求逐漸接近，而永不能達致之；在性善說下，人人皆可以爲聖人，以聖心人人所固有，祇看覺或不覺耳。如是，性善性惡說之理論基礎截然不同，焉可謂性善說與性惡說「不惟不相悖，而且若相發明」邪？然東原所以有如是之斷語者，其根本錯誤乃在視孟子所言之性與荀子所言之性同屬血氣心知也。東原以爲其所謂吾人之血氣心知自然全乎理義，乃承孟子而言；而荀子亦言吾人有可以知仁義法正之質，可以能仁義法正之具，遂以爲孟荀「若相發明」矣。不知孟子所云吾人本具理義之性，不自血氣心知上說也。再者，東原以爲孟子雖視吾人血氣心知自然全乎禮義，但仍須「學」以擴充之，以極其量；而荀子亦重積學以使心知進乎神明，遂視二者「若相發明」矣。其實非孟、荀之說若相發明，乃東原與荀子之觀點「若相發明」也。

　　孟、荀固皆重學，但其涵義自別。東原曰：「荀子之重學也，無于內而取於外，孟子之重學也，有於內而資於外。……豈可云己本無善，己無天德，而積善成德，如罍之受水哉？以是斷之，荀子之所謂性，孟子非不謂之性；然而荀子舉其小而遺其大也，孟子明其大而非舍其小也。」（《全集》，頁 307）夫孟、荀固皆重學，但所重之學不同，一主德，一主智；一由逆覺，一由順取；東原之所謂學，惟是荀子之所意謂耳。「荀子之重學也，無於內而取於外」，是也；「孟子之重學也，有於內而資於外」，則可議。蓋荀子既以材樸言性，則性中無禮義，禮義得之積習，故可曰取於外；而孟子既肯定人人原具良知本心，則祇須將此良知本心充分體現，即可達乎聖境，並不須資於外也。惟「見聞之知」之攝取始是資於外，此非其所持重。依東原，「有於內」是虛說，「資於外」方是實說。可見東原雖一再表明自家思想承於孟子；但其思理之近於荀子，則時時流露出而不可掩也。己若本無善，本無天德，則亦不能積而致之，在性善之說統中，確是如此；就性惡說言，則正因吾人本無之，故須積也。東原以爲若血氣之性中本無天德，則積豈能致？此乃性善、性惡說

之混淆；於主觀上承認性善說無誤，而對性惡說所下之詰語；此非獨不盡孟子之蘊，亦有失荀子之實。「荀子舉其小而遺大也，孟子明其大而非舍其小也」，此是以自家之思理對孟、荀所下之評斷。所謂小，當指血氣心知；所謂大，當指理義。東原以爲有血氣心知，則自然全乎理義，而荀子見不及此，外理義於性，故曰「遺其大」；此乃超越層與經驗層之混擾，並於理義之本質不明澈所下之斷語，自不足爲孟荀公允之論斷。若曰：荀子衹見得吾人有經驗的血氣心知之小體，而不見吾人有超越的義理之性之大體；孟子則能明乎超越的義理之性之大體，而亦能正視吾人有經驗的血氣心知之小體，則是矣；但此非東原之意也。

東原總評各家論性之說云：「荀揚所謂性者，古今同謂之性，即後儒稱爲氣質之性者也，但不當遺禮義以爲惡耳。在孟子時，則公都子引或曰『性可以爲善，可以爲不善』；或曰『有性善，有性不善』，言不同而所指之性同。荀子見於聖人生而神明者不可概之人人，其下皆學而後善，順其自然則流於惡，故以惡加之；論似偏，與『有性不善』合。然謂禮義爲聖心，是聖人之性獨善，實兼公都子兩引『或曰』之說。揚子見於長善則爲善人，長惡則爲惡人，故曰：『人之性也善惡混』，又曰：『學則正，否則邪。』與荀子論斷似參差而匪異。韓子言性之品，有上中下三。上焉者，善焉而已矣；中焉者，可導而上下也；下焉者，惡焉而已矣；此即公都子兩引或曰之說，會通爲一。」（《全集》，頁 307）以上論及各家之言性者，雖略有參差，但皆屬才質一路，與東原所見者同，而與正宗儒家就本心良知言性者有異。惟東原之申說，仍有待釐清者。「荀揚所謂性者，古今同謂之性」一語即有病，蓋荀、揚所謂之性，乃就才質而言，而吾人之性，除材質外，尚有義理之性也。義理之性東原不明透，故主質性一層論；以爲凡言性者，皆就血氣心知言，即孟子言性亦如此；此則非矣。次，氣質之性乃是就各人氣質之不同而言，雖亦括之於告子「生之謂性」一原則下，但層次稍高，因已言及清濁厚薄之殊。告子、荀子之言性，乃純就自然生命之徵象說，尚不及氣質之性也。揚雄所言之性，究實言之，與荀子無大異；尚未進至宋明儒所言之氣質之性也。再者，東原以爲荀、揚「不當遺理義以爲惡」；此是以自家思理想荀、揚，不知依荀、揚之思理，「遺理義」於性乃是必然者。公都子所引或曰「性可以爲善，可以爲不善」，即告子「性猶湍水」之喻，乃是性之中性說；「有性善，有性不善」，則是性之命定說。立說雖異，東原以爲「言不同而所指之性同」，是也，皆就

材質而言。再者，荀子認爲聖人亦「積思慮，習僞故，以生理義而起法度」，此表示聖人非天生，但其資質較眾人高，先知先覺，故能起理義以教化眾人，是以東原以爲荀子視「聖人生而神明」，「聖人之性獨善」，似未盡荀子之意也；因荀子明言「堯舜之與桀跖，其性一也；君子之與小人，其性一也」（〈性惡〉）；一者，一是「本始材樸」也。而禮義則聖人所生，猶工人能生器物，陶人能生瓦埴也。禮義在聖人之性外，並非聖人性中原具禮義而「獨善」也，此等分際須釐清。至若韓愈言性有上中下三品，則近乎宋儒言氣質之性矣，但亦是「生之謂性」一原則下之引伸。就氣性言，各人皆不同，三品之分，祇是概略耳，其實何止三品，將有無限多品也。以上言性諸說雖有參差，但皆就自然之質性言之；與孟子就良知本心言性，及宋明儒所言之義理之性屬異質異層者。

第三節　濂溪、康節、橫渠、象山與陽明

一、濂溪：主靜與無欲

　　吾國學術，原以儒學爲正宗，魏晉時歧出於玄學，南北朝、隋唐時歧出於佛學；迨乎北宋，始回歸本統。蓋五代之際，士大夫寡廉鮮恥，社會風俗頹靡，所謂「天地閉、賢人隱」（《易坤・文言》）之時也；宋興，亟思振衰起弊，匡扶人心，特重聖教。文運既開，儒者自覺地挺立道德主體，與先秦儒家有存在的呼應。下迄明末，綿延六百年，內聖之學之精微，闡釋無餘蘊矣。經由對佛老之批判，儒學之價值及優越性益爲彰顯。在此之前，雖有韓退之攘斥佛老，捍衛儒道，但其對儒學之精蘊未能準確把握，對佛老之理解失之粗略，是以其用心雖佳，但成效不著。李習之於義理雖較深入，但獨木難支，學養亦嫌不足，音響輒歇。宋初，胡安定、孫泰山、石徂徠之人格皆卓然有以自立，但於性命精微之理之闡揚，猶有虛歉。眞正能承續儒學之正統，卓爾成家，以開六百年之文運者，當自濂溪始。故黃百家曰：「孔孟而後，漢儒止有傳經之學，性道微言之絕久矣。元公崛起，二程嗣之，又復橫渠諸大儒出，聖學大昌。故安定、徂徠卓乎有儒者之矩範，然可謂有開之必先，若論闡發心性義理之精微，端數元公之破暗也。」（《宋元學案・濂溪學案上》）濂溪在宋明儒學中之重要地位，於此可見。

　　先秦孔孟自主觀面之仁與本心說上去，是以孔子主踐仁以知天，孟子言盡心知性以知天；《中庸》、《易傳》則從客觀面之天道說下來，是以《中庸》言天地之道「爲物不二，生物不測」，《易傳》言「乾道變化，各正性命」。宋儒初興，先由《易傳》、《中庸》入，偏重客觀面之天道性命精微之理之闡釋，對主觀面之仁與本心之義蘊則較少發揮，濂溪、橫渠皆然，而濂溪尤著。濂溪以《中庸》之誠釋《易傳》之乾道，恰當順適，足見其對誠體之妙用體會殊深。此確是先秦儒學之再發揚，亦是孔、孟之教所必涵，不可妄以佛老視之也。黃梨洲曰：「周子之學以誠爲本，從寂然不動處握誠之本。故曰『主靜立人極』。本立而道生，千變萬化，皆從此出。化吉凶悔吝之途，而反覆其不善之動，是主靜眞得力處。靜妙于動，動即是靜，無動無靜，神也。一之至也，天之道也，千載不傳之秘固在是矣。」（《宋元學案・濂溪學案下》）以上頗能簡括濂溪之學之要旨。所謂寂然不動，並非兀然靜止，乃是靜無靜相；靜無靜相，動在其中矣。故寂然不動，必涵感而遂通。感而遂通非機械之活動，乃是動無動相；動無動相，靜在其中矣。卒也，動靜一如，顯微無間，惟是一誠體之顯發明通耳。動而無動，靜而無靜，乃誠體神感神應之妙用：此乃「千古不傳之秘」。其實亦非有若何之秘，若心態相應，即是簡易平實之道。否則道隱而不現，乃眞成其爲秘矣。

　　由是觀之，濂溪雖未能正視仁體、本心，但其對誠體創生、感應之妙，卻有甚深之體會。此一義理綱維，確是先秦儒家之嫡傳，而與佛老之學涇渭分明。東原主觀上認爲宋明理學皆由佛老轉手得來，濂溪之學亦不例外。茲就東原論及濂溪處，略析論之。

　　東原曰：「自老氏貴于抱一，貴于無欲。莊周書曰：『聖人之靜也，非曰靜也善，故靜也；萬物無足以撓心者，故靜也。水靜猶明，而況精神？聖人之心靜乎！夫虛靜恬淡寂寞無爲者，天地之平，而道德之至。』周子《通書》曰：『「聖可學乎」？曰「可」；「有要乎」？曰「有」。請問焉。曰：「一爲要。一者，無欲也；無欲則靜虛動直。靜虛則明，明則通；動直則公，公則溥。明通公溥，庶矣乎！」』此即老莊釋氏之說。」（《全集》，頁 298）又曰：「周子之學，得於老氏者深，而其言渾然與孔孟相比附，後儒莫能辨也。……周子論學聖人主於無欲，王文成論致知主於良知之體，皆以老釋廢學之意論學，害之大者也。」（《全集》，頁 363）老子言「載營魄抱一，能無離乎？」（《道德經・十章》）「是以聖人抱一爲天下式」（《道德經・二十二章》），所抱之一，

即是「道」；所以致道之方，即是「無」。無者，化解一切物欲之膠著、情感之牽纏與認知之係累，以歸以虛寂也。所引莊子書，見〈天道篇〉；殆雜學老莊之道家後學者所爲，而所說不若老子之警策與莊子之透脫。「萬物無足以撓心」，固能靜矣，此係就效果而言，但如何使「物不撓心」，方是工夫所在，此非自老子之致虛守靜，莊子之去成心下手不可。「虛靜恬淡寂寞無爲」之冥境祇是不與物爭，淡欲融情之所致者，即使可說「道德」，亦祇是消極的不爭之德，而非儒家積極的成物之德也。至於「無欲」一義，乃儒、道甚至佛家之共法。然道家之言無欲也，祇在求虛靜玄冥；而濂溪言無欲，則不但求「靜虛」，且在求「動直」。濂溪言虛靜，雖與道家有相通處；但「動直」一義，則道家之所無。「靜虛」猶如《易傳》所云之「敬以直內」（〈坤文言〉），「動直」猶言「義以方外」（同上）。明道以爲佛老「可以敬以直內矣，然無義以方外；其直內者，要之，其本亦不是」（《二程遺書‧卷第二上》）。而「義以方外」一義，最能見儒家義理與佛老之大界分。「動直則公，公則普」即誠德無不遍潤，而無一毫隱曲之謂，靜虛動直與《易傳》所云「敬義立而德不孤，直方大，不習，无不利，則不疑其所行也」（〈坤‧文言〉）之義實相通。濂溪立說，顯然基於《易傳》，與老莊大界甚分明，與釋氏尤不類。焉可籠統曰「此即老莊釋氏之說」乎？

濂溪之學，本乎《中庸》、《易傳》，而《中庸》、《易傳》乃孔孟之學一根而發者。易言之，濂溪之學，其根柢仍在孔孟，並非「與孔孟相比附」也。縱有與老、莊相通處，僅能視作修養之共法，不可將此等共法由老、莊獨專，儒家不得與，而曰「周子之學，得於老莊者深」也。又「無欲」乃工夫修養之詞語，與廢學不廢學無關，並非言無欲者必廢學也。老子所謂「爲道日損」，「絕學無憂」諸說，並非廢棄經驗知識之謂，乃是汰濾知識，以顯道心之意。東原因濂溪云「無欲」，而老莊亦云「無欲」，遂以爲濂溪之學同於老莊；且將老子之「絕學無憂」，「爲道日損」等，了解爲廢學。佛老廢學乃「害之大者」，於是濂溪之學亦「害之大者」：凡此，皆比附、誤解之過。

東原以太極爲氣化之陰陽，以兩儀、四象爲易畫，故對宋儒太極之說不以爲然，東原評濂溪〈太極圖說〉曰：「後儒論陰陽，必推本太極。云：『無極而太極。太極動而生陽，動極而靜；靜而生陰，靜極復動；一動一靜，互爲其根；分陰分陽，兩儀立焉。』朱子釋之云：『太極生陰陽，理生氣也。陰陽既生，則太極在其中，理復在氣之內也。』又云：『太極，形而上之道也。

陰陽，形而下之器也。』……後世儒者以兩儀爲陰陽，而求太極于陰陽之所由生，豈孔子之言乎？」（《全集》，頁 301）若不通盤了解濂溪之學，而僅就以上所引〈太極圖說〉之文觀之，很可能往氣化宇宙論方面想，將太極生陰生陽，看作氣化自然之生化，如母生子然。其實濂溪之所謂太極，惟是一天道之誠體耳，乃形而上者，陰陽則是形而下者。太極之動靜與陰陽之動靜不同，陰陽之動靜由於太極誠體之妙運使然。因陰陽有動靜，溯其所以然之故，遂說太極有動靜矣。實則太極誠體之作用乃神感神應者，原無跡象可言，強曰動靜，亦是「動而無動，靜而無靜」之非動非靜者。太極動而生陽，靜而生陰之生，惟有妙運義耳，固不得以物類之相生視之也。

二、康節：神無方而性有質

康節之學，主要在圖書象數。「先生探賾索隱，妙悟神契，多所自得。」（《宋元學案・百源學案上》）其所自得者在此，其所以異乎濂溪、橫渠、明道而與先秦儒學有間者亦在此。由此而言天、道、心、性，雖亦自成一家之言，但與直承孔孟之宋明儒所說相較，則不精純。此後人論宋明心性之學時，康節未能與諸大儒比論之故。

在濂溪，太極祇是天道之誠體。而邵伯溫申其父康節之意云：「混成一體，謂之太極。太極既判，初有儀形，謂之兩儀；兩儀又判而爲陰、陽、剛、柔，謂之四象；四象又判而爲太陽、少陽、太陰、少陰、太剛、少剛、太柔、少柔，而成八卦。太陽、少陽、太陰、少陰成象于天而爲日月星辰，太剛、少剛、太柔、少柔成形于地而爲水火土石。八者俱備，然後天地之體備矣；天地之體備，而後變化生成萬物也。」（《皇極經世書・觀物內篇之一》，頁 127）此將〈繫傳〉「易有太極，是生兩儀，兩儀生四象，四象生八卦」及「在天成象，成地成形」進一步指實，使太極、兩儀、四象、八卦及象、形等皆有確指。《易傳》之言簡略，後人將之納於己之說統中，原無不可。康節以動靜說兩儀，陰陽則屬之四象，此與歷來就陰陽以言兩儀者異數。

「混成」一詞，蓋借用「有物混成，先天地生」（《道德經・二十五章》）之混成，但取義有別。「混成一體，謂之太極」意謂：太極乃儀、象、卦未判時之渾一狀態，儀、象、卦祇是太極既判後各階段之符徵。而太陽等又能成就天上日月星辰之象，太剛等又能成就地面水火土石之形，是謂天地之體。體非形而上之本體，乃形而下之體質；凡康節用體字率取斯義。有此基本體

質，乃能「變化生成萬物」。因有八卦之「用」乃能成形象之「體」，亦因有形象之體乃顯八卦之用也。宋明諸儒多主「即體成用，由用顯體」，而康節則主「即體顯用，由用成體」，蓋體、用二詞所指不同故也。由是知萬物之所以能變化生成者，究極言之，實乃太極之用也。

康節曰：「心爲太極。」又曰：「道爲太極」（《皇極經世書·觀物外篇上》，頁351）；「先天之學，心也；後天之學，跡也。出入有無死生者，道也」；「神無所在，無所不在。至人與他心通者，以其本於一也。道與一，神之強名也。」（《皇極經世書·觀物外篇下》，頁357）由是可知，無論心、神或道，皆是太極之異名。就其「潛天潛地，不行而至，不爲陰陽所攝」（同上，頁355）而言，謂之神；就其「出入有無死生」而言，謂之道；就其「能應萬變」而言，謂之心。凡此，皆是「指事而異名」。但太極乃總天地萬物之用而言，心、神與道則通乎天地萬物與個體；凡此，皆是所謂「先天之學」，而非「後天之學」。所謂先天之學，乃就用言；「後天之學」，乃就體言。但天地萬物之爲體是否可說即爲太極、道或神之用所創生乎？在康節此義不顯，彼祇強調太極之超越性，及道與神之周流無礙性。舉凡太極、道、神與心皆不由道德創生之誠體說，此其學之所以不精純，而與正宗儒學有間也。

落於個體言，康節曰：「天使我有是之謂命，命之在我之謂性，性之在物之謂理。」（〈觀物外篇下〉）命、性與理表面看似有不同之指謂，其實是一。「天使我有是」非「在我」而何？我亦物之一，故「在我」之性與「在物」之理祇分言耳，不害其爲一也。然天予我之「命」以及在我之「性」、在物之「理」實即以上所云之道、神等耳。此亦是天道性命之合一，但此等合一祇是由天道說下來，而不再就性命驗證天道。非獨天道之創生義不顯，心、性之爲道德主體義亦不顯也。

宋明儒多就良知、天性之呈現與否判人、物，康節則以感官涵攝量之大小別之，實即以心知之靈蠢別之也。康節曰：「人之所以靈於萬物者，謂其目能收萬物之色，耳能收萬物之聲，鼻能收萬物之氣，口能收萬物之味。聲、色、氣、味者，萬物之體也；耳、目、鼻、口者，萬人之用也。體無定用，惟變是用；用無定體，惟化是體。體用交而人物之道于是乎備矣。」（《皇極經世書·觀物內篇之二》，頁139～140）人之耳、目、鼻、口能盡收萬物之色、聲、氣、味，此人之所以靈於萬物也。姑不論人是否事實上能達到如此，即使能之矣，亦祇是就感性之層面看人，而非就人之「良貴」處看人也。「體無

定用，惟變是用」者，聲色臭味等萬物之體隨耳目鼻口等感官之靈敏度之異而有不同之用也。「用無定體，惟化是體」者，耳目鼻口等感官之用隨聲色臭味之變化而即以之為體也。「體用交而人物之道備」者，從用見體，由體顯用，人物之道盡於此矣。

　　人為物之靈，聖人則為人之至。聖人之代表乃孔子，康節曰：「人皆知仲尼之為仲尼，……如其必欲知仲尼之所以為仲尼，則舍天地將奚之焉；人皆知天地之為天地，……如其必欲知天地之所以為天地，則舍動靜將奚之焉？夫一動一靜者，天地至妙者與！夫一動一靜之間者，天地之至妙至妙者與！是故知仲尼之所以能盡三才之道者，謂其行無轍跡也。故有言曰：『予欲無言。』又曰：『天何言哉？四時行焉，百物生焉。』其斯之謂歟！」（〈觀物內篇之五〉，頁180～182）聖人「德合天地」，而天地之為德，祗是一動一靜，一動一靜而無跡，萬化出焉。聖人亦在動靜無跡之間而成就眾德。其動靜與天地之變化等同微妙，此聖人之所以為聖人也。所謂「予欲無言」及「天何言哉」之云，皆是聖人至乎化境之言。康節僅就此等化境看聖人，則儒家之聖人與道家之至人、真人實無大差別。「無轍跡」之云亦取諸老子。但依正宗儒家義理觀之，聖人之所以為聖，乃在其仁心潤物之充其極，化境尚在其次也。以是知康節於聖人之所以為聖人之本質把握不住也。

　　在工夫修養方面，康節亦主「慎獨」，康節曰：「凡人之善惡，形于言，發于行，人始得而知之。但萌諸心，發於慮，鬼神已得而知之矣，此君子所以慎獨也。」又曰：「人之神則天地之神。人之自欺，所以欺天地，可不慎哉！」（《皇極經世書・觀物外篇下》，頁359）方吾人思慮一萌時，善惡是非，吾人皆能昭然知之，此知，依孟子，乃良知之自覺；吾人於此時，當不自欺，即須依良知之裁斷，存善去惡，捨非從是，此即《中庸》慎獨之工夫。康節所謂慎獨，不就良知之知是知非上說，亦不就性體之戒慎恐懼上說，而曰鬼神無所不知，故不可欺。賴一在上之鬼神之鑑臨以截堵惡念之萌，而不能自作主宰，自警自覺，遠離儒家之本旨矣。再者，康節雖知由心地下功夫，但總不夠警策。「心一而不分，則能應萬變，此君子所以虛心而不動也」（同上，頁360）。欲達致心一不分以應萬變，在「虛心而不動」。但虛心不動仍是境界語，而非工夫語。畢竟是由儒家之克己復禮以達致之乎，抑由道家之致虛守靜以達致之乎，仍是待決定者；康節於心性之學，不能獨樹一幟，在此。「能循天理動者，造化在我也」（同上，頁365），此等話頭，儒、道皆可說；問題

不在循天理與否，而在循何種天理；是循儒家道德上必然不可易之「良知之天理」乎，抑循道家「順物而不傷」之天理乎？此方是問題關鍵所在。康節於儒道大界分之意識較其餘宋明儒爲弱，是以出語雖免模稜恍惚。或曰：彼自可成一家之言，而不必涉及儒、道，此固可說，但卻未能指引吾人一確定之工夫入路。康節曰：「君子之學，以潤身爲本，其治人應物，皆餘事也」（同上，頁 363），此等話明道亦可說，如所謂「雖堯舜之事，亦只是如太虛中一點浮雲過目」（《二程遺書・卷第三》），但明道言此，在嚴分道德、事功之本末，其背後實有一深密之心性工夫以支持之，不若康節言之浮泛也。

康節之最高造境乃在以此心之明通觀萬物，將萬物盡攝於心神之中，而不加以私情。「不我物，則能物物」（《皇極經世書・觀物外篇上》，頁 354）一語盡之矣。所謂不我物乃「不以我觀物」之意，所謂「物物」即「以物觀物」之意。康節曰：「以物觀物，性也；以我觀物，情也。性公而明，情偏而暗。」（同上，頁 357）以我觀物即由一己之好惡以觀物，此時物加上私情之色彩，不能見其本來面目。「以物觀物」即以大公無私之心觀物，則物皆如其本來面目以呈現。物如其本來面目以呈現者，實即涵攝於吾神明照鑑之中也。此等「以物觀物」之工夫，當何由致之，康節曰：「易地而處，則無我也。」（《皇極經世書・觀物外篇下》，頁 402）「易地而處」即是站在物邊，而不站在我邊，故能免去私情之夾雜也。觀物之至者，則爲聖人。康節曰：「是知人也者，物之至者也；聖也者，人之至者也。……謂其能以一心觀萬心，一身觀萬身，一物觀萬物，一世觀萬世者焉；又謂其能以心代天意，口代天言，手代天工，身代天事者焉；又謂其能上識天時，下盡地理，中盡物情，通照人事者焉；又謂其能以彌綸天地，出入造化，進退古今，表裏人物者焉。」（《皇極經世書・觀物內篇之二》，頁 141～145）聖人之觀物也，全出乎公而明之性，故其神無不通達，上下古今，皆在其神之虛照中。聖人之神即天地之神也，故能「彌綸天地」；此人生修養之至高境界也。在此，吾人祇見一心神冷然之泛覽，一種帶有藝術性之觀照，而不見本心仁體之成全與遍潤。

觀物內、外篇爲康節書中最富哲思之部分，觀物之旨，以下所云，最是清楚。康節曰：「夫所以謂之觀物者，非以目觀之也；非觀之以目，而觀之以心也；非觀之以心，而觀之以理也。……聖人之所以能一萬物之情者，謂其聖人之能反觀也。所以謂之反觀者，不以我觀物也；不以我觀物者，以物觀物之謂也。既能以物觀物，又安有我於其間哉？」（《皇極經世書・觀物內篇之十二》，頁

275～277）無論是觀之以目，或觀之以心，皆是「直觀」，即以我主觀之私情衡量事物，如是則難免失之偏暗。觀之以理則是「反觀」，反觀即是屏私情，與物無對，融我於物。如此，則此心之神明周流遍照，故能彌綸天地，而與萬物爲一也。由是可知，康節實能見心神之全體大用。但屏私情並不能盡聖功之蘊，此其學之所以不得與濂溪、橫渠、明道等相提並論也。

東原對康節之批評與對其它宋明儒之批評無甚異。大體是說康節之學得之老莊。其實康節於儒家義理固無深契，與老莊亦有距離；在其心目中，其學仍屬儒學也。

東原曰：「邵子云：『道與一，神之強名也。』又云；「神無方而性有質。」又云：『性者，道之形體；心者，性之郛郭』。又云：『人之神即天地之神。』合其言觀之，得于老、莊最深。所謂道者，指天地之神無方也；所謂性者，指人之神有質也，故曰：道之形體。邵子又云：『神統於心，氣統於腎，形統於首，形氣交而神主乎其中，三才之道也。』此顯指神宅於心，故曰：心者性之郛郭。邵子又云：『氣則養性，性則乘氣，故氣存則性存，性動則氣動。』此顯指神乘乎氣而資氣以養。朱子於其指神爲道、指神爲性者，皆轉其說以言夫理。」（《全集》，頁297～298）在康節，道、性、心、神所指並無不同，不過特重神之虛明照鑑，周流無礙義。其所謂神，不獨與《易傳》「妙萬物而爲言」之神不同，亦與老子「谷神不死」之神有別，前者以創生之實體定，後者以沖虛之玄智定；而康節所說之神祇是心知所發、周流遍照之明耳。

「神無方而性有質」，並非說性乃是物質性者，此句與「性者道之形體」同義。言道言神，重其周流遍運義，性則落在個體物上說，而與形質相結合，故曰「性有質」。道與神必落實於性上說，其作用乃著也。性所以彰著道，故曰「性者，道之形體」（〈集壤集序〉），並非說道本身有形體，性爲物質性者也。言性仍顯隱奧，故又曰：「心者，性之郛郭」，此即是說心爲性之形著原則。言心，特顯動用義。康節接下云：「身者，心之區宇」；「物者，身之舟車」。凡此，皆是步步外在化與形著化。此見道與神非是孤懸在上，而是周遍於萬物之中者，然康節並未極成斯義。及乎橫渠「心能盡性」（《正蒙·識明篇》）；「天之不禦，莫大於太虛，故心知廓之，莫究其極也」（《正蒙·大心篇》），始開「以心著性」之義理規模。

至若言「形氣交而神主乎其中」，「氣則養性，性則乘氣」（〈觀物外篇〉）等，則重在言神、性與形、氣之不可分性。但若以爲朱子將此處所說之性與

神「轉其說以言夫理」，則非是。蓋朱子所言之理，乃超越的、靜態的；而康節所言之性與神，則是動態的、周流無間的。朱子之言理，實得之伊川，不得之康節也。

東原曰：「邵子之學，深得於老莊，其書未嘗自諱。」（《全集》，頁359）夫康節雖有假於老莊之言以說理，但康節畢竟非老莊；東原所以作此肯斷者，蓋彼自始即視老莊爲養生家。養生家以鍊精、氣、神爲務。康節多言神，遂視彼深得老莊之旨。實則康節所謂神，固異乎養生家所謂神。養生家所謂神，不過形氣之精華耳；而康節之言神，雖祗保存《易傳》「變動不拘，周流六虛」（《易・繫辭下》）一義，而遺其「妙萬物而爲言」（《易・說卦傳》）之義，但以之比於老莊或養生家所言之神，皆有所不可。

東原曰：「邵子言：『形可分，神不可分。』其說亦得之體驗。如耳目鼻口之官，是形可分也；而統攝於心，是神不可分也。」（《全集》，頁360）東原一看到形字，就想到耳目鼻口之官，一看到神字，就想到吾人之心知，此是以自家之思理想康節，而康節之意未必如此。所引「形可分，神不可分」之語，在〈觀物外篇上〉，祗是孤零之句，無上下文以會其實指。康節特重神之周流無礙義，康節曰：「神無所在，無所不在；至人與他心通者，以其本于一也。」（《皇極經世書・觀物外篇下》，頁356）此即言神在吾心，亦在他心，故彼此得以相通；至若形，則彼我有別矣。若然，則「形可分，神不可分」意當爲：就形體以觀，有個體之分；就神以觀，則彼此無異。故此句當指個體與個體間之形與神，而非論一身之內之感官心知也。

三、橫渠：虛氣與神化

東原於宋明諸儒批駁不遺餘力，對於橫渠雖亦認爲其基本觀念來自佛、老，但稍客氣，以爲橫渠某些話頭與自家思理相近，雖聖人復起，亦無以易。其實橫渠之學，自《中庸》入，其後雖訪諸釋、老之書，終不相應，乃反而求諸六經。六經之中，最富哲思者爲《易》，故橫渠有《易說》三卷。其代表作《正蒙》，主要在闡揚《易傳》、《中庸》所含天道、性命精微之理，並據此嚴格批判佛、老之非。彼雖對佛、老之理解未盡其蘊，但對儒學之異乎佛、老處則辨之甚明，使彼此不相淆亂。彼固嘗涉獵佛、老，然其思想實非立基於此。

橫渠消化《易傳》、《中庸》旁及《論語》、《孟子》之後，精心苦參，自鑄偉辭，因以構造一博大精深之思想系統。橫渠以《易傳》「保合大和，乃利

貞」(〈乾・彖傳〉)之太和說道。太和之道析言之,則是「散殊而可象」之氣
與「清通而不可象」之神。氣之「絪縕、相盪、勝負、屈伸」(《正蒙・太和》)
以成一切變化者,由於有神之妙運也。「神也者,妙萬物而為言者也」(《易・
說卦傳》),「神無方而易無體」(《易・繫辭上》),橫渠之所謂「清通而不可象」
(《正蒙・太和》)之神實本乎《易傳》。「太虛無形,氣之本體」(同上),本
體一詞自橫渠提出後,宋明諸儒多沿用之。太虛乃氣之本體,亦即使氣成其
生化者,故太虛即是神,可合稱曰「太虛神體」。〔註5〕

　　《易傳》云:「陰陽不測之謂神」(〈繫辭上〉),陰陽非神也,乃是從一陰一
陽之變化莫測以見神之妙運無方。此乃橫渠「由兩見一」說之所本。「一物兩體,
氣也。一故神(自註:兩在故不測);兩故化(自註:推行於一),此天之所以
參也。」(《正蒙・參兩》)神不可見,由陰陽二氣之推行成化以見之。陰陽二氣
之所以能循環不息者,由於有神體之妙運也。而神體之妙用,亦須藉氣顯,否
則神即孤懸在上矣。神體之於氣,乃是既超越而又內在者。超越者,神屬智思
界,而氣屬感觸界,二者性格迥殊也;內在者,神之妙用即在氣中表現,不能
離氣而獨存也。神體之妙運乎氣以生化萬物乃是道德之創生,而非自然之生化。
此種既超越而又內在之道德的形上學乃儒家所獨有,而橫渠盛發之。與老釋二
家之說比勘,立見其剛拔峻偉。不可因見橫渠於天道論方面多言氣,遂以為橫
渠以氣為首出,視神為氣之屬性,因誣橫渠為唯氣論者。

　　橫渠曰:「天所性者通極於道,氣之昏明不足以蔽之。」(《正蒙・誠明》)
此即其所言之天地之性,與形而後方有的氣質之性迥異。然而「心能盡性」,
「性不知檢其心」(《正蒙・誠明》),要使此一天命之性充分體現,有賴道德
本心形著之也。本心推擴一分,性體即彰著一分,及乎本心充分朗現,性體
亦全體昭然。「以心著性」之義理規模,實由橫渠發之。

　　橫渠既嚴分天地之性與氣質之性,於是乃有變化氣質之說。「形而後有氣
質之性,善反之,則天地之性存焉;故氣質之性,君子有弗性者焉」(《正蒙・
誠明》)。天地之性與氣質之性之名雖橫渠所自鑄,以檢別性之二層次,但此
當由孟子大體、小體之分而進一步規定之者。氣質既隨生命以俱來,自無由
否定之,惟可以「變化」之;變化之道,惟在「善反」,反即孟子「反身而誠」
(〈盡心上〉)、「君子必自反也」(〈離婁下〉)之反;即本心自我作主,不隨物

〔註 5〕 「太虛神體」一詞乃牟先生根據《正蒙・太和篇》「清通而不可象為神」及「太
　　　　虛無形,氣之本體」之義所鑄成者。

欲遷流也。時時精進，步步超轉，則氣質不爲累，而爲天理體現之資；是故橫渠曰：「耳目雖爲性累，然合內外之德，知其爲啓之之要也。」（《正蒙・大心》）足見氣質不可咎，但視吾人是否「善反」耳。

橫渠一切精思睿見皆可自先秦儒學中尋得根源，無非是先秦儒學之推闡與發皇，其爲儒家之正宗，而與佛老大相逕庭乃無可疑者。而東原乃以爲橫渠之說根本上亦來自佛老，是以其對橫渠之說，或批評，或贊許，悉不中肯。茲引東原論及橫渠處略析之。

東原曰：「張子云：『由太虛，有天之名；由氣化，有道之名；合虛與氣，有性之名；合性與知覺，有心之名。』其所謂虛，六經、孔孟無是言也。張子又云：『神者，太虛妙應之目。』又云：『天之不測謂神，神而有常謂天。』又云：『神，天德；化，天道。』是其曰虛曰天，不離所謂神者。彼老莊之自貴其神，亦以爲妙應，爲沖虛，爲足乎天德矣。張子又云：『氣有陰陽，推行有漸爲化，合一不測爲神。』斯言也，蓋得之矣。試驗諸人物，耳目百體會歸於心；心者，合一不測之神也。天地間百物生生，無非推本陰陽。」（《全集》，頁 298）橫渠所謂「由太虛，有天之名」（《正蒙・太和》），太虛既是「無形」，而爲「氣之本體」，則此處所謂「天」，乃超越意義的、形而上之天，即「上天之載，無聲無臭」（《詩・大雅・文王》）之天，非昭昭有形之天也。「由氣化，有道之名」，氣化本身非道，但由氣化之流行可見道。道固不離乎氣，但道本身並非是氣也。「合虛與氣，有性之名」，性本乎天，而天性之表現有待乎氣，故從虛與氣可以說到性；但橫渠由「合虛與氣」以說「性之名」之所以立，則不妥。「至靜無感，性之淵源」（《正蒙・太和》），「至靜」即含「至動」，「無感」即含「感而遂通」，由此以見性體之純粹無雜，淵然有定向。若因其須在氣中表現，遂謂性須「合虛以氣」以名，即失性體之超越性與自主性矣；此即橫渠立說之不審處。「合性與知覺有心之名」，橫渠蓋以爲主觀之心形著客觀之性須有感，亦即有知覺，遂自性與知覺言心矣。但以「合性與知覺」說心之名之所以立，亦不妥。蓋如此，則易被誤會爲性中原無知覺。性乃是即寂即感者，其知覺非感觸的直覺，乃是智的直覺，但不可因智的直覺不可由感官感觸到，遂謂無也。心之有知覺固無疑矣，但性之對其自己，即是心，心之知覺實即性之知覺。心之爲主觀性原則與性之爲客觀性原則祗是爲說理方便所作之分，而不礙其本質爲一也。

「太虛」一詞，固不見於《論》、《孟》與六經，而初見於《莊子・知北

遊》「不過乎崑崙，不遊乎太虛」，但橫渠方便借用，而賦予新義，亦無不可也。惟「虛」字，數見先秦典籍之中，《尙書‧堯典》：「宵中星虛」，〈傳〉：「虛，玄武之中星。」《易‧繫辭下》：「變動不居，周流六虛。」〈註〉：「六虛，六位也」。焉得曰虛字「六經、孔孟無是言」，不過〈堯典〉、〈繫傳〉等所言之虛，皆無橫渠「太虛」之義耳。

橫渠曰虛，曰天，固「不離乎所謂神者」，但若將神想成「老莊之自貴其神」之神，則非。「由太虛，有天之名」，太虛代表形而上的道德之天，「天之不測謂神，神而有常謂天」，就其有不測之妙用以言，則謂之神；就其爲不易之常體以言，則謂之天。所重不同，立言亦殊，然不礙太虛、天、神三者內容之同一也。而東原所意謂之「老莊之自貴其神」之神，祇是養生家所調養之精魂，屬氣邊事，固與老子以「谷神」喻道所云之神無關，亦與橫渠據《易傳》所說之神大異，焉可互相比附？

「氣有陰陽，推行有漸爲化，合一不測爲神」（《正蒙‧神化》）。陰陽之氣所以能「推行有漸」以成生化，乃因有不測之神妙運之。「神，天德；化，天道。德，其體；道，其用」（同上）。神就體言，化就用言，即體以成用，即用以見體；卒也，體用爲一。而東原將橫渠所云合一不測之神看作血氣心知之心，則謬矣。血氣心知之心雖是氣之靈，但與合一不測之太虛神體迥異，焉可混一視之？「天地間萬物生生，無非推本陰陽」意謂：天地間萬物之生生，皆陰陽自然之作用；除此之外，不可再上推一超越之體以爲其本也。此由東原以氣化之陰陽釋太極可知。然陰陽之所以能起秩然有序之生化作用，其故安在？此則東原所不願深思，故往自然主義與唯氣論趨。東原以爲橫渠「氣有陰陽，推行有漸爲化，合一不測爲神」之斯言，「蓋得之矣」，此東原以己說解橫渠之贊詞耳，實未得橫渠之實意也。

東原曰：「獨張子之說，可以分別錄之，如言『由氣化，有道之名』，言『化，天道』，言『推行有漸爲化，合一不測爲神』，此數語者，聖人復起，無以易也。張子見於必然之爲理，故不徒曰神，而曰『神而有常』，誠如是言，不以理爲別如一物，於六經、孔、孟近矣。就天地言之，化，其生生也；神，其主宰也：不可歧而分也。故言化則賅神，言神亦賅化；由化以知神，由化與神以知德。德也者，天地之中正也。」（《全集》，頁 298）以上所言，如「化，其生生也；神，其主宰也：不可歧而分也」；「言化則賅神，言神亦賅化」之言，表面看皆甚佳。但東原對神、化與道等名義之了解，畢竟不同於橫渠。

橫渠由氣化以見道，道固藉氣化以顯，但畢竟非氣化本身；東原則逕視氣化本身爲道。橫渠「神，天德」與「化，天道」並言以見義，而東原許「化，天道」一義，而不許「神，天德」一義，蓋「由化以知神，由化與神以知德」，意即：有血氣即有心知，而血氣心知自然全乎理義也。理義乃虛以會之者，不可逕以心知爲德也。故曰：「道以化言，是也；德以神言，非也。」（《全集》，頁 360）德乃是氣化之有條不紊處，而非太虛神體妙運之功也。再者，橫渠以「天之不測」說神，以「神而有常」說天，一就妙運言，一就定常言，兩義兼取，乃盡太虛神體之蘊。而東原僅提及「神而有常」，而不提及「天之不測」，且不順橫渠就神而有常說天，卻別想到理。並以爲此是說「不以理爲別如一物」，此則轉說轉遠矣。蓋依橫渠，就「神而有常」以言之天，乃是具道德實體性、有獨立意義之天，而東原乃將其想成「虛以會之」，無獨立意義之理，此非風馬牛不相及乎？於是知東原所云「化，其生生也」之化，祇是純然之氣化，而非有太虛神體以妙運之之神化；所謂生生，祇是氣化自然之生化，而非道德之生化。所謂「神，其主宰也」之神，祇是氣之靈處，非足以妙運氣而爲氣之本體之神；嚴格言之，不能作爲氣之主宰。如此所云之神與化，固不可歧而分，卻以氣爲首出，神祇是氣所蒸發出之精華，而非太虛神體與陰陽氣化不即不離之「不可歧而分」。「言化則賅神，言神亦賅化」之神與化均落在氣上說，而非橫渠自本體宇宙論所說之神與化矣。

「問：張子云：『由太虛，有天之名；由氣化，有道之名；合虛與氣，有性之名；合性與知覺，有心之名。』別性於知覺，與程子言『性即理』也，其指歸同。然則合虛與氣者，謂氣化生人生物，而理在氣質之中乃名性也。以虛指理，古聖賢未嘗有是稱。與釋氏所言『空是性』，何以異？曰：釋氏言『空是性』者，指神之本體；又言『作用是性』，則指神在氣質之中而能知覺運動也。張子云：『神者，太虛妙應之目。』是其所謂虛，亦未嘗不以爲神之本體；而又曰：『天之不測謂神，神而有常謂天。』釋氏有見於自然，故以神爲已足；張子有見於必然，故不徒曰神而曰神而有常，此其所見近於孔孟而異於釋氏也。然求之理不得，就陰陽不測之神以言理，因以是爲性之本源，而目氣化生人生物曰『游氣紛擾，合而成質者，生人物之萬殊』，則其言合虛與氣，虛指神而有常，氣指游氣紛擾，乃雜乎老釋之見，未得性之實體也」（《全集》，頁 260）。以上一問一答之間，頗多糾纏，但總歸在批評橫渠「未得性之實體」。橫渠「別性於知覺」言固有滯，但其對性之具體內容有明確之表示。

性乃「萬物之一源」，「通極於道」，即存有即活動，爲能起道德的創生作用之實體，與伊川所言，衹存有而不活動之性之爲理不同，焉可曰「其指歸同」？「合虛與氣」以言性之名之所以立，乃橫渠之滯辭；而東原將其想作「理在氣質之中乃名性」，則理與氣質仍分而爲二也。此實類乎釋氏作用是性，即「神在氣質之中而能知覺運動」，亦析神（空）與氣質爲二也。伊川「性即理」之云，以性專屬之理，實由釋氏空是性之說轉來，橫渠之指歸，實同乎伊川，亦即同乎釋氏。實則理乃虛以會之者，安可與氣質分而爲二乎？橫渠將太虛與神獨立於氣質之外，究實言之，仍由釋氏轉來。東原所以言橫渠不得性之本者在此。夫橫渠所謂「神者，太虛妙應之目」（《正蒙・太和》）意即：就太虛之妙應言，即名曰神。是神與太虛乃「指事而異名」，非兩物也，而東原乃將此句了解爲「虛乃神之本體」，意即神之本來樣態是空無的，與釋氏所說之空同。再者，橫渠少言理，尤無伊川「性即理」或象山「心即理」之「理」義。就「陰陽不測」以見之神雖可涵象山「心即理」之「理」義，但橫渠並未以此爲立說之大綱。「天地之氣，雖聚散攻取百塗，然其爲理也順而不妄」（《正蒙・太和》）之所謂理，衹是一般之事理義，而非是超越義之性理、心理，如伊川、象山之所說。是故東原以爲橫渠「求之理不得」，衹是臆想耳。以爲橫渠「就陰陽不測之神以言理，因以是爲性之本源」，意即：橫渠以神乃超乎氣質之外，爲氣質生生之源；不知神因氣質而有也，焉可歧而二哉？東原以爲橫渠「合虛與氣，虛指神而有常，氣指游氣紛擾」，乃「未得性之實體」，是也；但若以爲所以未得性之實體者，乃雜乎老釋之見，則非矣。東原視橫渠「雜乎老釋之見」之所「雜」者，當是「虛」而不是「氣」。蓋東原將虛看作其心中所意謂之道家之神與釋氏之空；而其所說之「性之實體」，衹是血氣心知耳。血氣心知屬氣邊事，可經驗而得；而太虛與神則不在經驗之範圍內，故東原必視其所指得之佛老而非之也。

四、象山與陽明：善惡均能害心，本來面目即良知

象山之學，自謂「因讀孟子，而自得之。」（〈語錄下〉，詹子南錄）其所自得者，在契會孟子所言之「本心」義。本心者，純粹至善之道德心也。人能依本心所自立之道德法則以行，即是一道德的存在。人禽之判，惟在能否體現本心以見；君子小人之別，端視本心操持穩固與否。象山資質穎慧，早年即悟得聖人「此心同也，此理同也」（〈年譜〉十三歲下），並視宇宙事物悉在本心感潤

之中，而爲本心體現之所，所謂「萬物森然於方寸之間，滿心而發，充塞宇宙，無非此理」（〈語錄上〉，嚴松年錄）。象山既浹洽於此，故雖不對孟子作分解之闡釋，但其所言，無不貼合孟子，「竊不自揆，區區之學，自孟子之後，至是而始一明也」（《陸九淵集‧卷十，書‧與路彥彬》），實非象山過當之自譽。

象山即心言性，心是本心，本心有自律性，能自立道德法則。其自立此法則，即自悅之，因能興發吾人之道德行爲。本心所自立之道德法則即是理，故曰「心即理」（《陸九淵集‧卷十一，書‧與李宰，二》），心與理乃本質地爲一者。伊川、朱子則以心爲氣之靈，理是事物存在之存在性，故曰「性即理」，理是「但理」，祇存有而不活動，心與理乃本質地爲二者。象山自謂其學簡易，而斥朱子之說爲支離。簡易者，相應於道德本性而作道德實踐，直從本心立根基，逕直不曲，坦然明白也；支離者，從即物窮理入手，以把握事物超越的所以然之理；用認知之方式說道德，取迂迂迴，而不相應於內聖之學之本質也。惜乎朱子終生不悟，反譏象山有禪底意思，甚至將其想成告子。〔註6〕蓋朱子自始對禪即有所忌諱，因見象山直就本心言理，簡易直截，與自家之思考模式不合，遂作無謂之聯想。但如此一來，影響甚大。及至東原，遂逕以老、莊、釋氏、告子視象山矣。此皆對孟子、象山之學無相應之理解所致。

陽明學實亦孟子學，不過依附〈大學〉立說，將〈大學〉之心、意、知、物等重新分解，而構造一與朱子完全不同之思想系統。陽明之所以不逕就孟子分解詮釋，而必假手〈大學〉者，誠以朱子畢生盡瘁於〈大學〉，陽明早年亦讀朱子書，並從事於朱子所云之格物工夫，終覺其非而放棄。其倡致良知主要實針對朱子之學而發，其至也，乃不期然而與孟子之學相應。

象山千言萬語，祇在發揮其所自得之本心一義，本心充其極，即足以涵覆乾坤，了無虛歉。但析理之精，則嫌不足。陽明憑藉〈大學〉以建構理論系統，於是內聖之學之精微和盤托出矣。故陽明曰：「濂溪、明道之後還是象山，只還粗些。」（《傳習錄‧卷下》）蓋象山不尙分解立說，多針對朱子，揮斥閑議論，而顯若干粗浮、粗略之相；而陽明則詳細分解，直透精微也。就展示義理之詳略以言，二者有精粗之分，此陽明之有進於象山處；但就聖境

〔註6〕朱子曰：「子靜之病，恐未必是看人不看理，自是渠合下有些禪底意思。」（《文集‧卷三十四‧又答呂伯恭書》）又曰：「（象山）於學聚問辨之所得，皆指爲外，而以爲非義之所在，遂一切棄置而不爲。此與告子言雖若小異，然其實則百步五十步之間耳。」（《文集‧卷五十四‧答項平父第六書》）

之體證言，象山自有高明過人處，而不可粗言之矣。

致良知爲陽明講學之宗旨。良者，本然之意，良知者，本然之知，亦即天生而有，不假學習，不須計度思量即能知是知非、知善之惡之知。此等知無知相，卻又靈昭不昧。易言之，此等知實衹是一感應是非之明覺耳。惟良知雖人皆有之，但吾人既有此血肉之軀，即易「隨順軀殼起念」，於是私欲橫行，蔽其良知矣。良知雖暫時見蔽，但觸機總會露其端倪。如浮雲翳日，太陽往往在雲隙露其光芒也。吾人應就良知之露其端倪處善加護持，克己自省，使良知之體逐漸朗現，終至全體昭融。此等工夫，即孟子所云之擴充本心，亦即陽明所云致良知。致者，推擴之意，良知須在事物中致，亦即使吾身所及之事事物物皆在良知天理感潤之中也。人人固有良知，但苟不加「致之」之功，良知不呈現，私欲乘之，與禽獸相去不遠矣。此猶如佛家之言三因佛性，眾生固皆有正因佛性，皆有可能成佛，但苟不益之以緣、了二因──發解脫斷德與般若智德，終究衹是一潛藏之佛耳。可見「致之」工夫之重要。孟子由「孩提之童無不知愛其親者；及其長也，無不知敬其兄也」（〈盡心上〉）指點吾人原具良知良能；復就擴充本心以言工夫，本心之擴充即良知之顯發。由是知陽明之「致良知」教，實乃會通孟子良知本有與擴充本心之義爲一者，雖落於〈大學〉致知格物上說，但不礙其學爲孟子學也。伊川、朱子就〈大學〉之綱目以己意規範之者，實不合先秦儒家之古義，此其所以於儒家義理爲歧出也。

陽明曰：「若鄙人所謂致知格物者，致吾心之良知於事事物物也。吾心之良知即所謂天理也，致吾心良知之天理於事事物物，則事事物物皆得其理矣。致吾心之良知者，致知也；事事物物皆得其理者，格物也。」（《傳習錄·卷中·答顧東橋書》）意即若能致吾心之良知，則事事物物皆得其正。格物在致知中完成，根本工夫在致知。而在朱子之說統中，格物是根本功夫，蓋必窮究事物之理，方能致吾心知之明也。〈大學〉云：「致知在格物；物格而后知至。」就此以觀，朱子之說較陽明爲合於〈大學〉語脈，但此不礙陽明之說爲儒學之正統。蓋〈大學〉衹是一實踐綱領，未有確定之義理方向，是以朱子、陽明得各以己意充實之。

在致良知教中，心、意、知、物四者可作二層觀，心乃「無善無惡，是謂至善」之本心，知乃「知是知非，知善知惡」之良知，二者屬超越層。意乃「隨順軀殼起念」之意念，物乃是「意之所在」之事物，二者屬經驗層。由吾人超越的道德本心所自發之良知，端正吾人之意念，去其惡而存其善，

使舉凡事為，悉順天理以行，此即陽明誠意格物之功。在〈大學〉，心、意、知、物並列；在陽明，則心為本心，知為良知，二者乃純粹至善者，不可言對治，即使說擴充，說推致，亦祇是本心、良知所自發之慧光反照其自己，振動警醒其自己，使其逐漸昭朗，而非有所假於外以擴充之、推致之也。惟意與物皆為所治。誠意與格物之功落實言之，皆須在致知中完成。陽明將大學之格物、致知、誠意、正心皆收攝於致良知上說，此其學所以為孟子學也。

陽明曰：「良知祇是個是非之心，是非祇是個好惡，祇好惡就盡了是非，祇是非就盡了萬事萬變。」（《傳習錄・卷下》）知是知非即孟子所云之是非之心，好善惡惡即孟子所云之羞惡之心。陽明又曰：「良知只是一個天理自然明覺發見處，只是一個真誠惻怛，便是他本體。」（《傳習錄・卷中・答聶文蔚書》）天理明覺之發現乃「真誠惻怛」者，所謂惻怛，即含孟子所云之惻隱之心；所謂真誠，即含孟子所云之恭敬之心：於是仁義禮智四端皆屬良知矣。在孟子，仁義禮智並列，乃道德本心當機而發之不同面相；在陽明，則以智為總綱領，將仁義禮皆收歸於智上說；統之有宗，會之有元，特顯工夫之綿密與剛拔。

本心並非一虛懸默想之物，乃在其對萬事萬物之感應處具體地呈現。陽明曰：「知是心之本體」（《傳習錄・卷上》），此並非說心不足以為體，而須由知充當其本體也，乃是說知乃心之當體自己也。詳言之，「心無體，以天地萬物感應之是非為體」（《傳習錄・卷下》）。無對萬物之感應，知是知非，即不見心之所以為心，是故心外無物，知外無物。「你未看此花時，此花與汝心同歸於寂；你來看此花時，則此花顏色一時明白起來，便知此花不在你的心外」（《傳習錄・卷下》）。此不是認識論地以識心識，乃是存有論地以智心知，亦即一切存在依止於良知本心，故陽明曰：「良知是造化的精靈。」（同上）本心之感應乃無窮無盡者，其極也，舉凡天地萬物皆在其感應之範圍內。所謂感應，乃是神感神應，而非對事象之了別，故是精誠惻怛者，亦是是非昭朗者；即此精誠惻怛、是非昭朗即足以見心之為本體、知之為本體矣。

良知之靈昭不昧、知是知非乃是良知之主觀性；而其靈昭不昧，知是知非本身即決定一確定不移之道德方向，斯乃天理之所在，此即良知之客觀性。陽明曰：「良知是天理之昭明靈覺處，故良知即是天理。」（《傳習錄・卷中・答歐陽崇一書》）良知即是天理，故陽明有「良知之天理」之用語，此即主客觀之合一。以天理提挈良知，良知之發始不漫蕩；王學後來所衍生之種種弊端，如劉蕺山所批評之「玄虛而蕩」與「情識而肆」者，皆由於徒騁良知，

而不以天理提挈之之故也，陽明曰：「我的靈明便是天地鬼神的主宰」，「天地鬼神離卻我的靈明便沒有天地鬼神萬物了。」（《傳習錄・卷下》）是故良知乃是「乾坤萬有基」（《陽明詩集・卷二・詠良知四首示諸生》），此即良知之絕對性。合主觀性、客觀性與絕對性而後良知之義始備。

陽明之學總括之，即爲四句教：「無善無惡是心之體，有善有惡是意之動，知善知惡是良知，爲善去惡是格物。」（《傳習錄・卷下》）意之動有善惡，意之所在爲物，故物亦具善惡之色彩，此屬經驗層。而所以對治之之良知本心則屬於超越層。良知本心既屬超越層，本無形跡可尋，但因有所對治，遂宛若有其相。及對治已，意一循乎理，物一潤乎知，皆純善而無惡。心與知既無所治，其相亦泯，心意知物一體而化，惟是一如如之天理流行，亦不知孰爲心、意、知、物矣。此等圓神化境，乃致良知工夫之極致。王龍溪即自此化境上說四無──無心之心、無意之意、無知之知、無物之物。在此，無工夫可言。「無心之心則藏密，無意之意則應圓，無知之知則體寂，無物之物則用神」（《王龍溪語錄・卷一・天泉證道記》），本屬經驗層之意與物皆提至超越層說，寂感一如，物我分泯。此境，固龍溪之所推出，然亦本乎陽明之教也。陽明嘗就超越層之天理一路說下來，陽明曰：「理一而已，以其理之凝聚而言，則謂之性；以其凝聚之主宰而言，則謂之心；以其主宰之發動而言，則謂之意；以其發動之明覺而言，則謂之知；以其明覺之感應而言，則謂之物。」（《傳習錄・卷中・答羅整菴少宰書》）以心之發動言意，以明覺之感應言物，意與物皆提至超越層說。在此亦無工夫可言。但陽明之言此，乃就致良知教之終極境界說，必已先有四句教爲善去惡之格物工夫，是以能免於蕩越之病。〔註7〕而王龍溪乃視境界爲工夫，是以滋生弊端。此係人病，非致良知教本身之咎也。以下就東原涉及陸王處論之。

東原曰：「陸子靜、王文成諸人推本老、莊、釋氏之所謂眞宰眞空者，以爲即全乎聖智仁義，即全乎理。……陸子靜、王文成諸人就老、莊、釋氏所指者，即以理實之，是乃援儒以入於釋者也。……陸子靜、王文成諸人同於

〔註7〕陽明曰：「利根之人，直從本源上悟入，……一悟本體即是功夫，人己内外，一齊俱透了；其次不免有習心在，本體受蔽，故且教在意念上落實爲善去惡，功夫熟後，渣滓去得盡時，本體亦明盡了。……利根之人世亦難遇，本體功夫，一悟盡透，此顏子、明道所不敢承當，豈可輕易望人。人有習心，不教他在致良知上實用爲善去惡功夫，只去懸空想箇本體，一切事爲不著實，不過養成一箇虛寂，此箇病痛，不是小小，不可不早說破。」（《傳習錄・卷下》）可見四句教是致良知教之定盤針。

老、莊、釋氏，而改其毀訾仁義者，以為自然全乎仁義，巧於伸其說者也。」（《全集》，頁297）東原以為老、莊、釋氏指眞空眞宰者，以為完全自足，是以毀訾仁義。而陸王之思想基本上與釋、老無以異，不過將老莊所毀訾之聖智仁義移於眞空眞宰上，以為眞空眞宰自然全乎仁義，自然全乎理，斯乃援儒以入釋，顯悖聖人之教也。此係對佛之眞空、老莊之眞宰及象山之本心、陽明之良知皆未如實理解所下之斷語。儒、釋、道三家固皆有其形上理境，惟隨工夫進路之異，其形上理境亦不同。儒家由道德意識入，特彰道德創生之性理，與道家之玄理，佛家之空理有異，焉可混一視之？陸、王之學乃孟子學充其極之發展，所謂本心、所謂良知，皆是道德創生之實體，亦是吾人道德行為所以可能之根據，此與佛家之言「空」，道家之言「無」，分明異數；焉可一見本心、天理等指向一形而上之超越理境，便籠統地以佛、老視之？儒、釋、道三家各有其道，道並行而不相悖，可經判教之方式以見其偏正，不可以任一己之好惡而論其是非；尤患以識見之狹，有所禁忌，以自處乎卑下。凡指宋明儒之說得之佛老，或逕以佛老視陸王者，殆皆道德意識不足，不知道德實踐之艱難所致。

就聖、智、仁、義而言，老子固云「絕聖棄智」、「絕仁棄義」，但此絕棄非存有論地否定之，乃是作用地「不居」之。惟其不自居聖智仁義，故能使「民利百倍」、「民復孝慈」（《道德經・十九章》）；「絕」之正所以成之也。陸王非因老莊毀訾仁義聖智，故主性中自然全乎仁義聖智也；實乃見得本心良知於聖智仁義無虧欠，不過須擴充本心，致其良知以復之耳，安有「援儒以入於釋」之事？然東原之言此，並非無故。蓋致良知教之充其極，必達王龍溪所云四無之化境。此等圓實之化境與佛家圓妙、道家玄通之理境有相通處。但此等圓境悉由工夫純熟所致，決定三教異同之關鍵在工夫，而不在化境。終極理境之宛然相似，並不礙其義理方向本質之異也。

東原曰：「王文成云：『養德養身，止是一事，果能戒慎不睹，恐懼不聞，而專志於是，則神住、氣住、精住，而仙家所謂長生久視之說，亦在其中矣。』又云：『佛氏之常惺惺，亦是常存他本來面目耳。』程子、朱子皆求之於釋氏有年，如王文成之言，乃其初所從事，而轉其說以常存本來面目者為常存天理。故於常惺惺之云無所改，反以戒慎恐懼四字為失之重。」小字注：「朱子曰：『心既常惺惺而以規矩繩檢之，此內外相養之道也』。又云：『著戒慎恐懼四字，已是壓得重了；要之，止略綽提撕，令自覺便是。』」（《全集》，頁314）

此即視陽明之說同於佛老，而朱子早年從事於此，後來立說，惟易釋氏常存本來面目者爲常存天理耳，其義理本質上固與釋氏無異也。所謂「常惺惺」，即隨時警醒提撕之謂，不論從事儒家之道德實踐，或佛家之解脫實踐，皆所不免。佛家之六度波羅蜜是常惺惺，道家之去成心是常惺惺；即儒家孔子之「克己復禮」，曾子之「三省其身」，孟子之「反身而誠」，亦是常惺惺。蓋儒釋道三教儘管教路不同，但就克服生命之陰暗面，而顯生命之光明面言，則無異。常惺惺之云雖出自佛家，卻是儒釋道三教之共義，非佛家所得而專也。然儒家之戒愼恐懼則是由性體所發自省之功，較泛說之常惺惺更見深密嚴毅，此實道德本心之自我醒覺，最見儒家內聖工夫之警策。朱子以爲「壓得重」，正見朱子對《中庸》義理未盡體貼入微，而陽明特重之，此陽明之所以進於朱子處。

佛氏常惺惺，則可見「本來面目」，儒者戒愼恐懼，亦可見「本來面目」；但各有其所見之「本來面目」耳，不是一說「本來面目」即同一回事也。前者所見之本來面目乃是緣起法之空如性，而後者所見之本來面目則是能起道德創生作用之本心性體也。陽明所謂「養德養身，祇是一事」者，乃是說在養德之中，亦可收養身之功，「戒愼不睹，恐懼不聞」者，養德之事也。果能「專志於是」，及乎工夫成熟，則私欲淨盡，天理流行，得大貞定，此時亦能「神住、氣住、精住」，則身亦得其養矣。身雖得其養，但聖學本質之關鍵不在此。「仙家所謂長生久視之說，亦在其中」，並非說如此即能「長生久視」，如養生家所言；乃是說養生家所謂「長生久視」之顯然可見者，不過「神住、氣住、精住」，而養德之功，亦有此一方面之效果也。既如此，則養生爲不必要，專事於養德斯可矣。此蓋陽明方便接引養生之說者，並非專務於養生，所重仍在戒愼恐懼之愼獨工夫也。東原因見陽明有「長生久視」、「本來面目」之云，遂逕以佛、老視之矣。

〈答彭進士書〉云：「足下援程子云：『聖人之常，情順萬事而無情，故君子之學，莫若廓然而大公，物來而順應。』謂無欲在是。請援王文成之言，證足下所宗王。其言曰：『良知之體，皦如明鏡，略無纖翳，妍媸之來，隨物見形，而明鏡曾無留染。所謂情順萬事而無情也。無所住而生其心，佛氏曾有是言，（未爲非也）。明鏡之應物，妍者妍，媸者媸，一照而皆眞，即是生其心處。妍者妍，媸者媸，一過而不留，即是無所住處。』程子說聖人，陽明說佛氏，故足下援程子不援陽明，而宗旨則陽明尤親切。陽明嘗倒亂朱子

年譜，謂朱陸先異後同。陸王，主老釋者也；程朱，闢老釋者也。」(《全集》，頁 327) 所引程子之言，見明道〈定性書〉；陽明之言，見〈答陸原靜書〉。「情順萬事」，是實有層，「無情」是作用層；惟不爲情所拘，方能順應萬事而無隔。「廓然大公，物來順應」，即一任天理，不雜私情，事物之來，皆順理之當然以處之。此等順物無執之工夫，佛道二家所說尤多。莊子曰：「至人之用心若鏡，不將不迎，應而不藏，故能勝物而不傷。」(〈應帝王〉)《金剛經》云：「諸菩薩摩訶薩，應如是生清淨心，不應住色生心，不應住聲香味觸法生心，應無所住而生其心。」(〈莊嚴淨土分第十〉) 但明道所重者在「廓然大公」，莊子所重者在不累於物以全生，《金剛經》所重者在不住諸法，直顯空慧。宜各就其教義理解之。不可因其皆屬無執之工夫，遂同視之也。明道溫文和粹，穎悟透脫，故能以其渾圓之智慧應物無累也。其渾圓之智慧所呈現之化境亦是儒家內聖之學所應涵，不可以之爲得於佛老也。陽明致良知之充其極，亦有此等化境。萬事萬物，在良知之前，皆不容欺，良知皆如其所是而是之，如其所非而非之，良知圓活而不徇象，故能妙應如如也。陽明亦嘗潛心釋氏，是以方便借用佛經「無所住而生其心」之語，以說明「良知之體」之圓應無礙，並非故意淆亂儒、佛界分，亦非自附於釋氏也。蓋陽明於儒佛之界分實甚清楚。「先生嘗言佛氏不著相，其實著了相；吾儒著相，其實不著相。」(《傳習錄・卷中》) 所謂佛氏著相，乃因「佛家說無，從出離生死苦海上來，卻於本體上加卻這些子意思在，便不是他虛無本意，便於本體有礙」(同上)。而聖人只是「還他良知本色，更不著些子意思在」；「聖人祇是順其良知之發用，天地萬物，俱在良知的發用流行中，何嘗又有一物超越於良知之外，作得障礙？」(《傳習錄・卷下》) 眞正的不著相乃是順良知之發用流行，以盡人倫之大分，以體物而不遺，而不是有意「出離生死苦海」，儒家所以異乎釋氏者正在此；豈可因二家在化境上有相通處，遂逕謂陽明爲「主老釋者」乎？

　　〈答彭進士書〉復云：「老氏曰：『唯之與阿，相去幾何？善之與惡，相去何若？』告子曰：『性無善無不善也』；『義外也，非內也』。釋者曰：『不思善，不思惡時，認本來面目。』陸子靜曰：『惡能害心，善亦能害心。』王文成曰：『無善無惡心之體。』凡此，皆不貴善也。何爲不貴善？貴其所私而哀其滅，雖逐於善，亦害之也。……其 (陽明) 言曰：『夫良知一也，以其妙用而言謂之神，以其流行而言謂之氣。』又曰：『本來面目，即吾聖門所謂良知；(今既認得良知明白，即已不消如此說矣) 隨物而格，是致知

-183-

之功；佛氏之常惺惺，亦是常存他本來面目。體段功夫，大略相似。』陽明主扞禦外物爲格物，隨物而格，所謂遏人欲也。……莊子所謂復其初，釋氏所謂本來面目，陽明所謂良知之體，不過守己自足；既自足，必自大，其去《中庸》擇善固執，博學、審問、愼思、明辨、篤行，何啻千萬里？」（《全集》，頁 328）老子之言，意在自善惡相對之俗情中超拔出，以達乎「泊兮其未兆」（《道德經·二十章》）之沖虛自然之玄境，並非不貴善也。告子之性中性義，必涵義外，是乃對自然性質所作如實之說明，並未對之作價值判斷也。釋氏不思善惡之云，意在蕩相遣執，以見自性眞空之「本來面目」，非百物不思，流於頑空也。象山所謂善惡皆能害心者（見《陸九淵集·卷三十五，語錄下》），蓋道德本心純粹至善，苟不雜以閑思慮，則所發莫不當理；有意爲善或爲惡，皆非純然天理之發也。象山意在凸顯本心之絕對純淨性，並非要人杜絕善端也。陽明所謂「無善無惡心之體」者，言心之爲體，不可以惡言，亦不可以善言；無善無惡，乃是至善也。凡此，各有其立說之理據，不可一概以「不貴善」視之。以上除告子之說外，大致在作用地去除有善惡相對之執相，以顯一絕對之至理。此在道家，即是玄理；在佛家，乃是空理；在儒家，則是性理也。

良知「以其妙用而言謂之神」，所謂神，當指「妙萬物而爲言」之神、神感神應之神，而非如東原所云「空指一眞空眞宰」之神識。「以其流行而言謂之氣」，良知非一孤明，必在氣化中具體地呈現，氣化本身非良知，但良知不能離氣化而孤懸也。「以其流行而言謂之氣」乃是帶著氣化而說良知，即氣化以見良知之意。良知以妙用之神定，而不以流行之氣定也。

「本來面目，即吾聖門所謂良知」，並非說釋氏所謂「本來面目」等同於儒家所謂「良知」，乃是說儒家所云之良知，猶如佛家所云之「本來面目」也。「既認得良知明白」，即不消說「本來面目」，其意可得而知矣；不可以辭害意，遂謂陽明假儒家良知之名，以自託於佛家「本來面目」之實也。

「隨物而格，是致知之功」，格者，正也；物者，事也。隨吾身所及之事而正其不正以歸於正，即致良知工夫之所在。易言之，惟推致良知乃能正事也。所謂推致良知者，即是面對任何事時，皆能提撕警覺，良知靈昭不昧，存善去惡，因是除非，使任何事皆爲吾知體之所貫注也。此與佛氏之常惺惺，雖「體段功夫，大略相似」，而實不同。其不同乃在：佛氏惟求消極地除煩惱以見眞空；而儒家則在積極地成就道德之行也。不可因二者之「體段」有相

似處，遂謂其工夫進路無二無別，甚至謂其造境亦無不同也。

陽明格物之本義爲正事，並非扞禦外物、強卻之也；即使可曰扞禦外物，所扞禦之外物亦祇是人欲之私耳。去人欲、存天理乃宋明儒之共義，亦是先秦儒家所傳下之本旨，非陽明所獨發也。東原以爲陽明之所謂格物者，乃是隨物而扞禦之，不使其爲我之累，以求心神之沖虛，其工夫與佛老之不顧一切事物，但養神識以求長生者並無不同；此是對陽明格物說之大誤解。儒者之教，重在積極成全萬物，並不與物爲對，專事扞禦之也。陽明曰：「大人者，以天地萬物爲一體者也。……大人之能以天地萬物爲一體也，非意之也，其心之仁本若是其與天地萬物而爲一也。」（《文集・卷六，雜著・大學問》）焉有扞禦外物，而能與萬物爲一體者乎？

莊子所謂復其初，乃是復其自然之玄德，釋氏所謂本來面目乃是空性，陽明所謂良知之體乃是道德實體，皆非所謂「守己自足」；既非「守己自己」，則「既自足，必自大」之說即不成立矣。姑不論陽明之學看不出自大處，即佛、老二家亦不見有之。自大乃儒釋道三家所同去者，豈可反誣之以「自大」邪？《中庸》之擇善固執，及博學以迄乎篤行之工夫，乃是儒家之常行，陽明亦不悖之。持此以非陽明，實無意義；持此以非佛老，則不相應。蓋佛老各有其獨特之義理，固不可以儒家之常行非之也。

〈答彭進士書〉又云：「孟子曰：『反身而誠，樂莫大焉。』曰：『反身不誠，不悅於親矣。』《中庸》、孟子皆曰『不明乎善，不誠乎身矣』。今舍曰明善，而以無欲爲誠，謬也。證心宗者，未嘗不可視本來面目爲明乎善，此求伸其說，何所不可？老子、告子視善爲不屑爲，猶能識善字。後之宗之者，并善字假爲己有，實并善字不識。此事在今日，不惟彼所謂道德非吾所謂道德，舉凡性與天道，聖、智、仁、義、誠、明，以及曰善、曰命、曰理、曰知、曰行，無非假其名而易其實。」（《全集》，頁 328）明善所以誠身，所謂明善，並非認知地了別何者爲善，實乃反身自覺，使吾固有之善昭朗也。然吾人難免有私欲間雜，善之昭朗不能無險阻，故須無欲，惟有無欲乃能明善。而無欲之所以可能，亦因吾性中原有至善之明覺以照察情欲之私並化解之也。無欲與明善，二而一者也。東原惟將「無」字看成否定字，而不看成工夫字，是以對宋明儒有種種質疑。蓋不作心性修養工夫則已，否則首須肯定性善，肯定本性自有創生道德行爲之力量；次則須正視情欲之私，然後有以對治之。此宋明儒之所共識，實亦承先秦儒家內聖教義而來。背此，無有眞正之道德可言。

儒家之「明乎善」可以比作佛家之「認本來面目」，但此並非說佛家所認得的「本來面目」與儒家所明之「善」同一無二，儒佛不分。在佛家，須識得自性眞空之「本來面目」，才能解脫煩惱，證入涅槃；在儒家，則須明得本性之爲至善，才能變化氣質，成聖成賢。東原祇見陽明云「本來面目，即吾聖門所謂良知」，以爲陽明將佛家之空性與儒家之良知同一化，因視陽明爲援儒入佛矣。

「老子、告子視善爲不屑爲」之云，亦過甚之言。告子祇說義外，並無不屑爲善之意。而老子千言萬語唯在化除人爲之造作，並不否定儒家所言具價值意味之善也。至若言告子、老子「能識善字」，而後來之宋明儒，尤指陸王，則「并善字不識」，如此，是陸王反不及「毀譽仁義」之老子矣。老子能識「善」字，此亦可說，亦不可說。老子所說之善，乃是與惡相對之善，拘執於此，足以損人天眞，故必絕之，就此以言，可說老子識「善」。但老子之思想中，並無儒家所言由天心良知所發，具道德上最高價值之善；就此以言，不可說老子識「善」。東原所了解之善，固與老子所非之善不盡同，但同屬心知所認知，故言老子能識善字。至於陽明所云「無善無惡，是謂至善」之至善，則爲其所不解，遂籠統地說陽明所云善之所指來自佛老，實不識善爲何物也。

陸、王所用「聖、智、仁、義、誠、明」等詞，大抵承先秦儒家本義，惟進一步推闡其義蘊耳。祇要愼思明辨，即不見有「假其名而易其實」之事矣。

第四節　伊川、朱子

東原對宋明儒之批評，大半在程朱——實即伊川、朱子。《疏證》中所謂「宋儒」，多指朱子。所言程子者，多指伊川，較少及明道。誠以學者皆知伊川與明道性格不同，但多不能辨別彼兄弟二人思想之基本差異。不論事實如何，一般學者固視朱子爲宋代理學之集大成者。而朱子多發揮伊川之說，乃以伊川、朱子爲宋代理學正宗。東原視程朱之說得之佛老，今欲講明聖學，即須推倒程朱。《疏證》中諸論點，多因程朱而發也。

陸王之學，東原既逕以佛老視之矣，則除指明其爲異端外，無須多論。惟伊川、朱子既言性理，又主下學，東原以爲其學雜糅佛老與荀子，最易令學者迷惑，故不煩費大力駁斥，以見其非，冀還聖學之眞。

一、程朱思想大要

在宋明諸儒中，明道、象山最為穎悟。象山直說本心，明道則善作圓頓之表示。明道嘗言「自再見周茂叔後，吟風弄月以歸，有『吾與點也』之意」（《宋史‧卷四二七，道學一‧周敦頤列傳》），少時即能欣會周濂溪光風霽月之人品，足見其具渾圓透脫之慧根。「仁者渾然與物同體」（《二程遺書‧卷第二上》），萬物莫不在仁心之潤澤中。此並非罔視現象界物類之差別，乃是從智思界說下來。「所謂定者，動亦定，靜亦定，無將迎，無內外」（《二程文集‧卷二‧答橫渠張子厚先生書》），是謂大貞定。然此非外力所致，亦非後天心氣之涵養所能奏功。必須本心仁體呈現，體事而無不在，然後能動靜一如，洒然自得也。「萬物靜觀皆自得，四時佳興與人同。」（《二程文集‧卷三‧秋日偶成》）在神智的觀照下，萬物皆以其自在相如如呈現。萬物本身不能自得，乃是隨仁心德慧之遍潤朗照，同時超昇，故亦曰自得也。聖人與時偕行，動靜不失其時，其道光明，猶四時迭代，秩然有節奏也。凡此，皆是仁心朗潤之造境語，而非事實之肯斷語。但此等圓神之理境非喜作分解思考之朱子所能領會，遂逕以「渾淪、煞高」（《語類‧卷九十三》）視之。至於東原，則因明道嘗泛濫於佛老，遂以為其與佛老無大差別矣。

伊川曰：「離了陰陽更無道，所以陰陽是道也；陰陽氣也。氣是形而下者，道是形而上者；形而上者則是密也。」（《二程遺書‧卷第十五》）「離了陰陽更無道」，說明道與陰陽不離，「所以陰陽是道也；陰陽氣也」說明道與陰陽不雜。道固不離乎陰陽，但道本身並非陰陽。從宇宙論方面說，道乃綱紀陰陽氣化，使陰陽氣化之運作不失其序，以成生化之大用者。從本體論方面說，道乃是陰陽氣化超越的所以然──然，必有其所以然；道乃是負責天地萬物之存在者。從本體論說的存在之所以然義與從宇宙論說的氣化之綱紀義並不全同，但在程朱之說統中，逕將二者視作同一，而以太極或理稱之。將形而上之太極或理僅視作氣化綱紀之主，而非妙運之主，太極或理祇存有而不活動，此是太極道德意義之減殺。

總天地萬物超越的所以然而言之道既祇有存有義與規律義，而無活動義；則就個體形上真宰而言之性亦祇有規律形氣之作用，而無道德創生之作用。伊川曰：「性即理也，所謂理性是也。天下之理，原其所自未有不善。喜怒哀樂未發，何嘗不善？發而中節，則無往而不善。故凡言善惡，皆先善而後惡；言吉凶，皆先吉而後凶；言是非，皆先是而後非。」（《二程遺書‧第

二十二上》）。此處所說之性乃是天地之性或義理之性，天地之性純粹無雜，故以理說之。曰「性即理」並不誤，但在程朱之說統中，性成為靜態的祇是理，而喪失動態的道德生發義。性既祇是靜態的理，則活動祇能在喜怒哀樂之情上說。喜怒哀樂之未發，唯見一理之渾然，故「未有不善」；及其發也，有中節有不中節，如理合道為中節，中節為善；不如理合道為不中節，不中節為不善。但能否如理合道，超越的性理不能保證之，此有賴於平日對心氣深厚之涵養與臨機對事為精微之察識，以期心靜理明也。

「問仁。曰：此在諸公自思之，將聖賢所言仁處，類聚觀之，體認出來。孟子曰：『惻隱之心，仁也』；後人遂以愛為仁。惻隱固是愛，愛自是情，仁自是性，豈可專以愛為仁？孟子言惻隱為仁，蓋為前已言『惻隱之心，仁之端也』，既曰『仁之端』，則不可便謂之仁。退之言『博愛之謂仁』，非也。仁者固博愛，然便以博愛為仁，則不可。」（《二程遺書‧第十八》）孟子一則曰「惻隱之心，仁之端也」（〈公孫丑上〉），一則曰「惻隱之心，仁也」（〈告子上〉）。說惻隱之心為仁之端或遂以之說仁，皆無不可，仁祇是一俳惻之情、不安之感不容自已之流露。惻隱即使說其為情亦是根於本心之道德覺情，而非一般喜怒哀樂之情變。伊川則竭力將性與情分開，以為「惻隱固是愛，愛自是情，仁自是性」，意即：惻隱乃根據性中所具的仁之一德所發的愛人之情。仁與惻隱是兩回事，亦即性與情是兩回事，二者祇有外在的關聯，而非內容地為一者；故不可遂以惻隱為仁，或以愛為仁也。孟子言「惻隱之心，仁之端也」，伊川以為「既曰『仁之端』，則不可便謂之仁」。若然，則「惻隱之心，仁也」之說豈非誤乎？伊川不以此為準言仁，以為此係孟子之略詞，斤斤計較於「仁之端」之云；足見其於孟子自本心之惻怛言仁者實未能了悟。韓退之以博愛言仁，固不深切；但泛言之，亦可。孔子豈不以「愛人」說仁乎？伊川所以謂「退之言博愛之謂仁，非也」者，蓋以為愛乃是情耳，所以愛之理方是仁也，是性也。推言之，羞惡、辭讓、是非皆是情，其所以然之理即義、禮、智，方是性也。此是「然」與「所以然」形下形下之清楚割截。夫孟子言「惻隱之心」乃仁或仁之端，「心」字特當留意。孟子所說之心，惟是一本心，「惻隱之心」言能自發悲惻的道德覺情之本心也，「羞惡之心，義也」云云，準此。伊川祇看重「惻隱」二字，而不看重「心」字，益之以其直線之思考方式，遂有「仁是性，愛是情」之說。

「仁者必愛，指愛為仁則不可；不仁者無所知覺，指知覺為仁則不可。」

（《二程粹言・卷之一》）依伊川，仁是愛之情所以然之理，情乃形而下者，理則形而上者，形上形下截然殊致，故不可「指愛爲仁」也。夫知覺若祇是感官之覺攝外物，固無與於仁；但若是惻然有覺，則正是仁也。明道即由不痿痺麻木以指點仁，上蔡則逕以覺訓仁；而伊川、朱子反對以知覺言仁。〔註8〕「仁是性也，孝弟是用也；性中只有仁義禮智四者，幾曾有孝弟來？」（《二程遺書・卷第十八》）依伊川觀之，孝弟乃是吾人對父兄所發之恭敬之情，亦屬形而下者，形而上之性中祇有仁義禮智之理，不含孝弟之情。說性中「幾曾有孝弟來」似違反常情，但若明白伊川之思考模式，亦無足怪。說「性中只有仁義禮智四者」，舉大端言之耳；其實各種不同之情在性中皆其有所以然之理也。性中含殊理乃是權說，實祇一理耳。對應各種不同之情，遂顯各種不同面相之理，如對應惻隱之情而顯仁之理等等，斯固與柏拉圖之理型爲多者不同也。

　　關聯著心說，心管攝性而發動情，心與情乃同質者，而與性爲異質。伊川曰：「心譬如身，四端如四支，四支固是身所用，只可謂身之四支。如四端固具於心，然亦未可便謂之心之用。」（《二程遺書・卷第十八》）惻隱、羞惡、辭讓、是非是心之用，而仁義禮智不是心之用，祇可說是心之四端，心之四端云者，言四端爲心所攝具，四端屬性，不屬心也。不過性體隱奧，衆理必賴心之攝具，乃粲然可見。「性之有形者謂之心」（《二程遺書・卷第二十五》），性本無形，因心之攝具而顯衆理粲然之相，此說明心爲性之形著原則。但此所謂形著，祇是超越地管攝之，永不能與之融而爲一，伊川所以特強調四端非心之用者在此。然若依本心即性之思理言，即可說四端爲心之用。蓋四端乃本心當機所發之不同面相，惻隱之心本身即是仁，不必再有仁性、愛情之分屬也。後來朱子因橫渠「心統性情」之一言，據伊川之思理，加以發揮，遂形成其理氣二分、心性情三分之思想格局。伊川曰：「陽氣發處卻是情也，心譬如穀種，生之性便是仁也。」（《二程遺書・卷第十八》）心、性、情三者之關係，穀種之喻盡之矣。穀種具生之性，亦即使生成爲可能者，此是生之形而上的決定；至於顯然可見之生，即「陽氣發處」，乃形而下者，卻是情。穀種之具此生之理乃是超越地關聯地具之，非此一生之理妙運穀種使之生發

〔註8〕　明道曰：「醫書言手足痿痺爲不仁，此言最善名狀。」又曰：「醫家以不認痛癢，謂之不仁。人以不知覺，不認義理，爲不仁。譬最近。」（《二程遺書・卷第二上》）「或問：謝上蔡以覺言仁，是如何？曰：覺者是要覺得個道理。……若但知得箇痛癢，則凡人皆覺得，豈盡是仁者耶？醫以頑痺爲不仁，以其不覺，故謂之不仁。不覺固是不仁，然便謂覺是仁，則不可。」（《朱子語類・卷一百一》）

也。推之，心與性情之關係亦然。此程朱之學客觀言之，爲本體論的存有系統；主觀言之，爲靜涵靜攝系統之故也。此意爲牟先生之所屢伸。

然欲使情之發悉如理合道，性眞能發揮其綱紀之作用，則須在心上下工夫。工夫又分兩方面，在無事時則涵養心氣，使其逐漸純一；在有事時則加以察識，以性理超越地規律情識，使其不妄逞。涵養察識分屬，無非在常保心氣之清明，使動作云爲悉順理以行而不悖謬也。就涵養與察識言，又以涵養居優位，蓋惟有平日涵養之功深，臨事乃能察之精也。「涵養須用敬」（《二程遺書‧卷第十八》），其實不論涵養或察識，皆須一出於敬；敬者收斂凝聚、不敢放肆之謂。但敬有先天之工夫，有後天之工夫。明道所謂敬，是先天工夫，乃直接就性體上說敬，敬乃是自家性體所發之戒愼恐懼之功，以使德性純亦不已者。而伊川、朱子所謂敬，則是後天工夫，惟是整齊凝斂、勉強裁抑、內外夾持，使一切言動皆循理也。先天工夫直截了當；後天工夫則曲折支離，但漸磨將去，亦能使心氣明靜，言行寡過。如此所鍛鍊之心氣之如理合道，畢竟衹是關聯之合，未能眞正稱道而行也。理道高懸在上，吾人衹能不斷地向此而趨耳，未能與之如如爲一也。

《易傳》云：「閑邪存其誠」（〈乾‧文言〉）伊川據此發揮其說云：「閑邪則誠自存。……閑邪更著甚工夫？但惟是動容貌，整思慮，則自然生敬；敬只是主一也。主一，則既不之東，又不之西，如是，則只是中：既不之此，又不之彼，如是，則只是內。存此，則自然天理明。學者須是將『敬以直內』涵養此意，直內是本。」（《二程遺書‧卷第十五》）「閑邪存其誠」猶孔子所云之「克己復禮」。閑邪則誠存，而閑邪之所以可能，亦在誠之存也。閑邪與存誠是一體兩面之工夫，依伊川，閑邪即是居敬，存誠則是明理。「動容貌」是外在行爲之約束，「整思慮」是內在心氣之凝斂。內外施功，不使思慮偏邪，行爲逾矩，即敬，敬者主一無適也。主一無適非世俗所謂專心，乃是有天理在上以臨之，此乃程朱嚴毅深刻之心地工夫。東原不明程朱敬字之深刻內涵，衹說「去私莫如強恕」，實則強恕亦敬之一端，特東原無程朱之勁道耳。

除居敬之外，伊川還說集義。「敬只是涵養一事。『必有事焉』，須當集義。只知用敬，不知集義，卻是都無事也。」（《二程遺書‧卷第十八》）依此，似工夫衹用敬尚不夠，而須益之以集義，其實不然。伊川於此，衹強調在居敬之中，須「必有事焉」，不可空守一敬字。實則敬若做得徹底，必能念茲在茲，警覺惕厲，知其所當爲，不可能無所事事也。伊川曰：「敬只是持己之道，義

便知有是有非。順理而行，是爲義也。若只守一個敬，不知集義，卻是都無事也。且如欲爲孝，不成只守一個孝字，須是知所以爲孝之道，所以奉侍當如何，溫清當如何，然後能盡孝道。」（同上）順理而行是爲義，集義乃是不斷積累如理之行也。以孝言，如何方能盡奉侍之宜，溫清之節，具須講究，然後於孝道方不致有虧；此已牽涉到行爲表現之技術問題矣。對父當孝是一回事，在具體之生活中，如何表現孝又是一回事；伊川已注意到孝不祇是一個存心，更當重其表現方法之妥貼矣。惟「知所以爲孝之道」乃能「盡孝道」二者固相關聯，但其爲「道」有本質之異。在程朱之說統中，二者往往混一不分，此其所以爲泛認知主義也。

集義工夫之實下手處，便是格物。居敬重在心氣之整肅凝鍊，格物則重在天理之把握。居敬在求得心靜，格物在求得理明；心靜理明，然後思慮精純，言動不爽。伊川表彰大學，視格物致知爲聖學之基礎，故特重之。一方面循心理學之途徑整肅心氣，一方面由認識論之方式把握天理，如此雙管齊下，始克盡全功。伊川曰：「格猶窮也，物猶理也，猶曰窮其理而已也。窮其理，然後足以致之；不窮，則不能致也。格物者適道之始，欲思格物，則固已近道矣。是何也？以收其心而不放也。」（《二程遺書·卷第二十五》）格者至也，格物乃至物或即物之意，即物之目的乃爲窮究其理，故伊川遽以窮理釋格物，此有語意之滑轉。窮究其理，然後吾之心知方能清楚地把握之。致者推致之意，致知者，推致吾心知之明也。窮一物之理，則此物之理即明於心，更一事焉亦如是，積累既多，則心知認知之能至乎其極，是謂知之至。然須知，程朱所謂格物之根本目的，不在窮究眾物曲折之相，以成知識；而在把握眾物超越的所以然之理，以成道德。伊川以「收其心而不放」說格物之始，其意可得而見矣。但在格物之過程中，難免有經驗知識之介入，此係由格物所拖帶出來者，固非格物之主要目的也。

「今人欲致知，須要格物，物不必謂事物然後謂之物也。自一身之中，至萬物之理，但理會得多，相次自然豁然有覺處。」（《二程遺書·卷第十七》）不論是自身之一言一行，或是天下之萬事萬物，莫不有其理，皆須理會，足見格物無特定之對象。格之既久，便能「豁然有覺」——心知全幅開朗，故能泛應曲當也。此即泛認知主義之格物論。格物工夫必說至此，才算圓滿周到。然其主旨，固落在行爲之如理上說。「格，至也，如『祖考來格』之格，凡一物上有一理，須是窮致其理。窮理亦多端：或讀書，講明義理；或論古

今人物，別其是非；或應接事物，而處其當然：皆窮理也。」（《二程遺書·卷第十八》）訓格爲至，此是格之古義。所舉窮理之端，不論是讀書以明理，別人物之是非，或處事物之當然，無非是在客觀地把握應然之理，使吾人言寡尤，行寡悔。即使在窮當然之理時，可以帶出實然之理，但因其重點不在說知識，故不能成就知識論，亦不能成就科學知識。雖然，客觀知識之成立固可自泛認知主義之格物論中轉出也。

「或問：格物須物物格之，還祇格一物而萬理皆知？曰：怎生便會該通？若祇格一物便通衆理，雖顏子亦不敢如此道。須是今日格一件，明日又格一件，積習既多，然後脫然自有貫通處。」（《二程遺書·卷第十八》）萬事萬物超越的所以然之理既祇是一，照理說，當「格一物而萬理皆知」，但聖人之學，似又不如此簡單，故啓或者之疑。伊川乃答曰：「今日格一件，明日格一件」，即表示須「物物格之」，但天下之事物無限多，窮畢生之力，亦不能物物皆究其理。然則格物工夫何時才算完成乎？照理說，當有完成之日，否則無以立教。依伊川，及乎「脫然自有貫通處」之時，即是格物工夫之完成。但欲致此，其先決條件乃是「積習既多」，畢竟要多到何種程度才能貫通，伊川未有交待；不過，在理上總有「脫然貫通」之日。此意，後來爲朱子格物補傳所取，所謂「用力之久，而一旦豁然貫通焉」，是也。程朱是否眞至「豁然貫通」，或此境祇是一理想，不得而知；但依其工夫進路，祇得如此說，否則是斷絕成德之希望也。

伊川誠欲藉「格物」工夫以增益吾人心知認知之能，使凡事之來，吾人皆能以最恰當方式應之，而莫不合乎義理之當然，所謂「取諸左右逢其源」也。此乃心氣之至清，心能之充其極，遂說爲「脫然貫通」也。惟伊川所云「積習既多」、「脫然貫通」之云，容易使人誤會爲累積衆多知識，並歸納其原則以「貫通」之，考其實則不然也。

凡以上所論伊川理氣之分，心性情之別及居敬、格物諸義，皆爲朱子所繼承。朱子順伊川之思路前進，而有更明確之分解展示。

《易傳》以道、器分說形而上與形而下，朱子則逕以理氣說之。朱子曰：「天地之間，有理有氣。理也者，形而上之道也，生物之本也；氣也者，形而下之器也，生物之具也。是以人物之生，必稟此理，然後有性；必稟此氣，然後有形。」（《文集·卷五十八·答黃道夫書》）器與氣固是同屬形而下的材質觀念，但二者仍有區別。就其流行而未成形言，謂之氣；就其凝結已成形

言，謂之器。雖有流行與凝結之異，但不害其本質之同一，故朱子逕以氣說器，亦無不可。天地之間，惟氣可經驗得到；至於理，則是形而上之眞實，不可經驗而得。朱子言「天地之間，有理有氣」，易使人誤會理與氣同爲「天地之間」可經驗者；但觀下文，其意自明。理是「生物之本」，「生」可有不同之指涉。在《中庸》乃「爲物不二，生物不測」之生，是道德的，動態的創生之生，如此所說之生有實義。但在朱子之說統中，道或理祇是一靜態的存有，作爲萬物存在之存在性者；此時，理爲「生物之本」之生無實義，祇有超越的決定義。「人物之生，必稟此理然後有性」，此理不獨人有之，凡物皆有之；就個體之稟此理以言，則謂之性。

萬物存在的所以然之理，以其爲最高極至者、純淨無雜者，故稱之曰太極。朱子曰：「太極只是天地萬物之理。在天地言，則天地中有太極；在萬物言，則萬物中各有太極。未有天地之先，畢竟是先有此理。動而生陽，亦只是理；靜而生陰，亦只是理。」（《朱子語類・卷一》）在天地處有太極，在個物處亦有太極，此即「統體一太極，物物一太極」之義。理在天地處之一不礙其在萬物處之多。理隨萬物之多而暫顯多相，但其原本是一，此如佛家所云月映萬川，實祇一月耳。伊川、朱子所言之理，祇是用以決定萬物之存在者，此猶康德所謂「理神論」，而象山、陽明所言之理，則是創造天地萬物之根源，此猶康德所謂「智神論」。二者之別，祇在理是否有活動之創生義耳。「未有天地之先，畢竟是先有此理」，此見理之超越性與絕對性。萬物有生滅，此理無生滅，理是亙古以自存者。「動而生陽，亦只是理；靜而生陰，亦只是理」，此並非說理能動而生陽，靜而生陰；乃是說，有動之理，乃能動而生陽；有靜之理，乃能靜而生陰。一動一靜，皆有使之然之理也。動靜之理，實祇是太極理體所暫顯之不同面相耳。濂溪〈太極圖說〉「動而生陽」、「靜而生陰」之動、生則是太極誠體之動、之生，朱子意在發揮〈太極圖說〉，考其實固與濂溪殊旨也。

「問：先有理，抑先有氣？曰：理未嘗離乎氣。然理形而上者，氣形而下者，自形而上下言，豈無先後？理無形，氣便粗，有滓渣」（《朱子語類・卷一》）。理氣「自形而上下言，豈無先後」，朱子已明示理先於氣之先乃是形而上之先，或是邏輯之先，而非時間流程中之先。蓋「理未嘗離乎氣」，足見並非在時間上先有了理之後，氣乃生出也；當然更非先有了氣，然後才有理。自形而上下之先後言理氣，是說明理氣之不相雜，「理未嘗離乎氣」是說明理氣之不相離，朱子對於理氣關係之說明，千言萬語，祇是在說明理氣不離不

雜之義。

「或問：必有是理，然後有是氣，如何？曰：此本無先後之可言。然必欲推其所從來，則須說先有是理。然理又非別爲一物，即存乎是氣之中；無是氣，則是理亦無掛搭處。氣則爲金木水火，理則爲仁義禮智。」（《朱子語類・卷一》）理氣「本無先後可言」，是說本無時間上之先後可言。「推其所從來」，是說以理氣形而上下推之，則「須說先有是理」。但朱子恐人誤會理在時間上先於氣，於是復言「理又非別爲一物，即存乎是氣之中」，此即強調理亦因氣而有，絕非在時間上先於氣者。「無是氣，是理亦無掛搭處」，言氣爲理所掛搭，則理氣爲二而非一甚顯。蓋掛搭與所掛搭者定非一，否則不可用「掛搭」一詞也。

「氣則爲金木水火，理則爲仁義禮智」，此係陰陽五行說之餘緒，如此比配，無甚意義。蓋金木水火之爲氣，必有其所以爲金木水火之理；而仁義禮智之爲理，依程朱之說統，祇是惻隱、羞惡、辭讓，是非等情之所以然耳。凡此等支蔓處，須予釐清，乃能見朱子之實義。「如陰陽五行錯綜不失條緒便是理」（《朱子語類・卷一》），以氣機相引生之井然有序言理，祇是偶一及之，非朱子言理之本義也。

理既祇是氣化生生之所以然，本來不可以形容，但朱子爲表示其純淨性與絕對性，乃強爲之容云：「若理，則只是個淨潔空闊底世界，無形跡，他卻不會造作，氣則能醞釀、凝聚、生物也。但有此氣，則理便在其中。」（《朱子語類・卷一》）理不屬感觸界，曰其「無形跡」者，乃是說理不可以形跡求，此與氣未凝結時不見其形跡之情形不同也。說「理只是個淨潔空闊底世界」，並不是說理自存於某一世界，而此世界底形貌爲「淨潔空闊」也。所謂「淨潔」，言其不雜於氣；所謂「空闊」，言其無形跡可求；所謂「世界」者，祇是方便表述之權言。實際表現生化作用者乃是氣，若理則祇是氣化所以可能之形而上的眞實，「他卻不會造作」。「不會造作」一語甚是重要，此表示理祇是一靜態的存有，不能活動地妙運氣也。如此所言之理，與《易傳》所云「妙萬物而爲言」之神迥然不同。在朱子之說統中，理祇是靜止不動之太極眞體；神乃是氣化之靈處，無超越地創生與妙運之作用。

就天地萬物言，是理氣二分；就人身言，因有心之介之，乃形成心性情三分。伊川心如穀種之喻，爲朱子所繼承，並大加發揮。心性情雖三分，但性即理，乃形而上者；心情具屬之氣，乃形而下者，最後仍是形上形下二分也。

　　明道云：「『上天之載，無聲無臭』，其體則謂之易，其理則謂之道，其用則謂之神，其命于人者則謂之性。」（《宋元學案·明道學案上·語錄》）依明道，無聲無臭的「上天之載」，乃萬物生化之根源，曰易、曰道、曰神，乃「指事而異名」，其實一也。在天地方面，就其作爲道德創生之本體而言，則稱之曰易；就其創生皆循定然不易之理則而言，則稱之曰道；就其妙用無方而言，則稱之曰神。落於人身說，以其爲吾人道德行爲興發之源，故稱之曰性。易也、道也、神也，皆是就超越的道體上說，但朱子則支解之云：「雖是無聲無臭，其闔闢變化之體，則謂之易；然所以能闔闢變化之理，則謂之道；其功用著見處，則謂之神：此皆就天上說。」（《朱子語類·卷九十五》）明道所云之體、用皆就形而上的道體說，而朱子則就形而下的氣化說，此乃是對明道原意之曲解。道雖是形而上者，但祇是「所以能闔闢變化之理」，並非妙運乎氣，以成其闔闢變化者。經如是之分解，定全喪失明道所領會道體之活動義與創生義。落於人身，朱子以心性情三分之格局理解之，朱子云：「『其體則謂之易』，在人則心也；『其理則謂之道』，在人則性也；『其用則謂之神』，在人則情也。所謂易者，變化錯綜，如陰陽晝夜，雷風水火，反復流轉，縱橫經緯而不已也。人心則語默動靜，變化不測者是也。體是形體也；言體，則亦是形而下者；其理則形而上者也。故程子曰：『《易》中只是言反復、往來、上下。』亦是意也。」（《朱子語類·卷九十五》）以就人身而言之心、性、情比配就天地而言之易、道、神，實屬牽強。朱子之思理在此，明道之原意在彼，但朱子尊重明道，不敢違逆其言，遂以此說彼，實不得彼意也。朱子特強調「體是形體」，又曰：「體是體質之體，猶言骨子也。」（同上）最見疏隔。從天地陰陽之變化錯綜本身以及從人身動靜語默之變化本身說易，如此易成氣變之稱，易之爲體乃是各種氣變之總體，故云「體是形體」，「是體質」，「是形而下者」，此見朱子於明道之不相應。《易傳》云：「生生之謂易」（〈繫辭上〉）；又曰：「乾坤毀則無以見易。」（〈同上〉）表示易雖就乾坤（天地）以見，就萬物之生生以見，但卻非天地本身，亦非萬物之生化本身。朱子祇取易之變易一義，而不取不易之義；且其所謂變易，祇是氣變。但就《易傳》言，易之變易之中，有不易存焉；朱子顯然亦未善會《易傳》也。且明道在說易、道、神之前，以「上天之載，無聲無臭」冒之，表示易、道、神祇是具道德創生意義之天道之不同表示耳；若如朱子之分解，則道與易、神有本質上之不同，實失明道之語脈也。

朱子曰：「性者心之理，情者性之動，心者性情之主。」（《朱子語類‧卷五》）此明示心、性、情三者之關係。理屬之性，而爲心所攝具者，故曰「性者心之理」。情之發動悉由性理超越地規律之，遂說「情者性之動」，動處在情，不在性也；蓋前云理「不會造作」，性即理，性亦「不會造作」，故不可以動言。性因情之動而顯其爲動之理也。但情之發有如理者，有不如理者，如理者有道德意義，固可曰「情者性之動」，但不如理者則不可言之矣，此時性祇是情變之超越根據，而無規律義。「心者性情之主」亦須有所簡別。情者心氣所發，故心爲情的施發之主。但性之於心則不然，性理祇是超越地爲心所攝具，心並不能直接發而爲理。性理爲心所攝具乃得彰顯，故心爲性的攝具之主。無心之攝具，則無以見性理之粲然也。心居中間，對下直接發爲情，對上超越地攝具理，遂說心爲性情之主。故心爲性之主，與心爲情之主，兩「主」字實有不同之義涵。

　　「性對情言，心對性情言。合如此是性，動處是情，主宰是心。大抵心與性似一而二，似二而一，此處最當體認。」（《朱子語類‧卷五》）以上所說更爲明確。性與情之相對乃是形而上下之相對，心與性情之相對乃是統攝之相對，「合如此是性」，謂性是使如此成其爲如此之形上根據也。性是不動者，「動處是情」，足見前言「性之動」，義有殊指，非性本身能動。心性「似一而二」者，心管攝性，二者似密切而不可分，但其實是二物也。「似二而一」者，心性雖二，但性理爲心所攝具，心氣爲性理所規律，二者關係密切而不能孤存也。朱子所以要學者「最當體認」者，即心性之此種特殊關係也。

　　就工夫論而言，朱子以《大學》三綱領之明明德與八條目之格物致知爲要。明明德上之一明字，作動詞，即使其光明之意，此無問題，問題在明德之確指。《尙書》中惟有「明德」，而無「明明德」。依孔〈疏〉，明德指「明用賢峻之德」、「明用有德」。如〈堯典〉之「克明峻德」、〈康誥〉之「克明德」是。而《大學》引之，解作「自明（其德）」。不論是「明用有德」或「自明其德」，德字皆無德性義。惟《大學》復有「明明德」之云，在此，明德之明作形容詞，鄭〈注〉：「明明德者，謂顯明其至德也。」德字亦不作德性看。及宋明心性之學興，乃將德字說成德性。明德，即光明之德性；明明德，即彰明正大光明之德性。但明德一詞，隨系統之異，復有不同之理解。依陽明，明德即是吾人之本心良知，蓋本心良知無不正大光明，不過因物欲之蔽，暫時不顯，故須用致良知之功以恢復光明之本然。而朱子之解明德，則語意頗

嫌模棱，朱子曰：「明德者，人之所得乎天，而虛靈不昧，以具眾理，而應萬事者也。」(《大學‧經一章》章句)。「人之所得乎天」，係就性說，而性乃是靜態的超越之理。虛靈不昧似須就心說，「靈處祇是心，不是性，性祇是理」，由此可見惟心乃可言「虛靈」也。「具眾理」則須看是何等具，性之具眾理是本質地具，心之具眾理祇是管攝地具。此處之具是心具抑性具，亦難定。至於應萬事則就心氣說，無疑。因此，明德之所指，乃成搖擺不定者。但在朱子之心目中，明德當就性說；性中眾理之粲然須賴心之攝具，心氣能靈昭不昧，性理方能全幅彰顯，是以又關聯著心說。朱子以四句話釋明德，而以「人之所得乎天」為首句，其意可見。「或問：明德便是仁義禮智之性否？曰：便是。」「有得于天而光明正大者謂之明德。」(《朱子語類‧卷十四》)由是觀之，朱子之所謂明德，當指向性說，性中含仁義禮智之理，此諸理皆吾人正大光明之德，遂以明德說之耳。〔註9〕

至於明德如何「明之」，明的工夫顯然須就心上說，超越在上靜止不動之性理不能起明之功也。明明德意謂：由虛靈不昧之心超越地攝具性理，使性理全幅彰顯也。但在心上如何作「明之」之工夫？朱子曰：「明明德，明只是提撕也」；「一念竦然自覺其非，便是明之之端。」(《朱子語類‧卷十四》)所謂提撕，所謂「一念竦然」，皆是整肅凝鍊，不使昏惰之意，久久如此，則有以去人欲之私，使心氣純潔無雜，而性理因以彰顯。從心氣之整肅凝斂下工夫，而不自道德本心之擴充下工夫，乃是後天之漸教，不出伊川之規模。不論是「竦然」、「提撕」，祇是敬耳。朱子言工夫，卒歸於敬，「涵養須用敬」，伊川此語，為朱子所嚴格遵循，是動是靜，皆須以敬貫之。朱子曰：「學者須是為己，聖人教人只在《大學》一句『明明德』上。以此立心，則如今端己斂容，亦為己也；讀書窮理，亦為己也；做得一件事是實，亦為己也。聖人教人持敬，只是須著從這裏說起。其實若知為己後，即自然著敬。」(《朱子語類‧卷十四》)學須為己，此乃儒門之共義，但如何為學方是工夫所在。依朱子，須從「敬」做起。「端己斂容」是行為之約束，「做得一件事是實」則是實事求是而不虛浮。凡此，皆是敬之表現也；至於讀書窮理亦須有敬以貫之。

敬是常行，明明德之實下手處則在格物致知，〈格物補傳〉云：「所謂致知

〔註9〕 牟先生曰：「依朱子之說統，其在《大學》中關於明德所作之注語實當修改如下：『明德』者，人之所得乎天，『而可以由虛靈不昧之心知之明以認知地管攝之』之光明正大之性理之謂也。」(《心體與性體第三冊》，頁374)

在格物者，言欲致吾之知，在即物而窮其理也。蓋人心之靈，莫不有知；而天下之物，莫不有理。惟於理有未窮，故其知有所不盡也。是以大學始教，必使學者即凡天下之物，莫不因其已知之理而益窮之，以求至乎其極。至於用力之久，而一旦豁然貫通焉，則眾物之表裡精粗無不到，而吾心之全體大用無不明矣，此謂物格，此謂知之至也。」格物所以致知，格物乃即物之意，即物是為窮其理，窮理之主要目的在窮事物當然之理，而非其實然之理。物物而格之，所把握的眾物之理似有多相，實祇一理耳。所謂致知並非羅致眾多知識，只是推擴吾心知之明耳。如是，則凡事物之來，吾皆能了然其當然之理，以使吾之言行品節不差也。致知乃是對認知能力強度之擴張，並非對經驗知識廣度之攝取也。「人心之靈，莫不有知」，但不能無蔽，故須窮理以使所知無不盡也。「理有未窮」，表示心有所蔽；「知有不盡」表示心知之明未能瑩澈通透也。「因其已知之理而益窮之，以求至乎其極」，實即就吾心知之明再推擴去，使其無不瑩澈通透也，並非就吾現有之經驗知識而演繹之，使其成一完整之知識系統也。在心知之明之擴充上方可說豁然貫通，在經驗知識之攝取上祇可言累積，即使可說貫通，亦祇是成系統，不可以「豁然」說之也。「眾物之表裡精粗無不到」，容易誤會為對各種經驗事物之知識無不究知；實則不然，舉世無人有此能力，朱子絕不敢如此道。其實義祇是說窮得萬事萬物之理，即使某一種事物之「表裡精粗」亦見有其所以然之理也。在此，當然可拖帶出事物「表裡精粗」之經驗知識，但此非格物之主要目的。「吾心之全體大用無不明」，此即是知至，物格而後知至。知至祇是吾人心知之明，達於最大強度，能燭理無礙，對於事物當然之理與所以然之理皆無所蔽也。此時即能將性理之全幅內容攝具於心中，見其粲然明備，而心氣亦全體昭融也。

「格物是逐物格將去，致知則是推得漸廣」（《朱子語類·卷十五》），此與〈格物補傳〉所說無二致，《大學》祇言致知在格物，不言「欲致其知者，在格其物」。表示格物與致知之工夫乃是同時進行者。格物就事上說，致知就心上說。惟有逐物格將去，見得事理分明，方能將吾知「推得漸廣」，以盡其全體大用。「剡伯問格物致知。曰：格物是物物上窮其至理，致知是吾心無所不知。格物是零細說，致知是全體說。」（同上）此處對格物致知之義蘊說明最為清楚。「窮其至理」即窮其極至之理，極至之理絕非指經驗知識，蓋經驗知識乃中性者，不可以最高價值之極至說之；乃窮事物超越的所以然之理，或道德上的當然之理。依朱子，即此種理之窮究亦須就吾所涉及之事物逐個理會，故曰格物是零

細說，「致知是吾心無所不知」是簡語，當云「致知是推致吾知令吾心無所不知」，義方備，蓋致知是工夫字，而「吾心無所不知」是成果也。致知之知乃統就心之知能而言，故曰「致知是全體說」。「張仁叟問致知、格物。曰：物莫不有理，人莫不有知，如孩提之童，知愛其親；及其長也，知敬其兄；以至於飢則知求食，渴則知求飲，是莫不有知也。但所知者止於大略，而不能推致其知至於極耳。致之為義，如以手推送去之義，凡經傳中云致者，其義皆如此。」（《朱子語類・卷十五》）夫「愛其親，敬其兄」，即使可言知，亦是良知之知，此等知無知相，實祇是良知本心不容已之發。至於求食、求飲乃生理之需求，其知屬感性之知覺。朱子將此兩種知混為一談，乃一時不經意之滑轉。致知之首要在把握行為的當然之理，如對親的孝，對兄的弟之理，此等孝弟之理具價值性；次則在把握其他一般事物的所以然之理，此等理不具價值性。在此，技術問題及對經驗事物之了別則其副產品也。至於飢知求食、渴知求飲之知，則是生理自然之反應，連經驗知識亦談不上。朱子在不經意之間，往往混雜各層次之「知」義，但其主要用心固甚明也。孩提之童皆知愛其親，知敬其兄，孟子即於此指點人人固有良知、良能，愛其親即是仁，敬其兄即是義，仁義乃是就吾人本心之發沛然莫之能禦處說。但依程朱之說，愛與敬乃是情，仁與義則是所以愛、所以敬之理。當吾人面對親時，知當愛，面對兄時，知當敬，此點程朱不能否認；但吾人豈不可於此決定應當處言仁言義邪？豈定須將仁義高懸在上，僅靜態地視之為理邪？此是程朱之一間未達處，程朱誠能就此決定應當處反身求之，即歸於孟子矣。

　　「惻隱之心，仁也」，孟子明言之，豈不可於吾人不自已地發惻隱之心時，直接說此即是仁之呈現，何必以性與情支解惻隱與仁也？吾人誠應就面對某一情境時，知其應當如何處，說其即是天理之所決定，於此見得本心之昭然，何必定將心性情支解而三分之？故程朱之工夫論欲有所轉進，必歸於陸王而後已也。

　　由是觀之，無論在天道論、心性論或工夫論方面，朱子之主要觀念皆合於伊川，而與明道大有距離；伊川之思想脈絡，朱子皆進一步分解而確定之。程朱之學雖另成系統，與直承先秦儒學之其餘宋明諸大儒之學有距離，但同在儒家內聖之學之範圍內。程朱之所謂理雖祇是心之所攝具，非心之所自發，但仍保住性理之超越性與絕對性。至於其居敬集義等嚴毅之道德實踐工夫，雖屬「支離」而非「簡易」，但亦非常人所能及。凡此，皆非東原所能解。乃以為程朱所

言之理得之佛老之空、無而易其名，卒將任其意見，違逆人情；欲以其自然人性論取代程朱之理性論。其實程朱之理性論與孔孟固有間，東原之自然人性論與孔孟距離更大。以下即就東原批駁程朱處，擇其要者疏理之。

二、東原批評程朱思想之討論

1. 雜糅老釋與荀子

　　道家與佛家之義理形態各異，東原混一視之，已是一誤；籠統地說程朱言理之所指得之佛老，又是一誤。儒釋道三家各有其形上學，形而上者非感性與知性之所及，東原祇就其非屬現象界而視爲同一，不知形上學可有各種不同之形態也。荀子主性惡，故須以禮義化性起僞。程朱以爲人之有惡，由於氣質；而理得諸天，乃純粹至善者。東原因推程朱所謂理與荀子所謂禮義皆非我本有，並同視氣質爲惡，故程朱亦雜糅荀子：此亦未深思之過。東原雖費大力氣抨擊程朱，但基本論點實不多，程朱之學既得梗概，立見東原之抨擊爲不中肯。以孔孟爲標準看程朱，是歧出；看東原，則是背離。就儒學之整體而言，東原破壞之力多，建設之功少，〔註 10〕此東原之思想所以未能蔚爲大宗之故。

　　東原曰：「宋儒出入於老釋，故雜乎老釋之言以爲言。」（《全集》，頁 298）此等推論，實不合理則。蓋「出入於老釋」，並不意含「雜老釋之言以爲言」。東原先有此成見，是以未能客觀地了解程朱。宋儒大抵皆「出入於老釋」，其自覺地弘揚儒家義理，或因老釋之刺激而豁醒；但以爲其思想，乃「雜乎老釋之言」，則不合實情。雖然宋儒對佛老之了解多未深入，但對儒家與佛老之界分辨之甚明，絕不寬假。此在宋明儒各大家皆然，不因思想系統之異而有差別也。宋儒之時代使命，一方面在消極地批駁佛老之非，一方面在積極地弘揚儒學之蘊，二者實相輔相成也。與佛老對勘，則儒家之爲大中至正之道立顯。宋儒早年出入佛老或許是不自覺者，但後來之批駁佛老、闡揚儒學，則是自覺者。凡對儒釋道三家之基本教義無所領略者，往往強爲比附，不獨東原爲然也。

　　東原曰：「程子、朱子就老莊、釋氏所指者，轉其說以言夫理，非援儒而入釋，誤以釋氏之言雜入於儒耳。」（《全集》，頁 396）老莊所指者，乃是透

〔註10〕牟先生曰：「戴氏《孟子字義疏證》一書是他的理學之建設，不過破壞處多而建設處少，即專門攻擊程朱文字多而對于自己之系統沒有什麼嚴密的組織。」（《周易的自然哲學與道德涵義》，頁 142）

過致虛守靜所顯之有無渾同之玄理；釋氏所指者，乃是經由觀法無我所見之真空妙有之空理。凡此，皆無程朱所說實體性之性理義。程朱與二氏最大分別處在此。程朱「轉其說以言夫理」，觀下文，「其」字當指釋氏；不過東原以為釋氏所指之「空」與老莊所指之「無」無異，是以統稱老莊、釋氏。程朱「非援儒而入於釋」，蓋程朱亦批駁釋氏，且「重學」故；「誤以釋氏之言雜入於儒」，當說「誤以釋氏言空之所指雜入於儒」。蓋釋氏說空，程朱說理，二者之「言」並不同，而在東原看來，二者所指者同，故以為宋儒襲取釋氏言空之所指者而易之以理。依東原，理乃事物之條理，乃是既有事物之後，透過吾人心知之認知而「虛以會之」者，並非實體字，不能獨立存在，而宋儒乃將其看作超然物外可以獨立存在之實體字，此非理字之本義，祇是借用理之名以寄其得之釋氏之實耳。

東原曰：「程子、朱子，其出入于老釋，皆以求道也。使見其道為是，雖人以為非而不顧；其初非背六經、孔孟而信彼也。於此不得其解，而見彼之捐棄物欲，返觀內照，近於切己體察，為之亦能使思慮漸消，因而冀得之為衡事物之本。然極其致，所謂明心見性，還其神之本體者，即本體得矣，以為如此便足，無久闕矣；實動輒差謬。在老莊、釋氏，固不論差謬與否，而程子、朱子求道之心，久之，知其不可恃以衡鑑事物，故終謂其非也。」（《全集》，頁297）曰程朱於六經、孔孟「不得其解」，未免低視之。理學家對六經、孔孟無不精熟，尤其程朱重道問學，講格物致知，對六經、孔孟之義更是斤斤較量。若說程朱於孔孟智慧之大方向「不得其解」，尚有可言；但以「不得其解」概括程朱於六經、孔孟，則有失敦厚。程朱於孔孟智慧源頭處之理解固有偏差，但發揮經義之處實多。東原因程朱於六經、孔孟之理解與己有異，遂謂彼「不得其解」也。以為佛老之學之極致，使人「動輒差謬」；若然，佛老之學根本不可以為教。佛老固無儒家之道德意識，但亦指向一終極理境，足以安頓人生，絕不致使人「動輒差謬」也。因佛老主去妄執、離是非，遂謂其「不論差謬與否」，奚可哉？程朱之所以非佛老者，誠有以見佛老未能積極肯定人倫，非大中至正之矩，乃自天道論、心性論上反之。就佛、老本身理論看，亦圓滿無缺；但與儒學相對照，立見其偏，宋儒即就其偏處反之，非因其「動輒差謬」而反之也。「捐棄物欲」殆指老莊，「返觀內照」殆指佛家。「切己體察」殆指儒家。但老莊之「捐棄物欲」豈斷絕生理需求邪？佛家之「返觀內照」豈是偏執空相邪？儒家之「切己體察」豈是對外物不聞不問

邪？儒家固可言「切己體察」矣，但孔子豈不戒多欲，孟子豈不言「寡欲」乎？《中庸》言愼獨，《易傳》言無思無爲，豈不可言「返觀內照」，此悉修養之共法，目的在將精神向內收，向上提，使不汩沒於物欲中耳。豈可因宋儒之修養方法與釋道二家有共通處，遂籠統曰宋儒假諸釋老邪？

東原曰：「自宋以來，謂理得于天而具于心。既以爲人所同得，故于智愚之不齊歸諸氣稟，而敬肆邪正概以實其理欲之說。老氏之抱一無欲，釋氏之常惺惺，彼所指曰眞宰、曰眞空，而易以理字，便爲聖學。既以理爲得於天，故又創理氣之說，譬之二物渾淪，於理極其形容，指之曰淨潔空闊；不過就老莊、釋氏所謂眞宰、眞空者，轉之以言夫理，就老莊、釋氏之言，轉而爲六經、孔孟之言。」（《全集》，頁 295）此段批評程朱工夫論中理欲之說及天道論中理氣之說。依程朱，理欲並言，理乃就行爲之當然處說，價值意味重；理氣並言，理則就氣化之所以然處說，價值之意味輕。「明德者，人之所得乎天，而虛靈不昧，以具眾理，而應萬事者也」。明德即吾人之性，性即是理，故理乃人「得於天」者，而此理超越地爲心所攝具，故亦可言具於心。「理得於天而具於心」，朱子並無此言，不過依朱子對明德之釋義，如此言之，亦可，祗須知理是超越的性理，天是形而上之天，即可。理不獨爲人所同得，依朱子枯槁有性之說，物亦有之。〔註 11〕但在物處，理祗是決定其存在的超越根據；而在人處，則益之以其行爲之道德上的當然一義。而要使吾人之行合乎當然之理，則須居敬閑邪。敬則能正，正即天理；肆則易邪，邪即人欲。天理人欲互爲消長，但看能否居敬閑邪耳。程朱嚴肅的道德工夫全見於此，此與佛老有何相干？「智愚之不齊」不歸諸氣稟，將歸於何所乎？就天理處說，豈有不齊之可言？智愚之不齊由於氣稟之清濁厚薄，但氣稟本身不可言惡；惟陷溺其心，乃流於惡也。人欲之肆固與氣稟有關，但氣稟非本質地惡者。東原以爲宋儒將惡歸諸氣稟，空指一高高在上之天理以爲全乎善，此因對宋儒天理、人欲之分未有深入之理解故也。老氏之抱一無欲，固是要見得眞宰，但眞宰以玄智玄德定；釋氏之常性惺惺，固要證得眞空，但眞空以般若之觀照定。而程朱所言之天理，則以德性之當然定，三者各有不同之界分，豈可

〔註 11〕 朱子曰：「天之生物，……有生氣已絕，而但有形色臭味者，枯槁是也。是雖其分之殊，而其理則未嘗不同。」（《朱子公文集·卷五十九·答余方叔》）又「問：枯槁之物亦有性，是如何？曰：是他合下有此理。……枯槁之物謂之無生意則可，謂之無生理則不可。」（《朱子語類·卷四》）

曰程朱將老釋之眞空、眞宰易以理字以爲聖學？理豈定不可向上提升，從本心之自定方向說，如陸王之所言；或自性分之當然說，如程朱之所言？豈必指經驗事物之條理邪？東原惟是拘守一義，不知同一文字，在不同的思想背景下，可以承載不同之義；遂祇以自家所意謂之理爲是，而不承認他人對理之所指涉也。朱子言理氣「譬之二物渾淪」，表示理氣之不離；以「淨潔空闊底世界」說理，理具超越性與絕對純淨性，表示理氣之不雜。「二物渾淪」並非說理氣爲同層次之二物，混雜在一起，乃是說理不離乎氣，氣亦不離乎理；但有氣，理便在其中；若無氣，理亦無處掛搭。此等理氣不離不雜之說，非東原所能解，乃言程朱「不過就老莊、釋氏所謂眞宰眞空者，轉之以言夫理」，於法疏矣。程朱如此言理氣之關係，就儒家義理言，乃另樹一格；即此以說其「非六經、孔孟之言」，則可。但以爲此義係就老莊、釋氏之言轉來，則非矣。

　　東原曰：「程子、朱子見于六經、孔孟之言理義，歸于必然不可易，非老莊、釋氏所能及，因尊之以當其所謂神者，爲生陽生陰之本，而別于陰陽；爲人物之性，而別于氣質。反指孔孟所謂道者非道，所謂性者非性。」（《全集》，頁298）孟子以吾人之本心所自定之方向言理義，理義有先天的必然性，乃任何人「心之所同然」。先秦儒家典籍，理義並舉，而以本心之自定方向說之者，惟孟子耳。東原籠統曰理義見於六經、孔孟，亦一時之不審。但此無甚緊要，蓋六經、孔子雖無斯語，未嘗無斯意也。理義固是「必然不可易」，但此是道德決斷上之必然，而非如東原所云，由心知所認知的事物條理之爲必然也。老莊、釋氏所言不及理義，智慧方向不同故也。程、朱誠見得理義「非老莊、釋氏所能及」，故竭力闡發其蘊，以示儒家義理之爲剛健正大，但並非徒然尊之以當道家之神與佛家之空也。豈可因儒家之理義與道家之神、佛家之空，同屬形而上者，不在經驗之領域，遂以爲彼此無異？宋儒既見得理義非佛老所及，則逕就此立說即可，何必再以此當佛老之空與神以自失立場，自貶身價乎？理之爲「生陰生陽之本」，所謂生，有特殊之義旨，並非如自然界生物之蕃衍，亦非因果之相引生，惟是形而上的根據義耳。理之爲人物之性，乃是義理之性，而非氣質之性也。義理、氣質二性之分，始乎宋儒，此於儒家義理之推闡，實大有貢獻，而東原必否定有義理之性，蓋其所見之性，惟是血氣心知耳。

　　程朱「指孔孟所謂道者非道」，不知何所據。程朱以弘揚孔孟之道自任，

必不敢作如是之說。至於言程朱指孔孟所謂性者非性，亦未盡其實。程子云：「論性不論氣不備，論氣不論性不明，二之則不是。」（《二程遺書‧卷第六》）蓋程子以爲孟子道性善，衹言義理之性，而不及氣質；孔子言「性相近」之性，則就氣質而言，而未及義理之性。義理、氣質必須兼論，乃能盡性之全蘊；並非說孔孟所言之性不是性也。

「『性相近也，習相遠也』，性一也，何以言近？曰：此只是言氣質之性，如俗言性急性緩之類；性安有緩急？此言性者，生之謂性也」（《二程遺書‧卷第十八》）。伊川以爲孔子言「性相近」之性與告子言「生之謂性」之性同是指氣質之性，是也。言相近，表示不全同，此須就氣質言；若夫天命之性，性善之性，則是本質上同一者，不衹相近而已。惟「生之謂性」乃言自然質性之通則，而氣質之性則是在此通則下專就所稟之清濁厚薄而言。「棣問：孔孟言性不同，如何？曰：孟子言性之善，是性之本；孔子言『性相近』，謂其稟受處不相遠也」（《二程遺書‧卷第二十二上》）。此即明判孔孟言性不同，「稟受處」就氣質之性言，即前所云性急、性緩之類。伊川衹是分別孔、孟言性之異，並不曰孔、孟所言之性非性也。朱子釋「論性不論氣不備，論氣不論性不明」曰：「蓋本然之性只是至善；然不以氣質而論之，則莫知其有昏明、開塞、剛柔、強柔，故有所不備。徒論氣質之性，而不自本原言之，則雖知有昏明、開塞、剛柔、強弱不同，而不知至善原未嘗有異。故其論有所不明。須是合性與氣觀之，然後盡。蓋『性即氣，氣即性』。若孟子專於性善，則有些是『論性不論氣』；韓愈三品之說，則是『論氣不論性』」；「若衹論性而不論氣，則收拾不盡，孟子是也。」（《朱子語類‧卷五十九》）以上說明論性須兼顧本然之性與氣質兩方面；若偏於一端，皆有所不盡。蓋道德修養，即在對治氣質之偏雜，使其順乎天理，故對氣質不可不予正視，橫渠、程朱皆正視氣質一面，而期有以變化之，對孔孟義理有推進之功；但並不因此即謂孔孟所言之性非性也。東原對程朱所說實未作客觀之理解也。

東原曰：「舍聖人立言之本指，而以己說爲聖人所言，是誣聖；借其語以飾吾之說，以求取信，是欺學者也。誣聖欺學者，程朱之賢不爲也；蓋其學借階于老莊、釋氏，是故失之。凡習于先入之言，往往受其蔽而不自覺。……由考之六經、孔孟，茫然不得所謂性與天道者；及從事老莊、釋氏有年，覺彼之所指獨遺夫理義而不言，是以觸於形而上下之云，太極、兩儀之稱，頓然有悟，遂創爲理氣之辨，不復能詳審文義。其以理爲氣之主宰，如彼以神

為氣之主宰也；以理能生氣，如彼以神能生氣也；以理壞於形象，無人欲之蔽則復其初，如彼以神受形而生，不以物欲累之則復其初也。皆改其所指神識者以指理，徒援彼例此，而實非得之於此。學者轉相傳述，適所以誣聖亂經。善夫韓退之氏曰：『學者必慎所道，道於楊、墨、老、莊、佛之學，而欲之聖人之道，猶航斷港絕潢以望至於海也。』此宋儒之謂也。」（《全集》，頁302）誣聖欺學者是大過，無人願為，程朱亦然。但東原以為程朱卒難逃此過者，以其先習於老、釋之言，錮蔽已深，不能放棄，是故失之。程朱「考之六經、孔孟，茫然不得所謂性與天道」，然則不茫然者誰乎？就程朱本身言，其於性與天道，實有甚清楚之意識，不過未盡合先秦儒家之本義耳。程朱所言之「理義」，與老莊之神、釋氏之空，應各就其思想系統理解之，焉可隨意謂程朱納彼於此？程朱豈是孤零零地見到「形而上下」，「太極兩儀」等語句，未通盤了解經典大義，即作無謂之臆想，拿老釋之空無以寄託其理氣之辨乎？東原一則曰程朱於六經、孔孟茫然，再則曰程朱於六經、孔孟不能詳審，其低視前賢之心，昭然可見。說程朱對孔孟之理解有偏差，則可；而曰「實非得之於此」，未可也。韓退之之言，出於衛道之赤忱，意在警告學者慎所從入。程朱正是「慎所道」，對儒家義理覃思研精，故能就佛老異於儒家之大界分處批駁之，較韓退之純自流弊上攻擊佛老者為有力而徹底，豈可反謂程朱「道於楊、墨、老、莊、佛之學」，而「誣聖亂經」邪？

東原曰：「程子又云：『人生而靜，以上不容說；纔說性時，便已不是性也。』朱子釋之云：『人生而靜以上，是人物未生時，止可謂之理，未可名為性，所謂在天曰命也；纔說性時，便是人生以後，此理已墮在形氣中，不全是性之本體矣，所謂在人曰性也。』據〈樂記〉『人生而靜』與『感於物而動』對言之，謂方其未感，非謂人物未生也。《中庸》『天命之謂性』，謂氣稟之不齊，各限於生初，非以理在天在人異其名也。況如其說，是孟子乃追溯人物未生未可名性之時，而曰性善；若就名性之時，已是人生以後，已墮在形氣中，安得斷之曰善。由是言之，將天下古今，惟上聖之性不失其性之本體，自上聖而下語人之性，皆失其性之本體。人之為人，舍氣稟氣質，將以何者謂之人哉？是孟子言『人無有不善』者，程子、朱子言人無有不惡。其視理儼如有物，以善歸裡，雖顯遵孟子性善之云，究之孟子就人言之者，程朱乃離人而空論夫理。故謂孟子論性不論氣不備。若不視理如有物，而其見於氣質不善，卒難通於孟子之直斷曰善。宋儒立說，似同於孟子而實異，似異於荀子而實同也。」（《全集》，頁308）

〈樂記〉「人生而靜，天之性也」之云，可以如東原之所說，亦可如明道之所說。如東原之所說者，性是經驗的氣性；如明道之所說者，性是超越的天性。無論如何，明道之說、朱子之釋總可成立。蓋性乃是就個體言，個體帶有氣質，「纔說性時，便已不是性」，是說一講到性，即已落於個體之中，已不是性之當體自己也。個體有氣質之雜，而性之當體自己，惟是一純理耳。純理無相貌可以形容，故是「不容說」也。「不全是性之本體」云者，表示理落在氣質之中。其絕對純淨之本來樣態隱而不彰，並不是說性之本質有任何變化也。惟《中庸》「天命之謂性」則直就性之本質言，不就墮於形氣中之性言。朱子方便借之以釋明道之所云，固可，但須知《中庸》之原旨。而東原以為《中庸》所言之性亦指氣質，以為此句意謂「氣稟之不齊，各限於生初」，顯然非是。順此說下去，慎獨工夫即無著落，所以不通。孟子道性善，乃直下就天性之本質說，並不關聯著氣質說，但與明道所云並不衝突。「況如其說」以下之詰難，實由誤解明道義旨所致。

　　不論上智或下愚，天性之本質無異，但惟有聖人才能充分彰顯之。常人則須多下工夫也，安得以是否失性之本體別聖凡非議程朱邪？舍氣質固不得謂之人，但人之所以為人，不止於此。東原衹承認生命之質氣一方面，顯有偏失。程朱衹就氣稟存在之事實說明惡之由來，並不言「人無有不惡」，蓋氣稟本身乃中性者，程朱固不以之為惡；惟惡之發因之而有耳。而東原因孟子言性善，遂以為孟子主張氣稟無有不善，此乃對孟子之一大誤解。孟子言性，固「就人言之」，但卻是就人超越的道德本心言，而不就氣性言；即此以言，程朱就形而上之性理言其為善者，較近於孟子，而東原則遠離孟子矣。程朱乃直就吾人之天性而言其為理，豈是離人而空想一物曰理者邪？「離人而空論夫理」之斥顯然不切。東原又以為程朱既視氣質為不善，但孟子明言性善，為不悖孟子，於是視理為如有物焉而斷之曰善，其實衹是勉強湊合孟子耳。東原對程朱所以作如是駁斥者，全在執著氣質之性為善所致。末言宋儒「似同於孟子而實異，似異於荀子而實同」者，依東原之見，孟子道性善，程朱亦以理為至善，就此以言，似同於孟子；但孟子所言之性，衹是氣質，可以指實，而程朱乃離人而空論夫理以為性，不可指實，故終異乎孟子也。荀子主性惡，而程朱則曰性即理，理為至善，就此以言，似異乎荀子；但程朱之所謂理，是一空指耳。程朱以氣稟為惡，而荀子所言性惡之性亦屬氣稟，故程朱與荀子實同也。此係對程朱、孟子、荀子均無相應之理解所作之離合。

所以致此者，總由不明孟子性善之性，究指那一層面之性而來也。

東原曰：「程子、朱子尊理而以爲天與我，猶荀子尊禮義以爲聖人與我也。謂理爲形氣所污壞，是聖人而下形氣皆大不美，即荀子性惡之說也。而其所謂理，別爲湊泊附著之一物，猶老莊、釋氏所謂眞宰、眞空之湊泊附著形體也。理既完全自足，難于言學以明理，故不得不分理氣爲二本，而咎形氣。蓋其說雜糅傅合而成，令學者眩惑其中。雖六經、孔孟之言具在，咸習非勝是，不復求通。」（《全集》，頁 297）荀子惟見人性之動物性，順之往下滾，則會流於惡，故須有師法之化、禮義之道以使其就範。禮義爲聖人所教，我所習得，不可逕曰聖人與我也。苟無聖人之教，或無向學之心，即不能知禮義，是禮義能否在我，並無必然性也。惟程朱以爲理乃人之所同得乎天，人人各稟此理而後有性，是理之在我，有先天的必然性。理即使可曰天與我，亦非天諄諄然命之，乃因吾之性理與天地之理本質同一，遂歸本於天耳。天之所與乃必然者，聖人之所教而爲人所接受則是偶然者，焉可混一視之？

「理爲形氣所污壞」之云絕非程朱之意，此見東原於程朱了解之粗略。蓋理具超越性與絕對性，豈能被污壞？且形氣本身乃中性者，又焉有污壞理之作用。程朱之意乃是「天理爲人欲所蔽」，蔽則可去陰翳而復其明；污壞則永喪失自己。二者迥殊，焉可誣程朱之爲此說邪？

理與氣之關係及眞宰眞空與形體之關係，須依各家之義理系統以決定之，豈可以湊泊附著等視之？以爲理之於氣，眞宰眞空之於形體，如一物之附著於另一物，亦淺乎視之矣。儒釋道三教之形上學若祇是如此簡單，焉能啓導人生，成爲大教，而源遠流長？

就理本身而觀，乃「完全自足」者，但人既有此身，則私欲隨之以生，足以障蔽天理，故須學以復之。學之要，莫若居敬集義，格物窮理，工夫到家，所明之理仍是原初之理。理的本質如何是一事，而其能否有規律形氣之作用，又是一事，此中煞有工夫在。程朱豈是徒然尊大性理，徒然責咎形氣，以「分理氣爲二本」者乎？

先儒講學，不祇重思辨，更重實踐，以完成其「實踐的道德學」。言理言道，皆有其形而上的必然性，理不是空索冥思之物。東原將一切有關道德實踐方面之詞語，均以認知之方式執實地理解之，遂覺扞隔。「六經、孔孟之言具在」，固是，但能對儒家成德之教有相應之理解者並不多也。

東原曰：「程子、朱子見於生知、安行者罕覯，謂氣質不得概之曰善，荀、

揚之見固如是也。特以如此則悖於孟子，故截氣質為一性，言君子不謂之性；截理義為一性，別而歸之天，以附合孟子。歸之天，不歸之聖人者，以理為人與我，是理者我之本無也；以理為天與我，庶幾湊泊附著，可融為一。是借天為說，聞者不復疑於本無，遂信天與之得為本有耳。彼荀子見學之不可以已，非本無，何待於學？而程子、朱子亦見學之不可以已。其本有者，何以又待於學？故謂為氣質所污壞，以便於言本有者之轉而如本無也。於是性之名移而加之理，而氣化生人生物適以病性。性譬水之清，因地而污濁，不過從老莊、釋氏所謂真宰真空者之受形以後，昏昧於欲，而改變其說。特彼以真宰真空為我，形體為非我；此仍以氣質為我，難言性為非我，則惟歸之天與我，而後可謂之我有。亦惟歸之天與我，而後可為完全自足之物，斷之為善。惟使之截然別於我，而後雖天與我完全自足，可以咎我之壞之，而待學以復之。以水之清喻性，以受污而濁，喻性墮於形氣中污壞，以澄之而清喻學。水靜則能清，老莊、釋氏之主於無欲，主於靜寂，是也；因改變其說為主敬，為存理，依然釋氏教人認本來面目，教人常惺惺之法。若夫古賢聖之由博學、審問、慎思、明辨、篤行以擴而充之者，豈徒澄清已哉。程子於老莊、釋氏，既入其室，操其矛矣。然改變其言以為六經、孔孟如是，按諸荀子差近之，而非六經、孔孟也。」（《全集》，頁 308～309）以上說明程朱之學雜糅老、釋與荀子，最為詳細完整。荀子主性惡，揚雄主性善惡混，其所言之性，皆屬氣性，但荀子純就自然生命之本能言，揚雄則就性中性義說。純就氣性本身觀之，非獨「不得概之曰善」，實無道德上之善惡可言也。而程朱言氣性，則偏就吾人所稟清濁厚薄之異說。惟橫渠、程子皆將氣質本身視作一種性，故曰「氣質之性」，以與天地之性或義理之性相對；而朱子則以為性一耳，「氣質之性」是說在氣質之中濾過的性，性唯有程子所言之義理一義耳。雖有此差異，但其嚴分性理與氣質則同。亦即肯定人除有氣質之偏雜外，尚有一純淨無雜之性理也。夫吾人氣質之表現，每流於惡，東原以為程朱於此，所見與荀揚無異。但如此說，則與孟子性善之旨相悖；於是另說吾人有一得諸天、純善無惡的義理之性，以便附合孟子：如此則能兩方兼顧矣。然其所謂得諸天的義理之性，實自老、釋轉手過來，老、釋遠離形骸，默想一真宰、真空，乃虛妄不實也。今宋儒亦就老莊、釋氏所默想之真空、真宰者，轉言之曰理，此亦不可指實，而難免流於虛妄也。夫荀子以禮義為聖人與我，則禮義乃吾所本無；但孟子言理義吾之所固有，於是程朱乃言理義「得諸天」；

如此，則可言理義我所本有，可以湊合孟子，而免於荀子外鑠禮義之病矣。其實言天與我與言聖人與我皆是本無，程朱祇是巧為之說耳，其思想底子固與荀子無大差別。祇因先入佛老，故方便假借其空、無之所指以言理耳。以上是不明程朱所言之理為何物所致之非難。在東原看來，理義乃我之血氣心知自然而全者，但吾之言行未能盡如理合義，是以須有去私去蔽之功，以全其血氣心知之自然。去私去蔽之方又落在強恕與學上；易言之，惟有強恕與學方能成全吾血氣心知自然而有之理義；如此又與荀子之說差別多少？但東原在主觀上總認為自家之學得之孟子，不得之荀子，不知其底子固近荀而遠孟也。

　　依東原觀之，荀子外禮義，故重學；雖不見道，猶可維持其思想之一貫。而程朱亦見學之重要；但彼既以為理義得諸天，為我之本有；若然，則不必學；此則互相矛盾。為解此矛盾，程朱乃巧為之說，以為理為氣質所污壞，須學以復其初，如此似可免於見解之矛盾矣。問題在：如是之云，須咎氣質。但吾人之氣質自然全乎善，無有可咎，程朱於根本處即見得差，是故種種巧說，祇是雜糅老釋與荀子，以掩學者之耳目而已。夫理義固得諸天，但要吾人之言行能順理義，則須言工夫，言學。東原惟於氣質對性理彰顯之限制無切感，是以不能了解程朱言「學」之眞諦也。

　　儒釋道三家皆能正視感性、知性對開展德性生命之種種限制障蔽，而思有以度越之、轉化之，使生命趨向理想與光明，是以儒家言化氣成性，道家言轉俗成眞，佛家言轉識成智。儘管彼此教路有異，但同屬實踐的智慧學則無別。拔乎卑暗濁穢之中，而立乎高明光大之上，此一基本模式，三教並無不同也，於此說誰得諸誰，實無意義。只因程朱早年嘗涉佛老，東原遂一口咬定其立說得之佛老，而對佛老又無客觀之理解，是以有種種糾繆之訐難也。

　　道家講無欲無為，佛家講涅槃寂靜，儒家講主敬存誠，各有其不同之內容；教路之異，由此以定。曰主敬明理之方得諸佛老，是不知類也。即使釋氏所云之見本來面目，所云之常惺惺，亦具正面價值，亦須予以肯定，豈可因諱言佛老，遂連主敬、存理亦否定之邪？「博學、審問、慎思、明辨、篤行」，非敬亦不能成其全功也，言敬豈有妨礙心知之擴充，而必堵絕之邪？東原所謂「戒愼其儀容」，「恐懼有愆謬」（《全集》，頁294），非程朱所云之敬乎？祇是未如程朱所論之徹底耳。

　　在東原看來，程朱雖於老莊、釋氏入室操矛，但理得於天之說，畢竟自佛

老轉手而來，以此解經，當然不得經典之實。此外，程朱思想，亦糅合荀子。所以然者，蓋荀子言性惡，重學，而程朱咎氣質，亦重學；荀子言禮義乃聖人予我，而程朱言理義爲天予我，天予與聖人予，同是外予，並無大異。但程朱則巧說爲本有，以附合孟子，其與六經、孔孟實沾不上邊也。蓋六經、孔孟言理義爲吾血氣心知所固有，而由博學、審問等以漸擴之，乃向前推展者，而程朱則言學以復其初，乃向後返者，此完全背六經、孔孟之旨也。依此，則程朱之學乃湊合而成者，既不能貫徹老莊與釋氏，而祇盜取其形上之空、無，亦不能完全同乎荀子，祇與其差近；徒取聖人言語作掩飾，而於孔孟之學則完全悖離。如是，則程朱之學祇是若干離經叛道之零碎風光耳；豈其然乎？

　　東原曰：「問：孟子曰：『口之於味也，目之於色也，耳之於聲也，鼻之於臭也，四肢之於安佚也，性也，有命焉，君子不謂性也。……』，宋儒以氣質之性非性，其說本此。張子云：『形而後有氣質之性，善反之，則天地之性存焉。故氣質之性，君子有弗性者焉。』程子云：『論性不論氣，不備；論氣不論性，不明。』在程朱以理當孟子之所謂善者，而譏其未備；然於聲、色、臭、味、安佚之爲性，不能謂其非指氣質，則以爲據世人之云爾。於性相近之言，不能謂其非指氣質，是世之人同於孔子，而孟子別爲異說也。朱子答門人云：『氣質之說起於張、程，韓退之〈原性〉中說三品，但不曾分明說是氣質之性耳。孟子謂性善，但說得本原處，下面不曾說得氣質之性，所以亦費分疏；諸子說性惡與善惡混。使張、程之說早出，則許多說話自不用紛爭。』是又以荀、揚、韓同於孔子。……程、朱深訾荀、揚不識性，以自伸其謂『性即理』之異於荀、揚。獨『性相近』一言見《論語》。程子雖曰：『理無不善，何相近之有？』而不敢以與荀揚同譏；苟非孔子之言，將譏其人不識性矣。今以孟子與孔子同，程朱與荀揚同，孔孟皆指氣稟氣質。……程朱以理如有物焉，實雜乎老莊、釋氏之言。然則程朱之學，殆出老、釋而入荀、揚，其所謂性，非孔孟之所謂性；其所謂氣質之性，乃荀揚之所謂性歟？曰：然。」（《全集》，頁 309～310）本段可視作上段之補充說明。東原以爲，依程朱之說，則孔子、荀、揚、韓所言之性與世之人所見者同，皆指氣質之性，而孟子則爲異端。但程朱又不敢悖孟子性善之說，於是曰「性即理」。理無不善，實自老、莊、釋氏眞宰、眞空之說轉來，由之以譏荀揚不識性；但不敢譏「性相近」之云者，乃因此出自孔子之口，否則即將與荀揚同譏，以二者所言之性同屬氣質故也。程朱出老釋而入荀揚，但仍保有老釋眞宰眞空之所指，不

過易以理字,並以性說之,以為聖學耳。其視氣質為惡,重學,固與荀揚無大異也。孟子明言「口之於味也……」為性,而程朱以為此係據世之人所言之氣質之性;乃若孟子所言之性,惟是理耳。但程朱又以為孟子「論性不論氣」,於是譏其未備。而孔子之言「性相近」,是只見得氣性而未見理性,乃「論氣不論性,不明」。但由於孔子是聖人,是以不敢明言其非也。程朱所以詆毀聖人者,乃因析氣質與理為二,不見理與氣質之為一。氣質本身條理具備,自然全乎善,孟子所以言「性善」,孔子所以言「性相近」也。如此,即可免去程朱之析孔孟為二,而以孔子同於荀揚之病。以上是本段之大意。但孟子於「口之於味也」一章,所云「性也,有命焉」;「命也,有性焉」之二「性」字所指,明有不同,程朱於此分氣質之性與義理之性。橫渠所謂善反以存天地之性,及「氣質之性,君子有弗性」之云,(見《正蒙·誠明篇》)亦據此而來。是故「論性不論氣,不備;論氣不論性,不明」之說,祇在強調吾人之性有理性與氣性二方面,須兼考之,乃見性之全幅內容,並不是由此譏孟子「不備」,並暗譏孔子「不明」也。孟子雖已見得吾人有兩種性,但未明確示之,及乎張、程,乃命以天地之性與氣質之性之名,使人耳目一新,故朱子以為「使張、程之說早出,則許多說話自不用紛爭」。蓋歷來對性之紛爭,總因分不清此二種性而來也。孟子有此意,而張、程確定地說出,東原理應心領神會,不謂仍將二者攪成一團,是以有氣質之性自然全乎善之不通之論也。程朱以為孟子以「口之於味也……」言性,乃據世之人而言,是也。蓋世之人祇見得人有耳目之欲、聲色之好等之為性,而不見人有內在道德性;惟君子方能見之,故君子於聲色之好等「不謂之性」;「不謂之性」云者,即橫渠所云「弗性」,亦即不順此下滾,而必「善反之」,以挺立內在道德性也。「理無不善,何相近之有?」雖針對孔子「性相近也」一語而發,但並非譏之。蓋程子看定孔子所言之性乃氣性,氣性可言相近,亦可言不相近。但理則是純一者,「何相近之有」,表示不可以相近言。孔子雖未明分兩種性,但其處處指點仁,是即於吾人內在道德性通體瑩澈;而其諄諄訓誨,當下提示,無非讓弟子將自家生命往高明處超拔,此非於氣性對吾人進德修業之影響有深感者不能也;否則教無由立。是孔子雖無此言,實有此意也。至於孟子雖已有大體、小體之分,但未若分天地之性與氣質之性明確。宋儒於孔孟立教精神多能把握,絕不致析孔孟為二也。惟講學須明辨,孔子「性相近」之性居何層面,孟子「性善」之性居何層面,「口之於味」之性居何層面,皆須辨

明，然後學者有實下手處。而東原於宋儒之學並未深入玩味，是以誤會程朱斷章取義、離析孔孟、雜取異端；不知程朱在此祇是辨析義理，並非表示孔孟思想有異也。

　　東原曰：「宋以來儒者，皆力破老釋，不自知雜襲其言，而一一傅會於經，遂曰六經、孔孟之言。其惑人也易，而破之也難，數百年於茲矣。人心所知，皆彼之言，不復知其異於孔孟、六經之言矣。世又以躬行實踐之儒，信焉不疑。夫楊、墨、老、釋皆躬行實踐，勸善懲惡，救人心，贊治化，天下尊而信之，帝王因尊而信之也。孟子、韓子闢之於前，聞孟子、韓子之說，人始知其與聖人異，而究不知其所以異。至宋以來，儒書之言，人咸曰：是與聖人同也，辯之，是欲立異也。此如嬰兒中路失其父母，他人子之而為其父母；既長，不復能知他人之非其父母，雖告以親父母，而決為非也，而怒其告者，故曰破之也難。嗚呼！使非害於事，害於政以禍人，方將敬其為人，而又何惡也？惡之者，為人心懼也。」（《全集》，頁323）此為《疏證》最後一段，可視作東原抨擊程朱襲取佛老之總結論。意在揭宋儒之面紗，抒一己之抱負。孟子闢楊墨，韓退之斥佛老，宋儒亦反佛老，皆有其時代使命。但在東原看來，孟子、韓退之之駁異端，乃相應者；而宋儒之破老釋非獨不相應，且同化於彼，使人於儒家與老釋之同異，彌增疑惑。為明孔孟之道，首須撥開宋儒思想之迷霧，見其學乃雜糅老釋與荀子而成，祇是依附孔孟之言耳。是以東原立說，一則在批駁宋儒之非，一則在表彰自家之是；以為駁倒宋儒後，自家之學即明；自家之學明，則孔孟之真面目可得而見矣。但僅一口認定程朱得諸老釋與荀子，無乃過於輕忽？彼對老釋、程朱、陸王之了解果盡其實乎？凡欲批判某家思想，須先對之有客觀之理解，並透過與各家思想系統之比較，然後能定出其高下是非。東原對儒釋道三家之形上學無所領會，而欲批駁之，亦難乎其中肯矣！宋明儒之反佛，主要在形上學方面，焉可因三者皆涉及形上學，遂謂三者本質上並無不同，或逕以為宋明儒之言理，得之佛老乎？同是躬行實踐，有解脫之實踐，有道德之實踐等等，皆有其所以異處。宋明儒具深密之道德實踐工夫，以「救人心、贊治化」，修己以安人，期使學脈復歸先秦儒學之正，又焉有害於政、害於事者邪？若經批判之考察，見出程朱之不足處，調適上遂之，則於儒家義理之推進，與有功焉，惜乎東原未能及此也。

2. 析理氣為二本

　　孟子以墨者夷之主張「愛無差等，施由親始」（《孟子‧滕文公上》）為二

本而非之，一本、二本係就思想系統之能否一致而言。東原以為程朱理氣之分，亦犯二本之病，而其所主張的惟質氣一層論，方是一本。如此所理解之本，與孟子所說者殊旨。東原對宇宙人生之了解，止於質氣層面，惟視此為實者，而理義則為虛者；虛者因吾人對實者之觀察而會之於心，不可指實：是謂一本。以為程朱於氣上更增一層理，是二本也。

東原曰：「天之生物也，使之一本。而以性專屬之神，則視形體為假合；以性專屬之理，則苟非生知之聖人，不得不咎其氣質，皆二本故也。老莊、釋氏尊其神為超乎陰陽氣化，此尊理為超乎陰陽氣化。朱子〈答呂子約書〉曰：『陰陽也，君臣、父子也，皆事物也，人之所行也，形而下者也，萬象紛羅者也；是數者各有當然之理，即所謂道也，當行之路也，形而上者也，沖漠無朕者也。』然《易》曰：『立天之道，曰陰曰陽。』《中庸》曰：『君臣也、父子也、夫婦也、昆弟也、朋友之交也，五者，天下之達道也。』皆僅及事物而即謂之道，豈聖賢之立言不若朱子之辨析歟？」（《全集》，頁 298）以孟子所言之「本」義衡之，儒、釋、道三家皆能維持其思想之一貫性，故皆是一本；就東原所言之「本」義而言，儒釋道三家，皆指向一終極圓滿之境，亦即超越層與經驗層之圓融，亦是一本。不管是何意義之本，絕無二本之病。「以性專屬之神」，於佛家言為不當，蓋佛家不言神；本句祇能就道家說。但道家之言性，指生命存在之自然，非儒家自本體界所說之性也；惟神方屬超越層者：故此句指道家亦不當。「視形體為假合」當指佛家，蓋道家祇說形體之遷化，不說其是假合也。即就佛家以言，「假合」以緣起法之無自性定，實含空性之為真也；卒也乃是真假不二。東原不知佛、道二家義理型態有別，僅籠統用以上二句非佛、道二家之形上學，以為此皆是尊其神而遺形體，實失之粗。程朱主「性即理」，就此以言，「以性專屬之理」，是也；但須知此性乃天地之性。而東原一看到性字，祇想到氣質，故以程朱所言為未當。氣質本身不可咎，非獨生知之聖人不咎之，即下愚者亦不必咎之，但視能否變化之耳。故言變化氣質則可，言咎其氣質則不可。東原以為「苟非生知之聖人，不得不咎其氣質」，顯然不了解宋明儒面對氣質之態度。再者，理氣固有形而上下之別，但二者關係密切，不即不離，以二本說之，亦欠妥。所引朱子〈答呂子約書〉所云，在說明理氣之不雜，道乃是事物「當然之理」、「當行之路」，此說明道對事物有規律之作用。道在事物之上超越地規律之，故事物皆行之有序。不論理或道，皆指形而上的真實體，有實義。《易傳》「立天之道，曰

陰與陽」，意謂陰與陽乃天之所以立，即由陰陽之交替作用以見天之所以爲天也。道字義輕，猶云「方」也。此不足以說明《易傳》逕以氣化之陰陽指涉道之內容。《中庸》列「君臣」等五者爲天下之達道，當是指君臣彼此當盡之天職等等爲達道，純就君對臣，或臣對君之事件看，焉得以道稱之？《中庸》之言，乃略詞，朱子以「君臣有義」等釋達道，不誤也。而東原以爲「僅及事物而即謂之道」，於是反對程朱將道提至形上的道德層次說。

　　東原曰：「程子、朱子見常人任其血氣心知之自然之不可，而進以理之必然。於血氣心知之自然謂之氣質，于理之必然爲（謂）之性。亦合血氣心知爲一本矣，而更增一本。分血氣心知爲二本者，程子斥之曰異端本心；而其增一本也，則曰吾儒本天。如其說，是心之爲心，人也，非天也；性之爲性，天也，非人也。以天別於人，實以性爲別於人也。人之爲人，性之爲性，判若彼此，自程子、朱子始。」（《全集》，頁 299）東原以爲生命之存在，血氣心知盡之矣。有血氣則有心知，有心知則能認知禮義，此謂一本。而老莊、釋氏則血氣歸血氣，心知歸心知，且以神當心知，是二本也。程朱則將血氣心知同歸氣質，免於老釋歧血氣心知爲二之病矣，卻執原本虛以會之之理爲實，高懸在上，又是一本，故仍墮二本之病。觀此，知東原所云之一本，祇是惟經驗的一本論耳。依此以評道家自然與人爲之分，佛家萬法與空性之分，儒家義理、氣質之分爲二本，實無意義。道、釋二家，並非尊心知以爲神，其超越面不自心知上說，而自「無」或「空」上說。心知之造作或妄想，皆爲其所對治。東原逕視心知爲老、莊所言之神，顯然非是；以神括佛家所言之空，又是混擾。

　　程子曰「吾儒本天」，是也，蓋「天命之謂性」，《中庸》有明言；天乃是能起道德創生作用之天，而非自然之天。惟曰「異端本心」，語則有病，蓋不祇佛老之「異端」本心，吾儒亦本心。惟老莊所本之心乃虛寂之觀照心，佛家所本之心乃如來藏自性清淨心，吾儒所本之心乃體物不遺之道德心，祇是各本其所本之心耳。故吾儒不獨本天，亦本心，天與心一也。但在程朱之說統中，心祇是氣之靈，天理須就性處說，不可就心處說。是故以本天、本心判儒家與「異端」，實不切；但伊川言「吾儒本天」一義則無誤。依程朱之說，曰「心之爲心，人也，非天也」，可；但曰「性之爲性，天也，非人也」，則不可。蓋性乃就個體所得於天者而言，既爲個體所有，焉可曰「非人也」。性得諸天，則性與天乃本質上同一者。如是，又焉有「以天別於人」之病？凡此，悉因不明《中庸》「天命之謂性」一語之內涵，並對「性即理」一義未能

如實理解所致之疑。東原既以血氣心知說性，血氣心知乃自然生命所有，性與身無彼此分離之病；乃視程朱所謂性得諸天為性與人相離，是「人之為人，性之為性，判若彼此」，此係一條鞭地以惟質氣一層論貫徹其思想所致之詰難，其不足以駁程朱也必矣。

東原曰：「舉凡天地、人物、事為，求其必然不可易，理至明顯也。從而尊大之，不徒曰天地、人物、事為之理，而轉其語曰理無不在，視之如有物焉，將使學者皓首茫然，求其物不得。非六經、孔孟之言難知也，傳注相承，童而習之，不復致思也。」（《全集》，頁 295）夫理有多端，有物質結構之理，有數學邏輯之理，有道德性命之理。前者隨物之量與質之變化而遷移，不可曰「必然不可易」，後二者則可曰「必然不可易」；但數學邏輯之理祇是純粹思辨之型式，乃價值中立者。而道德性命之理則與人格相關，乃透過修養工夫所領會者；宋儒所言之理即屬此一層次。東原以孔孟之徒自居，但對道德性命之理無慧解，以為理惟一義，不可另有所指；視孔孟所言之禮義亦由認知而得，與吾人對物質結構之條理之認知並無不同。以為必有物質乃可見其結構之條理，必有人倫之事乃可知其自然而有之禮義。而宋儒乃離人而空論夫理，實無所據，以故非之。

雖然，東原並未透過對物質結構之條理之精細觀察，尋其因由，組織歸納，以成就自然科學知識。彼固以弘揚聖人之道自任也。但聖人之道在通過道德實踐以證之，乃欲以觀察事物條理之方式以致之，顯然不相應。程朱固認為天地、人事、事為皆有理，故理無不在；但此理係一而非多，說多祇是權言。東原所云事物之條理，乃多而非一；隨事物之不同，理亦因之以異。程朱教學者即物窮理，以盡吾心之全體大用，有確定之工夫路數，焉有使人皓首茫然之患乎？

東原曰：「宋儒亦知就事物求理也。特因先入於釋氏，轉其所指為神識者以指理，故視理如有物焉，不徒曰事物之理，即曰理散在事物。事物之理，必就事物剖析至微，而後理得。理散在事物，於是冥心求理，謂一本萬殊，謂『放之則彌六合，卷之則退藏於密』；實從釋氏所云『徧見俱該法界，收攝在一微塵』者，比類得之。既冥心求理，以為得其體之一矣，故自信無欲則謂之理；雖意見之偏，亦曰出於理不出於欲。徒以理為如有物焉，則不以為一理而不可。而事必有理，隨事不同，故又言心具眾理，應萬事。心具之而出之，非意見固無可以當此者耳。況眾理畢具於心，則一事之來，心出一理

應之，易一事焉，又必易一理應之，至百千萬億，莫知紀極。心既畢具，宜可指數；其爲一，爲不勝指數。必又有說，故云『理一分殊』，然則《論語》兩言『一以貫之』，朱子於語曾子者，釋之云：『聖人之心，渾然一理，而泛應曲當，用各不同。曾子於其用處，蓋已隨事精察而力行之，但未知其體之一耳。』此解亦必失之。」（《全集》，頁 320）以上可視作東原對程朱言理之總批評，最爲詳實。亦是祇將理視作事物之條理，而不明程朱言理之實指。就事物剖析至微所見之理，乃實然之理，爲認知心所對，可獨立地講，以成就分門別類之知識；但東原不能極成之。實然之理乃各各不同者，而當然之理之不同乃是權說，其實惟一理耳。理固散在事物，但不害其本是一。每一物，皆有其存在之所以然；每一事，皆有吾心所以處之之當然：斯即程朱所言之理也。此等理，有形而上的必然性，非「冥心求理」可得者。

「放之則彌六合，卷之則退藏於密」之云，雖與佛家「徧見俱該法界，收攝在一微塵」之說同一模式，但其實旨各異，一就實理說，一就空理說。此一模式，佛家可說，儒家亦可說也，焉見得宋儒必得之佛家邪？即使宋儒之言眞自佛家比類得之，其義旨亦不同於佛家也。

眾理畢具於心，但不害其爲理之一，如何將程朱所云統體之理說成一物，而將分殊之理說成意見？欲把握此理，正須蕩滌拘執與私見，如何反謂宋儒空執某物曰理，並以意見之私言理？所謂意見，依象山看，凡不就本心之當下呈現言道德者皆屬之，故象山譏朱子有邪意見，閑議論，此雖未免言之過當，但在嚴格之批判下，則見朱子固未能如如相應孔孟也。象山之譏朱子爲使意見，乃因程朱言性即理，於孔孟之智慧方向爲歧出故；而東原既不解程朱，卻說程朱騖意見，則非矣。

「心既畢具，宜可指數；其爲一，爲不勝指數」之云，足見東原慧思之膠固；程朱之眾理與一理豈可以能否指數言之乎？理一分殊正說明眾理與一理間之微妙關係，而不可執實理解之。至於孔子告曾子「一貫」之言，朱子所解，籠統言之，亦可，至少比東原解爲「上達之道即下學之道也」（《全集》，頁 320）爲佳。子曰：「下學而上達。」（《論語・憲問》）孔子於告曾子一貫處，正是指點曾子上達之路，如何反以下學說之。東原斷絕超越的道德層以說聖人之學，而聖人之學亡矣。

3. 絕情欲之感，以意見爲理

東原既不解程朱言理之實指，因以爲將淪於意見；意見者，一己之私見，

非客觀義理之眞也。以意見斷事，則民之受害也不可勝數。東原以爲後世政治、社會上種種背反人情之慘劇，皆由宋儒以意見爲理而來，故痛斥之。然程朱之言理也，就吾人之行爲說，乃其當然處；而意見既出於一己之私，則是程朱所力去者。至於其後學者對理之誤解，非程朱之過。東原既視程朱以意見爲理，因將人間諸般違逆常情之弊端盡歸之程朱矣。

東原曰：「宋儒程子、朱子易老莊、釋氏之所私者而貴理，易彼之外形體者而咎氣質。其所謂理，依然如有物焉，宅於心。於是辨乎理欲之分，謂不出於理則出於欲，不出於欲則出於理。雖視人之饑寒號呼，男女哀怨，以至垂死冀生，無非人欲；空指一絕情欲之感者，爲天理之本然，存之於心。及其應事，幸而偶中，非曲體事情，求如此以安之也；不幸而事情未明，執其意見，方自信天理非人欲。而小之一人受其禍，大之天下國家受其禍。徒以不出於欲，遂莫之或寤也。凡以爲理宅於心，不出於欲則出於理者，未有不以意見爲理而禍天下者也。」（《全集》，頁 319～320）老莊惟少私，故能順自然；釋氏惟無我，故能見眞空；儒者惟寡欲，故能明天理。東原乃曰老莊、釋氏所悟所見、惟是其所私，而程朱乃由之轉手以言理。夫老莊之外其形軀，釋氏之觀法無我，惟是道心與般若之作用，並不否定形體；宋儒所謂變化氣質，亦是就天理作主說，並不咎責氣質也。而東原以爲宋儒咎氣質，自老釋外形體轉來，徒臆測耳。

「不出於理則出於欲，不出於欲則出於理。」理欲對舉而不相容，係道德的決斷語，意在勉人去人欲之私，充本然之善。程朱嚴分理欲，所以使人孳孳進德也。若對於生民之塗炭，無動於衷，祇企慕一如有物焉之理，此正是人欲之私，而非天理之公也。夫「饑寒號呼，男女哀怨，以至垂死冀生」，乃人間最悲慘之事，若程朱視之爲人欲而不顧，則是世上最忍心之人，焉能立教邪？「天理之本然」豈是「絕情欲之感者」邪？絕情欲之感祇成槁木死灰耳，焉有天理之可見？既有此身，情欲之感乃必不可免者。但若不善導之，則情欲氾濫橫決，其後將有所不可救。東原將程朱以理導欲之說，看作絕情欲之感，空想一天理，實不善會。若能以理導欲，則言行之發，當能品節不差；此程朱居敬窮理之教也。居敬窮理所以使心靜理明，袪除辟執，如此爲有執其意見以禍天下國家之事邪？執意見以禍天下之人，正見其無居敬窮理之實功，而不足與於程朱之學也。東原之爲此言，蓋對當時橫施意見以害人、禍天下者，深惡痛絕；又對程朱所言之理不能把握，視之爲意見之私，遂將

害人、禍天下之罪歸諸程朱矣。

東原曰：「程朱以理爲如有物焉，得於天而具於心，啓天下後世人人憑在己之意見，執之曰理，以禍斯民；更淆以無欲之說，於得理益遠，於執其意見益堅，而禍斯民益烈。豈理禍斯民哉，不自知爲意見也。離人情而求諸心之所具，安得不以心之意見當之？則依然本心者之所爲。拘牽之儒不自知名異而實不異，猶貿貿爭彼此於名，而輒蹈其實。……嗚呼！誤圖他人之貌者，未有不化爲他人之實者也。誠虛心體察六經、孔孟之言，至確然有準，不惟其實與老釋絕遠，即貌亦絕遠，不能假託；其能假託者，後儒失之者也。」（《全集》，頁329）罔顧情欲，執持意見以爲理，以貽害天下，在東原觀之，程朱乃始作俑者。而程朱之所以致誤者，因其所言之理乃假手於釋老之空、無也。程朱以爲釋氏本心，吾儒本天，此易名以欺世也。本心本天，其實並無不同，祇是空想一絕情欲之感者以言理耳。但人總不能不應事接物，不能心如死灰，於是在應事接物之際，出之以私見，卻假之以爲理，不惜違反人情，則其爲禍也無窮矣。程朱雖亦反佛老，但其骨子實與佛老無異，職由未能虛心體會六經、孔孟之言；若能虛心體會之，則見六經、孔孟之言乃順乎人情者，非如彼之違反人情也。誠如東原所云，則程朱於六經、孔孟非獨不解，且假託六經、孔孟以寄其謬說，以禍天下，其罪過乃大遠乎詆毀六經、孔孟者。蓋明詆六經、孔孟，人易見其非而遠之；而暗違六經、孔孟，人輒以爲是而信之也。夫六經、孔孟之言，固不違人情；但儒門之教，豈徒在足人情欲，而不企慕於道德之理想？而程朱之言理也，又豈是堵截情欲者乎？程朱之形上學與佛老之形上學有異，甚是昭然。既有異，而強以爲同，程朱必不許，佛老亦不許也。惟有詳予分判，使各歸其位，方見程朱之高明與不足。以遂欲絜情之論爲準，視六經、孔孟之道在此，由以曲解程朱之言理而非之，奚可哉？

東原曰：「朱子亦屢言人欲所蔽，皆以爲無欲則無蔽，非《中庸》『雖愚必明』之道也。有生而愚者，雖無欲，亦愚也。凡出於欲，無非以生以養之事。欲之失爲私，不爲蔽。自以爲得理，而所執之實謬，乃蔽而不明。」（《全集》，頁 298）東原所說之欲，就生理自然之需要說；程朱所言之欲，則就貪求無度說。前者爲中性者，後者則是惡者。但人要滿足此生理需要也，往往不能適可而止，而易生貪求，希望自己所擁有之財貨，乃至名位，勝過他人。使自家之軀體，得最大之奉養；使自家之生命，永遠免於傷害；亦即期望一己之身，能得最佳之保護。於是有種種非分之想，甚至不惜犧牲他人之權益以逞我一時之

欲，因而造罪。程朱所謂人欲，即指此言。若任此流去而無收煞，則人將憑其優於其他動物之智能，犯下不可思議之罪行。爲防微杜漸，須從吾人意念之發處警醒，時加克己自省之功，以斷貪妄之萌，而彰德性之光。此程朱所謂去人欲，存天理也。惟有時時去人欲，存天理，人格性之尊嚴方能彰顯。去人欲與絕嗜欲之義迥別，焉可混爲一談邪？吾人若能克制一切貪求妄想，則心地全體光明，一言一行，悉有所主而不惑，故曰無欲則無蔽。無蔽乃是就心地之靈昭不昧說，並非說吾人於客觀事物之知識盡明了也。東原以爲人之有蔽，祇因對客觀事理之觀察不明了耳；惟有知得不謬，乃能無蔽；徒斷絕生理需求不能無蔽也。是故「無欲」並不能「無蔽」，因而非議程朱無欲之說。但依程朱，「無欲則無蔽」乃必然者。《中庸》「雖愚必明」之云，係兼就德性之修養與知識之攝取說，而東原祇就認知之不謬說，實失之偏。「有生而愚者，雖無欲亦愚也」，愚若指聰明低於常人，欲若指生理需求，則此語可以成立。但以此非程朱，以爲程朱視生而不聰明者，若斷絕生理需求則能成聰明者，則否矣。依東原對蔽之了解，非但天資低者無生理欲求不能無蔽；即天資高者若無生理欲求，亦不能無蔽也。生理欲求之有無與心知之蔽不蔽無關，此係簡單之常識，程朱焉不知？東原此種詰難，適見其不解程朱耳。

　　東原曰：「欲，其物也；理，其則也。不出于邪而出於正，猶往往有意見之偏，而宋以來之言理欲也，徒以爲正邪之辨而已矣。不出於邪而出於正，則謂以理應事矣，理與事分爲二，而與意見合爲一，是以害事。夫事至而應者，心也。心有所蔽，則于事情未之能得，又安能得理乎？」（《全集》，頁292）東原拘執於孟子「有物必有則」之言，以物爲首出，以爲必有物乃見物之則。物乃欲之對象，則乃物之條理，遂以欲言物，以理言則矣。孟子由「天生烝民，有物有則，民之秉彝，好是懿德」（《詩·大雅·烝民》）之詩句以言性善，言理義爲我之所固有；程朱即由此言天理。凡出於天理者必純正無邪，而出於血氣之私者則多流於惡，以邪正言理欲，乃恰當而順適者，「宋以來之言理欲也，徒以爲正邪之辨而已」，正是；但東原之爲此言，是貶詞。蓋東原以爲「不出於邪而出於正，猶往往有意見之偏」，「理與事分而爲二，而與意見合而爲一，是以害事」，夫既出於正矣，如何又有意見之偏；此非互相矛盾乎？依程朱，意見亦出於己私，乃其極力去之者，如何又能與理合而一之？而東原乃以此等互相矛盾之言強加諸程朱！在程朱、「理」與「事」亦可言分，亦可言不分，由理氣不離不雜之說可見。而東原既以事物之條理言理，故言理

與事不分。此係兩方面之問題，必持己之所見以非程朱之分理氣爲二，則非矣。「心有所蔽，則於事情未之能得，又安能得理乎？」之云頗堪玩味，蓋宋儒亦以爲心有所蔽，則不能得理也。但其所謂蔽，乃是人欲之私；有人欲之私，則不見理也。而東原以爲程朱言無欲則得理，亦即去絕生理需求即得理，至若心知昏昧與否，全不理會；程朱豈其然乎？東原以爲若心知昏昧，即不見事情之眞相，又何能言得理邪？如是之云，豈非程朱格物致知之說所含？以是知東原實不能逃於程朱也。

東原曰：「言之深入人心者，其禍於人也大，而莫之能覺也。苟莫之能覺也，吾不知民受其禍之所終極。……老釋之學則皆貴於抱一，貴於無欲。宋以來儒者，蓋以理說之。其辨乎理欲，猶之執中無權。舉凡饑寒愁怨，飲食男女，常情隱曲之感，則名之曰人欲，故終其身見欲之難制。其所謂存理，空有理之名，究不過絕情欲之感耳。何以能絕？曰：主一無適，此即老氏之抱一、無欲。……天下必無舍生養之道而得存者。凡事爲皆有於欲，無欲則無爲矣；有欲而後有爲，有爲而歸於至當不可易之謂理；無欲無爲，又焉有理？老莊、釋氏主於無欲無爲，故不言理。聖人務在有欲有爲之咸得理。是故君子亦無私而已矣，不貴無欲。君子使欲出於正，不出於邪。不必無饑寒愁怨，飲食男女，常情隱曲之感。以無欲然後君子，而小人之爲小人也，依然行其貪邪。獨執此以爲君子者，謂不出於理則出於欲，不出於欲則出於理。（以上四十六字原在以下三十二字後，文理不順，茲據胡適《戴東原的哲學》附錄移置）於是讒說誣辭反得刻議君子而罪之。此理欲之辨使君子無完行者，爲禍如是也。其言理也，如有物焉，得於天而具於心，於是未有不以意見爲理之君子，且自信不出於欲，則曰心無愧怍。夫古人所謂不愧不怍者，豈此之謂乎？不寤意見多偏之不可以理名，而持之必堅。意見所非，則謂其人自絕於理，此理欲之辨適成忍而殘殺之具，爲禍又如是也。」（《全集》，頁323）程朱之學與孔孟之智慧方向有間，但其持身之謹嚴，性理之通澈亦非常人所能及。果能深入人心，亦足以端正世風，如何反謂其禍於人也？即使是釋氏之空理，老莊之玄理，果能了達，於人生亦具正面價值，斷無爲禍之事。東原以爲聖人之學，遂欲達情焉耳。夫遂欲達情亦生命條暢之所需，無可厚非；但以爲程朱視遂欲達情爲人欲之私，則誣枉。程朱「終生見欲之難制」，誠然，凡道德意識愈強者，對生命之底蘊照之愈深，愈感私欲之難去，天理之難明也。依程朱，去人欲、存天理之方爲主一無適，亦即念茲在茲，清明在躬，

心無旁騖之謂。簡言之，即是敬也。此與老子之抱一無欲，顯是兩條不同之工夫進路，如何可混而一之？

「天下必無舍生養之道而得存者」，是固然矣；但祇重生養之道，而不知道德為何物，則人之異於禽獸者幾何？程朱所謂無欲，豈是舍生養之道邪？東原祇容許以生理需求言欲，而不知義各有當。「凡事為皆有於欲，無欲則無為矣；有欲而後有為，有為而歸於至當不可易之謂理；無欲無為，又焉有理？」依此，宛若個人之生活除生養之道外，無餘事矣；如是，生命之內容不亦太褊狹乎？除物質生活之滿足外外，吾人豈不可有道德生活之愉悅乎？生養之道即使能「歸於至當不可易」，豈能盡生命之全蘊？且就生養之道之「歸於至當不可易」言，豈能空頭致之？若非吾有順天理以行之意志，焉能保其必歸至當邪？經由心知所了別之至當不獨無必然性，且未必能貫徹於行為中也。東原思考所及，僅及經驗的感性與知性之範圍，而不知宋儒所言之理不屬此範圍，乃有宋儒以理為如有物焉之斥也。

「主於無欲無為，故不言理」與「務在有欲有為之咸得理」豈足以別佛老與儒家之異？老子之無欲無為豈是斷絕生道、無所事事，故亦無理可言？聖人之道豈祇是有欲有為，而不可言無欲無為邪？佛老有佛老之理，儒家有儒家之理，但皆非東原所言之事物條理耳。

正邪顯然須就行為之順違天理上說。何者為正、為邪，何者為是、為非，即使愚夫愚婦，亦可以與知，東原於此不應全然無覺，故亦有正邪之分；但並不追究吾人所以斷正邪之終極根據，且力非宋明儒之言心言性，於是不能與於儒家性命之精微矣。正邪之別，非程朱理欲之分乎？不平心了解理欲說之實旨，而僅以不相關之他義非之，適見攪亂耳。依程朱，「無欲然後君子」，是也；思為一剛正之君子，首須寡欲、無欲。但東原將無欲了解為斷絕生養之道，於是「無欲然後君子」即成不通之論矣。依此所下之種種推斷以攻訐程朱者，悉不切，終有「理欲之辨，使君子無完行」之結論，不亦異乎！

夫「理得於天」之云是一事，而「以意見為理」又是一事，主張前者並不含後者，但東原在二者間下一「於是」，宛若主張前者必含後者。彼既視程朱「以意見為理」，乃據此以推斷其可能產生之種種惡果，而大力揮斥之。「不出於欲，則曰心無愧怍」，依程朱之思理，實可如是說。蓋不出於欲，即出於理；既出於理，則可以仰不愧、俯不怍矣。但依東原對欲之了解，則此為自欺欺人之論。自欺欺人而不覺，卒致忍而殘殺，而天下靡寧矣。東原以為此悉由理欲之辨而

來，於是程朱之罪不可逭矣。但理欲之分實程朱立教之綱維，由此以見人格性之尊嚴。東原種種誤斷，悉由對義理客觀理解之工夫不足所致。

東原曰：「六經、孔孟之言，以及傳記群籍，理字不多見。今雖至愚之人，悖戾恣睢，其處斷一事，責詰一人，莫不輒曰理者，自宋以來始相習成俗。則以理爲如有物焉，得于天而具于心，因以心之意見當之也。於是負其氣，挾其勢位，加以口給者，理伸；力弱氣懾，口不能道辭者，理屈。嗚呼！其孰謂以此制事、以此治人之非理哉？即其人廉潔自持，心無私慝，而至於處斷一事，責詰一人，憑在己之意見，是其所是，而非其所非。方自信嚴氣正性，嫉惡如讎；而不知事情之難得，是非之易失于偏，往往人受其禍，己且終身不悟，或事後乃明，悔已無及。嗚呼！其孰謂以此制事、以此治人之非理哉？」（《全集》，頁 289）典籍「理」字出現之次數不算少，但有不同之涵義，不限於東原所云事物之條理也。東原以爲典籍中，「理字不多見」，由之以非宋儒之言理，是一誤再誤也。宋儒以理字表示行爲之當然與事物之所以然，實無可非。悖戾恣睢者以意見爲理，何干於程朱，而乃以程朱爲始作俑者！「負其勢，挾其勢位，加以口給者，理伸」；反之，則理屈。此所謂理，正是意見；嚴格言之，實不成其爲理。程朱之言理也，固如是乎？

「其人廉潔自持，心無私慝」卻「憑在己之意見」斷事，豈非相矛盾？既無私慝，必能秉公裁斷，若仍以一己之意見斷事，則必有私慝。有私慝者，果亦「廉潔自持」，恐祇是虛貌耳，雖自信「嚴氣正性，嫉惡如讎」，恐亦難免惡惡喪德也。凡此，依程朱觀之，皆源於私慝，只是有時自己不易覺察耳。東原當時，或有假理之名，以行狠毒之實者亦未可知。如是之人，所作所爲正與程朱背道而馳。若因此遂歸咎程朱之言理，是不知類也。

第七章　東原思想之餘波

第一節　程易疇之言性善與誠意

　　易疇與東原同出江門。東原以爲宋儒及其後學者襲取佛老空無之所指以言性，易疇亦作如是觀。對智思界之天道性命無慧解，所見僅及感觸界之形質心氣，是又二者之所同。東原視吾人之氣性自然全乎善，易疇亦不見孟子性善說之眞諦，故言多牽強。表面觀之，易疇論學似不盡合於東原，但不礙二者基本思理之同也。

　　易疇曰：「有天地然後有天地之性，有人然後有人之性，有物然後有物之性。有天地人物，則必有其質，有其形，有其氣矣。有質、有形、有氣，斯有其性。是性從其質、其形、其氣而有者也。……故物之性，斷乎不能如人性之善；雖虎狼有父子，蜂蟻有君臣，而終不能謂其性之善也，何也？其質形氣物也，非人也。……然則人之所以異於物者，異於其質形氣而已矣。……後世惑於釋氏之說，遂欲超乎質形氣以言性，而不知惟質形之成於人者，始無不善之性也。」（《通藝錄・論學小記中・述性一》）從質形氣言性，是祇見得氣性，而不見理性也。物類之質形氣各異，人與物之別，固可從此看，但此是生物分類之說。可見易疇對孟子「人之異於禽獸者幾希」之義陌然不解。是知易疇言性，亦屬告子一路，但又如東原之拘於孟子性善之云，強說人性爲善。如是，孟子、告子兩不著邊，與東原之失同。

　　易疇既拘牽於孟子而言性善矣，乃進一步推論性所以爲善。易疇曰：「無氣質則無人，無人則無心，性具於心；無心，安得有性之善。故溯人性於未

生之前，此天地之性，乃天道也。天道亦有於其形其氣，主實有者而言之。……釋氏之言性也，所謂如何是父母未生前本來面目也。是故性善斷然以氣質言，主實有者而言之。是薑則性熱，是水則性寒，是人之氣質則性善，是物之氣質性不能善。」（同上，〈述性二〉）萬物之形軀由質氣而構成，就此以言無氣質則無人，可。但人之所以為人，當不止氣質。而易疇同於東原，僅就氣質一層面看人。有此形軀，心乃有所託，就此可言無人則無心。但既僅以氣質看人，則所謂心，祇是知覺之靈耳，並無孟子所云之本心義。「性具於心」之云，顯然得諸朱子。但朱子所謂性，乃賅備眾德之太極真體。易疇見不及此，其所謂性，祇是感覺與知覺之結聚耳。若然，祇可曰「無心，安得有性」？蓋性由心顯；無心之活動，則性之內容不彰。但不可曰「無心，安得有性之善」？易疇之言此，蓋已預認性之善矣。如是，並非由氣質可推得性之善；乃是說，無氣質，則無以指實，而亦無性之善可言矣。人之性得諸天道，天道有形與氣，形氣乃實有者；而釋氏乃以「父母未生前本來面目」言性，是離質形氣為言，無據而不可從。其所謂「實有者」祇限於經驗事物耳。但吾人之道德理性，豈非至真至實者，豈不可以實有者言之乎？祇因諱言釋氏所謂父母未生前本來面目，遂自棄家珍，豈非懲羹吹齏乎？以薑、水之性喻人性，亦不類。薑之性熱，水之性寒，此是言其質性，熱、寒是客觀事實。但善惡是價值觀念，人之氣質表現，豈能保其必為善邪？易疇既不肯放下性善之云，又如東原堵絕形上之路，乃有不合實情之推論也。

性既祇是感覺之結聚體，則從何處以見之乎？即由情、由念見之。易疇曰：「性不可見，於情見之。情於何見，見於心之起念耳。……性從人之氣質而定，念從人之氣質而有。若有兩念，便可分性有善惡。今只此一念，善者必居其先，惡則從善而轉之耳。當其惡時，一轉即善，所謂『我欲仁，斯仁至矣』，故曰性善也。或謂人之欲乃固有之，安得無惡念居其先者？不知是欲也，必先有善。……今為盜賊者，未有不迫於飢寒者也。其初祇有謀生一念耳。……是其初念未嘗不善，而轉而之乎惡耳。」（同上，〈述性三〉）性由情見，情因念而有，有氣質始有念，足見氣質乃最根本者，無氣質則性、情、念皆不可說。念有善惡，專就一念言，何以知其必善邪？易疇亦知如是之云悖乎常情，乃曰「是欲也，必先有善」，並舉盜賊之例作說明——實亦強為之說。為盜賊者，其初豈皆為謀生邪？即就謀生說，安有善之可言？凡此，悉孟子所謂遁辭耳。

惟易疇雖不見性命天道之實指，但亦嘗涉宋明儒之書，故有時亦假其言

以寄意。易疇曰：「『心統性情』，情者，感物以寫其性者也，無爲而無不爲，自然而出，發若機栝，有善而已矣。自夫心之有所作爲也，而意萌焉。其初萌也，固亦未有不善者也。何也？意爲心之所發，而心則統乎性情。故意萌於心，實關乎其性情，則安得不善？……事觸於情，而喜怒哀樂不轉念而應。情交於利害，而取舍疑惑，一轉念而淆。愼之又愼，在持其情於獨焉，即事察義以誠其意而已矣。」（《通藝錄・論學小記・述情一》）「心統性情」乃橫渠之言，朱子借之以完成其心性情三分之思想架構。「意爲心之所發」當據陽明「有善有惡是意之動」而來。惟陽明所言之心乃本心，與意不在同一層次。而誠意、愼獨之教又是劉蕺山思想之核心，如其淵然有定向之意而誠之，乃能常保獨體之昭然不昧也。以上代表宋明儒三大系之義理，而易疇兼取之，似是綜貫諸家，實則祇是方便假借耳，其實意顯然可見也。東原於宋明儒之言絕不寬假，易疇尚借其言以寄意，其對宋明儒之態度較東原緩和，於此亦可見一斑。

　　意爲心之所發，而情見於心之起念，則意與情有何異同？易疇曰：「情與意同居而異用。」（《通藝錄・論學小記・述情二》）同居者，同居乎心也；異用者，「事觸於性，而自然而出之謂情；事感於心，而經營而出之謂意。」（同上）性既無不善，則由性自然而發之情亦無不善；但意則是心「經營而出」者，故不能如情之單純，已加上利害之計較矣。既加上利害之計較，則不可以言善。夫「心統性情」，性情無不善，則心亦無不善，由心所發之意亦當無不善也；但意實有善有不善，此當何說？易疇以爲意「其初萌也，固未嘗有不善者也」，但在淆以是非利害之後，則「轉念」而爲不善矣。此說似周密矣，但若問：何以會有轉念之事發生，是非利害何以會使原本是善之意轉念乎？此則非易疇所能解答，祇能看作一事實。在此，立見易疇之說未能令人滿意。而依陽明，意乃善惡不定者，不管初念或轉念皆然，故須致良知以誠其意；如此言意，實較易疇之說合乎實情。

　　就成德工夫言，易疇以爲須從情與意下手，一則在「持其情於獨焉」，二則在「即事察義以誠其意」。依《中庸》，愼獨祇是性體之自我警覺，使生命不隨感性流蕩，而能自作主宰。易疇既祇就氣質言性，則憑何「持其情」乎？再者，義之察如何能保其準確無誤？善惡是非之判，其標準安在哉？如此步步追問，非肯定道德本心不可，但此又易疇所見不及者；致即事察義無法確實有效，而「誠其意」亦不必能矣。陽明所謂誠意乃就致良知以對治意念之

妄騁說；蕺山所謂誠意則就護持意根獨體之眞誠說。二者皆向內用功，而易
疇則向外轉，自即事察義說誠意，實失聖學旨義。易疇以義在客觀事物，猶
東原以理在客觀事物也。不過東原不假先儒之言，義較直截；易疇則假之，
故顯迂曲。此種即事察義或即事明理之說，似有類乎朱子格物之義矣；但朱
子格物窮理所窮之理最後落在超越的性理說，而東原與易疇則全轉成對外在
理、義之認知。

初意由情直發，如何會流於惡，易疇以不能盡好惡之量說之。易疇曰：「吾
好是善而欲爲之，吾惡是惡而不使有之，是情之見於意者也。乃好之而不盡
其眞好之情，惡之而不盡其眞惡之情，是雖好惡之情已動其爲善拒惡之意，
而好惡之量有所未盡，則不能充實其爲善拒惡之意，以無負其出於不容已之
情，是之謂不誠其意。」（《通藝錄·論學小記上·誠意義述》），此類似孟子
擴充本心之云。但孟子所謂擴充，祇是本心時時昭朗清明，使吾人於應事接
物之際，皆其眞誠惻怛之所貫注耳，並非吾本心或良知之量有不足，而須擴
大之也。擴充就質說，不就量說。易疇由初意之盡其量以言工夫，此已肯定
初意之善矣；而初意爲善之肯定，乃由預設氣質之性爲善而來。追根究柢，
此等肯定乃無根者；然則吾人如何方能盡初意好惡之量乎？

易疇既不由超越的本心以對治有善有惡之意，如陽明之所云；乃採取類似
蕺山所云保任此眞實無妄之意之功夫。但意又不從超越層說，所以麻煩。易疇
曰：「誠意者之惡惡也，非專指惡已有之而後去之之務盡之謂也；謂不使絲豪之惡
有以乘於吾之身也。故曰：夫子言『惡不仁者其爲仁矣，不使不仁者加乎其身』，
說惡字最精妙也。若不善乘於吾身，此所謂惡念也，不可誤認爲吾欲誠之意。
其治之之功謂之去惡，謂之改過，亦不得以誠意二字統言之。」（《通藝錄·論
學小記上·誠意義述》）此處分別意、念，類似蕺山，誠意之說亦似之。易疇殆
嘗見蕺山之書，故不覺以類似蕺山之義理間架說理也。但蕺山所謂誠意，祇是
意志之自作主宰，眞實無妄；而易疇所謂誠意，則是極盡初意之量。然依前所
云，初意不必爲善，即使承認其善矣，其全量又何由盡之？此悉易疇說理之癥
結。雖進而言格物致知，畢竟不相應內聖之學之實功也。

易疇曰：「誠意爲明明德之要，而必先之以致知；知非空致，在於格物。
物者何？意、身、心、家、國、天下也。麗於身者有五事，接於身者有五倫，
皆物之宜格焉者也。格者，舉其物而欲貫通乎其理；致知者，能貫通乎物之
理矣。而於是誠意，使吾造意之時，務不違乎物之理，而因之正心。使吾心

常宅乎物之理，而因之修身。使萬物皆備之身，始終無愧怍乎其物，而馴致乎家之齊、國之治、天下之平。亦惟不外乎順物之情，盡物之性，使天下無一物不得其所，而大學之能事畢矣。」（《通藝錄・論學小記上・誠意義述》）此將大學之八目縮著明明德說，八目能盡，所以明明德也；八目之盡，又在於致知格物。「格者舉其物而欲貫通其理；致知者，能貫通乎物之理矣」，格物是工夫，致知是效果。然物之理又安在哉？易疇以為：身、家、國、天下皆有一定之理，吾人須「貫通之」，「不違乎物之理」，此是外說。至於心與意亦說有其理者，乃是內說。其實祇是身、家、國、天下之理攝於心耳。如是，理在外，由吾心客觀地認知之，與東原之見同。身、家、國、天下之理即其軌則，此等軌則非先天而有，乃是根據客觀之事實需要而制定者，其超越的根據則在本心之自覺要求也。軌則可因時而易，而本心則永遠活潑潑地。今不尋求立軌則之源頭，徒欲了知外物之軌則，不幾於本末倒置乎？

　　孟子以心之官與耳目之官分言，以明大體、小體。易疇不深究，乃不知孟子所謂心為何物。易疇曰：「孟子謂『心之官則思』，『先立乎其大者』，蓋謂心能主乎耳目，非離乎耳目之官而專致力於思。然則所謂先立其大者，舍視、聽、言、動無下手處也。不知循物，寂守其心，此異學之所以歧也。」（《通藝錄・論學小記・誠意義述》）所謂「心能主乎耳目」有二義，一為心乃耳目感官覺攝外物的認知之主，二為心乃主宰耳目感官覺攝作用的超越之主。孟子既曰「先立乎其大者」，心不與耳目平等對列可知，則心當指後者；而易疇所謂之心，祇能是前者，此與朱子就氣之靈言心者略同。但朱子所言之心有管攝性理之功能，而易疇之所謂心唯有知覺之作用耳。「不知循物，寂守其心」之云，乃因不見超越的本心所產生之疑慮也；此與東原之非佛老與宋儒之意同。

　　東原之工夫論，在去私與解蔽，易疇頗不然之。易疇曰：「今之言學者，動曰去私、去蔽。余以為道問學其第一義不在去私，致知之第一義亦非去蔽。蓋本不知者，非有物以蔽之；本末行者，非必有所私也。……崇德，明明德之事也；道問學以尊德性，所以明明德也。修慝，去蔽、去私之謂也。誠意者，崇德、修慝兼而有之者也。……問學之事，崇德一大端，大之大者也；修慝亦一大端，所以輔其崇德，大之次者也。今之言學者，但知修慝為大端，認修慝為即以崇德，其根由於不知性善之精義，遂以未治之身為叢尤集慫之身。雖亦頗疑於性善，及其著於錄也，不能不與荀子性惡篇相為表裏，此說之所以不能無歧也。」（《通藝錄・論學小記・誠意義述》）在孔子，崇德、修

愿、辨惑乃三平行之觀念,皆就德性之修養說。東原之去私就行言,解蔽就知言。易疇將去私與去蔽盡括於修愿,已失東原之意;而以崇德爲第一義,修愿所以輔之,亦非孔子之意。蓋易疇言工夫,在致知以盡初意之量,遂將崇德、修愿統於誠意矣。「本不知者,非有物以蔽之;本未行者,非必有所私也」,此不足以難東原。東原所謂去私、解蔽不專就已知、已行處說。私與蔽乃吾人自然生命之弊端,安見得吾人未知、未行時生命即完美無疵乎?惟東原未能推類至盡耳。至若言東原所云,近於荀子性惡之說,是也;惟東原必不然之。實則易疇所見之性,實與東原、荀子居於同一層次,表面觀點差異之爭論不礙其根本處所見之同也。

第二節　凌次仲之崇禮復性說

東原同鄉凌次仲,承東原反性理之學之緒,而更加質實。東原重在博學以擴充心知之明,次仲則重在約禮以整飭自身之行。次仲曰:「夫人之所受於天者,性也;性之所固有者,善也;所以復其善者,學也;所以貫其學者,禮也。是故聖人之道,一禮而已矣。」(《禮經釋例·卷首·復禮上》)此即欲以禮統括聖人之道。次仲於東原思想雖若未完全通透,但二者論學所涉層面則無本質之異也。

次仲以經驗所及之典制爲實學,以道德性命之體證爲虛學。次仲云:「昔河間獻王實事求是。夫實事在前,吾所謂是者,人不得強辭而非之;吾所謂非者,人不能強辭而是之也——如六書九數及典章制度之學,是也。虛理在前,吾所謂是者,人既可別持一說以爲非;吾所謂非者,人亦可別持一說以爲是——如義理之學,是也。」(〈戴東原先生事略狀〉)次仲將典章制度與義理相較,以前者確實有據而後者是非無定,似視典制之學甚有價值而義理之學一無是處。東原在典制與義理之間,主觀上仍承認義理之價值在典制之上,特其所謂義理非正宗儒家之所謂耳;而次仲則將義理一概否定之,惟爲東原諱,不敢非議東原之義理耳;故云:「義理固先生晚年極精之詣,非造其境者,亦無由知其是非也;其書具在,俟後人之定論云爾。」(同上)雖然,宋明儒之所謂理,在次仲與東原之心目中,固無本質之異也。東原以宋明儒之所謂理,實佛老之翻版,不可指實;而次仲則以爲理乃是虛而不確定者。理在東原及次仲之心目中,並無獨立性。惟東原以爲禮與理通,皆指事物分明之條

理，而次仲則特彰禮耳。「吾所謂是者，人既可別持一說以爲非；吾所謂非者，人亦可別持一說以爲是」，此正東原駁宋儒所說之意見，次仲於宋儒之言理，亦作如是觀。

宋儒視「克己復禮」一語爲聖學工夫之要，此義，反宋學之清儒多不解，乃將工夫往外轉，視己爲自己，視禮爲外在之儀節；對宋儒視己爲私欲，視禮爲天理者大肆抨擊。東原如此，次仲亦然。次仲曰：「克己即修身也，故『修己以敬』、『修己以安人』、『修己以安百姓』，直云修，不云克。《中庸》云：『非禮勿動，所以修身。』動實兼視、聽、言三者，與下文答顏淵『請問其目』正相合，辭義尤明顯也。」（《揅經室一集・卷八》，頁 164 所引）此引《論語》及《中庸》說明先秦儒家所重者在修身一義；因推言克己即修身，而非如宋儒所言之克去私欲。次仲此云，正見其不明道德修養之實功何所是，其病與東原同。即使《論語》屢言「修己」，《中庸》亦言「修身」；「克己」祇一見，然安知孔子所謂克己意即修身？修身是泛說，克己是實下手處。修身若欲奏效，情欲之私乃不容忽視者，故須克去之也。

次仲既反對宋儒以去人欲說克己，而將其說成修身，而修身之方，則落於禮數之遵循上說。次仲曰：「聖人之道，至平且易也。《論語》記孔子之言備矣，但恆言禮，未嘗一言及理也。……彼釋氏者流，言心言性，極於幽深微眇，適成其爲賢知之過；聖人之道不如是也。其所以節心者，禮焉耳，不遠尋夫天地之先也；其所以節性者，亦禮焉耳，不侈談夫理氣之辨也。是故冠昏飲射有事可循也，揖讓升降有儀可按也，豆籩鼎俎有物可稽也。使天下之人少而習焉，長而安焉，其秀者有所憑而入於善，頑者有所檢束而不敢爲惡。上者陶淑而底於成，下者亦漸漬而可以勉而至。聖人之道所以萬世不易者此也，聖人之道所以別於異端者亦此。」（《禮經釋例・卷首・復禮下》）孔子言禮而不言理，但所謂禮，豈必限於儀文度數邪？不言理豈必無宋儒所云天理之意邪？釋氏之言心言性，自有其義分，而不同於儒家者，其幽深微眇處，正當如實了解之，豈必一涉「幽深微眇」，便視如探湯，以爲聖人所不道，而一概否定之邪？聖人固以禮節心，以禮節性，但禮之根源安在哉？祇因看不透宋儒所言之理，遂藉口聖人不侈言理而否定之！一見宋儒言理，即與釋老之言空言無相比附，眞成「賢智之過」矣。東原言理，而次仲則非理，雖有此表面之異，然二者質實之心態則同也。

東原以爲宋儒先入釋氏，然後同室操戈，其底子固與釋氏無異，大悖聖

人之道；次仲亦以爲然。次仲曰：「後儒熟聞夫釋氏之言心言性，極其幽深微眇也，往往怖之，愧聖人之道，以爲弗如；於是竊取其理氣之說而小變之，以鑿聖人之遺言。曰：吾聖人固已有此幽深微眇之一境也！復從而闢之曰：彼之以心爲性，不如我之以理爲性也。嗚呼！以是爲尊聖人之道，而不知適所以小聖人也；以是爲闢異端，而不知陰入於異端也！誠如是也，吾聖人之於彼教，僅如彼教性、相不同已矣，烏足大異於彼教哉？儒釋之互援，實始於此矣。」（《禮經釋例・卷首・復禮下》）果如所言，則高明幽微之境惟釋氏有之，儒家不與有焉。宋儒祇是竊取釋氏「幽深微眇」之理而粉飾之，以自欺欺人耳。此等觀點與東原無異。依次仲觀之，儒者之教祇在禮儀文貌；然則《中庸》、《易傳》之言性命，孟子之言心言性言天，又落於何處說乎？此真是「拋卻自家無盡藏」（《陽明詩集・卷二・詠良知四首示諸生》）。釋氏不言理氣，而次仲乃言宋儒「竊取其理氣之說而小變之」，則其對釋氏文獻不熟可知。次仲之非宋儒，固不相干，但由此亦可見東原之說影響之深遠。

　　凡對超越面的義理之性無所領會者，其所見之性，多屬告子一路。東原如此，次仲亦然。次仲曰：「夫性具於生初，而情則緣性而有者也。性本至中，而情則不能無過不及之偏。非禮以節之，則何以復其性焉？父子當親也，君臣當義也，夫婦當別也，長幼當序也，朋友當信也；五者根於性者也，所謂人倫也。而其所以親之、義之、別之、序之、信之，則必由乎情以達焉者也。非禮以節之，則過者或溢於情，而不及者則漠然遇之。教曰：『喜怒哀樂之未發，謂之中；發而皆中節，謂之和。』其中節也，非自能中節也，必有禮以節之，故曰：非禮何以復其性焉？」（《禮經釋例・卷首・復禮上》）若「至中」非如宋明儒所了解之絕對至善，祇是善惡混雜之渾一狀態，則或可曰性至中，而情有過不及之偏。但既曰「父子當親」云云乃「根於性」，則此性似又非善惡混雜者。蓋「父子當親」等乃應然之問題，而非實然之問題也。如是，次仲所云之性，畢竟屬告子乎？抑屬孟子乎？即成搖擺不定矣。然就次仲反宋儒之嚴格立場看，絕不能往孟子走。其所謂「性本至中」，祇是因《中庸》有「喜怒哀樂之未發謂之中」之云而云然。所謂「父子當親」，祇是因孟子有「父子有親」之云而云然。其所謂性，祇是形而下的氣質耳。是故東原、次仲於性上不能言工夫，工夫必落到節情上說。而情之節，既不從道德本心之存主於中說，於是祇能就外在行爲之約束上下工夫；次仲所以特重禮者在此。如是，豈非屬之荀子一路？但次仲主觀上固視自己爲孔孟子學者，所以糾繆，

其失與東原同。

劉蕺山曰：「好善惡惡者意之靜。」（《劉子全書・卷十・學言上》）意從本心之自作主宰說，如意之所好而好之，如意之所惡而惡之，是謂誠其意。次仲亦以好惡二端貫串大學誠意、正心、修身、齊家、治國、平天下，以為好惡乃性之內容，為先王制禮之大原。次仲曰：「好惡者，先王制禮之大原也。人之性受於天。目能視則為色，耳能聽則為聲，口能食則為味，而好惡實基於此。節其太過不及，則復於性矣。《大學》言好惡，《中庸》申之以喜怒哀樂。蓋好極則生喜，又極則為樂；惡極則生怒，又極則為哀。過則佚於情，反則失其性矣。先王制禮以節之，懼民之失其性也。然則，性者好惡二端而已矣。……人性初不外乎好惡也。好惡生於聲色與味，為先王制禮之大原。……蓋喜怒哀樂皆由好惡生。好惡正，則協於天地之性矣。」（〈好惡說〉，引自胡適之《戴東原的哲學》，頁80）目之於色，耳之於聲，口之於味，有過與不及之失，此係事實，故須節，節則復其性，則性本無失可知。但本無失之性，如何緣之而有之情，卻有過不及之失，斯乃不可解者。若性為形上之天性，則此困難可解決；但次仲既以氣質言性，則此困難即無以解決。此等緊要處，東原與次仲皆未深思，乃形成其思想之盲點。其所謂好惡，初亦非如蕺山自意根獨體上言好善惡惡者，乃是依感性而有者。「好惡者，先王制禮之大原也」，此並非說好惡乃創生禮之源頭；乃是說人性中原有好惡二端，發而為情，則有過不及之失，故須制禮以節之也。

《中庸》從性體之戒慎恐懼言慎獨，《大學》則自心體之好惡不欺言慎獨，此皆心性精微之工夫。而次仲乃自禮說慎獨，以為慎獨只是「禮之內心精微，皆若有威儀臨乎其側，雖不見禮，如或見之。」（〈慎獨說〉，引自胡適之《戴東原的哲學》，頁81）足見次仲不解慎獨之實諦，較東原以慎之於志意之動時言慎獨者更著實。

總之，次仲實欲以復禮貫穿聖人之道，但禮又不向裏收，而向外轉，此其格局所以隘也。雖然，在當時一片反宋學之聲浪中，次仲亦有搖旗助陣之力焉。

第三節　焦里堂通情之論

里堂平生最心服東原，《論語通釋》即仿《孟子字義疏證》之作，《孟子正義》亦多引《疏證》以明義。里堂曰：「循讀東原戴氏之書，最心服其《孟

子字義疏證》。說者分別漢學、宋學，以義理歸之宋。宋之義理誠詳於漢；然故訓明，乃能識羲、文、周、孔之義理。宋之義理仍當以孔之義理衡之，未容以宋之義理即定爲孔子之義理也。」（《雕菰集‧卷十三‧寄朱休承學士書》，頁 202）東原以爲宋儒義理得諸釋老，大悖聖人之道，里堂則曰「宋之義理誠詳於漢」，此則承認宋儒義理之價值，較能平情。但又曰宋儒之義理不可直謂孔子之義理，言義理，仍當以孔子爲準；言下之意，似以爲宋儒義理仍未合孔子，此《通釋》之所以作也。

里堂以宋儒義理未合孔子，此似可說，亦似不可說。就前者言，孔子自有其獨特之生命與圓熟之智慧，而爲集諸聖之大成者，宋儒豈敢望其項背？且宋儒偏重儒家內聖精微義理之闡揚，不若孔子文化意識之深，學問層面之廣，就此以言，可曰宋儒未合孔子。但孔子德慧術知之所以博大精深，實由於肫肫其仁也；無此肫肫之仁心，一切皆虛妄不實，宋儒即就孔子思想之核心闡發之，期使內聖之學復明於世，宋儒固自視其義理合乎孔子也。就里堂遺著觀之，其於內聖之學之本質實未能掌握，以上兩方面之考量，非彼所能及；彼之作如是言，殆以爲惟《通釋》所說合於孔子，欲以《通釋》代宋儒之義理也。當然，宋儒復有伊川、朱子與周、張、明道、五峰及象山義理系統之異，此則更非里堂之所能察及矣。

里堂雖曰心服《孟子字義疏證》，但其說義理，與東原各有所重。《疏證》重在廣知，《通釋》重在通情。廣知即擴充心知之明，欲其於事理無或蔽；通情重在含容廣大，不固執私見，與人交流融洽。東原以情之不爽失爲理，里堂據此，特重情字，反對以理相爭，主張以情相感。里堂之所心服於東原者，在其說義理有異乎前人；但又不直接反宋儒，乃在表面上取調和之態度。里堂立說，就《易通釋》、《論語通釋》及《雕菰集》等觀之，前後可謂甚爲一貫；一貫者何？旁通情也。〔註1〕夫通情固亦聖教之所含，但非聖教之核心。里堂欲以斯義通貫儒家全部之義理，難免以偏概全之失。東原重在知之擴充，里堂重在情之通達，皆在經驗之範圍立說；與宋儒承先秦儒家言超越之性理

〔註 1〕 「旁通情」一詞出自《易傳》，〈乾‧文言〉曰：「大哉乾乎！剛健中正，純粹精也；六爻發揮，旁通情也。」《說文》：「旁，溥也。」（〈一篇上〉）「溥，大也。」（〈十一篇上〉）焦里堂曰：「全易之義，惟在旁通。聖人於此，特表出之。六爻發揮，易卦之旁通；『己欲立而立人，己欲達而達人』，人情之旁通也。惟旁通，乃知來物。所謂格物，所謂絜矩，所謂彊恕也。」（《易章句》；《皇清經解‧卷一千八十五》，頁 4）

者大異其趣。以內聖之學爲標準衡之，里堂與東原之失均也。

里堂有〈讀書三十二贊〉，贊《孟子字義疏證》云：「性道之譚，如風如影。先生明之，如昏得朗；先生疏之，如示諸掌。人性相近，其善不爽；惟物則殊，知識罔罔。仁義中和，此來彼往。各持一理，道乃不廣。以理殺人，與聖學兩。」（《雕菰集・卷六》，頁85）此贊頗能囊括《疏證》要義。亦可見里堂於《疏證》確有會心，而於宋儒義理則疏隔。宋儒所言之性道，從道德的踐履中證得，乃儒家哲思之發皇，豈是憑空臆測、虛擬不實之見？說其「如風如影」，正表示對宋儒性道之云不知所謂耳。足見前云「宋之義理誠詳於漢」者，不過恍惚之言。東原從質氣之自然規範性、道，此與正宗儒家從道德界之天理、天命言性道者大相逕庭。從道德生命之挺拔轉至自然生命之順遂乃儒學退墮之表徵，而里堂以爲如是言性道，「如昏得朗」、「如示諸掌」，其質實之心態，與東原豈有二致？孔子言「性相近」，孟子「道性善」，二者所言之性，本屬不同層次；東原混一視之，而有血氣之性無不善之說；里堂亦不見二者之別，所見與東原無殊。東原祗從知覺高下判人性物性之異，里堂亦然。彼於孟學之根本處既無把握，雖有《孟子正義》之詳細引述，亦是枉然。又宋明儒諸大家之思想，除伊川、朱子不自覺地偏離儒學之本旨外，彼此實可相通，焉可謂「各持一理」乎？

「以理殺人」之云，乃東原不解宋儒，對其妄加之罪；東原已作此誤斷，不意里堂仍承之，則其於宋儒之所謂理毫無體認可見。但在當時非從事考訓，即挾朱、陸以自重之學風下，儒學精髓既已湮沒，則要求學者憑一己之敏睿以直透性命之本源，亦已難矣。

里堂雖盛贊《疏證》，但以爲《疏證》所云，於儒學未之盡，是以有《通釋》之作。依此，《通釋》似是補《疏證》者，其實不然。《通釋》自是里堂所獨發，且前後意思相貫，其中心論點與《疏證》有別，絕非疏證之附產品也。里堂曰：「余嘗善東原戴氏作《孟子字義疏證》，于理、道、性、情、天命之名，揭而明之若天日；而惜其于孔子一貫忠恕之說，未及闡發。數十年來，每以孔子之言參孔子之言；且私淑孔子而得其指者，莫如孟子；復以孟子之言參之。既佐以《易》、《詩》、《春秋》、《禮記》之書，或旁及荀卿、董仲舒、揚雄、班固之說，而知聖人之道，惟在仁恕。」（《論語通釋》，頁1～2）理、道、性、情、天命之義，東原皆重新規範，有明確之概念，特未符合儒家本義耳；里堂以爲東原於此，「揭而明之若天日」，足見其許之也。但以爲

東原「于孔子一貫忠恕之說，未及闡發」，則不合實情。可見里堂於此，不完全依順東原。是以詳爲推闡，並以形成其思想之核心。東原以「上達之道即下學之道」及「心精於道，全乎聖智，自無弗貫通」說一貫，並視忠恕祇是進學之初階，循此逐步前進，乃能合乎仁義禮之準則。凡此，悉不合理堂通情之意。惟「平所施之謂恕」一義，則與里堂之意相通。里堂所以闡發一貫忠恕之旨者，除資於孔孟外，旁及五經及荀子、漢儒之說。表面觀之，可謂旁徵博引，實則祇是「旁通情」一義之發揮耳。東原、里堂於荀卿無甚批評，不過表面上不敢贊同性惡之說。此可見二者心思近於荀子，表面推尊孟子，卻不能掩其對孟子之疏離也。董仲舒、揚雄、班固等漢儒之說，已遠離孔孟之精神，里堂引之以證其一貫忠恕之云，正見其於先秦、兩漢儒學之異同未有明確之畫分。夫一貫之義依曾子之領會，惟是忠恕，此無可疑。但忠恕豈是專指旁通情，更無深遠之義？對於諸家異說，兼容並蓄，豈能盡孔子一貫忠恕之旨哉？

　　里堂曰：「孔子以一貫授曾子，曾子云：『忠恕而已矣』。然則一貫者，忠恕也。忠恕者何？成己以及物也。孔子曰：『舜其大智也與！舜好問而好察邇言，隱惡而揚善，執其兩端，用其中於民。』孟子曰：『大舜有大焉，善與人同，舍己從人，樂取于人以爲善。』舜于天下之善無不從之，是眞一以貫之，以一心而容萬善，此所以大也。孔子告顏子曰：『克己復禮爲仁』。惟克己斯能舍己，故告顏子以『仁』，告子貢以『恕』，告曾子以『一貫』，其義一也。人惟自據其所學，不復知有人之善，故不獨邇言之不察，雖明知其善，而必相持而不相下；荀子所謂『持之有故，言之成理』。凡後世九流二氏之說，漢、魏南北經師門戶之爭，宋、元、明朱、陸、陽明之學，近時考據家漢學、宋學之辨，其始皆緣於不恕，不能克己舍己，善與人同；終遂自小其道，而近於異端。使明于聖人一貫之指，何以至此？」（《論語通釋》，頁2～3）以上爲《通釋》首條之大部；《通釋》分條目反覆闡明者，均不離以上所謂忠恕之旨。惟孔子不論自「己立立人，己達達人」而言忠，抑就「己所不欲，勿施於人」而言恕，皆出於一念之肫懇惻怛，離肫懇惻怛之一念而言忠恕，則不眞切。里堂以爲「一貫者，忠恕也；忠恕者何，成己以及物也」，此言似亦無病；但觀下文所論，則「成己以及物」當有特殊義涵，而非《中庸》成己成物之本義也。

　　舜之「善與人同，舍己從人」（《孟子·公孫丑上》）是舜之擇善固執。擇善固執亦是出乎天理之不容已，祇要一念醒覺，則於是非取舍之際，便自了

了。孟子此處主要在贊美大舜從善如流、與人爲善之德範。而孔子告曾子之一貫，曾子所回應之忠恕，則在探本索源，直指聖心。夫能忠恕者，必能善與人同，舍己從人；而能善與人同，舍己從人者，亦易合乎忠恕。但若曰「一貫忠恕」即「善與人同」，則不妥。復次，孔子告顏淵「克己復禮爲仁」，此是道德修養之實功。所謂一貫，所謂忠恕，必落實到克己復禮上說。里堂又將之湊合大舜之從善，亦失分際。

不論從善、克己或忠恕，皆應就修德言。但觀里堂「人惟自據所學」之云，則其所謂一貫、忠恕，不但重在道德方面之從人之善，尤重在知見方面能包容他人也。里堂爲消弭學術上之紛爭，遂要人於學術方面人我所見相異處，如德性修養之克己，無乃削足適履乎？當知學術之所以有進步，在彼此之有辯說也。道理愈辯愈精，安可一味舍己從人？

就道德之修持言，吾人可以經由容忍之工夫化解人我間之仇怨與衝突，以促進人間之和諧，里堂所謂「以一心而容萬善」是也。但就學術之探討言，則不可不論是非。儒家與二氏各有確定之工夫進路，學者謹持任何一家而參悟力行之，皆足以安頓生命。既通一家之後，旁攝他家，可以較得失，以羨補不足，使自己之理境更開展。若一開始即取兼容態度，恐對任何一家皆不精，徒成大雜燴耳。朱、陸二者雖同在儒學範圍內，但有正歧之異。正須先知己知彼，以取以去，使自家之造境更臻圓熟。至於漢學、宋學家之於彼我，似可採里堂善與人同之說，然須知義理、考據各有其獨立之學術領域，學者宜先有此認識，乃能互相尊重，彼此資益也。

里堂之學，既奠基於恕道上，於是乃以恕道解格物，里堂曰：「格物者何？絜矩也。格之言來也，物者對乎己之稱也。易傳云：『遂知來物。』物何以來？以知來也；來何以知？神也。何爲神？寂然不動，感而遂通也；何爲通？反乎己以求之也。『己所不欲，勿施於人』，則足以格人之所惡；『己欲立而立人，己欲達而達人』，則足以格人之所好。……故格物者，絜矩也；絜矩者，恕也。『所藏乎身不恕，而能喻諸人者，未之有也。』不能格物，則所藏乎身不恕矣。」（《雕菰集・卷九・格物解一》，頁 131）大學「格物」之原義如何，不得而知，陽明以「端正自身之行」，朱子以「窮究事物之理」釋之，宋明以來學者之言格物，大致不出此兩路，而里堂對格物之了解，既非朱子一路，亦非陽明一路，實近於東原絜情之說。東原以情之不爽失言理，而里堂則以旁通人情言格物，二者皆注重情之無失。但東原直道己意，直截了當；里堂則

必尋求經典之根據，故顯支蔓。《易傳》「寂然不動，感而遂通」乃是藉卜筮時至誠而有靈通之效驗，以顯示吾人心性本體之常寂常感，寂感一如。此是儒家道德形上學之精微，而里堂以之說明通人之情，則泛，表示其不契會《易傳》神感神應之義。再者，「己所不欲，勿施於人」，與「己欲立而立人，己欲達而達人」，惟是一忠恕耳，而忠恕惟是一仁心之發耳，此須上提至超越的道德心說；而里堂則下轉至政治上言，以「民之所好好之，民之所惡惡之」釋之。本是道德上仁心不容已之自然流露，一轉而為政治上之順從民情，於法疏矣。蓋里堂以為惟通情，乃能消弭人間一切紛爭，是以將人間諸事皆納於通情中說之。

以「通情」之恕道說格物，在飲食男女處最足見之。里堂曰：「飲食男女，人之大欲存焉。聖人於己之有夫婦也，因而知人亦欲有夫婦；於己之有飲食也，因而知人亦欲有飲食。安飽先以及父兄，因而及妻子，『人人親其親，長其長，而天下平矣』。於是與人相接也，以我之所欲所惡，推之於彼；彼亦必以彼之所欲所惡，推之於我。各行其恕，自相讓而不相爭，相愛而不相害，平天下所以在絜矩之道也。……若必屏妃妾，減服食，而於百姓之飢寒仳離，漠不關心，是克伐怨欲不行，苦心潔行之士，孔子所謂難而非仁者也。絕己之欲，不能通天下之志，物不可格矣。」（《雕菰集·卷九·格物解一》，頁 131～132）東原以飲食男女之不可無說遂欲達情，里堂則以飲食男女之推己及人言格物通情，里堂祇是就東原之說進一步推之耳，二者重情欲之基本觀點固無異也。孟子從飲食男女處就近取譬，以啓齊宣王之仁心；而東原、里堂則執著於此，以為使人人滿足飲食、男女之欲即是孔子所言之仁恕，此買櫝還珠之過也。且就飲食男女以言，推己及人所以可能之根據安在哉？不經此一反省，惻然有覺，求其能推己及人者寡矣。再者，欲致天下之平，在我者縱能「以我之所欲所惡，推之於彼」，但安能期望「彼亦必以彼之所欲所惡，推之於我」？前者乃操之在我者；後者則操之於人，非我之所能為也。平天下有賴客觀禮法之建構，《大學》由修身層層推去，已是不切；里堂更欲由彼我之通情以致之，豈非益為迂遠？

東原以為宋儒之去人欲乃是絕去飲食、男女之生理需求，此乃於宋儒嚴肅之道德意識無所領會所生之誤解，不意里堂仍不見所謂「去人欲」之實意為何如，仍附益東原之見，以為宋儒教人「屏妃妾，減服食」，不關心百姓之飢寒仳離，不能通天下之志。若然，則宋儒之說，終致滅絕人種，淪胥以喪，

此大邪說也，安能立教乎？是故，里堂表面上雖許宋之義理，但對宋之義理實無所會，對儒家正己成人之實功亦不了了。其對宋儒之了解，與東原相去不遠，不過欲維持其絜矩忠恕一貫之說，不願對宋儒直接抨擊耳。

　　孟子以楊朱之爲我爲無君，墨子之兼愛爲無父，子莫之執中爲執一賊道，目的在藉由批判中彰顯儒家仁道之本質，孔子所謂「君子之於天下也，無適也，無莫也，義之與比」（《論語・里仁》）是也。里堂則藉此以說明其通情之恕道。里堂曰：「楊子惟知爲我，而不知兼愛；墨子惟知兼愛，而不知爲我；子莫但知執中，而不知有當爲我、兼愛之事。爲楊者必斥墨，爲墨者必斥楊；楊已不能貫墨，墨已不能貫楊。使楊子思兼愛之說不可廢，墨子思爲我之說不可廢，則恕矣，則不執矣。聖人之道，貫乎爲我、兼愛、執中者也。」（《論語通釋》，頁 5）不論是爲我、兼愛或執中，皆孟子之所斥。爲我、兼愛是邪說，執中無權亦是賊道。但依里堂觀之，似兼愛、爲我與執中皆有價值，不過須彼此融通耳。此即前所云兼容並蓄之態度；看似寬弘，實則混雜。依孟子，爲我、兼愛皆不可行，皆須棄去之，以歸於大中至正之仁道。絕非以爲「兼愛」有不足，而待「爲我」以補之；或「爲我」有不足，而待「兼愛」以補之也。里堂祇是在表面上打圓場，更不細究孟子之實旨也。

　　「克伐怨欲不行焉，可以爲仁與？子曰：可以爲難矣，仁則吾不知也。」（《論語・憲問》）夫子未嘗輕易以仁許人，此在《論語》多處可見。克伐怨欲之不行，祇是消極地自我克制，能如是，固亦難能可貴；若夫仁，則重在積極地成己成物。是以克伐怨欲之不行，固是難得，但尙未達乎仁之標準也。而里堂亦以通情之觀念解此章。里堂曰：「因己之克，知人之克；因己之伐，知人知伐；因己之怨與欲，知人之怨與欲。克、伐、怨、欲，情之私也；因己之情而知人之情，因而通天下之情；不忍人之心由是而達，不忍人之政由是而立，所謂仁也。知克、伐、怨、欲之私，制之而不行，無論其不可強制，即強制之，亦苦心潔行之士，有其一，不可有其二。以己之制而不行例諸人，其措之天下，必不近人情，必不可以平治天下。故孔子曰『可以爲難矣』，難之云者，言不可通諸天下也。」（《論語通釋》，頁 9～10）克、伐、怨、欲之不行，乃是人人所當努力者，在己在人，克、伐、怨、欲總須去之；去之雖未達乎仁，亦屬難得，故孔子亦許之。而依里堂之理解，克、伐、怨、欲不必去，惟應由我之有克、伐、怨、欲，推人亦有之；若然則能興不忍人之心，立不忍人之政：此則非矣。夫既有克、伐、怨、欲，則是忍人也，忍人而能

生不忍人之心，立不忍人之政，豈非矛盾乎？無乃通情一觀念橫梗胸中，遂不惜曲解經典以就己之意邪？克、伐、怨、欲之不行，是「苦心潔行之士」而不可從，然則工夫將如何下手？即使要旁通人情，亦須自克。天下果眞克、伐、怨、欲之不行，則天下亦無事矣，焉可曰「不近人情」，而不可「平治天下」乎？欲平治天下，卻容許人人有克、伐、怨、欲，非矛盾而何？孔子回答克、伐、怨、欲之不行曰「可以爲難矣，仁則吾不知也」，明明贊許克、伐、怨、欲不行之難能可貴，而里堂乃將「難」字理解爲「不可通諸天下」，其可乎？尋其故，祇因對孔孟之仁心德慧未有領會，而又不敢悖聖人之言，遂於不覺中曲解聖言也。里堂通情之說，單獨觀之，自具相當價值，但若依附經典立說，將使經典原意盡失；則其主觀上欲弘揚聖教者，客觀上反成聖教之累。里堂之理解經典，大率類此，其失正與東原同也。

東原從人之血氣之性自然有節於內與人之知覺大遠乎物言性善，里堂亦就人之心知靈於物言性善，二者對人眞正異於禽獸之道德性悉未之知，祇從生物學之觀點看人性。里堂曰：「性善之說，儒者每以精深言之，非也；性無他，食、色而已。飲食男女，人與物同之。當其先民，知有母，不知有父，則男女無別也；茹毛飲血，不知火化，則飲食無節也。有聖人出，示之以嫁娶之禮，而民知有人倫矣；示之以耕耨之法，而民知自食其力矣。以此示禽獸，禽獸不知也。禽獸不知，則禽獸之性不能善；人知之，則人之性善矣。以飲食、男女言性，而人性善，不待煩言自解也。禽獸之性不能善，亦不能惡；人之性可引而善，亦可引而惡。惟其可引，故性善也。」（《雕菰集・卷九・性善解一》，頁 127）里堂同於東原，不解孟子所謂性善之義涵，株守告子「食、色，性也」之說。男女之別，屬禮教之範圍；飲食之進化，屬知識技能之範圍。此固人類文明之表徵，但以此說明性善，則不類。蓋此是知性邊事，非德性邊事也。善若無特殊規定，皆就德言，不就知言。誠如里堂所云，則所謂性善，祇是才智高耳，「人之性可引而善，亦可引而惡」，則人性乃中性者，如告子之所言，奈何拘於孟子性善之云，因其可引，遂謂其爲善乎？若可引而善可曰性善，則可引而惡亦可言性惡矣！就實際情況以言，血氣之性實較易引而之惡。告子就自然人性言性無善惡，荀子就自然人性在現實世界之趨向言性惡，皆有其現實之理由；惟里堂雖亦站在質氣之層面看人性，又拘牽於孟子而言性善，此正與東原表面不願違孟子性善說之病同。

里堂復自飲食男女在人與禽獸感覺靈敏度之差異言人之性善，里堂曰：

「同一飲食，而人能耆味，鳥獸不知耆味；推之，同一男女，人能好色，鳥獸不知好色。惟人心最靈，乃知耆味好色。知耆味好色，即能知孝、弟、忠、信、禮、義、廉、恥。故禮義之悅心，猶芻豢之悅口。悅心、悅口，皆性之善。」（《雕菰集・卷五・性善解五》，頁128～129）此則轉說轉遠矣。就飲食、男女言，人能嗜味、好色，安知鳥獸必不嗜味、好色？鳥獸之於味、色，豈無所選擇？衡諸實情，殊不然也。里堂縱不能對超越之性理有所領會，亦當對經驗實情有所了解方是。再者，嗜味、好色，屬生理欲求，而孝、弟、忠、信、禮、義、廉、恥則屬倫理道德，二者本在不同領域。世人莫不嗜味、好色，但求其能於孝、弟、忠、信、禮、義、廉、恥無憾者實不多。奈何曰知嗜味、好色，即知孝、弟、忠、信、禮、義、廉、恥乎？孟子「理義之悅我心，猶芻豢之悅我口」之云，祇是一比擬耳，目的在表明吾心確能愉悅理義，而里堂則拘執之，視孟子亦由飲食以明性善也。

　　孟子以「人之不慮而知」，即超言意境自證自知之德慧言良知，而陽明晚年則以致良知爲立教之核心。致良知固是匹夫匹婦所能爲，及其至也，雖聖人猶有憾焉。足見良知之充分朗現並非易事。里堂對孟子、陽明所謂良知未能體會，故其「良知論」亦屬浮泛之談。里堂曰：「余謂紫陽之學，所以教天下之君子；陽明之學，所以教天下之小人。紫陽之學，用之於太寬平裕，足以爲良相；陽明之學，用之於倉促苟且，足以成大功。人心之分，邪正而已矣；世道之判，善惡而已矣。正則善，善則事上順、事親孝、事長恭。至若行其當然，復窮其所以然，誦習乎經史之文，講求乎性命之本，此惟一二讀書之士能之，未可執顓愚頑梗者而強之也。良知者，良心之謂也。雖愚不肖，不能讀書之人，有以感發之，無不動者。……天下讀朱子之書，漸磨瑩滌，爲名臣巨儒，其功可見。而陽明以良知之學，成一世功，效亦顯然。然則爲紫陽、陽明之學者，無容互訾矣。」（《雕菰集・卷八・良知論》，頁123～124）此是從功利觀點看朱子、陽明之學，不合內聖之學之精神。朱子、陽明之學所重者，在心性之修養，不在事功之成就；德性、事功在宋明儒眼中固有本末之分也。今里堂不見其本，祇見其末，有違聖學之旨義。朱子以太極眞體爲萬事萬物存在之超越根據，而陽明以良知爲創發道德行爲之動力與根源。以《論》、《孟》、《易》、《庸》之義理衡之，自有偏正之別、見道不見道之分。陽明固是簡易直截，朱子亦有其弘偉剛拔處，朱、王之異同、高下，當於此見；若轉向事功求，則不見二家之精神所在矣。里堂以爲朱學所以教天下之

君子，而王學所以教天下之小人；如是，在理論上似乎朱學更勝一籌。但又以爲王學易於感發愚夫愚婦，易見功效，而朱學則惟一二讀書之士能之；如是，則王學之價值更大。凡此，皆非中肯之論。愚夫愚婦之良知固與聖人同，但易汩沒，且常在汩沒之中；雖聞聖音，偶能感發，畢竟未能維持長久。想要良知眞致，非經一番艱苦歷鍊不得也。而里堂乃言其如是之易，則其未嘗有致良知之實功可見。且言爲朱子之學者，足以爲良相，亦是不相干之過譽。蓋把握超越的性理有賴哲學智慧，而能否爲良相除須有德外，亦須有充實之政治學養也。

里堂以爲從事紫陽、陽明之學者，無容互訾，此言是也。但若不深究二家之學之何所是，而祇一味採互相包容之態度，則是一大混淆；二家學脈將因而不見，聖學之靈魂亦將隨之以亡。如是，雖無學術上是非之辯，但學術亦無由發展，學脈亦無由承續。蓋統合學術，須先釐清各家思想之分際，然後乃能互相參較、互相資益。是故里堂通情之論，落於道德上說固不徹底，落於學術上說亦不可行也。

第四節　阮芸臺之釋格物與節性

有清一代學者中，假古訓以爲其思想根據之典型者爲阮芸臺。《揅經室集》中頗有涉及哲學問題者，多以訓詁支持其說，較之東原更爲執實。此等論學之方，可謂持之有故，但言之未必成理也。

習齋尚實行而輕講學，芸臺亦尚行，殆有取於習齋，但芸臺巧妙地運用訓詁以立說，不若習齋之逕直也。芸臺曰：「『學而時習之』者，學兼誦之、行之。凡禮樂文章之繁、倫常之紀、道德之要，載在先王之書者，皆當講習之、貫習之。《爾雅》曰：『貫，習也。』轉注之，習亦貫也。時習之習，即一貫之貫。貫主行事，故時習者，時誦、時行也。《爾雅》又曰：『貫，事也。』聖人之道，未有不於行事見，而但于言語見者也。故孔子告曾子曰：『吾道一以貫之。』一貫者，壹是皆行之也。又告子貢曰：『汝以予爲多學而識之者歟？予一以貫之。』此義與告曾子同，言聖道壹是貫行，非徒學而識之。兩章對校，其義益顯。此章乃孔子教人之語，實即孔子生平學行之始末也。故學必兼誦之、行之，其義乃全。馬融註專以習爲誦習，失之矣。」（《揅經室一集・卷二・論語解》，頁 42～43）漢儒解經，大多祇求通達文義，不在對經典義理

多所引申。而芸臺以為馬融之解失之；必將習解為行，且由《爾雅》兩貫字之解說轉來，並以「吾道一以貫之」作印證，可謂旁徵博引。但孔子之意是否必如芸臺迂曲之解說，不能無疑。習字依《說文》乃「數飛」（見《說文·四篇上》）之意，引申之，有熟復之意。芸臺何以不取習字本義或最近之引申義，而必假於《爾雅》，從兩貫字之異解間接推得「行」義乎？此無它，蓋已胸有成見，《爾雅》之釋，祗是方便借證耳。至若「貫」字，依《說文》，乃是「錢貝之毌」（見《說文·七篇上》），引申之，有穿、通之意。一以貫之，即以一簡易之理通之，此一簡易之理即是仁，亦即曾子所理解之忠、恕也。芸臺何以不由《說文》取最近之引申義，而必依《爾雅》之釋乎？此亦無它，因《爾雅》之釋可為己說之證，而《說文》則與己說不相干也。是故芸臺表面雖引古義以為己說之證，但古義有多端，有利己說者取之，不利己說者去之，視己說為取舍之準，於是客觀求知之精神亦不必客觀矣。貫取行義，則「吾道一以貫之」，依芸臺，意即：吾道一是皆行；統孔子思想而觀之，其不合也無疑。「聖人之道，未有不於行事見，而但于言語見者」，此言是也；但聖人立教，有時祗在言語之間，有時甚且在言語之外，何必已見之行乃得為聖人之道乎？祗強調一「行」字，豈能盡聖教之全貌？

芸臺曰：「以行事訓貫，則聖賢之道歸于儒；以通徹訓貫，則聖賢之道近于禪矣。」（《揅經室一集·卷二·論語一貫說》，頁46）此即主觀上肯定聖賢之道祗是外在行事之表現，而無內在渾融之通慧。一涉及圓神之哲思，一概歸之於禪；聖格豈如是之隘乎？儒學若無心性精微之理以支持之，必流於卑淺，而不足以立萬世之人極也。習齋、芸臺前呼後應，非所以闡揚聖學、尊崇孔孟也。

里堂將一貫、格物皆解為通情，芸臺卻將之皆解為行事。然則一貫、格物之旨在清儒眼中，成無定論矣。芸臺之釋格物大抵不脫顏李重行之窠臼。芸臺曰：「《禮記·大學篇》，『致知在格物，物格而後知至』。此二句雖從身、心、意、知而來，實為天下、國家之事；天下、國家以立政行事為主。《大學》從身心說到意知，已極心思之用矣，恐學者終求之於心學而不驗之行事也，故終顯之曰『致知在格物』。物者，事也；格者，至也。事者，家、國、天下之事，即止於五倫之至善。明德、新民皆事也。格有至義，即有止義。履而至止於其地，聖賢實踐之道也。……格物者，至止於事物之謂也。凡家、國、天下五倫之事，無不當以身親至其處而履之，以止於至善也。格物與止至善、

知止、止於仁敬等事,皆是一義,非有二解也。必變其文曰格物者,以格字兼包至止,以物字兼包諸事。聖賢之道,無非實踐。孔子曰:『吾道一以貫之。』貫者行事也,即與格物同道也。曾子著書今存十篇,首篇即名〈立事〉,立事即格物也。先儒論格物者多矣,乃多以虛意參之,似非聖人立言之本意。元之論格物,非敢異也,實事求是而已。」(《揅經室一集・卷二・大學格物說》,頁 47~48)大學三綱領歸止至善,八條目基於格物致知。芸臺乃將止於至善括於格物,則彼欲以格物統括大學之意甚明。孔子之道一以貫之,今乃曰「貫者行事也」,則彼復欲以格物統全部儒學之意亦甚明。格物者,實行家、國、天下之事,實有所事也。彼視宋明儒之言格物,衹是「以虛意參之」,非聖人之教。然非經驗所及者,豈可一概視之爲虛;而經驗所及者,又豈皆是實邪?

孟子實以良知理義爲性之第一義,以感官嗜欲爲性之第二義。此意自荀子以下多不清楚。是以漢儒言性,多屬告子一路。至宋儒則甚能辨析,於是道德理性得以充分發揚,血氣之私得以有效克制。而清儒於超越面之道德性多不能悟透,又僅以血氣之欲言性矣。東原盛發之以攻訐宋明儒之空言天理;芸臺附和之,更多引古義以支持其說。

芸臺有〈性命古訓〉一篇,雜引先秦儒家典籍言及性命之處申述之,以發揮其對性命之見解。芸臺曰:「性命之訓,起於後世者,且勿說之,先說其古者。古性命之訓雖多,而大旨相同。試先舉《尚書・召誥》、《孟子・盡心》二說以建首,可以明其餘矣。〈召誥〉曰:『節性,惟日其邁;王敬作所,不可不敬德。』又曰:『若生子,罔不在厥初生,自貽哲命。今天其命哲、命吉凶、命歷年。』又曰:『王其德之用,祈天永命。』按:〈召誥〉所謂命,即天命也。若子初生即祿命福極也。哲與愚、吉與凶、歷年長短,皆命也。哲愚授於天爲命,受於人爲性。君子祈命而節性,盡性而知命。故《孟子・盡心》,亦謂口、目、耳、鼻、四肢爲性。性中有味、色、聲、臭、安佚之欲,是以必當節之。古人但言節性,不言復性也。『王敬作所,不可不敬德』,即性之所以節也。」(《揅經室一集・卷十・性命古訓》,頁 191)〈召誥〉所言之性,實指血氣之欲。惟其爲血氣之欲,故須節;否則將致人欲橫流,自取滅亡。若是天地之性,則須率性、盡性,而不可以言節。芸臺乃將節性與盡性之兩種性同一視之,無異乎其不明復性之說,而必反對之矣。〈召誥〉雖未透顯內在道德性以爲成德之依據,但屢屢強調敬德,其中實有一超越的道德意識在。節性若欲行之有效,惟在敬德。節性就消極面說,敬德則就積極面說。

轉進一步，豈非即孔子所云之克己復禮，宋明儒所云之存天理、去人欲乎？當然，〈召誥〉意在由敬德以祈天永命，非如孔孟、宋明儒專就修身而言；但孔孟之道德智慧，不可謂無取資於此也。芸臺奈何祇看重節性，而不重敬德乎？次，哲愚、吉凶、歷年長短祇可說是受於天之命，而不可曰受於人之性；蓋此與耳、目、鼻、口之欲之爲性者是兩回事，芸臺又混一視之，足見其於以氣言之性與命之界分亦不甚明也。

芸臺既不知從體證道德本心以端正行爲言修德，乃轉就容貌威儀之恭敬無失處言之。芸臺曰：「古人但說威儀，而威儀乃爲性命之所關，乃包言行在內，言行即德之所以修也。」（《揅經室一集‧卷十‧性命古訓》，頁 195）又曰：「晉唐人言性命者，欲推之於身心最先之天。商周人言性命者，祇範之於容貌最近之地，所謂威儀也；……初未嘗求德行、言語於虛靜不易思索之境也。……《論語》曰：『君子不重，則不威，學則不固。』此與《詩》、《左傳》之大意，無豪釐之差。孔子之言，似未嘗推德行、言語、性命於虛靜不易思索之地也。」（《揅經室一集‧卷十‧性命古訓‧威儀說》，頁 197）從外在行爲表現之謹嚴或散漫可以推知內心之敬否，從而斷定此人之吉凶命祿，此《左傳》常用觀人之法也。外在之威儀實內在敬心之表現，想要威儀抑抑，仍須自敬心下功夫。「敬愼威儀，維民之則」（《詩‧大雅‧抑》；〈魯頌‧泮水〉）威儀豈可徒求之聲音笑貌間邪？及乎孔孟，對德行之修養有自覺之反省，乃實向心性本原處用功；大本既立，則形於外者自無不正矣。宋明儒更將孔孟心法推闡至極，使人直下見得本原，有所受用。商周人言性命，固「祇範之於容貌最近之地」，然安知其無內在精神之躍動邪？超言意境固「虛靜不易思索」，但豈是虛無縹緲者邪？不論魏、晉人之言老、莊，隋、唐人之言釋氏，宋明人之言孔、孟，各有特定之思想形態，安可等宋明儒於晉、唐人乎？芸臺對宋明儒學問根柢之所見，與東原如出一轍。

東原反對宋儒無欲、去人欲之說，以爲屛絕生理需求，非人情所能堪，芸臺亦以爲然。芸臺曰：「欲生於情，在性之內，不能言性內無欲。欲不是善惡之惡。天既生人以血氣心知，則不能無欲；惟佛氏始言絕欲。若天下人皆如佛氏絕欲，則舉世無生人，禽獸繁矣。此孟子所以說味、色、聲、臭、安佚爲性也。欲在有節，不可縱。若惟以靜明屬之於性，必使說性中本無欲而後快，則此經文明云性之欲也，欲固不能離性而自成爲欲也。」（《揅經室一集‧卷十‧性命古訓》，頁 206）欲在性之內，則此性祇是血氣之性，芸臺心

目中固無宋明儒所言天地之性也。宋明儒以天理或天性與人欲相對，可言性內無欲；但芸臺見不及此，故視此爲不通也。佛氏之絕欲，老莊之寡欲，宋明儒之去欲，其所謂欲，皆是具負面價值者，非是就生理需求言欲也。誠如芸臺所云，去生理需求，「則舉世無生人」，理學家豈不知之？「感於物而動，性之欲也」之性，祇是血氣心知，其非天地之性亦明矣。芸臺曰：「聖人治天下萬世，不別立法術，但以天下人情順逆敘而行之而已。」（《揅經室一集・卷一・釋順》，頁 23）此與東原視聖人治天下，在體民之情，由以反對宋儒違反人情之意同。

芸臺曰：「余講學不敢似學案立宗旨，惟知言性則溯始〈召誥〉之節性，迄於孟子之性善，不立空談，不生異說而已。性字之造於周召之前，從心則包仁、義、禮、智等在內，從生則包味、臭、聲、色等在內。是故周召之時，解性字樸實不亂，何也？字如此實造，事亦如此實講。周召知性命有欲，必須節之。節者，如有所節制，使不逾尺寸也。以節字制天下後世之性，此聖人萬世可行，得中庸之道也。《中庸》之『率性』，猶〈召誥〉之『節性』也。」（《揅經室再續集・卷一・節性齋主人小像跋》）此則借文字之構造說義理。性字從心從生，則仁、義、禮、智與味、臭、聲、色俱包在內。實則依芸臺，性字包味、臭、聲、色是實說，包仁、義、禮、智是虛說，不過附和孟子耳，此與東原同病。如是混雜之結果，將使天性、氣性之本質混淆不清，無異乎其將《中庸》「率性」之性與〈召誥〉「節性」之性混一視之矣。

芸臺以爲性字本義，已爲後人所亂，因作「塔性說」以明之。芸臺曰：「浮屠家說，有物焉具於人未生之初，虛靈圓淨、光明寂照，人受之以生；或爲嗜欲所昏，則必靜身、養心，而後復見其爲父母未生時本來面目。此何名耶？無得而稱也。……晉、宋、姚秦人翻譯者執此物，求之於中國經典內，有一『性』字，似乎相近。彼時經中性字縱不近，彼時典中性字已相近，于是取以當彼無得而稱之物。此譬如執臺字以當窣堵波而不別造塔字也。……然而與儒經尚無涉也。唐李習之以爲不然，曰：『吾儒家自有性道，不可入於二氏。』於是作〈復性書〉。其下筆之字，明是〈召誥〉、〈卷阿〉、《論語》、《孟子》從心從生之性字，其悟于心而著于書者，仍是浮屠家無得而稱之物。……嗚呼！是直以塔爲臺，口崇古臺，而心炫西塔；外用臺名，內用塔實也。是故翻譯者但以典中性字當佛經無得而稱之物，而唐人更以經中性字當之也。」（《揅經室續集・卷三・塔性說》，頁）以上大略意謂：佛經中所謂無得而稱之物，

譯者以道家典籍中性字當之,固可;但唐人以儒家性字當之,則不可矣;蓋經中性字與無得而稱之物分明異數也。夫儒家所言之性與佛家「無得而稱之物」不可同視,然也;不論是血氣之性或天命之性,皆非佛家所謂「無得而稱之物」者。但以爲唐宋人以性字當「無得而稱之物」,則非矣。李習之或宋明儒所謂「復性」、「天性」之性,皆就內在道德性言,性乃是實有者,亦是創生道德行爲之根源。而佛家所謂性,乃是空性,指如幻如化之緣起物之實相無相也。二者豈可混一視之?豈可因二者皆非經驗所及,遂視彼此無差別?性字在《孟子》、《易傳》、《中庸》中已賦予新義,奈何不之察,而必咎李習之與宋明儒所說之性不合古義邪?再者,道家所說之性,近於性字原義,而芸臺以爲近於佛家所謂「無得而稱」者,亦不合實情。且佛家「無得而稱之物」,方便借用性字以寄意,有何不可,惟須如實理解之耳。各家各性其性,不必相同,奈何衹許以生理欲求言性邪?東原以宋儒言理之所指得之佛老,芸臺以宋儒言性之所指得之釋氏;其義一也。

孔子以「愛人」答樊遲問仁(見《論語·顏淵》),此是仁字在孔子思想中最簡單直截之解釋。但仁是孔子之中心思想,其中含有無窮之義蘊,吾人必須通過孔子答弟子問仁之隨機指點處,方能把握仁之具體內容。單看「愛人」二字,可能作不切要之聯想。孟子以「惻隱之心」說仁,更以仁義內在說性善,確立內聖之學之弘規。而東原以生生之德言仁,落於形氣之生養上說,已是不切;芸臺更以漢注「相人偶」說仁,亦屬告子義外之倫。芸臺曰:「元竊謂詮解仁字,不必煩稱遠引,但舉《曾子·制言篇》,『人之相與也,譬如舟車然,相濟達也(己先則援之,彼先則推之),人非人不濟,馬非馬不走,(土非土不高),水非水不流』,及《中庸篇》:『仁者,人也』;鄭康成〈注〉『讀如相人偶之人』,數語足以明之矣。春秋時,孔門所謂仁也者,以此一人與彼一人相人偶,而盡其敬、禮、忠、恕等事之謂也。相人偶者,謂人之偶之也。凡仁,必於身所行者驗之而始見,亦必有二人而仁乃見。若一人閉戶齊居,瞑目靜坐,雖有德理在心,終不得指爲聖門所謂之仁矣。」(《揅經室一集·卷八·論語論仁論》,頁 157)夫遺世獨立固不得爲仁,仁與不仁,必在與人相交處始見。就此以言,芸臺之說,似亦有理。但若不先正思慮、存理義,無形中私欲乘之;於是相親非匿怨相交,即易變爲反目相仇。芸臺諒於道德實踐之艱難所感不深,是以言之易易也。

芸臺所謂仁,一言以蔽之,「相人偶」而已,能相人偶爲仁,不仁衹由不

相人偶耳。彼以爲此義可以貫通經典論仁之旨。芸臺於舉多處孔子言仁處加以解說後，繼之云：「其餘聖門論仁，以類推之，五十八章之旨有相合而無相戾者，即推之諸經，亦莫不相合而無相戾者。自博愛謂仁立說以來，歧中歧矣。吾固曰孔子之道當於實者、近者、庸者論之，則春秋時學問之道顯然大白於世，而不入於二氏之塗。吾但舉其是者，而非者自見，不必多其辭說也。」（《揅經室一集・卷八・論語論仁論》，頁 158）仁祇是道德本心之呈現，就此以言，孔子論仁，義旨固甚一貫；孟子言仁義，義旨亦甚一貫。其餘先秦典籍，如《詩》、《書》、《左傳》所云之仁，則義泛，未若孔孟自覺地就道德本心言仁之親切，焉可等同視之？韓退之以博愛言仁，較之「相人偶」近仁之本質，焉可謂「歧中歧」邪？「孔子之道，當於實者、近者、庸者論之」，然也；蓋聖人之道不遠人，聖人即在人之具體生活中指點仁道，使人自醒悟，並不刻意爲高深玄遠之論也。但若祇斤斤計較外在之威儀、相親，以爲如是方是實者、近者、庸者，而視直就心性用功，以清澈生命爲入於二氏，則非矣。此等禁忌，與東原無二致也。

然芸臺於「顏淵問仁」一章，及孟子仁義內在之說終不能釋懷，乃強爲之說云：「孔子恐學者爲仁，專待人而後並爲之，故收向內言。孟子曰『仁，內也』，即此說也。然收至視、聽、言、動，亦內之至矣。一部《論語》，孔子絕未嘗於不視、不聽、不言、不動處言仁也。」（《揅經室一集・卷八・論語論仁說》，頁 162）芸臺殆亦覺以「相人偶」言仁與孔孟之說似有隔，於是極力牽引孔孟以就己說，但究不能慊於人心。孔子未嘗於不視、不聽、不言、不動處言仁，但宋明儒亦何嘗如是？即使道理論到精微處，亦可曰不視、不聽，但此祇是寂然不動，而寂然不動必含感而遂通，豈槁木死灰之謂乎？

東原視宋儒以理爲如有物焉得於天而具於心，爲入於二氏，於是就事物之條理以言理。次仲不喜言理，而以禮易之。芸臺則以爲理由禮出，與次仲之觀點相近，亦與東原執實之意同。芸臺曰：「朱子中年講理，固已精實；晚年講禮，尤耐繁難。誠有見乎理必出于禮也。古今所以治天下者，禮也。五倫皆禮，教宜忠宜孝，即理也。然三代文質，損益甚多。且如殷尚白、周尚亦，使居周而有尚白者，若以非禮折之，則人不能爭；以非理折之，則不能無爭矣。故理必附乎禮以行，空言理，則可彼可此之邪說起矣。（《揅經室續集・卷三・書東莞陳氏學蔀通辯後》，頁 124）禮之制，必本乎人情之所安，不過有自覺與不自覺耳。基於天理仁心而制禮，禮乃無病；禮文隨時可易，

而天理仁心，則亙古如是也。就此以言理先而禮後，亦無不可。反宋明儒之清儒，一見宋明儒言理，便往二氏想；故非如東原僅就事物之條理言理，即如次仲、芸臺欲以禮代理也。其理由乃是理足以啓爭，禮足以止爭也。夫足以啓爭之理，正東原所說之意見，而非宋明儒所說之理也。

　　總之，芸臺實有自家之思理，所謂求之古訓者，不過是一種說理之巧妙手段耳。其反宋明儒之態度，雖不若東原直接攻訐之激烈，但每每溢乎言表也。

第五節　梁任公之附和

　　梁任公早年學於廣東學海堂，對於考證學者之治學方法贊佩備至。彼以清之考證學與漢之經學、隋唐之佛學、宋及明之理學相提並論，以爲四者乃「我國自秦以來，確能成爲時代思潮者」(《清代學術概論・一》，頁 1)，其它如魏晉玄學則不與焉。其所謂清之考證學係指以戴東原爲首之一系而言，此派學者實事求是，講求證據；任公以爲合乎科學精神，故特喜之。而對一味崇古，以爲「凡古必眞，凡漢皆好」(《清代學術概論・十》，頁 24)之惠系則頗有微詞。

　　惟任公雖重視宋明理學在我國思想史上之地位，卻沿襲考證學者之見，視理學爲陽儒陰釋者。任公曰：「唐代佛學極昌之後，宋儒探之，以建設一種『儒表佛裏』的新哲學，至明而全盛。此派新哲學，在歷史上有極大之價值，自無待言。顧吾輩所最不慊者，其一：既採取佛說而損益之，何可諱其所自出，而反加以醜詆？其二：所創新派既並非孔孟本來面目，何必附其名而淆其實？是故吾於宋明之學，認其獨到且有益之處確不少；但對於其建設表示之形式，不能曲恕。謂其既誣孔，且誣佛，而並以自誣也。」(《清代學術概論・三》，頁 7)任公此見，實東原之翻版，由此可見任公於東原爲知音，而於儒佛界分，與東原同其模糊。任公視潛邱之疏證《古文尙書》與東樵之辨明《易》圖爲思想之一大解放與革命(見《清代學術概論・五》，頁 12)，並視十六字心傳及借易圖所衍生之種種義理皆無價值而不探究之。不知考古是一事，而思想之創發又是一事。既曰宋儒之新哲學乃「儒表佛裏」，又曰其「在歷史上有極大之價值」，則其價值惟有歷史性，並無獨立性；宋明儒學惟有提供後人揭開其神祕面紗之研究價值耳。不獨此也，宋明儒乃犯任公所「最不慊」者之兩大過，此兩大過亦東原所不滿於宋儒者。宋明儒於儒佛一實一虛，

一入世一出世之判皦然明白，焉可因儒佛皆講形上學，遂視為同一？任公以為宋明儒學「獨到且有益之處確不少」，似較東原對宋明儒之態度為平允；但既已視理學為「儒表佛裏」矣，則其「獨到」處又安在哉？

東原自信其思想與孔孟合，而宋儒則不合孔孟，任公然之。任公曰：「我信東原決非假冒孔孟招牌的；他做學問的方針，每立一義，『必徵之古而靡不條貫，合諸道而不留餘議，鉅細畢究，本末兼察，乃敢自認為十分之見』（見〈與姚姬傳書〉）。我們按著他的話去讀《易經》、《論語》、《孟子》，處處都『渙然冰釋』；按著和他反對方面宋儒們的話去讀，便有許多扞隔矛盾；因此我們不能不承認他的話和孔孟同條共貫。」（《戴東原》，頁 18）任公亦知東原與宋儒學問之大別，在前者主智，後者主意。而孔孟立教，乃是以德為主，而智從之，亦即孔孟基本上仍是主意者。如是，以宋儒之說讀孔孟應較以東原之說讀之為契合，奈何竟曰宋儒於孔孟為扞隔，而東原於孔孟為順適乎？

任公以為宋明儒所言之理，「是先天的，超時間、空間的」（《戴東原》，頁 22），而東原所言之理乃「憑藉客觀的事物而始存在」（《戴東原》，頁 23），表面觀之，此言是也。但任公對「先天的，超時間、空間的」之理之具體內容恐不甚了了，是以附和東原而視宋明儒之說為意見也。任公曰：「他（東原）的意思以為他們（宋儒）既說有個理超乎事情以外，這種東西又沒有法拿出來給人看，只好是閉目冥想。況且依他們這種說法，那麼，這個理自然該是一個渾一體；無如客觀的事物，各自有各的理，渾一的話，到底說不過去。於是又拿理和心結合起來，說心裏頭本來包藏著種種的理，你的心包藏你主觀的理，我的心包藏我主觀的理，這不是各人的意見，是什麼？」（《戴東原》，頁 25）如是引申東原之說，完全契合，於此亦可見任公同東原，於朱子「心具眾理」及「統體一太極，物物一太極」之義全然陌生，因生誤解。先天的、超時空的理豈因「沒有法拿出來給人看」即無意義，即是「閉目冥想」者乎？豈必在經驗之範圍內始有真理可說？「心具眾理」之心豈有「你的心」與「我的心」之分乎？

任公以為「依他（東原）的見解，欲是中性的，說不上好壞」（《戴東原》，頁 26），誠然；蓋東原所謂欲，祇是生理需求，人所不能免，故是中性的。但又曰：「善惡本來不是絕對的；仁與不仁，像是兩極端，其實只是從一根線上發生出來。一個欲字，仁與不仁都要做根核，所以說是中性」（《戴東原》，頁 27）此言似是而非也。仁與不仁固可由欲之表現以見，但仁之所以為仁，實

基於神聖的意志，不基於欲。東原與任公之誤，在將仁與不仁表現之資具視作其根源，祇曰欲之無失便是仁，不知欲不能空頭地無失，要其無失，有賴意志之存主於中也。任公又曰：「儒教以人生爲立腳點，所以一切理義都建設在體人情、遂人欲上頭；佛老立腳點不同，他們主張無欲，可以自成片段。宋儒並不打算脫離人生，卻雜取佛老的話，主張無欲，便鬧成四不像了；所以東原要駁他。」（《戴東原》，頁27）儒釋道三教皆指向人生之終極理想，就此以言，皆是「以人生爲立腳點」，不過修養之工夫殊途而已。體人情、遂人欲豈足以盡儒家所謂理義邪？無欲之云豈是是佛老所專有，而儒家不與焉者？凡此，具見任公對宋明儒之理解，與東原相去不遠。

任公曰：「聖人教人，只要人的欲望行爲皆在合理的範圍內活動，所以只講無私，不講無欲。」（《戴東原》，頁27）；「東原所以重視情欲，不過對於宋儒之『非生活主義』而建設『生活主義』罷了。」（《戴東原》，頁28）宋儒曰無私，曰無欲，皆是在教人祛除生命中非理性之成分，而無欲之涵義實較無私爲廣，徒以無私與無欲判聖人與宋儒，有何意義？任公不過隨東原之云亦云耳。蕩滌生命中之昏暗渣滓，使天君泰然，胸懷坦蕩，最見生命之眞正價值，如此而謂之「非生活主義」，可乎？道德生活豈不在生活之範圍內，生活之內容豈祇限於遂欲達情而已乎？任公以爲東原哲學爲「情欲土義」（《戴東原》，頁26），此須有所檢別。東原並非主放縱情欲者，不過是看重情欲之不可無，並求情欲之不爽失也。

任公曰：「性善性惡，本來兩方面都持之有故，言之成理；贊成那方面，原可聽人自由。最不可解者，宋儒口口聲聲推尊孟子，但把他們的話綜合起來，倒反和荀子得同一的結論。東原是主張性善說的人，所以不得不和他們爭辯。」（《戴東原》，頁31）由是可見任公於性善性惡說祇看作一種學術主張，對二者之內涵實不詳悉，對孟荀境界之高下亦莫之知，故假「贊成那方面，原可聽人自由」以打圓場。宋儒以超越的形上之理言性，與荀子就生理本能言性者大異其趣，如何可說宋儒與荀子得同一結論？

孟子「口之於味也」（〈盡心下〉）一章，東原釋云：「謂猶云藉口于性耳，君子不藉口于性以逞其欲，不藉口于命之限之而不盡其材。」（《全集》，頁310）任公申之云：「雖有性而不藉口於性以抹煞命，是承認命定說，叫人安心在遺傳環境之下做分內事。雖有命而不藉口於命以抹煞性，是承認自由意志說，叫人常常向上一步實踐道德責任。」（《戴東原》，頁34～35）孟子「口之於味

也」云云衹表示吾人面對感官嗜欲時應有之態度，何嘗涉及「遺傳環境」？至於「仁之於父子也」云云，任公以爲孟子「承認自由意志」，是也，但所謂「自由意志」之確指爲何？任公恐未詳悉，卒乃處處步趨東原也。

《疏證》一書，爲東原思想之代表作，亦是攻擊宋明儒最激烈者，任公極稱賞之，曰：「《疏證》一書，字字精粹。……綜其內容，不外欲以『情感哲學』代『理性哲學』，就此點論之，乃與歐洲文藝復興時代之思潮之本質絕相類。蓋當時人心爲基督教絕對禁欲主義所束縛，痛苦無藝，既反乎人理，而又不敢違，乃相與作僞，而道德反掃地以盡。文藝復興之運動，乃採久關室之『希臘的情感主義』以藥之；一旦解放，文化轉一方向以進行，則蓬勃而莫能禦。戴震蓋確有見於此，其志願，確欲爲中國文化轉一新方向，其哲學之立腳點，眞可稱二千年一大翻案。其論尊卑順逆一段，實以平等精神作倫理學上一大革命。其斥宋儒之糅合儒、佛，雖辭帶含蓄，而意極嚴正，隨處發揮科學家求眞求是之精神，實三百年間最有價值之奇書也。」（《清代學術概論・十一》，頁30～31）此段最見任公於東原仰慕之忱。但所言盡其實否，不能無疑。歐洲之文藝復興，思想之解放運動也，自是學術趨於多元發展，文學、科學、藝術之成就皆斐然可觀，因以促成歐洲近代之文明。東原欲因辭以明道而作《疏證》，似是言而有徵，其實衹是以氣化宇宙論與自然人性論爲底子，特重知覺之功能。其說似稍可彰顯人類理智之一面，但其所重，仍在人倫庶物之間；不在窮究萬物曲折之相，是以未能成就自然科學之知識，至於文學與藝術更不用談矣。此與文藝復興時代思想之多頭發展相去甚遠，焉可類比之？東原之爲《疏證》，意在反宋明儒，使學脈回歸其心目中之孔孟，其初是否有「確欲爲中國文化轉一新方向」之志，亦難說。又東原論尊卑順逆一段，殆因當時社會有若干不合常情之事而發，且歸咎程朱之言理，並非一味講求「平等」也。曰此是「倫理學上一大革命」，東原諒不敢亦不願領受也。

第六節　胡適之之推崇

梁任公於東原隨聲附和，大力褒揚；胡適之於東原則略帶批判，有所取捨。東原特重心知之功能，適之視此爲改造中國哲學之基礎，特表彰之。東原在考證上用求眞求是之方法，與適之所得力之實證主義可以相通，適之視其爲科學方法，贊賞有加。惟於東原「天下同欲」之說，基於經驗事實，甚

不謂然。適之主智之立場，於《戴東原的哲學》一書中，表現極爲強烈。

宋明儒發揮孔孟內聖之學，固無論矣；清代學者，雖對儒學之眞精神無所把握，但亦往往託於孔孟以立說。習齋、東原、里堂、芸臺之流，彼等固視自家所言之義理合乎孔孟之旨也。任公傾慕東原，亦視東原爲合於孔孟也。此時之孔孟固已是告朔餼羊，但在此等學者心目中，畢竟仍有聖人在焉。及乎適之，則聖人之影子不見矣。彼實未見德性主體爲何，其所從事於典籍者，究實言之，亦考證學者之餘緒耳。

適之曰：「我們看告子『生之謂性』的話，便知古人說性字確沒有什麼深奧的意義，這個字越到後來越說的玄妙了。……『生之謂性』大概是這個字的本義，荀卿與董仲舒都用此意。孟子把仁、義、禮、智的種子（四端）都裝到性字裏去，那就是一種新界說了。……性字的玄學化其實起於孟子的性善說。」（《戴東原的哲學》，頁 114～115）適之以爲荀子、董仲舒之言性與告子同，乃取「生之謂性」之義，是也。但以爲孟子之言性，是一種新界說，則有不妥。蓋食色等生理需求是與生具來者，固可以言性；而仁、義、禮、智根於道德心，亦是我之所固有者，焉不可言性？孔子所謂仁，固是出於道德心，惟孔子尚未逕就此言性；及乎孟子，乃分明以仁、義、禮、智等我所固有之四端言性，此祇是凸顯道德本性耳，並非是一種新界說，亦非「把仁、義、禮、智的種子都裝到性字裏去」。適之惟如此看孟子之言性，故終生不解孟子也。其次，孟子以仁、義、禮、智爲吾之所固有，因言性善，乃是由自家之反身體證中得來，如何卻以「玄學化」視之？道德理性在吾人日常生活舉手投足間隨處皆可呈現，所謂道不遠人也，視之爲玄學，正見其不知道德之本質爲何也。

適之視宋明儒之說得之禪宗，此顯承清代從事漢學考證者之誤認。適之曰：「宋儒都不能完全脫離禪宗『明心見性』的觀念。陸王一派認心即是理，固不消說；程朱一派雖說『吾心之明莫不有知，而天下之物莫不有理』，然而他們主張『理即是性』，得之天而具於吾心，這和陸王的主張有何差異？至多我們只能說陸王一派說理是純粹的主觀的；程朱一派知道理在事物，同時又深信理在人心。程朱的格物說所以不能徹底，也正因爲他們對於理字不曾有徹底了解。他們常說『即物而窮其理』，然而他們同時又主張靜坐省察那喜怒哀樂未發之前的氣景。於是久而久之，那即物窮理的也就都變成內觀返視了。」（《戴東原的哲學》，頁 43）禪宗所明的是無執無染的清淨心，所見的是緣起

實相、本來無一物的空性。儒家所要盡的是能起道德創造的本心，所要證知的是作為道德創造實體的天命之性。同是言心言性，各有不同之指涉；如何曰程朱與陸王之說無異，並進而言宋儒不脫禪宗邪？比附宋明心性之學於禪，所從來久矣，適之祇是步趨之耳。

程朱主「性即理」，適之不之察，乃曰主「理即是性」。曰「性即理」乃是以理為主，視吾人形而上之天性即是太極理體也，此為東原所反對；而東原以為「若曰理即性也，斯協於孟子矣；不惟協於孟子，於《易》、《論語》靡不協矣」（《全集》，頁 341）蓋東原以血氣心知言性，視一切客觀之條理皆吾認知之所及也。東原以理即性反程朱之性即理，固無謂；而適之既許東原之言理，乃以東原所意可者視作程朱之主張，因反對之，可謂不審。就程朱所主之「性即理」與陸王所主之「心即理」以言，二者實代表儒家兩不同型態之義理系統。支離與見道之分，於焉以見，如何說二者的主張無所差異？

程朱所謂「吾心之明莫不有知」，其所謂心固是氣之靈，近乎荀子之認知心；但「心之明」之所知者，其極乃是事物超越的所以然之理。至於對客觀事物條理之認知乃是在窮理之過程中拖帶出來者。故程朱之言即物窮理乃是兩方面兼搭著說，但以性理為理之第一義，以事理、物理為理之第二義。豈可曰程朱「對於理字不曾有徹底的了解」也？陸王說理固可說是「純粹主觀」的，卻亦是絕對定然的，此當非適之所能解，其所謂「主觀」殆即東原所謂「意見」耳。

在程朱，居敬為窮理之必要條件，蓋所窮之理乃形而上的太極真體，非敬而無失，養得心氣靈明，未能把握之也。心靜理明，則言行皆有一必然之道德律則以引導之而不踰矩。適之不明乎此，以為惟事物分明之條理乃可當理之名耳，宜其視宋儒之居敬省察於窮理為不相干，因以宋儒於理字了解不徹底也。

適之曰：「宋儒之學，以天理為根本觀念。……於是這個人靜坐冥想出來的，也自命為天理；那個人讀書傅會出來的，也自命為天理，因此宋明的道學又稱為理學。」（《戴東原的哲學》，頁 39）前既云宋儒之言理也，得諸禪宗；今又以為宋儒所言之理，乃「靜坐冥想出來的」與「讀書傅會出來的」；然則禪之所以為禪，既是由人「靜坐冥想」出，又是由人「讀書傅會」出者乎？由是知適之於宋儒所契之天理與禪宗所證之空理之界分實甚模糊，不過附和東原以譏宋儒耳。

適之繼上復言宋明儒之影響云：「理學之運動，在歷史上有兩個方面。第一，是好的方面：學者提倡理性，以為人人可以體會天理，理附著於人性之中；雖貧富貴賤不同，而同為有理性的人，即是平等。這種學說深入人心，不知不覺地使個人的價值抬高，使個人覺得只要有理可說，富貴利祿都不足羨慕，威武刑戮都不足畏懼。……我們試看這八百年的政治史，便知道八百年裏的智識階級對政府的奮鬥，無一次不是揎著『理』字的大旗來和政府的威權作戰。……我們試想：程子、朱子是曾被禁錮的；方孝孺是滅族的；王陽明是廷杖後貶逐的；高攀龍是自殺的──就可以知道理學家在爭自由的奮鬥史上佔的重要地位了。」（《戴東原的哲學》，頁 39〜40）宋儒所謂天理，豈是生物學上所謂「理性」者乎？天理惟賴體證，豈是提倡所能為功，又體證天理乃道德修養之事，與政治學及社會學上所言之「平等」又有何干？天理若我之所固有，則惟視能否體現耳，能體現方能表現人的價值，徒騰口說何益？空想一個天理，豈真能提高個人之價值？欲不羨富貴，不懼威權，惟有循天理耳，豈是「只要有理可說」所能致也？「理性」、「天理」及「有理可說」之各「理」字，義各不同，宋儒言理，豈若是之歧也？足見適之把握不準宋儒所謂理之實旨，故閃爍其辭也。宋明儒憑道德勇氣以抗君王，無非要導正君心，福國利民，事出於不得已，豈有意挾理以與君王之威權作戰邪？其冒犯君顏與「爭自由」又有何干？豈可混以西人爭人權、爭自由之舉？由上可知，適之雖以為理學有「好的方面」，但按其實，全是語帶諷刺，誠不見其「好」處究何在也。

適之繼上云：「第二是壞的方面。理學家把他們冥想出來的臆說認為天理而強人服從。他們一面說存天理，一面又說去人欲。他們認人的情欲為仇敵，所以定下許多不近人情的禮教，用理來殺人、吃人。……八百年來，『理學先生』一個名詞竟成了不近人情的別名。理與勢戰時，理還可以得人的同情；而理與勢攜手時，勢力借理之名，行私利之實，理就成了勢力的護身符。那些負屈含冤的幼者弱者就無處伸訴了。八百年來，一個理字逐漸成了父母壓兒子、公婆壓媳婦、男子壓女子、君主壓百姓的唯一武器；漸漸造成了一個不人道、不近人情、沒有生氣的中國。」（《戴東原的哲學》，頁 40〜41）此等說法祇是踵東原之步武，而變本加厲耳。宋儒之所謂天理，乃是道德地定然的，豈是冥想可得？天理惟在自悟自證，豈能「強人服從」邪？「去人欲」即所以存天理，存天理即可以去人欲，兩者二而一者也：豈是在我處臆想出

一個天理，而在人處又要其去人欲邪？情與欲必求其表現順乎天理，此宋儒之教也。焉有「認人的情欲爲仇敵」者？存天理祇是一循於天理之所當然耳；禮教之殺人、吃人，正非天理也。道德修養之極致，乃情理之大諧和。如何有「不近人情」者？二、三百年來，中國之所以「沒有生氣」，是孰使之然哉？由是觀之，適之所謂理學「壞的方面」，無非誣枉過甚之辭耳。

以上爲適之對宋明儒之了解與評價，大體承東原之所見而附益之。茲再看適之對東原之理解。適之曰：「戴震在清儒中最特異的地方，就在他認清了考據、名物、訓詁不是最後的目的，只是一種『明道』的方法。他不甘心僅僅做個考據家，他要做個哲學家。」（《戴東原的哲學》，頁 20）適之據東原〈答鄭丈用牧書〉對東原作如是之了解，頗能發東原之心聲。

儒家傳統之哲學，道德哲學也。講道德哲學須挺立德性主體，講科學知識則須彰顯知性主體。今東原未能擺脫道德之影子，卻要用認知之方式說道德，於道德爲不相應，於知識又不能極成，故多糾纏。適之所要建設的哲學乃是「科學的致知窮理的中國哲學」，是亦於科學、哲學之界限分不清，與東原德、智混淆之病略同。

適之曰：「戴震的天道論，是一種自然主義。他從《周易》的〈繫辭傳〉入手，而〈繫辭傳〉的宇宙論實在是一種唯物的、自然的宇宙論。」（《戴東原的哲學》，頁 23）東原借《易傳》之言發揮其自然主義的天道論，是也；但其所發揮者是一事，而《易傳》之原義又是一事。《易傳》固亦言及陰陽氣化，但其宇宙乃德化之宇宙論，而非「唯物的、自然的宇宙論」也。

適之曰：「他用病作譬喻，說『人物之生，皆不病也』，這話是禁不起近世科學的證明的。分性與才爲二本，是錯的；戴氏說有是性便有是才，是不錯的。但『性善則才亦美』一句話也只有相對的眞實，而不可解作『凡性皆善，故才皆美』。宋儒說善由於性，而惡由於氣質，自然是不對的；但戴氏認血氣心知爲性，而又要說凡性皆善，那也是不能成立的。……戴氏的氣質一元的性論確是一種重要的貢獻，但他不肯拋棄那因襲的性善論，所以不免有漏洞了。」（《戴東原的哲學》，頁 34）以上頗能看出東原若干不合實情之說。適之不若任公一味附和東原，而以「科學的證明」看出東原之若干紕漏，有足取者。宋儒以理言之性，因非經驗所能檢證，故適之以東原之非宋儒「分性與才爲二本」爲然。而其所見之性同於東原所謂「血氣心知」者，故承認東原「有是性便有是才」之說。夫宋儒固體證得天性至善，但氣質則可流於

惡。天性之善，乃是定然的；而氣質之爲善爲惡則是不定的。天性與氣質屬上下二層次，並非平面對立者。此見適之以爲宋儒「說善由於性，而惡由於氣質」之理解爲不妥。血氣心知原是中性者，無善之可言；東原「終不肯拋棄因襲的性善論，所以不免有漏洞」，是也。但東原「氣質一元的性論」實是承告子、荀子、董仲舒一線而來，視之爲「一種重要的貢獻」亦是推崇過甚也。

適之曰：「他（東原）把情、欲、知三者一律平等看待，都看作『血氣心知之自然』。……他在那三者之中，又特別提出知識，特別讚美他『小之能盡美醜之極致，大之能盡是非之極致』。因爲有知，欲才得遂，情才得達；又因爲有知，人才能推己及人，才有道德可說。理想的道德是『使人之欲無不遂，使人之情無不達』。這是他的性論，他的心理學，也就是他的人生哲學。」（《戴東原的哲學》，頁 35）以上對於東原之理解頗爲貼切，亦能看出東原特別彰顯認知功能之用心；但卻不能對之作批判的考察。「推己及人」固須有知，但如何才能保證推己及人之必行，則非知所能竟全功也。

適之曰：「一貫還是從求知入手。求知並不僅是『多學而識之』；只是修養那心知之明，使他格外精進。一貫並不是認得那『渾然一理』，只是養成一個『泛應典當』，『權度事情無幾微爽失』的心知。這個心知到了聖知的地步，『取之左右逢其源』，『自無弗貫通』了。」（《戴東原的哲學》，頁 57）以上對《疏證》第四一條東原言一貫之理解，亦甚相應。夫修養那「心知之明」以「泛應曲當」，非朱子之說乎？不過東原、適之等未知朱子「渾然一理」之義蘊耳。

適之曰：「其實戴學最近於程伊川和朱子，同屬於致知窮理的學派，但程朱在當時都是從中古的宗教裏打了一個滾出來，所以不能完全脫離宗教的影響。……程朱在近世各學派之中，最能向於理智主義的一條路；不幸中古宗教的影響終使程朱不能徹地向這條路上走，終不能免去許多半宗教、半玄學的見解。戴學實在是程朱的嫡派，又是程朱的諍友。戴震大聲疾呼地指出這種半宗教的哲學，如主靜、主敬、主無欲、主理欲之辨，以至於主最後的豁然頓悟，都是中古宗教的遺傳，都是根本上與那致知窮理的哲學不相容的。致知窮理是純粹理智的態度。哲學若要徹底做到這種態度，應該把中古遺傳下來的種種半宗教的、半玄學的觀念，都掃除的乾乾淨淨。」（《戴東原的哲學》，頁 126～127）與陸王及其他宋儒相較，程朱固「傾向於理智主義」。但祇是有此傾向而已，程朱所念茲在茲者仍是在講道德，講存天理、去人欲，

致知窮理之最後目的在此。當平心理會其言致知窮理之內涵，客觀評斷其價值方是。然而依適之，致知窮理祇允許用「純粹理智主義的態度」——科學的理智主義的態度，而不許有其它。一看程朱關聯主靜、主敬等修養工夫講致知窮理，便說是「從中古的宗教裏打了一個滾出來」，視之為「不幸」，豈能盡其實？「敬而無失」（《論語・顏淵》）、「行篤敬」（《論語・衛靈公》）非孔門之教乎？如何一見敬字，便以為得之佛教？

東原主智之立場雖與程朱有相通處，但乏道德實踐之實功，焉可稱為程朱之嫡派？東原之於程朱，祇是誤解與誣枉，又安能為「程朱的諍友」邪？適之既已將世間種種罪過之源歸於程朱，而以東原為能伸張正義，為窮民請命矣，則程朱與東原乃水火不相容者。即東原自己之心願，亦要如孟子之拒楊墨以拒程朱，適之在此乃曰「戴學乃程朱之嫡派」，無乃自相矛盾乎？凡曰諍友，必有以見對方學行之非而導正之；東原之心願，乃在推倒程朱，而以自家之學直接孔孟，如何可算是「程朱的諍友」？然適之言此，亦非無故，殆以為二者「同屬致知窮理的學派」，遂以東原為程朱之嫡派矣；而東原能攻訐程朱言理之非，遂以東原為程朱之諍友矣。

東原以情之不爽失言理，里堂承之，因主旁通以情。適之則主智主義橫梗於心，以為此非東原之根本主張，並以里堂之說為非。適之曰：「『以情絜情』必須假定『一人之欲，天下人之同欲也』，這也近於認主觀的意見為理。我們曾指出這是戴氏偶爾因襲下來的說法，和他的根本主張頗有點不一致。……我們讀戴氏的書，應該牢記他的『以情絜情』之說與他的基本主張不很相容。若誤認『以情絜情』為他的根本主張，他的流弊必至於看輕那『求其輕重，析及毫芒，無有差謬』的求理方法，而別求『旁通以情』的世故方法。」（《戴東原的哲學》，頁 93）東原最反對程朱者，在視程朱以意見為理，而不顧「常情隱曲」，遂造成社會強凌弱、尊欺卑之現象，故必力求情之不爽失，以為情之不爽失即是理；而要求情之不爽失，惟有賴去私與去蔽之功。東原之用心所在，仍是在說道德；其所欲辨析之事物條理，仍偏重於人倫庶物方面。故「以情絜情」仍是東原的根本主張，而里堂則秉斯義而發揮之，非獨與東原不相牴觸，實乃順承東原而來；不過里堂主知主義之傾向較不顯耳。焉可謂東原之「絜情」與其根本主張不一致乎？由是觀之，適之於東原之理解實有憾焉。

里堂有〈性善解〉與〈良知說〉，以人之知覺之量大乎物言性善，與東原所見者同。適之則云：「焦循很佩服王陽明的哲學，根本上便和戴震不能相容。

他所以贊同戴震的性說,正因爲戴氏論性,以食、色爲性,與陽明學派最相近。但戴震論性,雖以食、色、知識爲起點,卻要人『由博學、審問、愼思、明辨、篤行,以擴而充之』,『至於辨察事情而準』,這種純粹理智的態度是與『良知』之學根本不同的,也是焦循不能了解的了。」(《戴東原的哲學》,頁89)曰「純粹理智的態度是與良知之學根本不同」,然也,蓋前者所重在知識,後者所重在意志;而曰里堂不解東原主智之態度,則未必然。里堂所見之性,固與東原所見居同一層次,故以食色言性,而以知量之廣大言性善,不過未如東原之特強調擴充心知之能以至於無所不知耳。又陽明自良知言性,性是形而上的、道德的,而告子以下及於東原、里堂等以食色言性,性乃是形而下的、中性的,二者根本是兩回事,而曰東原論性,「與陽明學派最相近」,豈非大謬?里堂雖亦贊許陽明之言良知,乃其所謂良知,祇是凡人之常情耳,與陽明就道德本心言良知,不啻天壤之隔,如是雖「佩服王陽明的哲學」,有何益哉?而其良知說,既立基於通情上,與東原之說不相違,焉可曰「根本上便和戴震不能相容」?凡此,具見適之於陽明爲不知,於里堂及東原之了解有不盡也。

適之於論及戴學的反響之前,對東原之學作總論,適之曰:「戴氏論性、論道、論情、論欲,也都是用格物窮理的方法,根據古訓作護符,根據經驗作底子,所以能摧破五六百年推崇的舊說,而建立他的新理學。戴震的哲學,從歷史上看來,可說是宋明理學的根本革命,也可以說是新理學的建設,——哲學的中興。」(《戴東原的哲學》,頁61)曰東原「根據古訓作護符,根據經驗作底子」,是也。東原實是基於經驗,建構自家之義理,以對抗程朱,古訓祇是其「護符」耳。東原以當時之學術地位,立說對抗程朱,頗有響應之者,但若曰「能摧破五六百年推崇的舊說」,則難免誇大。東原之學,實未能完全擺脫程朱之籠罩,但不見程朱之全貌耳。東原欲以其說取代程朱,而適之則以「宋明理學的根本革命」視之,亦是侈言。理學之所以爲理學,乃在其特能彰顯德性主體。而東原所稍能彰顯者,知性主體耳,此固不得曰理學;稱其爲新理學實乃用詞之不當 —— 猶亭林以經學爲理學,皆屬名詞使用之混淆也。東原之說,既不相應於道德之本質,又不能開啓文化之新機運,焉可贊之以「哲學的中興」?

第八章　學者對東原及其思想之批評

第一節　章實齋之褒貶

　　有清一代學者，除明季遺老顧、黃、王外，首推戴東原與章實齋。東原自考證起家；中年以後，並發展一套其所自得之義理；實齋則特具史識。東原自小便聰明顯露，而實齋則早歲神光蘊蓄，至二十一、二之後，始汪洋自恣。東原在官場雖不得志，但夙負盛名，終其身而不衰；考證爲當時學風所趨也。實齋雖亦結交京師名流，且成進士，但其學在當時不爲所重；是以生前之聲名，遠遜東原。東原著述生前已刊行多種，實齋之文史、校讎兩通義，則至道光十二年始得刊行；顯晦之異，於此可見。實齋與東原雖有過從，惟東原集中，未嘗言及實齋，則其眼中，實齋固無足輕重，亦不暇探究實齋之學。而實齋集中，屢屢論及東原，對於東原褒貶互見，則其深識東原可知。東原之所長，實在考訓，卻自說一套「義理」以反宋明儒；實齋則深知自家長短，臧否人物，亦多能持平，可謂知己知彼者也。

　　實齋曰：「吾於史學，蓋有天授，自信發凡起例，多爲後世開山，而人乃擬吾於劉知幾。不知劉言史法，吾言史意；劉議館局纂修，吾議一家著述；截然兩途，不相入也。至論學問文章，與一時通人全不相合。蓋時人以補苴襞績見長，考訂名物爲務，小學音畫爲名；吾於數者皆非所長，而甚知愛重，咨於善者而取法之，不強其所不能，必欲自爲著述以趨時尚，此吾善自度也。……如古文辭，近雖爲之者鮮，前人尙有爲者；至於史學義例、校讎心法，則皆前人從未言及，亦未有可以標著之名。」（《文史通義・外篇三・家

書二》，頁365）實齋視其所自得者，在「史學義例、較讎心法」；以爲己之所長，非劉知幾所能盡，可謂前無古人，「蓋有天授」，其自信之深可見。至於名物之考訂，則承認非其所長，但亦不否定當時學者在此方面之客觀成就。足見實齋器識之弘遠，包容之廣大。

實齋以爲人之性情各有所近，學問當因其性情所近而入，益之以功力，方能獨發清響，不落俗套。實齋曰：「夫學有天性焉，讀書服古之中，有入識最初而終身不可變易者是也；又有至情焉，讀書服古之中，有欣慨會心，而忽焉不知歌泣何從者是也。功力有餘而性情不足，未可謂學問也；性情自有而不以功力深入，所謂有美質而未學者也。」（《文史通義・內篇二・博約中》，頁 50～51）所謂性情，即先天之才氣，一成而不變者也；所謂功力，即後天之努力，隨用功之勤惰而所積有厚薄之異焉。徒用功力以追逐風氣而乏性情，最多祇是札錄之堆積耳，不可以言著述；徒恃性情而功力不深，亦不足以成學。實齋於此，暗指當日襞績補苴者，因學風所趨，競尚於此，多不足以言學問也。性情與功力對成學而言，似性情更居關鍵地位。

實齋以爲東原之學，出於朱子數傳之後；欲爲自家之學尋源頭，晚年乃作「浙東學術」，歸宗於梨洲，而上溯於陽明、象山。（見《文史通義・內篇二》）其實實齋於陸王之心學並不解，故以性情與功力說陽明之致良知。實齋曰：「或曰：子言學術功力必兼性情，爲學之方不立規矩；但今學者自認資之所近與力能勉者而施其功力，殆即王氏良知之遺意也。……答曰……王氏『致良知』之說，即孟子之遺言也。良知曰致，則固不遺功力矣。朱子欲人因所發而遂明，孟子所謂察識其端而擴充之，胥是道也。而世儒言學，輒以良知爲諱，無亦懲於末流之失，而謂宗旨果異於古所云乎！」（《文史通義・內篇二・博約中》，頁51～52）其所謂良知即本具之性情也，其所謂致良知，即因性情所在而用功也。此與孟子就愛親敬長、陽明就知是知非、知善知惡而言良知者，相去遠矣。

東原以宋儒之言理爲鑿空而大事攻訐，實齋亦不見程朱之學之眞貌，是以附會東原，視宋儒爲鑿空。實齋曰：「夫子之教，必使言行相顧；宋儒鑿空，說理解經，不能無失。而其所以不可及者，綱常倫教，不待名物象數而後明者，莫不躬行實踐以期於聖賢也。」（《文史通義・外篇三・答邵二雲書》，頁320）依是，似宋儒之得者，在躬行實踐綱常倫教；而其失者，在鑿空以說理解經。其對宋儒之態度，已較東原客氣矣。

至於程朱、陸王之同異問題，實齋既不見二者在心性觀點之基本差異，

由以衡定彼此境界之高下，乃以爲二者之分乃情勢上所不能免者。實齋曰：「子夏之門人問交於子張，治學分而師儒尊知以行聞；自非夫子，其勢不能不分也。高明沈潛之殊致，譬則寒暑晝夜，知其意者交相爲功，不知其意交相爲厲也。宋儒有朱、陸，千古不可合之同異，亦千古不可無之同異也。末流無識，爭相詬詈；與夫勉爲解紛，調停兩可：皆多事也。」（《文史通義・內篇二・朱陸》）象山高明亢爽似孟子，朱子沈潛篤實類荀子，實齋於朱、陸風格之品題，實有獨到處。但象山斥朱子爲支離，所據者何？豈是意氣用事，自我標榜？朱子疑象山近禪，果得其情乎？二者皆尊孟子，但畢竟孰得孟子之正傳，孰於孟子之理解有偏差，若能探個究竟，則朱、陸異同問題，即可得一恰當之裁斷矣。朱、陸之學有異，固爲歷史事實；但後人豈不能透過客觀之理解，將其歸位，見其所同與所異，而定主從之分？爭相詬詈或勉強調停固不足取，但批判地考察之，以定其分位價值，乃必要者。安可因其爲歷史事實，遂謂其同異爲千古不可無與不可合者乎？

　　實齋對程朱、陸王之形上學既不解，乃不就形上之實體以言道，而就文化之開展以見道，此與《中庸》、《易傳》及宋明儒之思路殊致，而近乎船山之觀點。實齋曰：「道者，非聖人智力之所能爲，皆其事勢自然，漸形漸著，不得已而出之，故曰天也。」（《文史通義・內篇二・原道上》，頁 35）依正宗儒家，道是萬化之源，亦是吾身之宰，而聖人則是道之體現者。聖人能體道，故仁義行焉；若無道之默運，則乾坤息矣：此道所以爲道德的創生實體也。而實齋則以爲道乃是事勢自然之彰著，文化開展之理勢，聖人祇是順此一自然之理勢而完成其時代使命，「不得已而出之」耳。

　　實齋曰：「後聖法前聖，非法前聖也，法其道之漸形而漸著者也。」（《文史通義・內篇二・原道上》，頁 36）如此言法，實不成其爲法，祇是順前人已有之成績再往前推進耳。此純就文化進展之觀點言法前聖，與就德慧人格之仰慕言法前聖者大異其趣。孟子之私淑孔子，宋明儒之尊仰孔孟，皆期於與前聖之精神相呼應、相感通，以成就理想完美之人格。實齋站在文化發展之觀點，於是對法前聖之義另作詮釋。

　　實齋曰：「聖人求道，道無可見，即眾人之不知其然而然，聖人所藉以見道者也。故不知其然而然，一陰一陽之跡也。學於聖人，斯爲賢人；學於賢人，斯爲君子；學於眾人，斯爲聖人。非眾可學也，求道必於一陰一陽之跡也。」（《文史通義・內篇二・原道上》，頁 36）一陰一陽之跡，是不知其然而

然者，而在眾人身上表現；此道之漸形而漸著者，非人之所能爲也，天也，是謂自然。聖人則因自然之勢而垂爲禮教文物，此即所謂「道無所爲而自然，聖人有所見而不得不然也」（《文史通義·內篇二·原道上》，頁 36）。如是，實齋心目中之聖人，祇是因時乘便，而爲文化開展中之代表人物，然非道德理想之典型者。東原就氣化之生生不息以言道，實齋則就文化之開展以見道，持論雖殊，但不就形上實體以言道，則一。

實齋之於東原，一方面對其博學多聞，致其欽佩之忱；一方面對其醜詆先賢，表其不滿之意。東原學術上之客觀成就，至今人人可見；乃其爲人，則往者已矣，其後學者又多爲之諱，舍短取長，是以後人不得盡知。實齋非東原同調，但與東原及其來往之人多所接觸，是以深知東原，其對東原之批評，或可使後人略見東原之爲人。

實齋於東原生前，作〈朱陸〉一文，前半篇在批評程朱、陸王末學者之鄙陋，後半篇即直攻東原，不過未明指耳。及東原歿後十餘年，乃有〈書朱陸篇後〉之作，除表明〈朱陸篇〉所攻擊之人物爲東原外，更就東原之「心術未醇」處詳發之。

實齋曰：「今人有薄朱氏之學者，即朱氏之數傳而後起者也。其與朱氏爲難，學百倍於陸王之末流，思更深於朱門之從學，充其所極，朱子不免先賢之畏後生矣。」（《文史通義·內篇二·朱陸》，頁56）依實齋觀之，陸王之末流空談心性，束書不觀，徒詆程朱爲支離，實不足取；程朱之從學多從事考訓名物，學求其是，有足取者，東原即屬此類，而思考更爲深入。東原乃朱子之數傳而後起者，卻菲薄朱子，以爲自家之學在朱子之上，可謂不知本矣。實齋曰：「生乎今世，因聞寧人、百詩之風，上溯古今作述，有以心知其意，此則通經服古之緒又嗣其音矣。無如其人慧過於識而氣蕩乎志，反爲朱子詬病焉，則亦忘其所自矣。」（《文史通義·內篇二·朱陸》，頁56）將東原畫歸寧人、百詩一流，視彼等皆屬通經服古之士，泛觀之，亦可。但其所通者偏於經典之詁訓名物耳，經義實多未發揮也。「慧過於識而氣蕩乎志」，即是天資聰明卻未窮本探源，精神外散而未能篤實貞定也，東原即是此等人。實齋曰：「蓋其所見能過前人者，慧有餘也，抑亦後起之智慮所應爾也；不知即是前人遺蘊者，識不足也。其初意未必遂，然其言足以懼一世之通人達士而從其井捽者，氣所蕩也；其後亦遂居之不疑者，志爲氣所動也。」（《文史通義·內篇二·朱陸》，頁57）東原於故訓考訂，有出前人之上者，此固其聰明過人

所致，但亦後出轉精之必然，原無足異，而東原乃以此譏前人之說未備，其識量之狹小可見。不獨此也，東原以己所長矜誇於朝士大夫之前，人莫不交譽之；東原遂自信己之學識實超乎前人之上，而洋洋自得。實齋以爲，此正志爲氣所動之徵，亦即東原精神意氣，全向外放，而無深沈含蘊之功也。

　　實齋以爲東原矜長飾短之方，甚是隱密，使人以爲天下之大，古今學者之眾，唯此一人耳。實齋曰：「古人著於竹帛，皆其宣於口耳之言也，言一成而人之觀者千百其意焉，故不免於有向而有背。今之點者則不然，以其所長有以動天下之知者矣；知其所短不可以欺也，則似有不屑焉。徙澤之蛇，且以小者神君焉。其遇可以知而不必且爲知者，則略其所長，以爲未可與言也；而又飾所短，以爲無所不能也。雷電以神之，鬼神以幽之，鍵篋以固之，標幟以市之，於是前無古人而後無來者矣。」（《文史通義・內篇二・朱陸》，頁57）東原之所長，考訓名物也；其所短，道德之踐履也。在同道之前，則炫所長而避所短；在初學者之前，對所長則閃爍其辭，令人以爲深不可測；對所短則盡量掩飾，令人以爲巍巍不可象，故實齋以之爲點。

　　東原之《疏證》晚出，實齋未及見，實齋所見，惟《原善》及若干零散篇章耳。但實齋習聞東原口詆程朱之言，是以覺其口筆不一致。實齋曰：「其人於朱子，既已飲水而忘源；及筆之於書，僅以微辭隱見耳，未敢居然斥之也，此其所以不見惡於眞知者也。而不必深知者，習聞口舌之間，肆然排詆而無忌憚，以謂是人而有是言，則朱子眞不可以不斥也。故趨其風者，未有不以攻朱爲能事也；非有惡於朱也，懼其不類於是人，即不得爲通人也」（《文史通義・內篇二・朱陸》，頁 57～58）。東原於朱子既已扞格不入，則其宣之於口，有不滿之氣，自不容已。夫足以左右一時學風者往往祇是一二人耳，其餘則隨聲附和，形成風氣。今一二左右風氣之人既口出是言，則庸碌之輩，安得不信之，此實齋之所長歎者也。實齋此於，並非爲朱子護法，但以爲「朱子之著於竹帛，即其宣於口耳之言，是表裏如一者」（《文史通義・內篇二・朱陸》，頁 58）。即此一點，朱子即勝於東原。實齋以爲表裏如一，乃學者應守之基本分寸，否則即流於點。但東原畢竟認爲徒騰口說，影響不大，是以至於《緒言》、《疏證》，即筆之於書，以攻伐朱子矣。《緒言》、《疏證》之筆伐多自理論下手，語氣尚稍緩和，不若實齋所云口誅之無忌憚也。

　　東原過世後十餘年，實齋有〈書朱陸篇後〉一文云：「戴君學問，深見古人大體，不愧一代鉅儒；而心術未醇，頗爲近日學者之患，故余作〈朱陸篇〉

正之。」（《文史通義‧內篇二‧書朱陸篇後》，頁 58）至此公開表示〈朱陸篇〉所云之點者即指東原。但實齋始終對東原之學問致其欽佩之忱，以爲東原「深見古人大體，不愧一代鉅儒」，是真不以人廢言矣。但平情而論，此兩句之褒揚亦太過，恐東原不足以當之。「古人之大體」一語，出《莊子‧天下篇》，「見古人之大體」乃指對道術通澈而言。東原所精者惟在訓詁名物，雖有自得之義理，但未見天道性命本源，如此而言其「深見古人大體」，實屬過譽。所謂「不愧一代鉅儒」，若以當時學風衡之，東原可以當之；但儒之所以爲儒，除學豐外，尤貴德備，東原既已「心術未醇」，如何可以「鉅儒」稱之，故知此二語若作爲實齋爲文時抑揚對比之言則可，以之實指東原則不無可議也。

實齋於東原之考訓義理悉稱之。同時學者大多看中其考訓成績，而忽視其言義理之作，然義理正東原所深自得意者。實齋曰：「凡戴君所學，深通訓詁，究於名物制度，而得其所以然，將以明道也。時人方貴博雅考訂，見其訓詁名物有合時好，以謂戴之絕詣在此。及戴著〈論性〉、《原善》諸篇，於天人理氣，實有發前人所未發者，時人則謂空說義理，可以無作，是固不知戴學者矣。」（《文史通義‧內篇二‧書朱陸篇後》，頁 58）此實能了解東原心願；並世學者及東原弟子，除洪榜外，無人了解東原如是之深。〔註 1〕就此以言，實齋可謂是東原之知音。時人以爲東原之絕詣在訓詁名物，此雖非東原爲學之終極目標；但於今觀之，東原在學術上之客觀成就，實在此處。實齋以爲東原「於天人理氣，實有發前人所未發者」，亦屬過譽。東原之思想，大抵可自荀子、朱子及東原前輩學者中尋得根源，非「發前人所未發」也。

實齋〈書朱陸篇後〉，一層深入一層，道盡東原之隱曲，最後言及其貶詆朱子處云：「戴君學術，實自朱子道問學而得之，故戒人以鑿空言理，其說深探本原，不可易矣。顧以訓詁名義，偶有出於朱子所不及者，因而醜詆朱子，至斥以悖謬，詆以妄作。且云：『自戴氏出，而朱子徽倖爲世所宗已五百年，其運亦當漸替。』此則謬妄甚矣。」（《文史通義‧內篇二‧書朱陸篇後》，頁 59）實齋既許東原批評朱子鑿空，復以爲東原立論，深探本原；則東原之義理，實齋始終許之可見。實齋所不滿於東原者，東原之爲人耳。東原果以訓詁名物醜詆

〔註 1〕 江藩《漢學師承記‧卷六‧洪榜》下載：「戴氏所作《孟子字義疏證》，當時讀者不能通其義，惟榜以爲功不在禹下，撰〈東原氏行狀〉，載〈與彭進士尺木書〉，笥河師見之，曰：『可不必載，戴氏可傳者不在此。』榜乃上書辯論……文曰……『頃承面喻，以狀中所載〈答彭進士書〉，可不必載。性與天道不可得聞，何圖更於程朱之外復有論說乎，戴氏所可傳者不在此』。」（頁 100）

－264－

朱子，則是虛矜太甚；然學者果無克己自反之功，難免有自炫自誇之病也。所引東原欲代朱子地位爲儒宗之說，在《疏證》中顯然可見其意。

實齋經細密觀察後，發現東原隨對象之異，而有不同之言說態度。實齋曰：「大約戴氏生平口談，約有三種：與中朝顯官負重望者，則多依違其說，閃出己意，必度其人所可解者，略見鋒穎，不肯竟其辭也。與及門之士，則授業解惑，實有資益。與欽風慕名而未能遽受教者，則多爲恍惚無據，玄之又玄，使人無可捉摸，而疑天疑命，終莫能定。」（《文史通義·內篇二·書朱陸篇後》，頁60）與朝中顯貴言略見鋒穎者，貴人一言之褒重於九鼎也；與及門之士言不敢隱藏者，欲天下英才出我門下也；與欽風慕名者言故作玄微者，使人莫測高深，彌增仰慕也。

實齋雖附和東原之言宋儒鑿空，但對宋儒踐履之篤，則甚贊佩，以東原輕蔑宋儒之踐履爲不可。實齋曰：「戴譏躬行實踐，釋、老所同，非儒者之所以自異。然則戴之踐履，遠遜宋人，乃其所以求異釋、老耶？是則闢釋、老者，固便於言是行非者也，此則戴之癥結。」（《文史通義·外篇三·答邵二雲書》）又曰：「宋儒於同志中所見有歧，輒以釋、老相爲詆毀，此正宋人之病。戴氏力闢宋人，而自度踐履萬不能及，乃併詆其躬行實踐，以爲釋、老所同。是宋儒流弊，尚恐有僞君子；而戴亦反，直甘爲眞小人矣。」（《文史通義·外篇三·與史餘村》，頁323）同是踐履，儒與釋、道三家有不同之型態，與其形上學相一致。朱子疑象山爲禪，固是朱子見有未及；東原逕視陸王爲禪，而視程朱亦得之佛老，則是隔閡太甚。東原在〈與某書〉中，以爲宋儒雖躬行實踐，但不得事情之原委隱曲，足以貽害天下後世，其失與釋老同，是以非之也；並非舉凡躬行實踐之事皆否定之，以求自異於釋老與程朱也。否則東原去私、重禮之云又何說，實齋於東原鄙薄踐履之非難，誠屬過當。

實齋以史學名家，形上思惟非其所長，但由於與東原頗有接觸，故擇若干其論及東原處，以見東原「心術」之一斑。

第二節 方植之之駁斥

章實齋雖鄙東原心術未醇，但對考證學者之博雅及其客觀之學術成就則不敢輕忽。及方植之，則一面倒向程朱；以爲程朱之學，繼孔孟之後，集諸儒之大成。彼對於考證學者流於猥瑣，張皇自是，排擠程朱者，深惡痛絕，

力斥其謬。植之嘗授經芸臺幕下,對當時漢學考證家之著作言論,蒐羅頗備;故能列舉詆訶程朱、反對性理之言,一一駁斥。當時不滿漢學考證者不乏,但著專書以攻之者,惟植之耳。東原著《孟子字義疏證》攻程朱,植之則著《漢學商兌》護程朱,適成鮮明對比。而植之意氣之激昂、辭鋒之犀利,較之東原,更勝一籌。

植之曰:「竊以孔子沒後,千五百餘歲,經義學脈,至宋儒講辨,始得聖人之眞。平心而論,程朱數子廓清之功,實爲晚周以來一大治。」(《漢學商兌・序例》) 又曰:「蓋孔孟之道,至伊雒而始得其傳;而伊雒之學,至朱氏而始無餘蘊。」(《漢學商兌・卷上》,頁 7~8) 儒家所以異於佛老之根本處在形上學。而欲進入形上學之領域,又非有超卓之慧解不可。植之雖能見得宋儒在儒學發展上之重要地位,但對儒家形上學之解悟程度不能令人無疑,此由其一味稱許程朱,對於其餘諸大家如橫渠、明道等甚少提及可見。彼又承朱子之說,指象山爲禪;對於陽明,則攻其爲妄。同是宋儒,伊川、朱子之說與濂溪、橫渠、明道、五峰、象山之說有根本差異處,畢竟何者爲儒學之正宗,何者有歧出,此則非植之識見所及也。朱子爲伊川功臣,伊川之說,經朱子之分解皆告明確。植之所謂伊雒,實以伊川括明道;而朱子又可以括伊川。程朱並稱,所重者在朱子也;知朱子則知伊川矣。植之所謂「伊雒之學,至朱氏而始無餘蘊」,足見其對朱子景仰之深。植之曰:「余平生觀書,不喜異說。少時亦嘗泛濫百家,惟于朱子之言有獨契,覺其言言當於人心,無毫髮不合,直與孔、曾、思、孟無二。以觀他家,皆不能無疑滯焉!」(《書林揚觶,頁 39》) 由是觀之,植之特喜朱子,以爲朱子「與孔、曾、思、孟無二」;除朱子外,植之「以觀他家,皆不能無疑滯焉」。然則他家之學,如明道、橫渠、象山之倫,果皆不合孔、曾、思、孟乎?

植之曰:「及至宋代,程、朱諸子出,始因其文字,以求聖人之心,而有以得於其精蘊之際,語之無疵,行之無弊,然後周公、孔子之眞體大用,如撥雲霧而睹日月。由今而論漢儒、宋儒之功,並爲先聖所攸賴,有精粗而無軒輊,蓋時代使然也。」又曰:「吾嘗譬之,經者良苗也,漢儒者農夫之勤菑畬者也;耕而耘之,以殖其禾稼。宋儒者,穫而舂之,蒸而食之,以資其性命,養其軀體,益其精神也。」(《漢學商兌・重序》) 以上說明漢儒、宋儒對於經典,各有不同之時代任務。漢儒蒐補遺經,訓詁字句,以保存文化遺產,功不可沒;但經典之精蘊,經宋儒之弘揚,始得而明,否則雖經典具在,於

道德性命，又有何關？宋儒之功，絕不在漢儒之下，於是可見。而漢學家乃一味否定宋儒，非見識鄙陋，即矜勝好名，斷然矣！此植之所以不能已於言者。其肯定宋儒之功勞及其在文化上之地位，有足取者；但以爲宋儒所闡發之精微，乃「周公、孔子之眞體大用」，則言下不能無病。蓋周公祇是周文之創制垂則者，此一方面非宋儒所特重；宋儒盡心力推闡者，孔孟道德性命之學耳；就義理之發皇言，當孔孟並稱，而不當周孔並稱。

　　植之總括漢學家六蔽云：「其一力破理字，首以窮理爲厲禁，此最詿道害教。其二考之不實，謂程朱空言窮理，啓後學空疏之陋；不知程朱教人，固未嘗廢注疏，而如周、程諸子所發明聖意經旨，迥非漢儒所及，固不得以是傲之也。……其三則由於忌程、朱理學之名，及《宋史・道學》之傳。其四則畏程、朱檢身，動繩以理法，不若漢儒不修小節，不矜細行，得以寬便其私。……其五則奈何不下腹中數卷書，及其新慧小辨，不知是爲駁雜細碎、迂晦不安，乃大儒所棄餘而不屑有之者也。其六見世科舉俗士，空疏者眾，貪於難能可貴之名，欲以加少爲多，臨深爲高也。」（《漢學商兌・卷下》，頁148～149）以上所述，詞氣嚴苛，毫不留情，斯固《商兌》一貫之風格；但亦深中漢學考證者之病。然須知，漢學家既視程、朱言理爲鑿空，故力破之；但並非不言理，特其所言之理乃虛者，而非如程、朱以理爲形而上之至實者。至若言漢學家忌程、朱之名，欲與之爭地位，恐亦事實，觀實齋之〈朱陸〉一文可見一斑。漢學家誠欲透過文字之詁訓以解說義理，但缺乏慧思，非經由歸納方法作成似是非之結論，如阮芸臺；即將義理拘於自己所已成之思考模式中，如戴東原。以之視宋儒心性精微之論，遂覺其空疏迂闊而無價值，欲以自己所建立之一套代之也。再者，宋儒重在義理之發揮，名物、訓詁祇是理解文字之具耳；而漢學家以其具體之考證成績自矜，視宋儒所重不在此，乃進一步曰宋儒廢注疏，不知名物度數，空言無根，甚且曰宋儒語言文字不之知矣。有意無意之間，均在貶抑宋儒也。

　　漢學家祇注重名物之考索，文字之詁訓，而其所謂義理，對身心性命之修養，無多大助益；一般而言，其持身多不如宋儒，植之因病之云：「夫漢學家既深忌痛疾義理之學墮禪，申嚴厲禁，以行事易之，是自爲一大宗旨門戶矣。而夷考其人，居身制行，類皆未見德言之相顧也。是其視講經本與躬行判而爲二，固不必與其言相應，原無意於求眞得。是但務立說，與宋儒爭勝耳。竊嘗謂爲學而能墮於禪，此雖爲聖學之害，然大段已是上乘人物；若其

餘，則皆溺於貨色，忿欲私曲，邪佞者眾也。」(《漢學商兌・卷中之上》，頁68)此謂漢學家言行之不相顧。漢學家有將儒家典籍作為純知識探求對象之傾向，將聖賢論及道德性命之言，亦假古訓質實地理解之。其方法愈周密，其離聖賢之道愈遠。植之視漢學家「無意於求真得」，恐非漢學家之本懷。但以為漢學家「類皆未見德言之相顧」，則是漢學家學問性格使然也。「痛疾義理之學墮禪」，而「以行事易之」者，顯指阮芸臺之流而言。

次，植之既視陸王墮禪，但以為與漢學家相較，則其制行多可觀，「大段已是上乘人物」，不過未如程朱之達最上乘耳。陸王既「大段已是上乘人物」，何不細考其所以然者，乃籠統加之以禪，視如探湯？至於言漢學家「皆溺於貨色，忿欲私曲，邪佞者眾」，恐亦是過激之言。漢學家固有寡廉鮮恥、脅肩諂笑、驕矜自是者，但並未「載胥及溺」也。

植之對東原之批評，著重在東原對義理與訓詁之基本觀點；至於東原「空所依傍」而自得之義理，多未及之。蓋《商兌》原在大關節處非漢學家，護程朱，而不在對理論細微部分詳多辨析也。植之引東原〈答惠定宇先生授經圖〉，前後並加數句東原時人對訓詁、義理之偏見後，即分數方面加以駁斥。

植之曰：「漢學家昧於小學、大學之分，混小學於大學，以為不當歧而二之，非也。故白首著書，畢生盡力，止以名物訓詁、典章制度小學之事成名立身，用以當大人之學之究竟，絕不復求明新至善之止，痛斥義理性道之教，不知本末也。」(《漢學商兌・卷中之下》，頁86～87)漢學家以為故訓既明，則足以通經矣，於是競相從事文字之訓詁、典制之考索，一往不返，無暇顧及經典大義。其中較為高明之士，如東原等，似有意衝破此藩籬，但其基本觀點既已深植胸中，牢不可破，卒不能發揚奮越，祇能表現一些理智之光耳。然又自信太過，以為得聖學之實；對於宋儒之遺著，既無所領會，遂籠統歸之佛老矣。植之對於「明新至善之止」理解至何程度，且不必論，但以上所言，卻深中漢學家之病。

植之曰：「訓詁不得義理之真，致誤解古經，實多有之。若不以義理為之主，則彼所謂訓詁者，安可恃以無差謬也。……主義理者，斷無有舍經廢訓詁之事；主訓詁者，實不能皆當於義理。何以明之？蓋義理有時實有在語言文字之外者。」(《漢學商兌・卷中之下》，頁87)訓詁祇是通乎義理之初階，欲真正通乎義理，貴在心悟。此殆植之所謂「義理有時實有在語言文字之外者」之意。把握經典義理之大要後，對於某一關係重要之字眼在經中之確義，

乃能真有所解。徒恃故訓，往往泛而不切，此殆植之所謂「主訓詁者，實不能皆當於義理」之意。植之於此，道盡漢學家專重訓詁之病。

植之曰：「至若古聖賢義理，即存乎典章制度，則試詰以經典所載，曰欽、曰明、明安、曰恭、曰讓……凡諸義理，皆關修、齊、治、平之大，實不必存乎典章制度，豈皆為異端邪說與？」（《漢學商兌・卷中之下》，頁89）東原以為古聖賢之義理，即存乎典制，然其作《原善》、《疏證》，顯非依據典制以言義理，則又何說？再者，植之所列《尚書》中各目，悉顯然明白，不待考訓，但視人能否心領神會，躬行實踐耳。

東原〈答彭進士書〉有云：「程、朱以理為如有物焉，得於天而具於心，啟天下後世人人憑在己之意見而執之曰理，以禍斯民，更淆以無欲之說，於得理益遠，於執其意見益堅，而禍斯民益烈。豈理禍斯民哉，不自知為意見。離人情而求諸心之所具，安得不以心之意見當之？」（《全集》，頁329）又〈與段玉裁書〉云：「使去欲而後一於理，是古賢人聖人體民之情、遂民之欲皆非也。……蓋昔人斥之為意見，今人以不出於私即謂之理，由是以意見殺人，咸自信為理矣。」（《全集》，頁13）以上二書皆東原去世前半年內之作品，惟是反覆表明程朱存理去欲說之害耳。

植之於節引以上二書後，即駁之云：「按程、朱以己之意見不出於私乃為合乎天理，其義至精、至正、至明，何謂以意見殺人？如戴氏所申，當體民之情，遂民之欲，亦必民之情欲不出於私，合乎天理而後可。若不問理，而於民之情欲，一切體之遂之，是為得理，此大亂之道也。程朱所以大有功於聖道者，政以其認理最真，辨理最精，而惟恐學者誤植意見以為理也。所以能紹孔孟之傳，而有大功於世，政在此。今戴氏反即以其所精辨者而轉誣之，於其所用功而全力欲講去之者，而轉謂不當去。諸家著書，紛然祖述，益推而衍之，以蔑理為宗。此所謂讒說殄行，震驚朕師者也。」（《漢學商兌・卷中之上》，頁42）植之以為程朱主去人欲，乃能合天理，析理至精；而東原以人欲為不當去，則是大悖。但植之不見東原所謂「人欲」之義，猶東原不解程朱所謂「人欲」之旨也。且東原所謂「體民之情，遂民之欲」一義，自不可非，蓋此是執政者所當戮力者，否則窮民將無所措手足。東原之謬，在誤認政治原則為道德原則也。植之見不及此，復移道德原則於政治原則之上，則其失與東原等。

植之曰：「程朱所嚴辨理欲，指人主及學人心術邪正言之，乃最喫緊本務，

與民情同然好惡之欲迥別。今移彼混此，妄援立說，謂當通其欲，不當繩之以理。言理則爲以意見殺人，此亙古未有之異端邪說。」（《漢學商兑·卷中之上》，頁44）此處又似能分別東原與程朱所謂「欲」之異義矣。又以爲東原「移此混彼」，是也。但視程朱所謂理欲指「人主及學人心術邪正言之」，則範圍又嫌太隘。存天理，去人欲乃道德實踐之基本原則，爲人人所當遵循者，何必限於人主與學人乎？所謂「心術邪正」亦不能盡括理欲之內涵也。再者，「與民情同然好惡」祇是就民情好惡之一般趨向而言，亦與東原所謂「人欲」之內容不盡相同也。

東原〈與某書〉云：「君子或出或處，可以不見用，用必措天下於治安。宋已來儒者，以己之見硬坐爲古賢聖立言之意，而語言文字實未之知；其於天下之事，以己所謂理強斷行之，而事情原委隱曲，實未能得，是以大道失而行事乖。……而天下受其咎，其誰之咎？不知者且以躬行實踐之儒，歸焉不疑。夫躬行實踐，勸善懲惡，釋氏之教亦爾也。君子何以必闢之？孟子闢楊墨，退之闢釋老，當其時，孔墨並稱，尊楊墨、尊釋老者或曰：是聖人也，是正道也，吾所尊而守者，躬行實踐，勸善懲惡，救人心，贊治化，天下尊之，帝王尊之之人也。然則君子何以闢之哉？愚人睹其功，不知其害，君子深知其害故也。」（《全集》，頁1100）東原以爲宋儒不知語言文字，並非說宋儒不讀書識字，否則是大悖謬；其意當是：宋儒不知語言文字之正確詁訓耳。其實宋儒並非不之知，乃是對義理系統中占重要地位之某些字眼之理解異乎東原耳。再者，曰宋儒不得事情之原委隱曲，並非指宋儒於世事不究其詳，而是指宋儒空言理，騁意見，而不重人情也。此自是東原欲凸顯自家絜情之說而云然，其實宋儒何嘗不知人情？就躬行實踐言，果能「救人心，贊治化」，即應承認其價值，何必硬以楊墨佛老罪之？楊墨之道乃事實上不可行者，孟子既已非之矣。而佛老若亦有「救人心，贊治化」之功，即當思其所以然，奈何一概揮斥之？何況宋儒之躬行實踐，本質上即與佛老異者乎？以「躬行實踐」、「救人心，贊治化」爲非，然則何者爲是乎？東原之爲此言，乃是站在「重行必先重知」之基本觀點上所發之詖辭。

植之引上一段文字後，即駁之云：「按爲論披猖至此，肆無忌憚，至乃謂程朱語言文字未之知，事理原委未能得，致大道失而行事乖，天下受其咎，與楊墨佛老同罪。凡尊信程朱者，皆愚人不睹其害；惟獨漢學君子，深知而憂之，故力闢之不容已如此。竊以爲程朱以前，上溯晚周，其道失行乖與否，

天下受咎與否，固與程朱無與。若程朱以後，元明以來，何道之失，何行之乖，天下所受何咎，是爲程朱所致？事跡昭然，生民共睹，歷歷求之，一字不讕。此眞無實不祥之言也。夫躬行君子，孔子所求，今並此黜之，謂不足貴，則天下尚安有白黑也？」(《漢學商兌·卷中之上》，頁44～45) 植之此斥，直是痛快淋漓，但對東原作此「披猖」言論之心理背景恐未之知也。

實齋嘗引東原自言將代朱子正統地位，植之亦謂東原意在代朱子之統。植之曰：「後來戴氏等，日益浸熾，其聰明博辨，既足以自恣；而聲華氣焰，又足以聳動一世，於是遂欲移程朱而代其統矣。一時如吳中、徽、歙、金壇、揚州數十餘家，益相煽和，則皆其衍法之導師，傳法之沙彌也。」(《漢學商兌·卷下》，頁161) 東原以其在當時學術上之地位而反程朱，影響之深，概可想見；植之以護朱之赤忱駁之，對東原及一班漢學考證者不啻當頭棒喝。但植之實非深知朱子者，其對東原之批評，亦不若實齋客觀；且於東原《疏證》之義理，亦未有同情之理解也。

第三節　彭允初之非難

彭允初兼涉程朱、陸王之學，惟於朱、陸及《中庸》、《易傳》所代表之形上學間之異同未能辨析，對孔孟立教之綱維亦未深造自得，既不能歸於程朱或陸王，亦不能自開新局。中年以後，歸依佛門，良有以也。

允初嘗閱東原之《原善》與《疏證》，以所見不合，乃有〈與戴東原書〉以質疑之，兼示己意。但允初於東原實未有同情之理解，祇一味與東原相左，是以不能予東原任何啓示。而東原所持經驗立場既已深固，自不易被動搖，於是東原乃在去世前一月抱病作〈答彭進士書〉，極力強調陸王同於佛老，而程朱則陽儒陰釋，並申自家之說合於孔孟。凡此，悉《疏證》所屢言者，故此書可視作具體而微之《疏證》。以下專就允初之書剖析之。

允初曰：「竊謂學問之道，莫切於審善惡之幾，嚴誠僞之辨。善惡之幾審，則能日進于善，而終止于至善；而善者，一天道之日新而已矣。誠僞之辨嚴，則能日進于誠，而終于至誠無息；至誠者，一天命之不已而已矣。天命不外乎人心，天道不外乎人事，是故離人而言天，不可也，是二書之所極論也。其或外徇于形名，內錮於意見，分別追求，役役焉執筌蹄爲至道，而日遠乎無聲無臭之本然。不知天，其何以知人？是故外天而言人，不可也。程伯子

云：『天人本無二，不必言合。』一語之下，全體洞然，殆二書所未及察也。」
（《二林居集·卷三·與戴東原書》）「審善惡之幾」即《易傳》所謂知幾，「知
幾其神乎」（《易·繫辭下》），知幾則能化解惡意，滋長善端。「嚴誠偽之辨」
即《易傳》所謂存誠，《中庸》所謂「誠之」，閑邪乃能存誠，存誠則德性之
光「溥博淵泉，而時出之」。允初以為知幾能「日進于善，而終止于至善」，
存誠能「日進于誠，而終于至誠無息」，是也。但須知二者皆是內聖工夫之要，
亦是心性精微之理，須就人道說，而允初乃落於天道之日新與天命之不已說，
則不切。曰「天命不外乎人心，天道不外乎人事」，亦是；但以為此是《原善》、
《疏證》「二書之所極論」，則非。蓋東原並未涉及形上學，祇在感性與知性
之範圍內立說，此允初未能盡解東原處。

　　至言東原「外徇於形名」，是也。蓋東原立說，原基於經驗，此非東原之
所忌，乃其所許也。而曰東原「內錮於意見」，則東原必不許，蓋東原以為基
於經驗所立之論，乃最客觀者，並以宋儒之言理為出於意見也。此等處，允
初正須辨示之，否則以錮於意見譏東原，必遭東原之反譏也。至於「日遠乎
無聲無臭之本然」，乃東原之最得意處，以此難之，非但不足以服東原，且將
招致東原更大之反駁。允初以「外天而言人」為不可，東原亦可承認，但東
原所見之天，祇是氣化自然之天，非允初所意謂無聲無息、形而上之天也；
故此亦不足以難東原。明道所謂「天人本無二，不必言合」（《二程遺書·卷
第六》），是在圓教下渾融地說者，非常人所易致，而允初乃以為明道「一語
之下，全體洞然」，亦言之太快。

　　允初曰：「《原善》之言天命也，引《記》云：『分于道謂之命。』解之曰：
『限于所分曰命。』此恐不足盡《中庸》天命之義。《中庸》之言天命也，言
『上天之載』而已，此上不容有加。若有加，何以云至？『維天之命，於穆
不已』。天之所以為天，無去來，亦無內外。人之性于命也亦然。昭昭之天，
即無窮之天，孰得而分之？命有自分，即性有所限，其可率之以為道邪？率
有限之性以為道，遂能位天地、育萬物邪？」以上是有關天命之詰難。「於穆
不已」的「維天之命」祇是一亙古長存、默然而運的生化源頭耳。此處所謂
命，雖可以「無去來，亦無內外」言之，但不足以表示其健動義。「天命之謂
性」，自天地言之，曰天命，落於個體言之曰性。天命與性乃本質地為一者。
允初以為二者不可得而分，是也。如此所說之命，乃是就形上之天道言之，
無限制義。除此之外，一般言命，皆有限制義。東原以為命有定限，故性有

不同。依東原所見天人之層次，如此言性、命乃必然者。允初不知東原立論之基礎，祇一味以自家之思理否定之，宜東原之不服也。

允初曰：「虛寂之文見于〈大傳〉。《易·咸》之〈象〉曰：『君子以虛受人。』〈大傳〉曰：『寂然不動，感而遂通天下之故。』不虛則不能受，不寂則不能通。清明在躬，志氣如神，虛寂之謂也。今謂犬之性、牛之性，當其氣無乖亂，莫不沖虛自然，則亦言之易矣。人于無事時，非有定力，不入于昏，則流于散，而況犬牛乎？」《易傳》所謂虛，乃就祛除辟執偏見而言；所謂寂，乃就寧靜貞定而言。有此甚深微妙之心地工夫，方能含容廣大，感應靈通也。允初以「清明在躬，志氣如神」言虛寂，固可，但未盡其致。此等造境非東原所能及，故僅就血氣之未動言虛寂；因視犬牛之氣無乖亂爲沖虛自然，並以爲此即宋明儒所造之境，則惑矣。允初以爲「人於無事時，不入於昏，即流於散」，足見其於凝斂貞定之工夫有所體驗。

允初曰：「（東原）又曰：『老莊尙無欲，君子尙無蔽。』似亦未盡。無欲則誠，誠則明；無蔽則明，明則誠，未有誠而不明，明而不誠者也。其謂君子之欲也，使一于道義。夫一于道義，則無欲矣。程伯子云：『天地之常，（以其）心普萬物而無心；聖人之常，（以其）情順萬事而無情。故君子之學莫若廓然而大公，物來而順應。』無欲之旨蓋在于是。固非必杜耳目、絕心慮而後乃爲無欲也。」「老莊尙無欲」，是也；但其所謂無欲，惟是不執著，順自然耳。於是能淵渟虛靜，洞察事變，如是則無蔽矣。而東原所謂無欲，祇是斷絕生理需求耳。「君子尙無蔽」，是也，但君子所尙之無蔽，偏就揭然有存，不陷溺其心言，如是則不爲聲色名利所引，非即無欲乎？而東原所謂無蔽，祇是認知之不謬耳。徒言無欲與無蔽，實不足以別儒道二家也。允初以爲無欲則誠，無蔽則明，誠明相涵，是也；但不知東原所謂無欲、無蔽之意，祇曰東原之言「未盡」，實不足以解其惑也。東原所謂「君子之欲也，使一于道義」，是說君子對於生理需求，皆能使之合乎節度而不踰分；但不能無生理需求也。允初所謂「一於道義，則無欲矣」，是說若能順乎天理以行，則無貪邪之事矣。對於欲之取義不同，無異乎二者格格不入也。明道「天地之常」云云，是說天地於萬物，莫不化育之而不偏私；聖人於萬事，莫不順應之而不拘執也。此等「廓然大公」、「峻極於天」之大德，非大而化之之聖人，其孰能之？而允初以此化境說明無欲，可謂不切。

允初曰：「《疏證》以朱子『復其初』之云本莊周書而訾之。以爲德性資

于學問，進而聖智，非復其初，明矣。是謂德性不足以盡道，必以學問加之，則德性亦不足尊矣。夫學問非有加于德性也，蘄有以盡乎其量而已，盡乎其量則聖智矣。故曰：『堯舜，性之也；湯武，反之也。』性之者，明其無所加也；反之者，復其初之謂也。」東原以認知之無差謬言德，此於道德本質為不相應；但就東原學問之性格而言，乃必至於此也。允初知儒家所重在成德，是也。但以為學問祇在充德性之量，非有加於德性，則不無可議。蓋儒家並非祇重德性邊，視知識為其附庸；儒家祇是以成德為優位，但並不輕忽知識也。東原以智統德，固非；允初以德統智，亦未見其是。「堯舜性之」，自誠明也，此是堯舜聖資之天縱，故能自然由仁義行也。「湯武反之」，自明誠也，反身而誠，雖須用工夫，但乾乾不息，及其成功，與性之者無異也。允初以為性之是「無所加」，反之是「復其初」，是也。而東原必以「復其初」為得之莊周書而非之，則過矣。且「復」自是工夫字，《易傳》多用之，儒道兩家所復之初不同，安能混一視之？允初於此等處，誠應進一步辯而示之也。

允初曰：「（東原）又以老莊、釋氏之自貴其神，而轉以訾夫張、朱二子。夫神之為言，不始於老莊、釋氏。《易‧大傳》曰：『神無方而易无體。』又曰：『神也者，妙萬物而為言者也。』何謂邪？謂不當以神與形為二本；二之，非也。將先形而後神，而不知神之無可先也。」《易傳》所謂神乃是妙運萬物，使之生生不息之動原體。神固不離乎物，但神亦非物。允初所謂「不當以神與形為二本」及「神無可先」，皆屬有見。但對《易傳》、老莊及東原所言之神之義分，似未能詳審也。

允初曰：「合觀二書之旨，所痛攻力闢者，尤在『以理為如有物焉，得于天具于心』，謂涉于二氏。先儒語病則不無；然外心以求理，陽明王子已明斥其非矣。」朱子固曰「性是天生成許多道理」；「性便是心之所有之理，心便是理之所會之地」；「性者心之理」（《朱子語類‧卷五》）但並不曰「理為如有物焉」，東原實考之不詳，奈何允初亦視之為「先儒語病」？即使曰理乃「得於天而具於心」者，須知此是何種具法。允初知陽明斥朱子「外心以求理」，恐不知其所以然也。

允初曰：「將欲避真宰真空之說，謂離物無則，離形色無天性；以之破執可也，據為定論，則實有未盡。以鄙意言之，離則無物，離天性無形色。何也？物譬之方員，則譬之規矩，未有舍規矩而為方員者也；舍規矩而為方員，則無方員矣。形色譬之波，性譬之水，未有舍水而求波者也；舍水而求波，

則無波矣。」東原基於經驗，故必主有物乃有則，有形色乃有天性，而視老釋所言之眞宰眞空爲神識。允初以形而上者爲首出，故以爲有則乃有物，有天性有乃形色，並以規矩與方圓及水與波之關係喻之。惟二喻實有別。規矩之於方圓，近乎柏拉圖理型與實物之關係，二者乃可分者；而水與波之關係則異乎此。蓋波之體在水，水之動成波，二者乃不可分者，熊十力先生即以波水之關係言體用。但朱子所謂理，祇是萬物超越的所以然，其與萬物之關係，與規矩之於方圓及水之於波之關係皆不類。允初僅以其混雜之形上觀念以非難東原基於經驗諸說，不獨不足以解東原之蔽，反遭東原溺於佛老之譏，於是東原自信益堅，乃有〈答彭進士書〉之作也。

第四節　程魚門、翁覃溪及姚姬傳之批評

除以上三人外，其餘學者如程魚門、翁覃溪及姚姬傳等多依附程朱，批評東原。此輩學者，在其遺著中，涉及東原處並不多；在論理方面，亦多粗疏，茲略述於下。

程魚門曰：「近代一二儒家，又以爲程朱之學，禪學也。人之爲人，情而已矣。聖人之教人也，順乎情而已。宋儒尊性而卑情，即二氏之術。其理愈高，其論愈嚴，而其不近人情愈甚；雖曰攻二氏，而實則身陷其中而不覺。嗟乎！爲斯說者，徒以便己之私，而不知其大禍仁義又在釋老上矣！夫所謂情者，何也，使喜怒哀樂發皆中節，則依然情之本乎性者也。如吾情有不得已者，順之，勿抑之，則嗜欲橫決，非始於情之不得已乎？」(《勉行堂文集・正學論三》)東原直以陸王爲禪，而以程朱之言理得諸佛老之空無，祇是陽儒陰釋，並不逕以程朱爲禪也。東原以爲聖人治人，使民之欲無不遂、民之情無不達，然後民能免於罪戾，並以情之不爽失言理，並非教人放縱情欲也。魚門以爲吾人之情須本乎性，使其發而中節，不可縱情，至於漫無節制，是也。但以爲東原之說，將致「嗜欲橫決」，則非矣；東原亦主以禮節欲也。東原之蔽，在不見道德之獨立性與莊嚴性耳。

翁覃溪一則對東原之考證成績頗表贊許，以爲宋儒輕忽字書，流於空談；一則以程朱性即理之說爲然，而不滿東原專以事物之條分縷析言理。殆有意兼取二者之長而去其短；及其至也，乃視朱子、東原所言之理無二致，反成混淆矣。

　　覃溪有〈理說——駁戴震作〉云：「近日休寧戴震，一生畢力於名物象數之學，博且勤矣，實亦考訂之一端耳。乃其人不甘以考訂爲事，而欲談性道，以立異於程朱；就其大要，則言理力詆宋儒，以謂理是密察條析之謂，非性道統挈之謂，反目朱子『性即理也』之訓，謂入於釋老眞宰眞空之說。」（《復初齋文集・卷七》）名物象數之學乃東原用力最多者，覃溪之云是也。談性道而立異於程朱亦未可非，但須看是否合乎孔孟耳。程朱所言之理是性道統挈之謂，而非釋老之所謂眞空眞宰者，如是了解亦不誤。

　　覃溪以爲《疏證》說理「反覆駁詰牽繞」（《復初齋文集・卷七》）其實若詳按之，東原不過依附經典，以己意曲解之耳，其思理固甚一貫也。覃溪曰：「惟其中最顯者，引經二處，請略申之。一引《易》曰：『易簡而天下之理得矣，天下之理得，而成位乎其中矣。』試問〈繫辭傳〉此二語，非即性道統挈之理字乎？成位乎其中者，謂易道也，則人之性即理無疑者也。對上賢人之德、賢人之業，則此句理字，以人所具性道統挈言之，更無疑也。此處正承天地定位而言易之成位乎其中，豈暇遽以凡事之膵理、條理言耶？此不待辨而明者也。」（《復初齋文集・卷七》）就《易傳》觀之，「易簡而天下之理得，天下之理得，而成位乎其中矣。」（〈繫辭上〉）乃順「乾以易知，坤以簡能」（同上）說下來所作之結論。理字當是「理則」之義，言見天下萬物皆有其理則，故皆得其位也。而朱子承伊川所云「性即理」之理乃太極眞體，二理字一實一虛，焉可混一視之？因上有「賢人之德」、「賢人之業」，便說此理即「性道統挈」之意，徒臆想耳。東原以此理即事物之條理，固泛；覃溪以此理即性理之理，亦未見其是。

　　覃溪曰：「（東原）再則又引〈樂記〉『天理滅矣』。〈樂記〉曰：『人生而靜，天之性也；感於物而動，性之欲也。物至知知，然後好惡形焉。好惡無節於內，知誘於外，不能反躬，天理滅矣。』此句天理對下人欲，則天理即上所云『天之性也』，正是『性即理』之義。」（《復初齋文集・卷七》）東原引〈樂記〉之文，以說明人之血氣不能常保其靜，湛然無失，而必動，動又不能反躬而思其情，往往賊人以逞欲，而喪其待人的「自然之分理」。故人必須以我之情，絜人之情，而得其平也。〈樂記〉天理、人欲對言，乃具價值斷定之辭語。惟「天之性也」，則可上下其講，東原將性說成血氣之性，亦可。覃溪則因下文有「天理」，遂說上文「天之性」亦指此；實未必然。又視二者「正是性即理之義」，亦強爲之說耳。

覃溪曰：「夫理者，徹上徹下之謂，性道統挈之理，即密察條析之理，無二義也。義理之理，即文理、肌理、腠理之理，無二義也。其見於事，治玉治骨之理，即理官理獄，無二義也。事理之理，即析理、整理之理，無二義也。假如專以在事在物之條析名曰理，而性道統挈處無此理之名，則《易·繫傳》『易簡而天下之理得矣』，〈樂記〉『天理滅矣』，即此二文先不可通矣，吾故曰：戴震文理未通也。」（《復初齋文集·卷七》）如此看理字，眞是「文理未通」。夫理字義各有當，焉可混一視之？東原雖執己見而非程朱，尚得理之一義，如覃溪之說，直成大混亂矣。條理與性理，肌理與義理，如何無二義？理玉與理官之理，義亦有別，亦不可謂之無二義也。事理與整理之理，一爲名詞，一爲動詞；謂之無二義，可乎？欲以性道統挈言理，遂反對東原專以事物之條理言理，至於泯除理字之各義分，奚可哉？然覃溪既已列出理字之各種用法，知其不能否定理字有各種義分，不過強爲之說耳。

覃溪於〈理說〉後有附錄——〈與程魚門平錢戴二君議論舊艸〉云：「擇石謂東原破碎大道，擇石蓋不知考訂之學，此不能折服東原也。詁訓名物，豈可目爲破碎，學者正宜細究考訂詁訓，然後能講義理也。宋儒恃其義理明白，遂輕忽《爾雅》、《說文》，不幾漸流於空談耶？況宋儒每有執後世文字習用之義，輒定爲詁訓者，是尤蔑古之弊，大不可也。……東原固精且勤矣，然其曰聖人之道，必由典制名物得之，此亦偶就一二事言之可也，若綜諸經之義，試問《周易》卦爻象象、乘承比應之義，謂必由典制名物以見之，可乎？」（《復初齋文集·卷七》）以上所謂「細究考訂訓詁，然後能講義理」，所謂宋儒「輕忽《爾雅》、《說文》」，「流於空談」之云，亦沿襲東原之說耳。宋儒用文字之引申義說義理，亦是文化發展上可容許者，何必固執古義而後可？誠如覃溪所言，性道統挈豈理之古義乎？東原以爲古賢聖之理義即存乎典章制度，此自是東原偏曲之見，不合實情，覃溪之質問是也。

姚姬傳爲桐城古文之集大成者。東原〈與方希原書〉曰：「古今學問之途，其大致有三：或事於理義，或事於制數，或事於文章。」（《全集》，頁1101）姬傳亦曰：「天下學問之事，有義理、文章、考證三者之分，異趨而同爲不可廢。」（《惜抱軒全集·文集·卷七·復秦小峴書》，頁80）國學領域之三分自此始。三者相較，戴、姚似皆以義理爲最高，〔註2〕但東原所成就者在考證，

〔註2〕章實齋引東原之言曰：「余於訓詁、聲韻、天象、地理四者，如肩輿之隸也；余所明道，則乘輿之大人也；當世號爲通人，僅堪與余隸通寒溫耳。」（《文

姬傳所成就者在文章，皆不在義理。姬傳曰：「義理、考證、辭章不可偏廢，必義理爲質，而後文辭有所附，考據有所歸。」（《清儒學案‧卷八十八，惜抱學案上‧姚先生鼐》，頁 1555）雖然，姬傳畢竟以辭章見長也。

亭林以爲明之亡也，由於士大夫言心言性，不務實功，姬傳則以爲明祚所以能久延，正由於講學之效，二者適成鮮明對比。姬傳曰：「宋之時，眞儒乃得聖人之旨，群經略有定說。元、明守之，著爲功令，當明佚君、亂政屢作，士大夫維持綱紀，明守節義，使明久而後亡，其宋儒論學之效哉！」（《惜抱軒全集‧文集‧卷七‧贈錢獻之序》，頁 84）其心目中所謂宋時之眞儒，當以朱子爲代表，蓋元明著爲功令者，正取朱子《四書集註》也。明季朝綱紊亂，賴若干朝士秉節撐持；姬傳之見，實較亭林平允。惟明中葉後，王學頗盛，節義之士，多有出王門者，未可盡歸功於宋儒也。

姬傳曰：「自秦漢以來，諸儒說經者多矣，其合與離，固非一途。逮宋程朱出，實於古人精深之旨，所得爲多；而其審求文辭往復之情，亦更爲曲當，非如古儒者之拙滯而不協於情也。而其生平修己立德，又實足以踐行其所言，而爲後世之所嚮慕，故元、明以來，皆以其學取士。利祿之途一開，爲其學者以爲進趨富貴而已；其言有失，猶奉而不敢稍違之，其得亦不知其所以爲得也：斯固數百年以來學者之陋習也。然今世學者，乃思一切矯之，以專宗漢學爲至，以攻駁程朱爲能，倡於一二專己好名之人，而相率而效者，因大爲學術之害。夫漢人之爲言，非無有善於宋而當從者也；然苟大小之不分，精麤之弗別，是則今之爲學者之陋，且有勝於往者爲時文之士守一先生之說而失於隘者矣。博聞強識，以助宋君子之所遺，則可也；以將跨越宋君子，則不可也。」（《惜抱軒全集‧文集‧卷六‧復蔣松如書》，頁 73）程、朱持身謹嚴，義理精深，世所周知；但姬傳以爲其在經典文句辭氣之推求方面亦較前人周到，則其於程、朱仰慕之情，更勝常品矣。但對利祿之徒食而不化，則不敢苟同，而主張應知所採擇，足見姬傳並非盲目尊朱者。以爲漢學家有見於爲時文者之淺陋，乃歸罪於程、朱，則又矯枉過正，而爲學術之大害。就考據與義理言，雖不可厚彼薄此，但二者畢竟有精粗之分。今漢學家乃取其粗而遺其精，立身制行無所宗，反不如爲時文之士，雖失之隘，尚能仰程、

史通義‧內篇二‧書朱陸篇後》，頁 58）又段玉裁〈東原文集序〉引東原之言曰：「六書、九數等事如轎夫然，所以昇轎中人也；以六書、九數等事盡我，是猶誤認轎夫爲轎中人也。」（《戴東原先生全集》，頁 995）

朱之遺風，不致放肆也。「百行法程朱」，乃桐城素來所標榜，是以視漢學家之醜詆程朱爲大不可也。

　　在當時，倡駁程朱，使漢學家相率而效的「一二專己好名之人」爲誰乎？姬傳於〈程綿莊文集序〉云：「今觀綿莊之立言，可謂好學深思、博聞強識者矣；而顧惜其好非議程朱。蓋其始厭惡科舉之學，而疑世之尊程朱者，皆束於功令，未必果當於道。及其久，意見益偏，不復能深思熟玩於程朱之言，而其辭遂流於蔽陷之過而不自知。近世如休寧戴東原，其才本超越乎流俗，而及其爲論之僻，則更有甚於流俗者。」（《惜抱軒全集・文後集・卷一》，頁206～207）由此可知，姬傳所謂一二專己好名之人，即指綿莊、東原之倫。而綿莊之聲名固不若東原，亦不若東原有反程朱之專著。則姬傳所深痛於漢學考證者，當以東原爲代表矣。

第九章　結　論

　　經由以上各章之探討，吾人可得以下之結論：

　　一、明末王學極盛之後，學者對天道、心性之體悟趨於執實，儒家理想主義之精神逐漸消失。以氣爲首出，視理爲依氣而有，理因而失其爲形上實體之地位。步步下轉，至乎東原，乃視質氣爲實體實事之名，可以指實；而理則爲純美精好之名，不可指實，祇能虛以會之於心。

　　二、宋儒嚴分天地之性與氣質之性，至乎明清之際，學者多祇重氣質之性；等而下者，遂祇見有氣質之性，而不見有天地之性。以爲宋明儒自超越的道德層言心言性者，皆得之佛老，更不深究其實蘊，東原乃其中之代表人物。於是所見之孔孟非眞孔孟矣。

　　三、東原對道、對理之了解，與顏、李極接近；其性善、氣質本善之說，亦與乾初、習齋之觀點相去不遠。足見東原之言理、言道、言性，實有所本，非全出於個人之深思自得。但顏、李尚實行，而東原則以「重行不先重知」爲非聖學，其主智之傾向甚顯；就此以言，東原之心思近乎荀子、朱子。至於孔孟之道德智慧、生命方向，則非東原所能把握，不過假孔孟之言以寄意耳。

　　四、陸、王以本心所自定之方向言理，理是超越的，即存有即活動的，此即孟子所說「理義之悅我心」之理，心是本心，理與心乃本質地爲一者。程、朱所說之理雖亦是超越的，但祇是心知認知地管攝之者，祇存有而不活動，理與心析而爲二，此已偏離孟子之本旨。東原所說之理則祇是經驗事物之條理耳。東原雖曰血氣心知自然全乎理義，究實言之，理實在心外之客觀事物之中，而爲吾人之心知認知地了別之者。祇因心知有認知理義之能，遂

曰血氣心知自然全乎理義矣。

五、朱子透過道問學之方式以講聖學，雖不親切，但仍肯定一超越之形上實體，以為品節言行之終極依據。東原既無逆覺體證之實功，又無形上哲思，乃將理、道、心、性皆往下拖。其經由心知了知事為之條理以求言行不謬之方，實由程朱格物窮理之說轉來；以慎之於言動未發之端言慎獨，復有取於程朱居敬之義。特東原不自覺，乃一往反對程朱之說也。

六、東原以情之不爽失即理，以遂欲達情即是道德之至，此非情欲主義，實對尊生保命有一終極關懷。此義，聖人亦不悖之；但以為聖人之道止於此，則非。就人我相與之際言，期望吾情之必不爽失，期望由我之遂其欲，推之以遂人之欲，如何而可能，東原無法解答。如此步步逼問，非肯定吾人有一超越的道德本心不可。可見道德行為祇能歸依本心良知，而不可求之客觀之事為。東原視客觀之事為皆有必然不易之則，實有乖聖教也。

七、東原以為佛、老、告子之思想無異，皆離棄形軀，嚮慕空無與自然；陸、王援儒入釋，祇是佛、老之翻版；程朱則盜取佛老空無之所指者以言理，理與意見相合，違逆人情以禍生民；其餘宋明諸儒之形上思理亦得之佛老，皆極力詆斥之。如是，「遂使儒、佛、老、莊混然一途」（《正蒙·太和》），堵絕人類高明之哲思，卒致其所主張之遂欲達情亦無以實現。

八、除清初前代遺老外，有清一代學者，較能獨立思考以言義理者，首推戴東原。其後反對之者，固不能秉先秦正宗儒家之形上學導正之；贊成之者，亦不能逃於東原所立之義。學者心思質實，道德主體無以挺立，祇能表現某些理智之光，不見有能別開生面、宏揚聖教之真儒。此殆牟先生所以言「講中國學問，講到明朝以後，就毫無興趣」之故也。

九、聖教所以能「立千年之人極」，足以「救人心，贊治化」者，即在其肯定人人有一超越的本心良知，足以興發道德之行。吾人實可經由道德實踐之工夫，體證本心良知之至實不虛。把握此一玄珠，吾人即揭然有所存，足以成己成物。此是生民族類所以能相親相愛，人類文化所以能緝熙光大之終極依據。吾人若以孔子為聖證之典型，以孟子學為聖教之血脈，則透過陸王以回歸孔孟方是聖學之正途。以聖教之本質衡之，理智主義與通情之說皆屬不徹底之見也。

參考書目舉要

1. 《周易》，藝文印書館，十三經注疏本。
2. 《尚書》，藝文印書館，十三經注疏本。
3. 《詩經》，藝文印書館，十三經注疏本。
4. 《左傳》，藝文印書館，十三經注疏本。
5. 《禮記》，藝文印書館，十三經注疏本。
6. 《論語》，藝文印書館，十三經注疏本。
7. 《孟子》，藝文印書館，十三經注疏本。
8. 《爾雅》，藝文印書館，十三經注疏本。
9. 《大戴禮記》，臺灣商務印書館，四部叢刊經部。
10. 《四書集註》，宋・朱熹，立文出版社，民國61年元月出版。
11. 《老子周易王弼注校釋》，魏・王弼注；民國・樓宇烈校釋，華正書局，民國70年9月初版。
12. 《莊子集釋》，清・郭慶藩輯，河洛圖書出版社，民國63年3月臺影印一版。
13. 《荀子集解》，清・王先謙集解，藝文印書館，民國66年2月四版。
14. 《春秋繁露義證》，漢・董仲舒著；清・蘇輿義證，河洛圖書出版社，民國63年3月臺影印一版。
15. 《世說新語》，南朝宋・劉義慶，大方書局，民國62年4月出版。
16. 《三國志》，晉・陳壽，鼎文書局，民國72年9月二版。
17. 《說文解字注》，漢・許慎著；清・段玉裁注，漢京文化事業有限公司，民國69年3月初版。
18. 《人物志》，魏・劉劭，臺灣中華書局，民國72年12月臺七版。

19. 《金剛經》，鳩摩羅什譯，新文豐出版社影印大正原版大藏經。

20. 《中論》，龍樹著；鳩摩羅什譯，新文豐出版社影印大正原版大藏經。

21. 《六祖壇經箋註》，唐·惠能著；清·丁福保箋註，觀世音佛經印送會。

22. 《五燈會元》，宋·普濟，文津出版社，民國 75 年 5 月出版。

23. 《周子全書》，宋·周敦頤，臺灣商務印書館，民國 67 年 9 月臺一版。

24. 《張載集》，宋·張載，里仁書局，民國 68 年 12 月。

25. 《二程集》，宋·程顥、程頤，里仁書局，民國 71 年 3 月。

26. 《朱子語類》，宋·朱熹著，黎靖德編，文津出版社，民國 75 年 12 月出版。

27. 《朱子文集》，宋·朱熹，中華書局，四部備要。

28. 《近思錄》，宋·朱熹纂集；清·江永集註，廣文書局，民國 61 年 10 月再版。

29. 《陸九淵集》，宋·陸九淵，里仁書局，民國 70 年 11 月。

30. 《王陽明全集》，明·王守仁，考正書局，民國 61 年 5 月三版。

31. 《王龍溪語錄》，明·王畿，廣文書局，民國 66 年 7 月再版。

32. 《盱壇直詮》，明·羅汝芳，廣文書局，民國 66 年 7 月三版。

33. 《學蔀通辨》，明·陳建，廣文書局，民國 60 年 4 月。

34. 《劉子全集及遺編》，明·劉宗周，株式會社中文出版社，民國 70 年 6 月出版。

35. 《陳確集》，清·陳確，漢京文化事業有限公司，民國 73 年 7 月初版。

36. 《黃宗羲全集》（第一冊），清·黃宗羲，里仁書局，民國 76 年 4 月。

37. 《明儒學案》，清·黃宗羲，華世出版社，民國 76 年 2 月臺一版。

38. 《宋元學案》，清·黃宗羲，華世出版社，民國 76 年 9 月臺一版。

39. 《原抄本日知錄》，清·顧炎武，明倫出版社，民國 63 年 9 月再版。

40. 《顧亭林詩文集》，清·顧炎武，漢京文化事業有限公司，民國 73 年 3 月初版。

41. 《音學五書》，清·顧炎武，廣文書局，民國 55 年 1 月初版。

42. 《船山遺書全集》，清·王夫之，中國船山學會、自由出版社聯合印行，民國 61 年 11 月重編初版。

43. 《顏李叢書》，清·顏元、李塨，廣文書局，民國 54 年 10 月初版。

44. 《顏習齋先生言行錄》，清·顏元，臺灣商務印書館，叢書集成簡編。

45. 《習齋記餘》，清·顏元，廣文書局，民國 60 年 8 月出版。

46. 《顏氏學記》，清·戴望，臺灣商務印書館，民國 59 年 4 月臺一版。

47. 《思辨錄輯要》，清·陸世儀，廣文書局，民國 66 年 12 月出版。

48. 《李二曲全集》，清·李顒，廣文書局，民國 67 年 7 月初版。

49. 《孫夏峰先生語錄》，清·孫奇逢，廣文書局，民國 59 年 10 月初版。

50. 《呂晚村文集》，清·呂留良，臺灣商務印書館，民國 66 年 3 月臺一版。

51. 《清儒學案》，民國·徐世昌等編纂，燕京文化事業股份有限公司，民國 65 年 6 月出版。

52. 《二林居集》，清·彭紹升，石門圖書公司，民國 65 年 7 月影印初版。

53. 《楊園先生全集》，清·張履祥，中國文獻出版社，民國 54 年 4 月初版。

54. 《學統》，清·熊賜履，廣文書局，民國 64 年 4 月出版。

55. 《大義覺迷錄》，清·雍正帝，文海出版社，近代中國史料叢刊第三十六輯。

56. 《論學小記》，清·程瑤田，藝文印書館，叢書集成三編。

57. 《穆堂初稿》，清·李紱，中央圖書館藏善本書。

58. 《述朱質疑》，清·夏炘，藝文印書館，景紫堂全書第三冊。

59. 《困學錄集粹》，清·張伯行，新文豐出版社，叢書集成新編第二三冊。

60. 《學術辨》，清·陸隴其，新文豐出版社，叢書集成新編第二三冊。

61. 《戴東原先生全集》，清·戴震，大化書局，民國 76 年 4 月再版。

62. 《戴震全書》，清·戴震，黃山書社，1995 年 10 月一版一刷。

63. 《禮經釋例》，清·凌廷堪，新文豐出版社，叢書集成新編第三四冊。

64. 《漢學師承記》、《宋學淵源記》，清·江藩，廣文書局，民國 66 年 7 月再版。

65. 《清學案小識》，清·唐鑑，臺灣商務印書館，民國 64 年 8 月臺二版。

66. 《文史通義》，清·章學誠，華世出版社，民國 69 年 9 月初版。

67. 《周易述》，清·惠棟，漢京文化事業有限公司，皇清經解一冊。

68. 《焦循之易學》，清·焦循，鼎文書局，民國 64 年 4 月初版。

69. 《雕菰集》，清·焦循，鼎文書局，民國 66 年 9 月。

70. 《論語通釋》，清·焦循，無求備齋論語集成第二十二函。

71. 《復初齋文集》，清·翁方綱，文海出版社，民國近代史料叢刊。

72. 《揅經室集》，清·阮元，世界書局，民國 71 年 3 月再版。

73. 《漢學商兌》，清·方東樹，臺灣商務印書館，民國 67 年 6 月臺一版。

74. 《書林揚觶》，清·方東樹，成文出版社，書目類編九十二冊。

75. 《明清儒學家著述生卒年表》，民國·麥仲貴，臺灣學生書局，民國 66 年 9 月初版。

76. 《中國近三百年學術史》，民國・梁啓超，臺灣中華書局，民國 72 年 10 月臺十版。

77. 《清代學術既論》，民國・梁啓超，臺灣中華書局，民國 74 年 1 月臺十版。

78. 《戴東原》，民國・梁啓超，臺灣中華書局，民國 59 年 5 月臺二版。

79. 《中國近三百年學術史》，民國・錢穆，臺灣商務印書館，民國 72 年 11 月臺八版。

80. 《戴東原的哲學》，民國・胡適，遠流出版事業公司，民國 75 年 7 月一版。

81. 《讀經示要》，民國・熊十力先生，樂天出版社，民國 62 年 10 月初版。

82. 《新唯識論》，民國・熊十力先生，樂天出版社，民國 61 年 11 月初版。

83. 《中國哲學原論・原性篇》，民國・唐君毅先生，新亞書院研究所，民國 57 年 2 月出版。

84. 《中國哲學原論・原教篇》，民國・唐君毅先生，臺灣學生書局，民國 68 年臺再版。

85. 《中國人性論史・先秦篇》，民國・徐復觀先生，臺灣商務印書館，民國 71 年 7 月六版。

86. 《圓善論》，民國・牟宗三先生，臺灣學生書局，民國 74 年 7 月初版。

87. 《現象與物自身》，民國・牟宗三先生，臺灣學生書局，民國 71 年 4 月三版。

88. 《心體與性體》，民國・牟宗三先生，正中書局，民國 74 年 4 月臺三版。

89. 《從陸象山到劉蕺山》，民國・牟宗三先生，臺灣學生書局，民國 68 年 8 月初版。

90. 《才性與玄理》，民國・牟宗三先生，臺灣學生書局，民國 63 年 10 月三版。

91. 《佛性與般若》，民國・牟宗三先生，臺灣學生書局，民國 71 年 1 月修訂三版。

92. 《中國哲學十九講》，民國・牟宗三先生，臺灣學生書局，民國 72 年 10 月初版。

93. 《智的直覺與中國哲學》，民國・牟宗三先生，臺灣商務印書，民國 63 年 10 月二版。

94. 《中國哲學的特質》，民國・牟宗三先生，蘭臺書局，民國 62 年 2 月初版。

95. 《周易的自然哲學與道德涵義》，民國・牟宗三先生，文津出版社，民國 77 年 4 月出版。

96. 《名家與荀子》，民國·牟宗三先生，臺灣學生書局，民國 68 年 3 月初版。

97. 《康德的道德哲學》，民國·牟宗三先生譯註，臺灣學生書局，民國 71 年 9 月初版。

98. 《中國哲學史》第三卷，民國·勞思光，香港友聯出版社，民國 69 年 6 月初版。

99. 《論戴震與章學誠》，民國·余英時，華世出版社，民國 69 年元月臺影印二版。

100. 《清代訓詁學研究》，民國·岑溢成，新亞研究所博士論文，民國 73 年 12 月抄寫影印本。

101. 《朱子與戴震思想之比較研究》，民國·劉玉國，國立臺灣大學中文研究所碩士論文，民國 75 年 6 月自印本。

102. 《陽明「內聖之學」研究》，民國·林月惠，國立臺灣師範大學國文研究所碩士論文，民國 77 年 5 月自印本。